唐德刚作品集

唐德剛作品集

李宗仁回憶錄（下）

作　　者——李宗仁口述・唐德剛撰寫
主　　編——游奇惠
編　　輯——陳穗錚
發 行 人——王榮文
出版發行——遠流出版事業股份有限公司
臺北市10084南昌路2段81號6樓
電話／2392-6899 傳真／2392-6658
郵撥／0189456-1
著作權顧問——蕭雄淋律師
2010年 2 月 1 日　初版一刷
2020年 1 月16日　二版二刷
售價新台幣 480 元（缺頁或破損的書，請寄回更換）

ISBN　978-957-32-6587-0（套號）
ISBN　978-957-32-6589-4（下冊）
YLib 遠流博識網
http://www.ylib.com　　E-mail:ylib@ylib.com

李宗仁回憶錄

李宗仁 口述
唐德剛 撰寫

目錄

第三編　初期軍中生活

第四編　統一廣西

第五編　從鎮南關到山海關——北伐回憶

【下】

第六編　十年國難與內戰

第七編　八年抗戰

□附錄一：李宗仁聲明

□附錄二：邵力子、章士釗一九四八年在香港致李宗仁的勸降書

□附錄三：撰寫《李宗仁回憶錄》的滄桑

唐德剛

【下】

第六編

十年國難與內戰

【第43章】

所謂「武漢事變」之因果

1

民國十八年發生的所謂「武漢事變」，事實上僅是蔣先生挾天子以令諸侯，志在消滅異己的許多戰爭之一而已。

蔣先生企圖用武力消滅異己，遠在北伐剛完成時，似乎便已決定。十七年七月底，我自北平回到南京後不久，便在李濟深家裡聽到一則驚人的消息。李濟深當時住在南京鼓樓附近一座小洋房裡，渠因曾兼黃埔軍校副校長職，故家中常有黃埔學生出入。某次，有一位粵籍黃埔生去找他，並告訴了他一項特別消息。略謂：

蔣校長此次（十七年七月杪）自平返京道上，曾在蚌埠稍事逗留，並召集駐津浦沿線的第一集團軍中黃埔軍校出身上尉以上軍官訓話。訓話時，發給每人一小方白紙，並詢問大家，北伐完成後，軍閥是否已經打倒？認為已經打倒的，在紙上寫「打倒了」三字，若認為尚未打倒，則寫「未打倒」三字。各軍官不知校長的用意，為仰承其意旨起見，概按照事實，作正面的答覆。蔣看後大不以為然，遂再度訓話說，你們認為軍閥已打倒了，其實不然。舊的軍閥固然是打倒了，但是新的軍閥卻又產生了。我們要完成國民革命，非將新軍閥一齊打倒不可。蔣氏最後更強調說，只有連新軍閥一齊打倒，你們才有出路，你們現在當連長的人，將來至少要當團長云云。

我問李濟深：「你看蔣先生所說的『新軍閥』是指哪些人呢？」李答道：「蔣先生向來說話是不算數的，不過隨便說說而已。」我說：「恐怕沒有這樣簡單吧?!」我們分析之下，俱覺驚異。從這些小事上，可以看出蔣先生是如何計畫以利祿引誘其部屬，從事消滅異己的內戰。

另一件事也可證明蔣先生的居心叵測。民國十七年秋季，共產黨在江西已十分猖獗。朱德、毛澤東在井岡山合夥，江西被他們鬧得天翻地覆。江西省主席朱培德束手無策。京、滬的江西同鄉會也常向國民政府請願，乞加派軍隊進剿，但蔣先生置若罔聞。一天在南京朱來訪我，說，屢請辭去江西省主席既不准，請抽調部隊赴江西剿共又無下文，所以他擬向我「借」一軍或兩軍人，前往助剿。我告訴他說：「我當然樂於調撥部隊，歸你指揮，可是我二人不能私相授受，軍隊是國家的，必須蔣先生發一紙命令，方可調動。」朱培德高興異常，立刻邀我一同去見蔣先生，請他頒發命令。

見蔣時，朱培德即將我們私下商議的事委婉陳述。蔣先生聞言，似乎很覺奇怪，望了我一眼，說，用不著自兩湖調兵去剿，江西的軍隊一定剿得了。朱培德還在訴苦說，江西共產黨已有燎原之勢，不可忽視。蔣先生說，那只是一些土匪，為害不會太大。蔣氏此言大出我意料之外，因此我在一旁坐著，終場未發一言。兩人遂掃興辭退。和朱培德同車回寓途中，我問朱說，蔣先生為什麼不要我自兩湖調兵呢？因按中國軍界的惡例，擁兵將領為保存實力，多不願輕易出兵助友軍作戰。今我一反常例，自動允許出兵，而蔣先生未加思索，即連聲說「不需要」，實令人不解。朱培德說，那沒有什麼費解，只是蔣先生不樂意我二人要好罷了。

除朱氏所說的原因之外，我想蔣先生可能還另有顧慮。蓋由兩湖方面調部隊到江西剿共，如果成功，則我難免有「震主」之功，實非其所願。

到了九、十月間，江西東南地區共軍攻城略地，噩耗頻傳。我迫不得已，再向蔣先生建議，請派遣其第一集團軍駐南京的劉峙第二師，前往助剿，以遏亂源。因劉氏籍隸江西，且為蔣先生的親信，況該師已擴充到五個團，實力雄厚，較朱培德的殘破的第三軍（共兩師，僅六個團）的實力，有過之無不及。調劉去江西增援，可謂人地相宜，必能得到蔣的同意。不料蔣先生竟說：「你們為什麼這樣恐懼與土匪無異的共產黨？」我說：「我們決不可將具有武裝的共產黨部隊與土匪等量齊觀。因他們有共產主義的理想，有鐵的紀律，嚴密的組織，有第三國際做背景，有刻苦冒險耐勞的知識分子領導，豈能目為土匪或烏合之眾？」蔣先生聽了我的話，忽然嚴肅地說：「只要你相信我，服從我，一切都有辦法，不必如此焦急。」至此，我就很坦白地說，現在社會上有一種不脛而走的流言，說黨軍北伐，而政治南伐，黨軍可愛，黨人可殺。我們如細推此語的涵義，實足發人深省。從前北京政府的官僚和軍閥，雖作惡多端，然尚畏人言。今日全國統一了，我們標榜以黨治國，凡人民對我中央政府設施有不滿的，則辦黨的同志動輒以文字宣傳作反擊，不說他們是共產黨同路人，官僚餘孽，買辦洋奴，奸商市儈，便說是土豪劣紳，地痞流氓。帽子滿天飛，務使人民大眾鉗口結舌而後已。須知防民之口，甚於防川。我中央政府如不正本清源，勵精圖治，使人民能夠安居樂業，而專以壓制人民為能事，則前途殊未可樂觀。如此則不獨我個人力量極其微薄，擁護總司令無濟於事，即有一百個李宗仁擁護總司令也無能為力。蔣先生聽後，默默不發一言，自然是忠言逆耳，不是他所樂聞的。這是我為共產黨問題，第二次向蔣先生陳述意見，而引起的不愉快的情形。

此後不久，一個早晨，有位中外聞名的銀行家朋友來訪我，說，上星期宋子文部長到上海召集金融界首要，籌借巨款。但是各行業負責人都以政府底定東南到現在已一年有半，每向商家籌款，總是有借無還，現今各行業頭寸短絀，實無法籌借。幾經磋商，終無結果而散。不久，宋部長即以國府蔣主席名義，請各行業首要到南京，並由國民政府茶會招待。到會的共二十餘人，蔣主席親臨訓話。略謂，江西共匪猖獗的情形，料為各位所周知，現在政府急於調遣大軍前往痛剿，但開拔費尚無著落，所以才派宋部長去上海，請諸位幫忙，而你們推說頭寸短少，無錢可借。須知今日不僅江西有共匪蔓延，即在上海潛伏的共匪也不在少數。你們如不肯幫助政府解決困難，一旦上海共產黨暴動，政府又何能幫助你們去鎮壓呢？說完便悻悻離去。

蔣氏去後，與會者相顧愕然，一時無所措其手足，又不敢自行散會。幸而其中有一位發言道，政府派兵剿共，連開拔費也無著落，同人等應體念政府困難，回去限期籌足政府所需的借款。會場中人一致附和，乃請宋部長用電話報告蔣主席，才得奉命散會。會後，大家因蔣先生以共產黨暴動來嚇人，用心險惡，莫不搖頭歎息。

最初，我想蔣先生既以跡近敲詐的手段，以剿共為藉口，向商人籌得巨款，則調劉峙第二師去江西必可實現。孰知巨款到手以後，軍隊開拔仍杳無音信，實使我感到不妙。

又張靜江先生此時已任浙江省主席，因關懷國事，常到南京去向蔣先生陳述意見。某次，他特地約蔡元培、李石曾、吳稚暉諸元老暨李濟深和我，到其寓所喝茶聊天。靜江忽然慨歎地說：「從前介石未和宋美齡結婚時，我凡向他有所建議，他莫不靜心傾聽，且表示考慮採納。今則態度完全兩樣了，大約已為宋美齡及其姊妹所包圍。昨日和介石談話，他忽然衝動，大發脾氣，說要做這件事你也不贊成，要做那件事你也不同意，動輒得咎，倒不如讓我辭職，讓共產黨來幹好了。」

張又說：「介石每拿共產黨來嚇人，很是奇怪。希望各位也常對介石進言。尤其是兩位李先生，手握兵權。介石是很講現實的人，倒容易聽你們的良言。」

我聽完張氏的話，便說，軍人以服從為天職。雖然站在黨的立場，也可進言，不過若太逾越身分的話，反易發生無謂的誤會，而引起更不良的後果。

當時在座諸人中，發言最多的是吳稚暉。一口無錫土話，措辭滑稽，令人發噱。他口沫橫飛，滔滔不絕地說，蔣先生個性倔強，自信力極大。勸大家不宜進言。他尤其叮囑靜江先生要壓抑感情，不可常向蔣先生嚕嗦。與其明知無濟於事而強為之，徒引起無謂反感，實屬不智之舉。

稚暉又說，若說句粗話，蔣先生是個流氓底子出身，今已黃袍加身，一躍而為國府主席，自然目空一切。和昔日流浪上海，為靜江先生送信跑腿時，自不可同日而語。最好大家信任他，由他放手去幹，不必對國事濫出主張。做得好，固然是他分內的事；做得不好，也是他的責任，免得推諉到別人身上。

我當時心裡想，這位無政府主義的吳先生，他對蔣先生的批評，確有深入獨到之處。不過對事對人毋乃太無責任感了。真是「逢君之好，長君之惡」，兼而有之。聽了吳的話，張靜江似有悒悒不樂之色，大家乃不歡而散。

綜合那銀行家和張靜江等所說，蔣先生拿共產黨問題來恐嚇要挾黨內外的人，甚至西方友邦的心跡，實不辯自明。中國古語所謂「養寇自重」，正是蔣先生的作風。我於是恍然大悟，蔣先生所以不願派兵往江西剿共的真正原因所在，真所謂愚而好自用，玩火自焚。

2

蔣先生既然對真正的敵人共產黨要養以自重，對黨內的異己就要設法鋤除了。他的第一個目標原是馮玉祥。

編遣會議無結果而罷，馮玉祥悄然離京後，蔣先生極為憤慨，一再向我表示要對付馮玉祥，並試探我的反應。後來並派吳忠信來向我疏通，以便對馮一致行動。我力持不可，認為黨內干戈千萬不可輕動，因共產黨日益坐大，日本軍閥虎視在側，我黨內如發生內戰，將予若輩以可乘之機。因此，我再向蔣先生進言說，馮玉祥個性粗放，言語尖刻，是其短；而刻苦耐勞，善練兵，能與士卒共甘苦，愛國情熱，是其長。倘中央開誠布公，推心置腹，未嘗不可使其為國家建設而盡力。政府如更發動輿論界，提倡正義，明辨是非，引人為善，馮氏必能接受中央的領導，故對馮氏宜感之以德，千萬不可躁急從事。

蔣說，馮玉祥自命老前輩，他會服從「我們」嗎？蔣特別強調「我們」二字，以示我也有一分兒。

我說，馮玉祥一人易對付，但是馮氏統兵十餘萬，他下面的每一統兵將領都是一個馮玉祥。一個馮玉祥容易對付，無數個馮玉祥就難應付了。馮氏今日的作用，正如一串制錢上的「錢索子」。有這錢索子在，有事便拿著這索子，一提即起。一旦這索子斷了，錢散遍地，撿起來可就麻煩了。

蔣氏見我言之有理，且詞意堅決，遂不再多言。孰知他心中已另訂腹案，一變「近交遠攻」的策略為「遠交近攻」，對第二集團軍暫時用懷柔敷衍政策，掉轉槍頭來先對付第四集團軍了。

蔣先生的初步辦法，便是利用湖南省主席魯滌平及其第二軍暗中準備，以便他對第四集團軍用兵時，可收兩面夾擊之效。因魯滌平的防地處於武漢和兩廣中間，一旦有事，魯氏可切斷兩湖和兩廣間的交通。故在民國十八年二月初，蔣即祕密以大批彈械，取道江西，接濟魯滌平。這一祕密洩漏後，第四集團軍在漢將領夏威、胡宗鐸、陶鈞都發生恐慌。因中央接濟湖南彈械，盡可利用軍艦溯長江，轉湘水去長沙。值此承平時期，難道還有人敢攔路打劫不成？又何必偷偷摸摸，自江西陸路輾轉運輸呢？

再者，此時蔣先生曾密遣湖北人，以同鄉之誼向第四集團軍中鄂籍將領，如十八軍軍長陶鈞、十九軍軍長胡宗鐸等暗中游說，促其脫離所謂「桂系」。此種離間作風，頗為胡、陶等所不滿。他二人早日在桂，與我們李、黃、白相從有年，由幕僚擢升為第七軍中的指揮官，旋又晉升軍長，可謂躊躇滿志。然飲水思源，他們對我們三人公誼私交均無反目之理，何況他們對蔣先生的作風都深為鄙棄呢？因此，胡、陶曾一再將中央離間的詭計據實告我，並痛罵蔣先生此舉為「無聊」。

中央偷運彈械接濟魯滌平的事既被發現，證之以其他軍事布置，夏、胡、陶三人乃覺中央處心積慮消滅第四集團軍的計畫已到最後關頭。而何鍵於此時親赴武漢告密，說中央部署已定，對武漢用兵如箭在弦上，第四集團軍似應採取自衛行動。夏、胡、陶三人得報，至為焦急，深覺「先下手為強，後下手遭殃」，乃未加深思，便對魯滌平動起手來。殊不知蔣先生半年來的各種布置，其策略便是激人成變，使中央有「討伐」的口實。夏、胡、陶三人的魯莽幹法，正中了蔣先生的圈套。

先是，北伐完成之後，我為免使蔣先生多疑，所以常在南京居住。十八年初，武漢和中央不協的謠言又熾。我為消除此謠，特自武漢挈眷至京以示無他。孰知二月二十一日早晨，軍政部海軍署署長陳紹寬忽來成賢街寓所看我，並報告說，據海軍電台的消息，武漢方面已對湖南採取軍事行動，問我是否得到報告。我說，絕無此事，也毫無所聞。陳紹寬覺得很奇怪，稍談便匆匆離去。陳氏去後，我即查詢有無電報到來。當即發現有武漢急電一通，正在翻譯。譯出一看，才知夏、胡、陶三人已對湖南魯滌平採取軍事行動，要我得電後立刻離開南京。

此電報殊使我驚詫，他們三人為何未得我的命令便擅自行動呢？然我也深知蔣先生的作風，我如不離開南京，必被羈押。乃立刻化裝，和第四集團軍參議季雨農躲往下關一小旅邸中，於傍晚祕密搭京滬三等車去滬。

我離家後不久，陳果夫、何應欽果然先後來訪。內子佯說我出去行街未歸。一日之內，陳氏、何氏來了數次。最後，余妻才告以我或已因公去滬。

到了上海，我在法租界海格路的融圃暫住。武漢對湘戰事已急轉直下，葉琪軍迫近長沙，魯滌平率所部遁往萍鄉。武漢政治分會乃呈請中央政治會議任命何鍵為湖南省主席。中央方面則厲兵秣馬，準備討伐武漢。

此時全國函電紛飛，中央系的報紙對武漢和「桂系」詆毀不遺餘力。蔣先生並密派唐生智攜巨款北上活動白崇禧所指揮的第四集團軍將領李品仙、廖磊等背叛白氏；另外又派黃郛、邵力子等前往河南、山西，疏通馮、閻，共同對武漢用兵。馮、閻二人向來認為一、四兩集團軍是一家人，今日自相火併，他們也樂於坐山觀虎鬥，因而通電「服從」中央，以促成此一內戰。蔣乃益發決意用兵。

當時，三全大會即將在南京開幕，各地代表正在赴京途中，李濟深也自廣州率一批代表，於三月十一日抵滬。有人因仰承蔣先生意旨，想請他出面調解。任潮遂來融圃看我。我乃向他解釋所謂「武漢事變」的前因後果，以及我個人的態度。

我說，武漢事變是中央處心積慮要消滅第四集團軍所激成的。但是，千不該萬不該，是夏、胡、陶三人不應魯莽滅裂，掉入圈套，予中央以「討伐」的口實。今事已至此，夏、胡、陶等違法亂紀，中央自當治以應得之罪。我本人雖不在軍中，然我既為一軍的主帥，部曲違法，我也責無旁貸，現在我束身待罪，只要不打仗，我任何條件都可接受。但是，照我看來，蔣先生意不在此。他要造成黨政軍清一色的大計已定，斷難挽回。現在既然有這樣冠冕堂皇的藉口，他必然要將第四集團軍徹底消滅而後已。

因此，我勸任潮千萬不可去南京，否則必被扣留無疑。因為他雖然未在廣西做過事，卻一向被目為「桂系」，和我李、白、黃三人有特殊友誼。而任潮又是在粵軍中起家的，廣東將領多為其舊部，他如在滬擔任調人，以渠在兩廣的德望和實力，蔣氏投鼠忌器，必不敢貿然對武漢用兵。他如輕易去京而為蔣所拘押，則中央必以甘辭厚祿引誘粵籍將領陳銘樞、陳濟棠等背叛李濟深，如是則廣西頓失粵援，武漢完全孤立，中央大軍四面合圍，則第四集團軍必被全部繳械而後已。以故李濟深如不去南京，戰爭或者可免。如去南京，則適足以促成內戰，並危及其本身安全。李濟深聽我分析後，極以為然，當即對我說，他決不去南京。

不久，蔣先生派蔡元培、李石曾、吳稚暉、張靜江四位元老來融圍看我，並約李濟深同來融圍談話。他們一致勸任潮入京作調人，任潮當然不敢答應。我遂將我原先向李濟深說的一番道理重述給四位元老聽。最後，我更強調說：「如果任潮去南京，犧牲了個人而能消弭了內戰，使十餘萬袍澤免受屠戮，則此項犧牲才有價值。如犧牲了個人而結果適得其反，則個人即不應作無謂的犧牲。」

吳稚暉說：「我們來滬之前，便曾和蔣先生談到任潮入京後的安全問題。蔣先生表示，以人格擔保，不致使任潮失去自由！但是任潮如不去南京，中央便一定要對武漢用兵！」

我說：「中央如有誠意和平解決，則在上海談判和去南京談判，究有何區別？必要時，蔣先生自己也未嘗不可屈尊來滬。至於蔣先生以人格擔保一層，像蔣先生這樣的人，還有什麼人格可言，你們又何必騙任潮去上當呢？」

吳仍舊說，只有任潮去南京，才可消弭兵禍。最後，他甚至說，如蔣氏不顧人格，自食其言，他便當蔣的面，在牆上碰死。

我說：「稚老，慢說你沒有自殺的勇氣，縱使你自殺了，戰爭還是免不了的。」

最後，吳稚暉生氣了，暴躁如雷，大肆咆哮，並大聲地說：「我們不管了，我們不管了！你們有的是槍桿，你們去打好了！」

四位元老和我們足足談了兩天之久，第二天竟自上午十一時談到夜半十二時，結果還是不歡而散。吳稚暉因我一再阻止李任潮去京，簡直是氣憤填膺。最後還是李濟深軟化了，他告訴我說，以國事為重，抱著跳火坑的精神，去京一行。

我說：「你去南京必被扣留，你一失自由，戰禍就免不了！」但任潮是好人，他終於在四位元老的「蔣先生以人格擔保」的諾言慫恿之下，於三月十三日自滬去京。

任潮和蔣先生接談之後，才知中央已決意用兵，西征軍事正在積極部署。他的一切行動已有大批密探在跟蹤。同時南京放出空氣，所有李濟深的舊部，只要服從中央便官加一等。蔣氏並派粵籍黨人古應芬、孫科等，四出疏通各粵籍將領背叛李氏。至於蔣先生以前的諾言，則早已丟到九霄雲外去了。

李濟深到此才知上當，乃企圖逃出南京。事實上，已無此可能。李的左右想祕密和法國駐上海總領事接洽，派一法國軍艦泊在下關江面，李氏才可乘人不備，馳車往江邊，躍上汽船，登兵艦駛往上海。但是李濟深認為此計不妥，因恐未抵江岸，已為蔣的密探用機槍射殺了，終將這計畫放棄。三月二十一日，蔣乃公開將李濟深幽禁於湯山。原來向李氏擔保的四位元老，到此也鉗口結舌，莫知所措。蔡元培一怒去滬，其他三人則常往湯山向李濟深撫慰，然究有何用。

中央大軍數十萬已向上游移動，大戰迫在眉睫。這時馮、閻駐滬代表都來看我。馮的代表是其前參謀長劉鞠春，閻的代表是趙丕廉。

我向劉、趙二人解釋說，此次武漢事件本為夏、胡、陶三人的輕舉妄動，自應治以應得之罪，我本人也束身待罪，一切處罰我都願接受，只是希望不打仗。但是目前蔣先生顯然是借題發揮，目的在消滅異己，摧殘對革命有功的部隊。戰事一旦發動，則第四集團軍必全部瓦解無疑。第四集團軍的毀滅不足惜，然此例一開，蔣先生必將以同樣方法消滅其他部隊，第二、第三集團軍勢必遭受同樣命運。蔣先生為政不以德，一切以權詐武力為能事，則內戰必無已時。內戰不已，則外為日本帝國主義者造機會，內為中國共產黨造機會，國家前途實不堪設想。所以我希望馮、閻二總司令不可助紂為虐，應出來調停，講句公道話，消弭內戰的根源，為人為國也為己，請轉報三思之。

陳儀此時也來看我，這是我和陳氏第一次的私人談話。我也把這套理論說給陳儀聽。陳很感動，未發一言而退。

我知道中央已決意消滅第四集團軍，而武漢方面軍中無主，斷難和中央大軍相周旋。我乃決定自粵轉漢，親自坐鎮。如中央見制勝不易，事或另有轉機。

我於三月二十五日乘輪抵粵。粵方將領陳濟棠、徐景唐等，對我還算客氣，並準備飛機，讓我直飛漢口。誰知春雨連宵，飛機無法起飛。乃暫時回桂，再作打算。

就在此時，蔣對武漢的戰事已急轉直下。蔣命劉峙等率大軍數十萬，西上直搗武漢。蔣本人也於三月底赴九江坐鎮。

武漢此時軍中無主。胡、陶二人自成軍以後，自認為湖北人，每視第七軍為「客軍」，頗引起七軍中將領的不快，因此中央的反間計乃得乘隙而入。蔣氏原先即派俞作柏祕密活動第一師師長李明瑞輸誠中央，反對胡、陶。

俞作柏為人，貪污成性，野心勃勃。渠於民國十五年在廣州時，曾對鮑羅廷自稱為「廣西的蔣介石」，並指斥我李、黃、白三人為「不革命」。因此，渠殊不為廣西上下所喜。嗣後，我乃和黃紹竑商量，褫其兵柄，讓他擔任中央軍校南寧第一分校的校長。十六年夏，清黨事起，俞氏自己心虛膽怯，潛逃香港，使人勸其歸而乃不歸，紹竑乃解除其校長職務。俞乃受蔣收買，為其活動李明瑞反對武漢。

蔣同時又派鄭介民祕密赴漢活動楊騰輝倒戈。楊騰輝原為林俊廷部下，嗣經我軍收編，委為團長，以戰功累升至師長。渠和胡、陶有隙，而和鄭介民有舊，故接受鄭氏建議，私下向蔣氏輸誠。

四月初，中央大軍西進。夏、胡、陶也以夏威為總指揮，擬在武漢外圍抵禦。真是無巧不成書，夏威在出發赴黃陂的前夕，忽患白喉，乃臨時將前線指揮交李明瑞負責。李於黃陂召集前線指揮官開軍事會議。當各師、旅長齊集後，李便即席宣布他主張服從中央，反對胡、陶。同時將與會各指揮官拘留，並立刻回師武漢。

李明瑞既倒戈，夏、胡、陶三人一陣驚惶，竟決意放棄武漢，向荊州、沙市、宜昌一帶退卻。劉峙等軍遂兵不血刃進佔武漢，蔣氏也親到武漢坐鎮，追擊夏、胡、陶等。夏、胡、陶等見大勢已去，幾經和蔣電議，乃於四月二十一日聯合通電下野。所余部隊（除李明瑞、楊騰輝兩師外），竟被蔣軍悉數包圍繳械。這一支對革命有特殊功勳的部隊，終以不能見容於蔣氏而橫被摧殘，言之可歎。

當漢口戰事急轉直下之時，我自粵赴梧晤黃紹竑，籌商善後之策。白崇禧此時剛自華北化裝潛返廣西。因白氏在華北所指揮的全係唐生智的舊部，未予絲毫更改。十八年初，蔣即密派唐生智攜巨款前往活動其舊部叛白。白崇禧被迫離津，祕乘一日輪南下。然中央對白崇禧志在必得，乃密令上海衛戍司令熊式輝，待該日輪抵滬時，將白氏逮捕。如該日輪拒絕搜查，則令海軍炮艦將其擊沉。國際交涉，以後再辦。熊式輝原為賴世璜舊部，經白氏一手提拔至於高位，然式輝此時只好執行命令。這一消息幸為上海市長張定璠所悉。張君為江西人，曾在白氏東路軍前敵總指揮部任事，和健生有舊，乃將此消息洩漏予余妻郭德潔。德潔遂商諸第四集團軍駐滬辦事處同人，同往日本輪船公司交涉。由王季文搭乘另一南下日輪，在吳淞口外以信號使白氏的船停航，健生乃得換上此一日輪，逕駛香港。王君則乘白氏的船回滬。後來新聞界盛傳白氏藏於衣櫥內脫險，並非事實。

白氏抵粵後，適粵方將領陳濟棠、陳銘樞已背叛李任潮而分別就任南京所派廣東綏靖主任及廣東省主席之職，有圖桂的打算。白崇禧乃又化裝潛回廣西梧州。我們李、黃、白三人遂在梧州重行聚首，都百感交集。不久，我們又相偕同往黃紹竑故鄉的容縣小憩，一面由黃紹竑出面，通電向中央交涉。

中央此時如器度寬宏，自覺不為已甚，乘此休兵，則和平原可立致。無奈蔣先生決心徹底消滅桂系，各路大兵已紛向廣西合圍，同時任命陳濟棠為廣西編遣區主任，迫令黃紹竑將我和白崇禧「解送」中央。前方部隊人員轉返廣西原籍的，一概不許黃紹竑收容。廣西現有的第十五軍只准縮編為一師一旅，多餘武器一概繳歸中央點收。在上列三項命令徹底執行後，黃紹竑可就任廣西編遣區副主任。

此項條件，可說欺人太甚。第十五軍當時尚有十三四團兵力，人數雖少，然全軍激於中央蓄意消滅異己的公憤，士氣很旺，足堪一拚。我們乃決定先下廣東，翦除牽制，再和蔣氏周旋。部隊旋即由黃、白二人親自指揮兼程東下，我本人則自梧州遄返香港暫住。

【第44章】
護黨救國軍之緣起

1

我在香港的住宅是羅便臣道九十二號，位於半山之中，是一座陳舊而寬敞的三層樓洋房。這所房子原是陳炯明在廣東失敗後，在港避難時的住宅。我在武漢失敗後，用月租銀九十元賃居於此。到了「九・一八」瀋陽事變，李濟深被釋來港，也住在此處。他後來用兩萬元港幣把這座房子買下，直至韓戰發生，中共「抗美援朝」達最高潮時，才賣去捐充中共軍費。

我在香港住下後，便有各種訪客專程來訪。最有趣的是張宗昌、孫傳芳等也託人來表示說，他們二人的軍隊可說是我一手擊敗的，英雄識英雄，不打不相識，他二人很希望南下和我一晤。我恐南京方面借題發揮，說我勾結軍閥，所以對他們的善意都婉辭謝絕了。嗣後陳炯明、沈鴻英也用同樣方法求見，我也以同樣理由婉拒了。

當時最為我抱不平的一位政治訪客，卻是青年黨的領袖曾琦。但是民國十三年國民黨改組後，在「以黨治國」的政策之下，政府嚴禁其他黨派的活動，所以我對青年黨的實際情況很是陌生，而和曾先生也屬初次見面，不知其究為何而來。曾氏和我寒暄後，首先就把青年黨的黨綱和政策方針從公事包裡取出，遞給我看，同時批評孫中山先生「聯俄容共」的非計。並謂，北伐的完成，多半靠我冒險犯難，殺敵致勝所收的果實，今蔣介石過河拆橋，實有違患難安樂與共之旨。這時我心境不佳，得曾氏溫語慰勉，殊感欣快，所以第一次的談話甚為融洽。孰知他第二次來見我時，情形就大大地不同了。原來他來的目的是想拉攏我加入青年黨。他開門見山地說，我現在和國民黨中央已鬧翻，而青年黨卻正缺少軍事人才，我何妨另起爐灶，加入青年黨呢？

我說，我只是同蔣先生個人為政策上的歧異而鬧翻，我並沒有退出國民黨。今日國民黨中央和我為難，不過是受蔣氏個人把持罷了，與黨的本身無關。再者，我在國民黨中位至中委，政治上也位躋國府委員，集團軍總司令，已是最高層了。我如捨此歷史不要而加入青年黨，那是又要從小兵做起了，人們豈不要笑我一失意就「朝秦暮楚」嗎？青年黨也何需乎此類黨員？曾連說絕無此事，絕無此事，你如加入青年黨，必然是佔黨中最高位置的。況飛鳥尚知擇木而棲，何得謂之「朝秦暮楚」呢？

曾氏到羅便臣道來訪我足有四五次之多，糾纏不稍放鬆。最後見我態度仍極堅決，才放棄其要求。其目的雖未達到，我們卻成為知心的朋友。

在港閒居期間，最使我感到苦楚的是兩袖清風，除贍養家眷和隨行官佐一共二十餘人之外，尚不時有在武漢或南京被遣散的軍官，來向我請求幫助的。我心有餘而力不足，極為尷尬。事為黃紹竑主席所悉，匯我小洋十萬元（折合港幣七萬元），才得稍解金錢上的困難。

在港小住未幾，國內政潮又起了重大的變化。先是，五月中旬，南京蔣政權乘我第四集團軍新敗之餘，決定派大軍分水陸夾擊廣西。黃、白二人為先發制人計，即率師入粵，企圖一舉攻下廣州。作戰初期雖然順利，無奈勞師遠征，眾寡不敵，終於敗退回桂。同時南京方面更發表俞作柏為廣西省主席，李明瑞為廣西區編遣主任，楊騰輝為副主任，率原來第七軍的一部，自海道南下，並已溯江西上，抵達桂平，而何鍵所部也深入桂境，直薄柳州。黃、白二人為免使舊日袍澤自相火併計，乃由白崇禧指揮一部勁旅，驅逐何鍵部回湘，然後將省內部隊悉交師長呂煥炎指揮，囑其與俞、李、楊等合作。黃、白二人即自南寧出走越南，不久也來香港暫住。廣西全省，表面上遂為南京政府所統一。

當此之時，南京方面認為我輩已被解決，氣燄甚高，乃掉轉槍頭，指向第二集團軍。並以離間、收買第四集團軍的同樣方式，離間馮的部屬。五月下旬，馮部石友三、韓復榘，果為蔣氏所誘惑，通電服從中央。蔣氏把持下的國民黨政府隨即下令討伐馮玉祥。馮軍也破壞隴海、平漢兩鐵路以自衛。蔣、馮大戰迫在眉睫，南京方面深恐我在香港和馮氏暗通款曲，策動粵、桂起義，為馮聲援，乃向香港總督交涉，逼迫我出境。

最初代表港督來訪的，是香港紳士羅旭和與周壽臣兩君。他們委婉陳詞，請我離開香港三四個月，以後再回港居住。在港督一再麻煩之下，我只得答應暫時離港，赴海外遊歷。乃暗中改名易姓，與葉琪、韋雲淞、甘介侯等四人領得赴法遊歷簽證，搭一法國輪船赴歐。但是我們真正的目的地卻是法屬安南的西貢，因西貢去國未遠，仍可以隨時注意國內的變化。

行前並由前護國軍時代的舊長官林虎拍專電去西貢，介紹一碾米巨商辛沂臣來碼頭相候，以免受法國移民局官吏的留難。

我們一行在十月初自香港上船，駛過海南島時，風浪極大，闔船旅客都暈船嘔吐，餐廳中人數日減，船上最後只剩下葉琪和我及三數其他旅客仍在餐廳進膳。舟行數日，抵達西貢泊岸。法籍移民官員登舟，如狼似虎地清查下船乘客。我等四人站在甲板上，極目遠望，找尋辛君。移民局官員即用法語向我們盤問，幸有一中國旅客代為翻譯，說我們四人擬登岸瀏覽市區，惟須稍候接船的朋友而已。孰知該法人竟不由分說，立即強迫我們登岸。岸上警察十餘人用長繩一根，將所有登陸的中國乘客圍繞起來。哨笛聲聲，竹鞭劈啪，便把一群人領向清查移民的「黑房」中。

此次上岸旅客，十之八九為當地華僑的家屬，拖兒帶女，老幼咸集，狼狽不堪。按法國屬地極不人道的苛例，這些入境的僑胞，首先須關進「黑房」住宿，然後由法籍移民官員按名點驗取保放行。所謂「黑房」是一座大廠房，只有前後二門，別無窗戶。地下鋪著霉爛的稻草，各人隨地而臥，其中既無廁所，也沒茶水、燈火等設備，臭氣熏天。兩門關閉後，伸手不見五指，故曰「黑房」。

當我們四人被領著走向「黑房」時，仍然四處張望，尋覓前來接我們的辛君。張望了許久，才發現有一商人模樣的中年人，正向我們招手，大概他見我們四人穿著較整齊的西裝，和其他旅客有點不同的緣故。我們也向他招手。那人即走近來問我們是否是林虎先生所介紹的某某四位先生。他說的果然是我們的化名。辛君乃向警察竭力疏通，可能還用了些錢。最後法國警官才答應讓我們自「黑房」的大門走進，立刻便從後門走出，免除了我們住帝國主義殖民地牢獄的災難。

出來之後，辛君即以他的自備汽車送我們往一小旅館中休息。辛君是西貢有名的富商，法國官員對他頗為尊敬。此次他親自來接船，我們本可毫無留難地上岸，不幸船早到了三十分鐘，才發生這件不愉快的小插曲。

辛君問我們來西貢有何貴幹，我們說不過普通遊歷而已，所以他為我們介紹一所極便宜的小旅館。斯時天氣炎熱，住得頗不舒服。不久，我們便遷入另一大旅館去。看樣子，我們又不像是普通的遊客，辛君這才開始有點懷疑，但是他也不便多所詰問。

在西貢住下，最惱人的一件事，便是要向移民局請求居留證這一關。這移民局是一所十足的帝國主義者的官僚衙門，辦事毫無效率。我們為辦居留證，清早就去，等到九、十點鐘，它還不開門，去遲了，則門前熙熙攘攘，擁擠不堪。我們為著簽證，只得天天去，煞是惱人。

一天早晨，我在移民局前發現一位中國青年，對我注視很久，才行離去。我雖覺得有點奇突，但也未以為意。孰知事隔不久，法國安南總督忽派專員到我旅館裡來訪問「李將軍」。我問他何以知道我在此。這法國官員說，南京已得我來此的報告，因訓令中國駐巴黎公使館向法國外交部交涉，說我勾結共產黨，以西貢為根據地搗亂中國，要求驅逐我出境。但是法國政府知道我和共產黨無關，相反地，他們怕南京方面派人來暗害我，所以特派大批便衣偵探前來保護。

身分既經暴露，行動至感不便。無論我們去何處，後面總有大批暗探相隨，實在令人感到不安。加以西貢去國仍然太遠，往來信件遲緩。所以我們住了二十多天，便折返越北的海防了。

2

我們到了海防，廣西局面又發生了變化。原來俞作柏帶了張雲逸等共產黨幹部回廣西後，又和南京鬧僵。俞、李二人忽然喊出共產黨口號，想另成一新局面。這樣一來，不但全廣西軍民一致反對，即是和李明瑞同時南返的楊騰輝、周祖晃、梁重熙、黃權等重要將領也一變而反俞、李了。

南京方面得報，乃將俞、李免職，改委呂煥炎為廣西省主席。惟煥炎聲望不孚，不敢遽爾就職。廣西各軍以及各民眾團體乃紛紛派代表來海防，請我和黃、白回桂主持軍政大計。我乃於民國十八年秋冬之交，取道廣州灣遄返南寧。黃紹竑、白崇禧則先我潛回省內活動。於是齊集南寧，共商善後，廣西又變成我們三人聯合領導的舊局面了。俞作柏因勢孤力單，且為軍民所不容，潛逃省外。李明瑞、張雲逸和俞作柏胞弟作豫，分成兩股，各率殘部千餘人，退據百色和龍州，組織蘇維埃政權，號召赤色革命。

此時北方馮、閻為反對蔣的消滅異己，已在積極備戰。國民黨中，汪兆銘等也因蔣氏包辦國民黨三全大會而聯合反蔣。原來為追擊胡、陶而駐於荊、沙一帶的第四軍也高舉義旗反蔣，並派人來聯絡，擬南下廣西，共同出兵入粵，重奠中央。為配合此一全國性的軍事行動，我們乃在南寧成立「護黨救國軍」。我任總司令，黃紹竑任副總司令兼廣西省主席，白崇禧任前敵總指揮。總司令之下直轄第三、第八兩路軍。戰鬥序列如下：

護黨救國軍總司令　李宗仁（兼命令傳達所所長）

副總司令　黃紹竑

前敵總指揮　白崇禧
第三路軍總司令　張發奎
副司令　薛岳
第十旅　鄧龍光
第十二旅　吳奇偉
教導旅　黃鎮球
第八路軍總司令　李宗仁（兼）
第一縱隊指揮官　呂煥炎
第一師師長　梁朝璣
第二師師長　蒙志
第三師師長　楊義
第一獨立旅旅長　封克魯
第二縱隊指揮官　楊騰輝
第一師師長　黃權
第二師師長　許宗武

第三師師長　梁重熙

十二月上旬，張發奎率所部萬餘人自鄂西經湘西，輾轉入桂。第三、八兩路軍乃分道東下襲取廣州。張發奎的第三路軍由四會、清遠入花縣、從化，擔任左翼。第八路軍除呂煥炎所部留守廣西自玉林、貴縣至南寧之線外，餘均東下入粵，循西江經肇慶，攻擊粵漢路正面的軍田，並分兵一部進攻佛山。

張軍在左翼作戰，起初甚為順利，迫近廣州時，粵方得到寧方的大軍增援，突以主力反攻，來勢極猛，張軍敗退。我第八路左翼受此挫折，遂隨同後撤。本擬固守梧州，但粵方海軍行動很快，已先期將梧州佔領。我軍主力乃在平樂、荔浦一帶集中整理。粵方追兵一時也未敢深入桂境。時我軍給養艱難，隆冬已屆，士兵仍多衣不蔽體。值此困苦之際，第一縱隊指揮官呂煥炎忽然在玉林率部叛變，並派人間道來平、荔一帶煽動將士叛變。黃權、蒙志兩師長傳聞已和呂煥炎有所接洽，此兩師如一旦叛離，則大勢危險了。

黃、白二人與我為此事在平樂城裡商量。我說，在此緊要關頭，只有用非常手段，將黃、蒙兩師長扣留，以弭亂源。黃、白深恐此舉會引起兩師官兵的譁變。我保證不會有此事，並立刻叫人去把黃、蒙二師長找來開會。他二人一到，我便下令將其隨從衛兵十餘人繳械，然後帶二人來我室內。我告訴他們說，現在呂煥炎叛變跡象甚為明顯，外邊謠言很多，都說你二人和他有勾結。此事影響軍心很大，現在我為大局計，只好請你兩位受點委屈，暫時解除職務，去桂林休息。黃、蒙辯說，呂煥炎雖派人來接洽，但是他二人根本沒有接受。我說，呂煥炎既派人來，你們就該據實報告我。你們既不報告，足證外間謠言不虛。外面汽車已預備好了，就請你二人各指定一名隨從，即刻乘車赴桂林休息。說畢，便令衛士帶出，立刻啓行。我隨即晉升該兩師的副師長為師長，並令其立即將部隊集合平樂郊外，聽候訓話。

這一天，陰霾四布，寒風襲人，部隊經過很長一段時間才到平樂郊外集合。兩師官兵因師長被拘押，天氣又冷，凍餒交迫，嘈雜之聲達於山谷。我令該兩師人圍成方陣，然後站在一張四方桌上訓話。我一上桌子，全體官兵立刻便肅靜無譁。我告訴他們，將兩位師長看管起來，為的是革命前途，和我們團體的榮辱。我們決不容許有少數人臨危變節，自損革命軍人的人格。訓話約歷數十分鐘始畢，我遂命兩位新師長將部隊帶回營地休息。一場風波便立時平靜下來。

黃紹竑、張發奎二人旋率第八路的一部和第三路全部渡江襲擊玉林呂煥炎。呂以部屬不聽亂命，隻身逃往廣州，大河上下復歸我有。惟是時粵軍蔣光鼐等已沿西江西犯，向玉林前進，與黃、張兩部戰於北流。我軍復敗績，因此，大河下游和玉林五屬一帶，復為粵軍所據。是時幸白崇禧指揮有方，將深入平樂的朱紹良指揮的譚道源、劉和鼎等部擊破，逐出桂境，民心才稍定。於是形成粵我兩軍隔江對峙之局。直至民國十九年春，擴大會議在北平開幕，閻錫山也加入反蔣陣營，聯合馮玉祥對蔣作戰，我軍乃再度入湘北伐，參加倒蔣的戰役。

【第45章】

擴大會議與北上護黨

1

民國十九年春初，蔣先生和閻、馮的關係已瀕於決裂，雙方都在積極備戰。

自我第四集團軍在武漢解體後，蔣先生及其所控制的「中央」氣燄很盛，擬乘勢一舉消滅閻、馮，以實現其黨政軍「清一色」的理想。事態發展至十九年二、三月間，馮、閻二人不得已，乃採取聯合反蔣的軍事部署。三月初，閻錫山在太原電邀各主要人物赴并（即太原）共議國是。我們派了葉琪、胡宗鐸、麥煥章等代表前往參加。

汪系中央委員陳公博等，及西山派元老鄒魯、謝持等也親往太原晤閻。他們都是蔣氏召開的「第三次全國代表大會」所排斥的人。事實上，出席三全大會的代表泰半由蔣氏所控制的中央黨部所指定，決不能代表全黨。該次大會中，汪兆銘竟被開除黨籍，其他同志更不消說。所以在太原會議中，眾人遂擬乘機重整國民黨，以免黨權被蔣先生等少數人所把持。

最初，當張發奎自荊、沙南下時，蟄居法國的汪兆銘便有電報給我，希望捐棄前嫌，共為改革本黨而奮鬥，並著張發奎軍改易番號，歸我節制。太原會議後，我們電報往返更多，我也勸他早日北上，領導黨務活動。

三月中旬，各派反蔣人士遂在北平醞釀發起「擴大會議」，並組織新的黨中央與政府，軍事上也實行改組。三月十五日，鹿鍾麟等五十七位將領通電全國，一致推舉閻錫山為全國海陸空軍總司令，馮玉祥、李宗仁、張學良為副司令。經數度電報往返之後，馮玉祥和我遂於四月一日分別於所在地聯銜通電就職。於是原在廣西的第三、第八兩路軍也改編為「中華民國陸軍第一方面軍」。其編制略如下表：

第一方面軍總司令　李宗仁
副總司令　黃紹竑
總參謀長　白崇禧
參謀長　陳翰譽
第一路指揮官　張發奎

第四軍

第四十三師

第二路指揮官　白崇禧（兼）

第七軍

第四十五師

第三路指揮官　黃紹竑（兼）

第八軍

教導第一、第二師

遲至五月中旬，北平「擴大會議」尚未開幕，而蔣、馮、閻的大戰已全面爆發，津浦、隴海兩線皆有激戰。而廣西境內的戰事至此卻成膠著狀態。粵軍雖莫奈我何，然以我區區數萬之眾，想把入侵的粵軍逐出省外，亦復不易。在此情況之下，白、張二人和我乃籌商打破僵局的辦法。我們三人一致同意放棄廣西根據地，揮軍入湘，北上攻佔武漢，與馮、閻友軍會師中原。黃紹竑時在右江剿匪，我們將會議決定電告他，他也不反對。計畫既定，我們乃於五月中電告華北友軍，同時將全軍祕密北移。五月二十二日我梁瀚嵩師先放棄潯州，許宗武師接著放棄貴縣、橫縣。全軍集中桂東，分三路入湘。第一路取道柳州、桂林，出全州，直向永州、衡陽前進。第二路出平樂，經永明、道州，亦向永州、衡陽集中。第三路則布置於遷江一帶，掩護各軍集中，俟各軍入湘，才隨後跟進。廣西後方則酌留保安團隊，維持治安。

2

大軍北進，所至如入無人之境，湘軍何鍵等部都望風披靡。五月二十七日湘軍唐生明（唐生智之弟）率部向我輸誠。我軍旋即佔領衡陽，繼續北進，於六月三日佔領長沙。敵軍朱紹良、夏斗寅、錢大鈞等部倉卒退入湖北。何鍵部則遁入湘西。六月八日，我第一、二兩路軍乃佔領岳州，前鋒已入湖北境內。我本人也進駐岳州，指揮北進軍事。黃紹竑的後續部隊和輜重等則正向衡陽跟進。預計十五日可以攻佔武漢，與友軍馮、閻等部會師。

孰知六月十日我後方交通重心的衡陽突為粵軍蔣光鼐所佔，我軍頓被腰斬，首尾不能相顧。因我軍五月底放棄廣西根據地全師北進時，粵軍陳濟棠、陳銘樞等誤以為我軍繞道北江入粵，乃倉卒全師自西江流域東撤，向北江增防。會我軍北上向長沙推進，陳銘樞部乃隨我軍之後，乘虛佔領衡陽。

我軍既被中分為兩，當前的決策只有二途可循。㈠不顧一切，以破釜沉舟的決心直取武漢。㈡回師會攻衡陽，克復衡陽後再繼續北進。最後，我們決定採取第二項，回師攻衡陽。因我軍輜重給養都滯留於湘桂邊界，無給養則我軍便勢難久持。

六月十八日，我軍全線自長沙南撤，圍攻蔣光鼐於衡陽。不意是年湖南大旱，赤地數百里，購糧無處。我軍給養中斷，軍心渙散，加以缺乏重武器，屯兵於堅壁之下，無能為力。衡陽久攻不下，而敵人援軍雲集。六月底，敵我復在湘南展開激戰。我方官兵至此已疲憊不堪，我雖親赴前線督戰，終以全軍缺糧，無法維持。不得已，再向廣西撤退，情形狼狽不堪。官兵對戰事都十分消極，情況的艱窘，實我軍作戰以來所未曾遇過的。值此極端困窘之時，適閻錫山接濟我四十萬元，才得度過難關。

閻氏送我四十萬元也是一段有趣的故事。當民國十九年八月上旬擴大會議正在北平進行時，余妻郭德潔適閒住於香港。她的一位好友——舒之銳女士忽自北平來信，約她往故都一遊。德潔以我在軍中，一人住在香港也感覺無聊，遂答應舒女士之請，往北平觀光。此行原是私人遊歷性質，事前我且不知其事。孰知此時正當北平冠蓋雲集，擴大會議最高潮時期，內子忽然北來，汪、閻諸公不知其詳，都誤以為我專派內子為私人特別代表前來與會。因此，當她在天津登岸時，軍政各界代表到碼頭歡迎的不下數百人。抵北平時，歡迎的場面更為熱烈，黨中元老如鄒魯、謝持、張知本，及陳璧君、陳公博等，紛來拜訪懇談。內子因事先無此心理上的準備，最初頗覺尷尬，幸而她尚有應變捷才，乃索性假戲真做，與各方代表酬酢一番。

後來因張學良袒蔣，率兵入關，北平局面緊張，擴大會議決定移往太原，內子遂也乘機往太原拜訪閻氏。此時馮、閻的敗徵已見，岌岌不可終日，擴大會議事實上已經解體。閻氏感我率軍入湘遙為呼應的往事，乃自庫存中撥款四十萬給我。閻的本意，以大勢已去，失敗已成定局，故特地分給我個人一筆巨款，以為日後生活費用。孰知此款轉到之日，正是我軍糧餉兩缺之時，驟得巨款，頗足稍紓燃眉之急。

此次我們二、三、四三個集團軍聯合倒蔣失敗的重大關鍵，在於張學良被利誘入關。先是，當蔣、馮、閻三軍在中原劍拔弩張之時，三方面都派人向張學良游說。閻、馮方面僅給予張氏以「全國海陸空軍副總司令」的虛銜，勸其袖手旁觀，而蔣先生方面，據說除了「海陸空軍副總司令」的頭銜外，還有河北、山西等省地盤，及現金六百萬元的實際利益。張接受了，遂率兵入關勤王。

蔣和閻、馮本來勢均力敵，張學良入關，自然舉足輕重。東北軍既佔領平、津，閻、馮兩軍鬥志頓失，遂一敗塗地。「挾天子以令諸侯」的蔣先生所以能獨霸天下，張學良實居首功。孰知因此便伏下「九・一八」瀋陽事變的禍根。

【第46章】

苦撐桂局與西南開府

1

民國十九年夏，北方閻、馮勢力瓦解，擴大會議無疾而終，蔣先生的聲勢至此可說是如日中天，因而他要以武力徹底解決本軍的心也愈堅。

自我軍退回桂林後，湘、粵之敵在蔣先生命令之下，不斷侵入桂境，企圖消滅我軍。雲南方面的龍雲也受中央唆使，令盧漢率三師之眾，將南寧包圍。共產黨也於此時利用李明瑞、張雲逸等，屢陷百色、恩隆等地，組織蘇維埃政府。廣西全省弄得瘡痍滿目，殘破不堪。我軍處此危殆的境地，實在疲憊已極，軍心難免渙散。縱是高級人員如張發奎、黃紹竑等，也心灰意冷，表示極端的消極。

張發奎軍自荊、沙南下時原有萬餘人，士氣尚旺。無奈首受挫於廣東的從化，再敗於廣西的北流，三敗於湖南的衡陽，三戰三北，張氏憤慨已極。自湖南撤入廣西時，全軍僅剩千餘人。

張氏回到桂林後，曾向我說，該軍人數所以沒落至此，並非由於向敵人投降或被敵繳械，乃是由於薛岳在憤怒衝動之下，在撤退途中向部屬官兵公開宣布，他本人和張軍長決不再幹了，各官兵所攜武器聽憑自由處置。賣槍得款，返鄉務農也好，聚眾持械，入山落草也好，總之，張某、薛某是不過問了。因此全軍解體。他們的部隊退抵桂林時，所剩不過五六百枝槍，比之極盛時代的第四軍，簡直不可同日而語了。張氏甚至屢請撤銷該軍番號，俾息仔肩。為慰勉張氏，我總以樂觀的態度說，勝負為兵家常事，勸他不必消極。張說，他現在毫無憑藉，難以重整旗鼓。我為維持第四軍於不墜，遂將本軍許宗武、梁重熙兩師番號取消，將該兩師的裝備，和少校級以下官兵約六千人，撥交張發奎補充第四軍，以恢復其戰鬥力量。我們苦心孤詣維護第四軍，可說是仁至而義盡了。

孰知張氏對撥補的部隊，只收了士兵和槍械，將各級官佐陸續送回我的總司令部，另行安置，而易以他的第四軍原有的心腹股肱。被解除職務的官佐，不免嘖有煩言。我則竭力疏解安慰，以維持全軍上下的和睦。值此萬分艱難之時，我為維持正義，支撐殘局，用心之苦，實難盡述。嗣後不久，「九・一八」事變發生，汪、蔣再度合作，汪兆銘出長行政院。張發奎以廣西地處邊陲，發展不易，乃自柳州防地以急行軍方式入湘，向南京開拔。張氏北上依附蔣、汪，本可減輕廣西的負擔，我們是不會留難的。

當上年張氏圖粵失敗，入桂避難期間，我們為表示歡迎及開誠合作，曾委張軍中的陳勁節為第一方面軍的軍需處處長。到兩廣化敵為友，開府廣州時，又改派為我軍駐香港辦事處處長。後來，本軍因彈械缺乏，曾由陳氏經手，向德國購買七九步槍三千枝。該批彈械到港後，陳氏竟祕不報告，反擬轉運上海，交第四軍應用，事為我方所偵悉，其謀乃敗。

張發奎之外，另一表示絕對消極的，便是黃紹竑了。我軍自湘敗退後，紹竑便認為局面極端嚴重，無法應付而時有去志，經我和白崇禧苦勸無效，終於八月通電息兵下野，南寧收復後，即取道安南赴港。黃氏此去純係他個人消極所致，並非與我李、白有何不洽。黃氏的通電措辭極為委婉，殷殷以和平為職志。然則我李、白二人堅持內戰嗎？此種內戰的不斷發生，純然是由於蔣先生的獨裁亂紀，以不正當的手段圖謀消滅異己所引起。蔣氏這種作風，已引起全國的公憤，廣西軍民對蔣氏，無不痛心疾首。我們縱想解甲歸田，也不願在蔣氏的淫威之下俯首帖耳。其所以陳兵抗拒，實是逼上梁山，故黃紹竑的通電在廣西袍澤中未發生絲毫反應。此非八桂袍澤獨厚於我李、白二人而薄於黃氏，實因黃氏的主張有違軍民大眾心理所致。

為應付廣西當前危局，我乃以柳州為發號施令的中心，重新整頓所部，決定擇要固守，並先派黃旭初軍長馳赴南寧指揮韋雲淞師固守，拒止滇軍與貴縣余漢謀粵軍的合流（旭初在邕垣竟被圍困達兩個月之久）。然後次第將客軍逐出境外，全省或可以復蘇。

軍隊改編後的新序列，略如下表：

第一方面軍總司令　李宗仁
副總司令　黃紹竑
總參謀長　白崇禧
前敵總指揮　張發奎
第四軍軍長　張發奎
第十師師長　吳奇偉
第十二師師長　薛岳
第七軍軍長　楊騰輝
第十九師師長　莫樹傑
第二十一師師長　廖磊
第十五軍軍長　黃旭初

第四十三師師長　梁朝璣
第四十五師師長　韋雲淞
獨立第一師師長　韓彩鳳

這一期我們肅清廣西的戰略是對湘、粵兩方敵人取守勢，而以全力先將滇軍逐出省外，以解南寧之圍。討滇的戰事自九月底發動，由白崇禧指揮，經兩週的激戰，已迫近南寧。南寧守軍在黃軍長旭初指揮之下出城夾擊滇軍。至十月中旬，入侵滇軍才悉數被逐出境，西線遂無戰事。

盧漢既去，我軍乃乘勢進剿盤據右江一帶的共軍李明瑞部。李部不支，退據東蘭，其後又向桂北潰竄，終於二十年春初越境逃入湖南，東竄江西，與正在滋長中的朱、毛部隊合夥。

3

西線戡平之後，我軍本擬回師進擊侵入桂境的粵軍，然而此時廣東與南京之間又醞釀新變化，粵軍已與我軍通款言和。我軍乃兵不血刃，將梧州以西和平收復。

此次寧粵的齟齬實緣於粵籍元老胡漢民的被囚，而胡的被囚，則又起源於所謂「約法」之爭。原來當蔣、馮、閻中原大戰結束之初，蔣氏以戰勝餘威，竟不經中央黨政機構會議，擅自通電聲言制定「約法」，開國民會議。中央要人如吳稚暉、楊永泰、張群之流，都附和蔣氏，惟胡漢民獨持異議。漢民堅持黨統，主張訓政，反對約法。加以當時盛傳，蔣先生將利用約法，出任總統，尤為胡氏所反對。二人相持不下。至民國二十年二月二十八日，蔣先生突然將胡漢民幽禁於湯山，並於中常會中宣布胡氏請辭本兼各職。

胡氏在黨中允為元老，地位高於蔣氏，在政府中，胡氏也位居立法院院長。蔣先生竟因一言不合，即加以幽禁，則蔣氏對付他人的手段為如何，更可想見了。這些都可見蔣先生的獨裁，目無綱紀，實為招致黨內外一致強烈反對的原因。

胡漢民被幽禁後，舉國譁然，粵籍中委紛紛南下，集議於廣州，反對蔣先生。國民黨自有史以來，粵籍要員最具畛域之見，其原因或者是由於方言的關係。他們彼此之間，平時雖互相猜忌，然一有事變，則又盡釋前嫌，作堅固的團結。如陳銘樞、陳濟棠爭奪廣東地盤即是一好例。當李濟深被拘押後，蔣先生以利祿分化李的部屬，以陳銘樞為廣東省主席，陳濟棠為綏靖主任。我軍出湘時，陳銘樞部下的蔣光鼐、蔡廷鍇等，竟自告奮勇，為虎作倀，開赴衡陽作戰。其後，陳部被調往津浦線，參加對馮、閻的戰爭。陳銘樞在粵頓失羽翼，陳濟棠乃排擠陳銘樞離粵。銘樞訴諸中央，蔣先生故意縱容陳濟棠的所為，意在使兩陳相鬥，從中漁利。陳銘樞含恨在心，從此乃暗中積極反蔣。到了胡漢民被囚事件發生，所有粵籍中委又團結一致，銘樞、濟棠也盡釋舊怨，在廣州開會反蔣援胡。

這時廣州方面的實力派為陳濟棠，因而粵籍要人如孫科、古應芬、鄧澤如、蕭佛成、林雲陔、劉紀文等，群起赴穗依附陳氏，策畫反蔣，甚至連汪精衛的改組派也被邀參加。

粵籍要人並師民國七年中山先生護法故事，在廣州舉行非常會議，開府西南，以與南京對抗。粵方反蔣計畫既定，乃決定自廣西撤兵，並派林翼中為代表，到南寧和我們商議合作，請我方派兵維持粵軍撤退地區的治安。因此峰迴路轉，兩廣化干戈為玉帛，又由敵對之局轉而為合作了。

【第47章】

瀋陽事變後廣西之新面貌

1

中國國民黨中央執監委員非常會議是在五月下旬在廣州召集的。凡屬國民黨第一、二、三屆中委而不願與南京合作的，都紛紛到廣州參加。同時由非常會議議決成立國民政府。推選唐紹儀、汪兆銘、蕭佛成、林森、古應芬、孫科、李宗仁、蔣尊簋、陳濟棠、鄒魯、許崇智、鄧澤如、唐生智、李烈鈞、陳友仁等為委員，汪兆銘為國府主席。通電要求蔣先生下野。

五月二十八日國民政府在廣州成立，我也於是日自廣西應約前來參加。粵、桂兩軍二月前尚在西江對壘，今又釋嫌修好，共議北伐大計了。我到廣州時，中樞要人齊集天字碼頭歡迎，握手相見甚歡，前次血戰，似已遺忘乾淨。

新的國民政府治下的第一要務便是整軍，擬北上討蔣。粵、桂兩軍改編為第一、四兩集團軍。我受任為第四集團軍總司令，陳濟棠為第一集團軍總司令。秣馬厲兵，準備入湘北伐。南京方面也調兵遣將，預備在湘、贛一帶堵截我軍。

民國二十年夏季，雙方電戰不絕，繼之以動武。唐生智在湘收編的部隊，已和寧方軍隊發生接觸。忽然日軍侵佔瀋陽的警報自天而降，將內戰風雲立時吹散。

「九・一八」事變爆發後，張學良蒙不抵抗便將東北拱手讓敵的罪名，全國人心大憤。（據說張氏原擬回師與日軍作戰，為蔣先生密令阻止。）各界紛電寧、粵兩方息爭對外。蔡元培、張繼等奔走和平，不久，胡漢民、李濟深在寧先後恢復自由，和平空氣頓形濃厚。廣東非常會議乃推出汪兆銘、孫科、鄧澤如、古應芬、李文範等赴滬，會商寧、粵息爭問題。廣東中央提出，如蔣中正息兵下野，粵方當自動撤銷政府，雙方合作，一致對外。

十二月十五日蔣氏終於被迫通電下野。廣東方面遂撤銷國民政府，另成立中國國民黨「西南執行部」和「西南政務委員會」，為暫時黨政最高機構。表面上，全國黨政復歸於統一。

蔣氏下野前，特手令將在滬被捕的鄧演達槍斃以洩憤。於此也可見蔣氏殘忍的本性。蔣氏每次下野總要殺一二要員以洩其胸中的積憤。民國十六年八月，遭難者為第十軍軍長王天培和第十四軍軍長賴世璜，這次卻為鄧演達。民國三十八年下野時，遭殃的則為陳儀。三事的發生，前後如出一轍，實為怪事。

值此期間的另一怪事，為南京、上海、廣州幾於同時舉行所謂中國國民黨第四次全國代表大會。南京為蔣派所主持，廣東方面為孫科等粵籍委員所主持，上海則為汪兆銘系的改組派所主持。三方各選出中央執監委員數十人，實在不成體統。

蔣氏下野後，三方人士乃齊集南京，共赴國難。我輩均應約前往。十二月二十二日，四屆一中全會在京舉行，修改國民政府組織法，並改組國民政府。十二月二十八日，中央執行委員會選任林森為國民政府主席，孫科為行政院院長。二十一年一月中旬，汪、蔣會晤於杭州，商議合作，並宣布同返南京負責國事。一月二十五日孫科辭行政院院長，由汪接替，中樞遂又恢復汪、蔣合作的局面。一月二十八日晚，淞滬戰事爆發，戰火擴大，國難日深，國府部分機關自南京遷往洛陽。全國一片抗日之聲，國民黨黨內的內戰總算暫時停止，各地維持現狀。我也暫回西南，一面長住廣州，和陳濟棠協議維持西南治安；一面和白崇禧合力整頓桂局，作抗日的準備。

2

「九・一八」及「一・二八」事變相繼發生之後，國難日深，我們以為抗日報國之道，實應登高自卑，從頭做起。因此自民國二十年秋起，我和白崇禧、黃旭初等乃決心從根本上整理廣西省政。歷年內戰之後，原在外省做事的桂籍軍政幹才，如葉琪、李品仙、廖磊等也多倦遊歸來，有志參預省政，共圖復興。這一階段內的廣西，可說人才濟濟，大可振作一番。

在群賢協力之下，我們首先精簡省內軍民兩政。由我擔任第四集團軍總司令，白崇禧為副總司令。葉琪為總參謀長，廖磊為第七軍軍長，夏威為第十五軍軍長。

廣西省政府則由黃旭初擔任省主席，所有任職人員俱是一時之選。

二十三年本省召集「擴大黨政軍聯席會議」，會中通過「廣西建設綱領」，具體地確定了廣西省內建設的方針。這一綱領當時便成為廣西的「根本大法」。大致說來，這一綱領係根據「三民主義」的原則而擬定的。

例如，第三條規定：「以現行民團制度，組織民眾，訓練民眾，養成人民自衛、自治、自給能力，以樹立真正民主政治之基礎。」這一「三自政策」便是與「民權主義」中所提示的「地方自治」的原則是一致的。

又如，第九條「施行社會政策，依法保障農工利益，消弭階級鬥爭」、第十二條「運用金融政策，扶植中小工商業」、第十三條「適應民生需要，公營重要工商企業」等等，都是依據「民生主義」的「平均地權，節制資本」的原則所擬訂的。

第二十一條「提高民族意識，消弭階級鬥爭，創造前進的民族文化」則分明是發揚「民族主義」。

所以我們當時的口號便是「建設廣西，復興中國」。希望將廣西建立成一個三民主義的模範省，為全國作一榜樣，以逐漸達到復興中國的最後目標。

在上下一致根據「廣西建設綱領」勵精圖治之下，為時不久，全省政治便面目一新。原來在黃紹竑治下的廣西，行政效率已為全國各省之冠。然有計畫的現代化建設，則實自「九・一八」以後開始。

我認為廉潔的政府，在廣西已經確立，然當時唯一當務之急，則為維持治安，清除匪患。廣西向以多匪出名，所謂「無處無山，無山無洞，無洞無匪」。廣西之所以多匪，有數種重要因素。第一，廣西人民的構成分子極為複雜，風俗不同，語言各異。大致說來，西江流域居民的言語多屬廣東語系，桂江、柳江流域的居民則說普通官話。此外還有客家，以及少數民族如壯(僮)、苗、傜、彝、傣等。彼此習俗不同，極易發生爭鬥。相沿既久，遂養成廣西人好勇鬥狠的習性。這種習性固可練成好兵，也易養出慣匪。第二，廣西地方偏僻，人民教育程度很低，也是養成盜竊的主因。第三便是貧窮，語云「飢寒起盜心」。凍餒不堪忍受的人，則往往鋌而走險。

以前官府剿匪政策的失敗，實由於未能掌握廣西產匪的基本原因。所以兵來匪去，兵去匪來，終無根治辦法。至於傳統的地方民團制度，更是無用。所謂團練多數為地方土豪劣紳所包辦，魚肉鄉民則有餘，維持治安則不足。

我們既掌握了廣西匪患的基本原因，故能治標治本，雙管齊下。治標的方法，即嚴申軍令，明辨善惡，實行剿滅政策。治本的辦法則實行保甲制度，嚴密基層組織，並以受過嚴格訓練的鄉村青年幹部代替原有的腐敗的團局。

第一步，先由省政府創設「廣西全省民團幹部學校」，招考知識青年受訓。最初為期半年，後來增至八個月。訓練的主要科目為灌輸現代的知識，培養專門的技能。例如地方自治、戶口調查、農田水利、築路造林、國民教育、畜牧獸醫的常識等，此外更著重組織鄉村壯丁，加以軍事訓練。一言以蔽之，即是訓練出大批足以推行「三自政策」的青年幹部。

這些青年於受訓期滿後，便分發到各縣任村、鄉長和街、鎮長。由他們負責調查戶口，將各區人民的人口、財產、教育情況，生死及流動的情形完全調查明白，向上級機關按期呈報。所有民槍均集中於鄉、村公所之內，由鄉、村長於農暇時，集中壯丁，加以軍事訓練。村長兼民團訓練的中隊長，鄉長兼大隊長。每縣的壯丁則編為一或兩個以上聯隊，以縣長任總隊長。軍訓教官則由無職軍官中遴選充任。

這種制度在推行初期，頗受地方土豪劣紳的反對，但因政府政策堅定，阻力瞬即消失。一兩年後，全省匪患幾乎絕跡，風聲所播，全國各界來桂參觀的絡繹於途，對廣西的治績，頗致稱道。

同時，我們的教育和經濟建設也齊頭並進。新政策下的廣西，基層的國民教育是義務性的。每村設一國民基礎學校，由村長兼校長。每鄉則設立一設備較優的「中心學校」，由鄉長兼校長。所有學齡兒童都強迫免費入學，並利用夜校教育成年失學男女。不數年間，全省文盲大減。

二十二年，我更在全省黨政軍聯席會議中，提議公共積穀的辦法。因中國農村，貧農每因食用不足，向富農或地主高利借貸。消滅這一高利貸，便是我們「積穀」的最大原因。其辦法是每村設一公共穀倉，由每年有餘糧的農戶以累進的方式攤派，徵集收入公共穀倉，為各該村的公產，由村民公選的委員會任保管。每村更抽出若干成，積存於鄉公所，藉以挹注貧村。這種積穀，凶年可以防飢，平時則可出借予貧農以掃除高利貸。貧農可無利貸穀，惟秋收歸還時，每百斤多還若干斤，以填補新穀折耗。

這種公產且可挹注鄉村其他公營事業，如補助教育、興辦水利、開荒、養魚、畜牧、植林等。民有之，民享之，類似西方的合作事業。積穀累年而有盈餘時，則由鄉、村公所購買田地，以為公產，且可藉此防止土地集中。至於城市街鎮，無穀可積，則以公積金方式行之。這樣行了數年，有些鄉村可說是倉廩充實，人民樂歲終身飽，凶年得免於死亡。全省一片新興氣象，為廣西農村有史以來所未嘗有。

在整飭廣西省府時，我們最感棘手的一項，便是稅收機關。因稅收機關中飽，相沿成習，不以為異，故最難杜絕。廣西當時內地關卡不下五六十處，專事徵收商賈貨物過境稅。這種關卡積弊最深，商賈受其擾害也最大。例如某地江邊設有一稅局，過往貨船須往報稅。驗查數量的多少自不消說，即是驗稅和清查的時間先後，也有極大的弊端。有些稅員故意稽延不查，使貨物不能按時轉運銷售。因此稅員最易收受賄賂，政府雖三令五申，肅清貪污，但道高一尺，魔高一丈，革新實非易事。

民國二十三年，一日我問省財政廳廳長黃鍾岳說，這些擾民的稅局可否全部裁撤，只保留通省外的邊境稅局。黃說，那如何使得，偌大的稅收一旦裁去，省經費將如何彌補？

我問他，這筆稅收每年共有多少呢？他估計一下說，總在七八百萬元之間。我說，開支要多少呢？黃說，約三百萬左右。我說，那麼，淨收入不是只有四百多萬嗎？黃說，四百多萬不是個小數目，裁去將如何彌補？我說，那只有節流，我們可以裁兵。當時我們便這樣決定了，由省府下令，除通省外的稅局外，其餘一律裁撤。這消息一出，全省商民無不額手稱慶，頌為德政。同時為減少省經費的開支，我即著手裁兵。孰知年終結算，稅局裁撤後，稅收不特未減少，且較前多出八百多萬元。黃廳長起初極感驚奇，其後仔細想想，道理也甚簡單。因自內地各處稅局裁撤後，商旅稱便，貨暢其流，省內的生產和消費，以及對外省的出入口貿易，都大為增加，市場繁榮，稅收也就增加了。這一點證明了，福國利民，實在是事在人為。

關於裁兵，民國二十一年以後，廣西裁得相當徹底。由原來四十個團，一氣裁至十四個團。其中兩個團且用作兵工，調至賀縣的八步開採錫礦。

但是，我們也估計到抗日戰爭有隨時爆發的可能，所以我們的裁軍，事實上，只是寓兵於民的政策。一旦有事，政府一道命令，旦夕之間，便可成立軍旅，調赴前方。盧溝橋事變後，我們在兩個月內便裝備了四個軍（第七、三十一、四十八、八十四軍），共四十八個團，配備齊全，開上前線。動員的迅速，是全國所無的。

廣西動員所以能這樣迅速，一則由於平時有準備，有健全的行政基層組織，有全省皆兵的民團訓練；再則歸功於兵工政策配合的適當，有武器、彈藥、被服儲存，隨時可以取用。民國二十年以後，我們在廣西節衣縮食，一面向外國購買槍械，一面設廠以謀自給。我們的兵工廠計有輕機槍廠、重機槍廠、步槍廠、迫擊炮廠、迫擊炮彈廠、手榴彈廠、七九口徑子彈廠、硝酸硫酸廠、無煙火藥廠，以及飛機修理廠。上述各廠的機器，大都購自捷克，為最新式的設備。抗戰爆發後，我們便將大小兵工廠悉數交予中央統籌管理。據接辦的人員說，我們的兵工廠中，有兩個其規畫的精密，設備的新穎，實凌駕中央各廠之上。

同時，我們還積極建設空軍，設有航空軍事學校。最初，我們聘粵人林偉成為校長，兼空軍大隊長。林君曾在美國學習民用航空，對軍事航空是門外漢。廣西的空軍最初自然是模仿廣東的空軍。不過廣東空軍中，驕傲輕浮、奢華的習氣很深。因這些創辦空軍的人物，概屬美國華僑子弟，只學會了一些民航駕駛技術，回國之後，社會上即恭維他們為「飛將軍」，因此習氣極深，和我們艱苦卓絕的精神頗不調和。為救此弊端，我們乃派航校學生十餘人往日本空軍學校深造。起初，我們以為日本既是我們的假想敵人，恐不會認真為我們訓練空軍人才。誰知這批人員回國之後，其學術與紀律和原有空軍人員完全兩樣，使我們對日本另眼相看。

抗戰前夕，廣西空軍共有各式飛機五六十架，英、美、日式樣俱備。我們另設規模宏大的飛機配製廠。據專家說，這個廠的規模較中央所有的又新又大。當時英、美、日的經紀商人出售飛機，照商場慣例，都有很大的回扣，意在酬庸買方經手人員。但是我們和廠商訂合同時，首先就問明，除掉回扣，實價多少？所以我們購買飛機、槍炮和兵工廠機器，絕無任何中間人中飽。飛機廠商也不敢瞞混欺騙。但是當時中央就不同了，層層侵蝕，官官相衛，上下舞弊，已成為公開的祕密。

民國二十五年，陳濟棠聯絡廣西發動請纓北上抗日，孰料蔣氏反而用金錢收買陳濟棠的部曲，終致黃光鋭率廣東空軍投奔中央。嗣後蔣又以同樣方式策動廣西陸、空軍叛變，然僅林偉成一人接受煽動，駕一架練習機潛逃廣州。林去之後，白崇禧乃自兼航校校長和空軍大隊長。抗戰起後，廣西空軍悉數移交中央。八年血戰，當年廣西空軍將士泰半都已壯烈殉國，真是可泣可歌。

3

民國二十四年冬季，中共號稱二十萬紅軍，忽自江西突圍西竄，並自湖南經茶陵、桂東等處，直迫桂北的恭城、灌陽、全州三個縣邊境。中央當局擬借刀殺人，故任由共軍進入廣西，並未跟蹤追擊，一面反揑造電訊，誣衊我們私通共軍，居心險惡，令人髮指。

共產黨係在民國十七年春初，發動湘南一部分農會暴動，何鍵第三十五軍中的團長彭德懷也樹起紅旗響應。為我西征軍所派部隊協同三十五軍分途兜勦，地方治安旋即恢復。彭氏無處容身，乃率部和毛澤東等向贛南地區流竄。不久又有駐防廣東南雄的范石生師所收編的朱德一團叛變，這是中國共產黨據有武裝部隊的開始。但那時中共的武器、兵員究竟不多，故蔣先生一向忽視共軍的發展，認為他們是「土匪」，不足為慮。加以私心自用，意圖挾寇自重，內則脅制江、浙一帶的財閥和中央元老們，為其出錢出力，外則向英、美、日等資本主義國家鼓吹其反共的決心，以自抬身價。蔣氏既故意養癰，勦共軍隊更不堪作戰，時為共軍所敗，例如第二軍副軍長張輝瓚的陣亡，陳誠第十八軍的潰敗，孫連仲所部數萬人的投降，使中共日益壯大。到了蔣、馮、閻中原大戰後，江西的紅軍已增至數十萬人，盤據數十縣。不過中央如能傾全力圍勦仍不難消滅。無奈蔣先生別有懷抱，急欲利用共黨為其消滅異己，局勢遂益發不可收拾了。

民國二十二、三年間，江西勦共戰事正熾烈之時，我們也派一師軍隊假道廣東入贛助勦。不久，江西共軍在中央第五次圍勦之下，有突圍他竄模樣，我軍乃撤返廣西，增加省防。

共軍此次西竄是由於中央第五次圍勦戰略的後果。這一戰略原是採取德籍顧問的建議，一面用碉堡政策，一面建築公路，穩紮穩打，步步為營，封鎖共軍，並斷絕其食鹽的供給，使其坐困。就戰略的原則來說，中央應自四方築碉，重重圍困，庶幾使共軍逃竄無路，整個就地消滅。如不得已要網開一面，也應將缺口開向閩、粵兩省，把共軍驅至沿海一帶，加以消滅，如民國十六年賀、葉南竄，終於在潮、汕一帶為李濟深、黃紹竑所擊敗，便是一絕好的例證。但此次中央的戰略部署卻將缺口開向西南，壓迫共軍西竄。

共軍入湘之後，按當時情勢，中央軍本可利用粵漢鐵路和湘江，水陸兩路南下，截擊共軍，使其首尾不能相顧。而蔣先生卻屯兵湘北，任共軍西行，然後中央軍緩緩南下，迫使共軍入桂。同時，中央宣傳機構在海內外大事宣傳，捏造截獲我們予共軍電報，說廣西李、白勾結赤匪，期待我和共軍互鬥兩敗俱傷之後，中央軍可有藉口入佔廣西，居心極為陰險。民國二十三年九、十月間，共軍先遣部隊萬餘人在蕭克率領之下，竄至湘桂邊境，全軍十餘萬人隨後跟進，有入桂模樣。為應付這一緊急局面，第四集團軍總司令部乃下令地方政府，將桂東北各縣堅壁清野，以防共軍入侵。同時將本省常備軍十四個團悉數調往湘桂邊境，由白崇禧指揮，堵截共軍入境，全省民團也奉令動員，以為增援的準備。不久，共我兩軍遂在湘桂北邊境的全州、灌陽、資源等處發生接觸。共軍來勢極猛，所幸該地山嶺重疊，地形險要，易守難攻。我軍以寡敵眾，共軍無法逞其志。經旬餘的戰鬥，共軍攻勢已有再衰三竭之勢，我軍乃全面出擊，共軍狼狽潰竄，伏屍遍野，死傷萬餘人，被俘七千餘人[1]，造成抗戰前剿共戰役中罕有的大捷。

當共我兩軍正打得血肉模糊之時，中央追兵卻在湘中一帶作壁上觀。京、滬一帶CC系的報紙，更鼓其如簧之舌，極盡顛倒黑白之能事，說共軍已和我軍妥協合作云云。因此，在共軍被我擊潰之後，我即發一急電給上海市長吳鐵城。略謂，此次共軍西竄，我軍加以堵截，在湘桂邊境發生激戰，共軍為我擊傷擊斃的凡萬餘人，生俘七千餘人。俘虜之中，湘、粵籍的約三千餘人，已就地設法遣送還鄉。其餘四千餘人，都是共軍在蘇、浙、皖、贛一帶，裹脅來的，就地遣散不易，弟擬租用專輪，將該批俘虜，分批運往上海，敬煩吾兄就便遣散回籍，庶使被脅良民返鄉務農，並慰其父母妻子喁喁之望，實為德便云云。

吳鐵城得電後，立即回電說，請將俘虜就地遣散，千萬不必運來上海云云。在我和吳市長數度電報往返後，全國非CC系的報紙俱有報導。因而CC系報紙造謠中傷的陰謀，適自暴其醜，從此不敢再度造謠了。這也是剿共戰役中一段有趣的小插曲。

共軍既不能得志於廣西，乃西竄入黔。我得報後即分電中央和貴州省主席王家烈，建議將湘黔邊境道路徹底破壞，憑險防堵。因湘黔邊境多羊腸小道，一經破壞，共軍即運動困難。中央軍和我軍再從後夾擊，則湘黔邊區便為遠東共黨的墳場了。孰知中央置若罔聞，其原因固然是中央別有企圖，同時也可能是中央軍實在不經打，與其見屈於共軍，倒不如保存實力，慢慢跟進，以佔領共軍離去後的地盤。

二十三年底，共軍入黔，貴陽吃緊。為免貴陽淪陷，我遂派廖磊率我軍精銳的第七軍，星夜赴援。共軍乃捨貴陽，北竄遵義。嗣後不久，蔣先生即偕顧祝同飛貴陽視察。事畢，蔣先生即原機返京，貴州省主席王家烈親赴機場送行。當飛機正發動時，蔣先生忽命王主席上機，告訴他說：「你隨我到南京去！」王家烈聞言大驚，連忙道：「我還有事務待親自處理，且隨身也無行李。」蔣說：「你可招呼隨從人員回去收拾，交隨行飛機帶京。」王氏無奈，只得到機艙口吩咐了善後事宜，隨蔣先生往南京。不久，中央便發表吳忠信為貴州省主席。所以共軍西竄，未替蔣先生打下廣西，卻打下了一個貴州。

共軍繞過貴陽之後，一部分取道滇、黔通路竄往雲南，顧祝同也遙領大軍尾隨其後。雲南省主席龍雲得訊大恐，乃傾全力堵截，和共軍血戰於滇邊，共軍不支而北竄，與朱、毛在遵義合夥，往川邊騷擾。四川省主席劉湘又為之驚惶失措，乃調重兵至大渡河一帶嚴防，並急電龍雲，請派兵乘勢夾擊。龍雲覆電，請劉湘轉向中央請示，質問顧祝同，其大軍不追擊共軍，卻屯於黔滇邊境，用意何在？劉湘乃商請張群轉呈蔣委員長辦理。中央不得已，乃將顧祝同所部主力北調，然共軍此時已越過大渡河入川了。大渡河夙稱天險，太平天国時，翼王石達開便鎩羽於是，終至身殉軍滅。今朱、毛卻能飛渡天塹，長驅北進，非朱、毛的才略遠過翼王，只因蔣委員長培養來等候他們往成都為其效死力而已。蔣先生玩火自焚，朱、毛終至壯大，席捲神州，豈非天意！

注釋

❶據當時參預拍攝《七千俘虜》電影的周游稱：「……到了（一九三四年）農曆九月，共產黨中央及主力部隊，再由湖南邊界進入廣西，經過灌陽、恭城、全州、興安、資源、龍勝、三江等縣的邊界而進入貴州。整個時間約十天左右，就順利完成了這一通過，雙方並無戰鬥。

「桂系的最高指揮官白崇禧親自在桂林指揮。他命令廖磊所率的第七軍緊跟著紅軍之後，彼此相距四十華里，一路相送，一直把紅軍送入貴州省。

「當時我是廣西桂系『中國國民革命軍第四集團軍總司令部政治訓練處宣傳科少校處員』。處長是潘宜之，科長是李文釗。我們率領一個電影隊到興安，隊長是黃學禮。那時紅軍已經過了興安、華江，越過老山界，進入資源的潯源鄉，向龍勝、三江去了。

「在興安縣城外收容了由各處送來的一些跟隨紅軍長征的掉了隊的男女老幼，其中還有背孩子的婦女。總共約有一百二三十人。這些人，都由電影隊作為紅軍俘虜攝了影，上了鏡頭。

「另外，華江千家寺燒了十多間房子，這是桂系尾隨紅軍部隊的第七軍因不慎失火燒的，我帶著電影隊長黃學禮去把殘餘的煙火及頹牆斷瓦等盡量上了鏡頭。後來這些都做了製造《七千俘虜》電影的鏡頭材料。隨後，李文釗就率領電影隊回南寧拍攝《七千俘虜》電影紀錄片。所有俘虜戰利品等鏡頭，都是由民團扮演的，戰利品的鏡頭，全是假的。時至今日，除我之外，現在在南寧的，還有當時電影隊員蒙惠坤（現在南寧治礦廠）、李露莎、雷卡零、方衣零等可以證明。」參看周游著：〈關於拍攝《七千俘虜》電影的情況〉，載《圍追堵截紅軍長征親歷記：原國民黨將領的回憶》上冊，第一七七～一七八頁（中國文史出版

社，一九九一年初版）。——編者注

【第48章】
福州人民政府與廣州「六一運動」

1

「九・一八」以後，全國都在抗日氣氛籠罩之中，人心悲憤。兄弟鬩於牆，外禦其侮。以前內戰中的重要領袖們，現在多少都有「先國難而後私仇」的概念，認為內戰實在不應再繼續了。孰知就在這一段時間，發生了兩件可笑的小政變。一為民國二十二年，抗日成名的十九路軍諸將領所導演的福州「人民政府」；另一則為二十五年夏，陳濟棠在廣州所號召的「反蔣抗日運動」。兩件都富有高度的戲劇性。

先是，「一・二八」淞滬之役，十九路軍一舉成名。蔣光鼐、蔡廷鍇一干人物頓時變成民族英雄，為全國人士所一致欽仰。但是中央此時卻抱退讓的態度。淞滬戰時，蔣先生曾令張治中率第五軍俞濟時等部參加作戰，表面上是協同抗日，事實上則用來監視十九路軍，防其擴大戰爭範圍。這事使蔣、蔡等將領極感氣憤。

淞滬戰後，中央為防止十九路軍再度抗日滋事，有礙和局，乃將蔣、蔡等部隊調防福建，並發表蔣光鼐為福建省主席。其實，中央如真為防止十九路軍鬧事，則大可將蔣、蔡等調往河南、安徽等無日本通商口岸的省分，豈不更為保險？蔣先生不此之圖，而調之入閩，實係一陰謀。

因十九路軍原為北伐時第四軍的一部，將領官兵多為粵人。其指揮官陳銘樞、蔣光鼐、蔡廷鍇等更自視為廣東的主人翁。十九路軍於民國十九年蔣、閻、馮中原大戰時，奉調自粵北上，使時為廣東省主席的陳銘樞頓失羽翼。不久，陳銘樞便為陳濟棠排擠而去，其衷心對陳濟棠和蔣先生的怨恨，無時或釋。一有機緣，渠等便想對廣東捲土重來。蔣先生把握濟棠、銘樞之間的矛盾，故意將陳銘樞的第十九路軍調往福建，使其垂涎廣東，互相火併，以達一石擊兩鳥的目的。十九路軍到了福建，廣東方面的陳濟棠以臥榻之側豈容他人鼾睡，頓時感到極度的不安，而蔣先生則高踞南京，玩其分化統治的手法。

不過此時陳濟棠雖感恐慌，十九路軍的陳銘樞、蔣光鼐和蔡廷鍇各人，對蔣先生這一手法卻洞若觀火，不願輕易上當。故陳銘樞竭力設法和陳濟棠取得諒解，希望福建和兩廣合作，在廣州組織國民政府，號召抗日，和南京的汪、蔣相對抗。但這一計畫卻不能為陳濟棠所接受。

因陳濟棠盤據廣東，儼然是嶺南之主。如在廣州組織政府，則黨中元老以及陳、蔣等人將接踵而至，這樣則抗日反蔣未成，而濟棠先已失其在廣東唯我獨尊的局面，所以陳銘樞、蔣光鼐等人雖舌敝唇焦，陳濟棠仍不為所動。

陳銘樞、蔣光鼐等無可如何，乃積極向我們游說，希望廣西和福建合作，逼迫陳濟棠同意開府廣州，使南京國民政府不能不負起抗日的責任。而白崇禧和我則期期以為不可，因此項措置將愈陷國家於分裂。當前問題的中心是中央對日本的侵略一再退讓，等到忍無可忍，則必然被迫抗戰。一旦抗日戰事爆發，則我們必須團結一致對外，若再開府西南，實非國家之福。

孰知陳銘樞、蔣光鼐等，昧於大勢，不聽我言，決定單獨行動，樹立中樞於閩垣，用資號召。仍向我們游說，希望福建舉起抗日大旗之後，兩廣即通電附和，以壯聲勢。我和陳濟棠竭力勸阻，也難遏止他們的行動。此外他們更竭力和急進派民主人士徐謙、譚平山、陳友紅、章伯鈞、沈鈞儒、黃琪翔等，合作包圍李濟深。濟深斯時剛自南京湯山恢復自由不久，避居香港，孑然一身，久靜思動，而內心對蔣氏又極端怨懟。當他被陳銘樞等包圍時，我曾向他獻議，略謂，在目前情勢之下，只以十九路軍為後盾來組織中樞，號召抗日，似嫌勢孤力單，反予蔣氏以藉口。請告誡陳銘樞等慎重考慮，不要輕舉妄動，自貽伊戚。李濟深也頗以為然，主張慎重，不可孟浪從事。我乃自香港轉廣州回南寧。無奈陳、蔣、蔡和第三黨領袖們對開府閩侯一事，仍積極籌畫，勢在必行，即使兩廣反對，他們也要硬幹到底。民國二十二年秋，陳、蔣、蔡等和第三黨分子、急進派民主人士接觸頻繁，並陸續齊集福州，另外更與江西瑞金的中共取得諒解，因而他們在福州組織「人民政府」的空氣已甚囂塵上。箇中情節，蔣已深悉，然渠卻故作不知，只是暗中從事軍事準備。

到十月下旬，福州已密鑼緊鼓準備成立政府。陳、蔣、黃、章、沈等人，要求李濟深立刻前往主持。濟深以為不可。然陳銘樞卻誑他說，福州方面各級軍官已準備發動，陳等無法控制，希望李濟深親往解說。李為忠厚長者，信以為真，且禁不起左右親信張文、李民欣等的慫恿，遂決定往福州一行。

當香港方面包圍李濟深已至成熟之時，我在南寧和白崇禧恐他們會弄假成真。但我們也深知，只要李濟深不參加，陳銘樞輩就無法另組政府。為消弭這場無謂的紛爭，我和白崇禧乃決定採用「調虎離山」的辦法，把李濟深從他們的包圍中接出來。於是，我們立即包了一架民航機，由白崇禧親飛香港，接李濟深來南寧小住。誰知在白氏飛抵香港之前數小時，李濟深已被騙往福州。

我在南寧得此消息，立刻便感到事無可為了。我判斷李濟深一到福州，他們必然擁李為首，組織政府，與持不抵抗主義的南京相抗衡。但以區區十九路軍肩此重任，必然失敗無疑。

果然不出所料，李濟深一到福建，第三黨人士即召集所謂「全國人民代表大會」，並成立「人民政府」，推選李濟深為主席。同時宣言打倒國民黨及國民政府，廢除青天白日旗，另行制定上紅下藍中間一顆黃色五角星的新國旗。消息傳出，全國大譁。因一般國民和國民黨黨員雖不滿意於蔣先生，但對國民黨和青天白日旗仍有無限的依戀。

胡漢民聞報，即首先通電痛斥閩方，措辭極為嚴峻。陳濟棠和西南政務委員會繼之。我原擬不作任何表示，因斷定閩方必敗，實毋須多此一舉。但因外界盛傳閩、桂合作，胡漢民、陳濟棠等乃勸我也發表通電，以表明心跡。我和白崇禧遂聯名通電，勸閩方人士「幡然改圖，共赴國難」！

十二月中旬，中央軍約十餘萬人由蔣鼎文統率，兼程自浙、贛兩省分路南下入閩。閩方因和江西共黨有諒解，以為共黨可與之夾擊中央軍。孰知共軍竟自贛東讓開，中央大軍數萬乃一舉而侵入閩北。閩方總司令為蔡廷鍇，蔡氏負抗日英名，號稱能戰，原擬背城借一，與寧方一戰。孰知蔡氏幕中早伏有寧方間諜。其參謀長鄧世增雖極忠誠，但是黃埔一期畢業的參謀處處長范漢傑家中則裝有祕密電台，以故閩方的軍事動態，中央瞭如指掌。加以名不正，言不順，軍心渙散，軍長毛維壽等都暗中向南京輸誠，蔡軍因此不戰自潰。到二十三年一月中旬，福州、漳州、泉州都為寧方所攻克。福州軍政大員紛逃香港。十九路軍殘部退入廣東，為陳濟棠所收編，旋即繳械。抗日有功的十九路軍到此竟全軍解體，良堪惋惜。追溯閩變自二十二年十月中旬發動以來，到二十三年一月底十九路軍繳械止，前後尚不足三個月，其經過情形亦殊堪浩歎。

2

繼「閩變」後的另一政變，便是陳濟棠在民國二十五年夏季所導演的「六一運動」了。

在「閩變」期間，陳濟棠曾力斥閩方的行動為幼稚。何以在「閩變」失敗之後，又來導演這幕悲劇呢？其內幕也甚為錯綜複雜，政治的鬥爭之外，還參雜了一些荒唐和迷信的故事，說來難以令人置信。

原來在「西南政務委員會」和「西南執行部」成立後，胡漢民先生儼然是西南的物望。關於西南方面的黨務和政事的處理，我們都以胡氏馬首是瞻。因胡先生為黨國元老，德望素著，推他做西南領袖，原是順理成章的事，但是當時握廣東實權的陳濟棠卻另有懷抱。在他看來，假使胡漢民掌握了西南的黨政實權，則他獨霸廣東地盤的迷夢，必被打破無疑。因此，在胡先生去世前，西南方面每以胡先生為號召而有所作為時，濟棠皆若即若離，不甚熱心。民國二十五年五月，胡漢民忽患腦溢血逝世。原在廣東有號召力的領袖，如李濟深、陳銘樞等又以閩變之故，無法抬頭，濟棠在廣東的地位乃大增。西南有所行動，陳濟棠少不了都是最高的決策人。他個人的政治野心自然也隨之增漲。

另一個促使濟棠發動政變的重要原因，便是濟棠獲得情報，認為中央處心積慮，要徹底解決西南。濟棠憂心如焚，乃先行發動。原來在胡漢民逝世後，濟棠為刺探中央對西南的新政策，派乃兄陳維周入京晉謁蔣委員長。蔣先生為羈縻陳氏，曾設宴歡迎，優禮有加，並與維周詳談。據說，維周在南京時，探悉了中央徹底解決西南的三大原則：

一、徹底解決廣西的李、白，由中央協助廣東出兵。
二、驅逐蕭佛成等反蔣的元老離粵。
三、廣東仍維持原來局面。

這一決策可能是蔣先生親自告訴陳維周的，希望因此挑起粵、桂之間的摩擦。維周回粵後，即將詳情密告乃弟。濟棠得訊大恐，他深知兩廣團結的重要，和蔣先生分化離間手法的毒辣。中央既可授意廣東解決廣西，又何嘗不可反其道而行之？反覆思維，為之惴惴不安，深覺今後兩廣的局面，絕難長久維持，與其坐待中央部署妥當，各個擊破，何妨搶先一步，採取主動呢？而當時唯一可以藉口，向中樞作兵諫的，便是揭起抗日大纛，要求中央領導抗日了。這一考慮可能是陳濟棠導演「六一運動」的最主要的動機！

此外促使濟棠妄動的，迷信也是因素之一。原來濟棠兄弟行中，他最敬佩的便是大哥陳維周，濟棠對他可說是言聽計從。維周粗通翰墨人亦精敏，惟篤信陰陽命相堪輿卜算之術。據說，維周某次特往廣東花縣洪秀全的故鄉，察看洪氏的祖塋，發現秀全的祖墳正葬在「活龍口」上。據維周及其堪輿朋友們推斷，秀全的祖塋可惜葬高了一些，如下移數十尺，便正在「穴」

上，秀全就是真龍天子，不會只擁半壁河山，及身而敗了。維周認定此一墓地的可貴，便要洪姓子孫賣與他。洪姓起初不允，但禁不起維周的威脅利誘，就將墓地割愛了。陳氏兄弟遂將生母遺骸遷往該處安葬，深信陳府不久便要出一位了不起的人物了。但環顧陳家上下，餘子碌碌，除掉濟棠還有誰呢？因而陳濟棠就野心勃勃，予志自雄。

此後不久，維周便銜乃弟之命，去京與蔣委員長作促膝長談。這又給維周一個最好的機會替蔣先生「看相」。據維周回粵語人，從相上看，蔣先生斷難過二十五年這一關。說也奇怪，蔣先生的相倒是給維周看中了。當年發生的「西安事變」幾乎使蔣先生喪命。不過其事的發生，是應在張學良身上，而不是陳濟棠罷了。

又據說，在濟棠發動請纓北上抗日之前，維周曾約了翁半玄等術士替他卜卦。卦中有「機不可失」字樣，也使陳氏兄弟相信要「應」在蔣先生身上。孰知事變發動之後，陳濟棠的空軍——飛機數十架，在黃光銳率領之下，北飛投奔中央去了。原來「機」者「飛機」也。濟棠既「失機」便只有亡命了。也可說，他被卦仙開了一場大玩笑吧！

濟棠既預備發動，乃於五月間拍電至南寧給我，謂我們應在民眾抗日高潮之下，要求中央立刻抗日，不可畏首畏尾。不久，陳濟棠又派林翼中和陳維周等先後來邕，催促我和白崇禧去穗共商大計。我說，伯南（陳濟棠）何以一時心血來潮，急於要發動抗日呢？如此魯莽從事，萬一與中央部隊發生衝突，豈不未抗日而先內戰了嗎？他們都是異口同聲地說，陳總司令也無意內戰，不過據他判斷，只要西南做出抗日的姿態，登高一呼，全國必定響應，蔣先生如不順從民意，則必然垮台無疑。他們並一再強調，即使廣西不參加，陳總司令還是要發動的。

在陳濟棠一再要求之下，我便商請白崇禧赴穗一行，勸伯南不可妄動。白氏飛穗後，不數日便回，說陳濟棠意志堅決，勢在必行，無法挽回。然兩廣原屬一體，廣東一旦發動，廣西方面不論願與不願，也必被拖下水，廣西如果毅然參加，或許對陳濟棠的行動尚能有所糾正，使其不致過分魯莽滅裂。此實我們不得已的苦衷。

我既知無法挽回，乃於五月底飛往廣州。濟棠給我一個盛大的歡迎，並詳述他此次發動抗日運動的原委。濟棠且強調說，山東韓復榘、河北宋哲元均派有代表在此，聲明唯西南馬首是瞻，勸我縱不願積極參加，至少也應向他的部下打打氣才對。因此，在若干重要軍事會議中，濟棠便約我向其部將講話。我當然講了一些非抗日不足以圖存，中央既不願抗日，我們領導抗日實責無旁貸的大道理。說了，只見陳氏部將面面相覷，無絲毫熱烈的反應。看這情況，我便覺得這一運動的前途，凶多吉少。

在廣州，我也見到元老蕭佛成先生。蕭佛成先生時為西南元老中的碩果僅存者。西南政務委員會中，自鄧澤如、胡展堂（漢民）相繼謝世，鄒海濱（鄒魯）借故離粵之後，已有故老凋零之態。「九・一八」前後，西南冠蓋雲集，我也常住廣州，爾後不常來穗，即以此故。此次，我問蕭佛成，何以他也贊成這一運動呢？蕭微笑道：「抬轎子、抬轎子。」他的意思是說替陳濟棠捧場。陳以前不願替胡漢民「抬轎子」，現在卻發動這些元老來替他自己抬轎子。

佛成又告訴我一些關於陳濟棠的笑話。這故事是當鄧澤如在時，某日時近午夜，濟棠忽親自訪鄧氏，約其同赴燕塘軍校。鄧問何事。陳說，他的將領今晚在軍校「宣誓」，他希望鄧先生前往「監誓」。鄧氏到了燕塘軍校禮堂，只見禮堂上方安置一個皮製假人，上書「蔣介石」三字。宣誓時，由濟棠唱名，各軍官逐一起立，宣讀「余決心效忠黨國，抗日反蔣，擁護陳總司令，以後如違誓言，必遭天譴」一類的「誓言」。讀畢，即趨至假人之前，舉起一把木劍，向「蔣介石」身上痛劈三劍，以表示仇恨與決心。蕭佛成說，陳伯南的荒唐落伍，愚不安愚，一至於此，如何能成大事。

香翰屏也告訴我一件故事。翰屏與濟棠可說是親如手足，陳氏任連長時，香即為該連排長，嗣後隨陳升遷，最後充第二軍軍長。翰屏為人很通達，思想也很新。他實在看不慣濟棠的開倒車作風，但是勸又無用，只好表示消極，請辭軍長職，濟棠不允，歷時很久，香才擺脫軍職。翰屏告我說，濟棠對其親信的部屬都心存疑慮，防範他們有背叛的行為，但是他防範的方式卻又愚蠢萬狀。

例如，第一軍軍長余漢謀，原是陳的心腹股肱，濟棠卻疑其有貳心，密派特務暗中監視。余氏在廣州東山建有一住宅，陳便命其特務在余宅對面也築一宅。余氏每自防地返穗，陳的特務便在對面屋頂鬼頭鬼腦，日夜竊伺余宅的訪客，和其室內的行動。日久，此事為余漢謀所悉，乃漸生怨懟之心。

翰屏又告我一事說，廣州市內的警察都奉有陳氏密令，隨時報告各高級軍官的行蹤。有時三數高級軍官將領暇時赴某地尋歡取樂，其地外人原不知道。孰知當他們玩興正濃時，陳總司令忽然輕車簡從翩然蒞止。陳來此並無惡意，只是笑對眾人說：「你們到哪裡我都知道呀！」換句話，便是說你們要小心啊！你們有什麼不法舉動，我陳總司令都一概知道啊！諸如此類的事，廣東將領都可以數出一些來。於此可見陳氏是如何不得部曲之心。

濟棠做的另外一件荒唐的事，便是在五月底突然發表陳維周為廣州衛戍司令。維周是個文人，從未涉足軍旅，何能平地風波，一躍而為衛戍司令呢？因而，命令發表之後，廣東各界都人言嘖嘖，尤其是各將領，一致認為濟棠此舉是有意侮辱其將校的人格。濟棠這一失著，也是引起其部曲離心的一個重要原因。

在分析各種因素之後，我們便深知陳濟棠所領導的這一運動必然要失敗。但是西南政務委員會中既已有此決議，蔣光鼐、蔡廷鍇、翁照垣等主張反蔣抗日人士都已聯袂來粵，勢成騎虎，欲罷不能。唯一補救之道，只有在運動發動後，加以糾正，使其不趨向於越軌，而免寧、粵雙方同室操戈的一途了。

3

六月一日西南政務委員會和西南執行部正式集會，決議呈請國民政府及中央黨部，並通電全國，籲請國民政府領導抗日。呈文的內容要義如下：

連日報載，日人侵我愈亟，一面作大規模之走私，一面增兵平津，經濟侵略，武力侵略，同時邁進。瞻念前途，殷憂曷極。屬部屬會等，以為今日已屆生死關頭，惟抵抗足以圖存，除全國一致奮起與敵作殊死戰外，則民族別無出路。在昔我中央嘗依賴國聯，而國聯之助我如何？嘗屈辱圖存，而屈辱之效果如何？今敵人又加緊侵略矣，中央忍辱負重之苦心，國民非不諒解，惟和必有方，忍必有期。長此因循，則敵人無饜之求，日甚一日，得隴望蜀，豈有窮期。嗚呼，「九．一八」之創痕未復，「一．二八」之腥血猶存。遼吉黑熱四省之同胞，陷於敵人鐵蹄之下，已逾五載，今平津又將繼之矣。昔人有言，以地事人，猶抱薪救火，薪不盡，火不滅。國家之土地，先民所遺留，亦民族所託命，舉以資敵，寧異自殺。屬部屬會，以為黃河以北，寸土不容予人。切冀中樞毅然決然，從事抗戰，用以至誠，籲請鈞府鈞部，領導全國，矢抵抗之決心，爭最後之一著。國家不亡，公理不誣，則奮起景從者，必不僅屬部屬會也。時不我待，惟實利圖之。迫切陳詞，佇候明教。

六月二日西南政務委員會和西南執行部乃根據這呈文的內容，通電全國，是為「冬電」。

兩日後，西南將領數十人，由陳濟棠和我領銜，再度發出「支電」表示擁護，並誓率所部「為國家雪頻年屈辱之恥，為民族爭一線生存之機」！「冬」、「支」兩電一出，全國震動，是為有名的「六一運動」！

在當時不明內幕的人看來，以為兩廣又假抗日之名，對中央用兵。其實，一看「冬」、「支」兩電的內容，就知道我們所要求的，只是由中央出面，正式領導抗日，西南當局無對中央作兵諫的行動，也無用兵的意圖，大家只是發一個抗日通電，做個樣子而已。當時中央如置若罔聞，或與西南電戰一番，此事也便消滅於無形，而我們也算慎重地應付了陳濟棠這次的妄動。

不料中央謀粵已久，反間工作做得十分有效。「六一運動」的發動，正予蔣氏以打擊陳濟棠的機會。先是，自非常會議之後，蔣先生即派蔣伯誠為代表，常住廣州。伯誠是個老官僚，善於應酬，與濟棠的部屬過從極密，乘機大施反間之計，第一軍軍長余漢謀、空軍司令黃光鋭都和蔣伯誠有勾結。「六一」之後，蔣伯誠在反間上所用款項多至數百萬元。果然「銀彈」效力甚大，七月四日空軍司令黃光鋭突率飛行員四十餘人，分駕飛機數十架，飛投中央。七月中旬第一軍軍長余漢謀通電擁護中央，師長李漢魂亦稱病離職，赴港休養。七月十三日南京軍委會乃明令免除陳濟棠本兼各職，遺缺由余漢謀升任。余在粵北防地立即通電就職，並聲明率部回廣州。陳濟棠見大勢已去，乃於十七日晚間十一時約我到其官邸一晤。見面之後，濟棠便說如今大勢已去，他決定一去了之，並勸我回廣西綏圖善後。

陳氏並當面書一便條，送我大洋二十萬元。是晚即由廣西駐粵辦事處主任王遜志赴廣東財政廳如數提出，交輪運往梧州。陳氏臨別贈金，其情形正與民國十九年閻錫山解囊相贈相似。因兩廣團結數年，共同維持西南的局面，陳氏一走，便要散夥了，陳氏所贈二十萬元，大概就算是「散夥費」吧。

4

陳濟棠於七月十八日拂曉前，悄然離穗去香港，我也於同日中午包用一可乘四人的民航機逕飛南寧。登機之後，我才感覺到此事殊欠考慮。此時廣東局面已解體，中央特務在港、穗一帶活躍異常，萬一他們事先買通該民航機師，將飛機飛往江西，我豈不立刻成為俘虜了嗎？想到這裡，頓覺悚然。乃默察飛機的航線，如渠真圖謀劫持，我便立刻取出手槍迫其改航，嗣見渠循西江而上，才放下了心。

回到南寧，滿以為「六一運動」從此結束，陳濟棠愚不安愚，咎由自取也就罷了。因為當中央於七月十三日將陳氏明令免職時，曾附發一電令，聲明廣西維持現狀，仍以我李、白二人分任廣西正副綏靖主任，我等也已專電中央表示就職。

孰知我返桂後不久，中央突然變更原意，電令白崇禧立刻出洋考察，李宗仁調往中樞軍委會任職。這突然的轉變，據說是由於時任湖北省主席、政學系巨擘楊永泰的建議。蔣氏於七月十八日自南京飛往廬山，曾接見楊永泰作長談，楊氏乃有「徹底解決廣西李、白，此正千載一時的機會」的建議。蔣先生深然其說，遂頓食前言。

我們接到電令，深感詫異。因而覆電，認為中央「墨瀋未乾，自毀信譽」，我們「殊難遵令」。不久，又接覆電，改任白崇禧為浙江省主席，我本人為軍事委員會常務委員。桂局善後則由黃紹竑出任廣西綏靖主任，負責處理。白崇禧和我接電後，均覺難以從命，乃開黨政軍聯席會議，徵求大家的意見。

地方官吏調職，原無抗命的必要。白崇禧和我也斷無割據稱雄的軍閥心理。我們所不服的，只為中央政府的無能。蔣先生大權獨攬，遇事不以國脈民命為重，只為一己私利，縱橫捭闔，予取予求。因此在中央直接管治下的省分如湖北、江西、安徽、江蘇、河南等，都是治績最糟的幾省。中央拿省政來應付人事，在上的貪婪瀆職，在下的則民不堪命。但是廣西近數年來，在我們苦心孤詣建設之下，各項政績俱有可觀，全國譽為模範省。中央無片言隻字的褒獎，一分一釐的援助，反而要用武力脅迫我輩離境，好讓他們來蹧蹋。此事不僅我李、白等人心有不服，廣西千餘萬人民也深知苛政猛於虎，斷難讓蔣家勢力再入廣西。

我們和蔣先生數度電戰之後，廣西全省人民也激昂無比，誓死為我李、白二人的後盾。蔣先生乃一不做二不休，調集各路大軍，來圍困廣西。顧祝同所指揮的湯恩伯、薛岳等軍，自貴州向桂北窺伺，陳誠的第十八軍則循西江而上，余漢謀軍則自高州一帶進逼桂南，何鍵則取道湘南向桂林一帶壓迫。一時大軍雲集，自四面而來的不下四五十萬人，劍拔弩張，遙遙向廣西逼近。

廣西軍民也憤激異常，不數日，省防軍已由十四個團擴編為四十四個團。弓上弦，刀出鞘，預備與中央軍一決雌雄。中央方面策士知廣西不可輕取，乃一面派遣高級人員如居正、朱培德、程潛等，入桂游說，一面發表黃紹竑為「廣西綏靖主任」及「廣西省政府主席」。更派無數特務人員，在港、穗一帶活動，冀以高位厚祿，分化收買我軍幹部。誰知我軍意志堅定，萬眾一心，中央策反工作完全失敗，即使排長也未有被收買去的。黃紹竑也不直蔣氏所為，渠雖與我和健生（白崇禧）有舊，但迄未作片紙隻字向我輩招降，更未認真在我軍幹部之間實施離間工作。以故我軍士氣迄未動搖，都願與敵人一拚。

事態發展至此，蔣先生也深知戰爭一發便不可收拾，遂漸有放棄武力解決，並收回成命的打算。適馮玉祥自南京上廬山，乃乘機向蔣先生進言，勸毋斲喪國家元氣。在馮氏緩頰之下，蔣乃決定採取和平解決的方針。

九月初旬，局勢逐漸和緩，中央聲明收回成命，各路大軍也同時撤圍。白崇禧和我也覺不為已甚，戰爭不可輕啓，都同意和平解決，戰爭才算是避免了。

但是廣西此時已全省動員，大軍十餘萬義憤填膺，皆勒韁以待號令。全省民眾，尤其是熱血青年，都激昂萬分，大家認為中央向日寇妥協投降，喪地辱國，我廣西軍民請纓抗日，反招致「圍剿」的後果，中央方面怯於禦侮而勇於內戰，是可忍，孰不可忍！大家非和蔣氏中央軍一拚不可。

當時來廣西響應抗日的李濟深、蔡廷鍇、蔣光鼐、翁照垣等，更是惟恐天下無事，堅決要求以兵力威脅中央發動抗戰。先是，蔡、蔣、翁等來桂後，我曾撥出一師部隊，委派曾任前十九路軍師長的翁照垣為師長，仍用抗日有名的第十九路軍的番號以為號召，進駐粵南的北海一帶。至是，我訓令翁師長將部隊撤回廣西，照垣竟抗不從命。九月初，並無故將一日商殺害，企圖引起國際爭端。李濟深、蔡廷鍇等也隨之鼓譟，全省軍民隨聲附和。白崇禧和我用盡九牛二虎之力，舌敝唇焦，才將此一風潮平息下去。

九月中旬，蔣先生飛抵廣州，電召白崇禧飛穗一晤。原先，白崇禧曾與某中央訪桂大員提及，如蔣先生認為有此必要，彼可前往謁見。至是，蔣既來電，白氏似有踐約的必要。孰知白夫人聞訊，深恐乃夫一去不返，力阻白氏赴穗，並向我哭訴。但我認為，丈夫一諾，重於千金，白氏既不能去，至少我應代其一行，雖然我本人並未作此諾言。

九月十七日，我乃隻身飛廣州，謁見蔣先生。大家寒暄一番，未及其他。自此大家言歸於好，共赴國難。不久，西安事變發生，接著抗戰也就爆發了。國家的命運與個人的經歷，遂又進入另一階段。

第七編

八年抗戰

【第49章】

暴風雨的前夕

1

民國二十六年七月七日夜十一時盧溝橋事件的爆發，實為日本帝國主義要淪中國為日本殖民地的最後一擊。我全國軍民至此已忍無可忍，而奮起抵抗，企圖死裡求生，或與日偕亡。

日本侵華係明治維新以來的一貫政策。一九二九年七月二十五日，日首相田中義一上日皇的奏摺說：「如欲征服中國，必須征服滿蒙；如欲征服世界，必先征服中國。」便是這一狂妄政策的中心要義。然自甲午以來，中國因苟延於列強均勢之下，門戶開放，利益均霑，日本軍閥侵華的行動，尚畏懼列強干涉而有所顧忌。直至「九・一八」之後，日本才明目張膽侵略中國。「九・一八」事變本是若干少不更事的日本少壯軍人冒險的嘗試，尚非日本政府的有計畫行動。無奈我國政府應付失策，抱不抵抗主義，而國際聯盟又作壁上觀，不積極制止日本暴行，遂助長了侵略者的氣燄。於是，「一・二八」淞滬之戰，與僞滿的成立，相繼發生。一九三三年（民國二十二年）日軍更西侵熱河，窺伺關內，迫我簽訂《塘沽協定》。由是義大利墨索里尼也起而效尤，派兵進攻阿比西尼亞（Abyssinia）❶了。

至希特勒於一九三三年登台以後，竟公然廢除《凡爾賽和約》，這也是國聯的姑息政策所誘致。歐洲多事，列強無暇東顧，日本侵華乃益發積極。一九三五年（民國二十四年）日竟使漢奸殷汝耕在冀東組織「自治政府」，割裂河北省政權，使成日本的附庸。而日本軍閥猶嫌其政府侵華不夠積極，竟於一九三六年發動「二・二六」政變，樹立軍閥政權，退出國聯，不顧西方抗議，一意侵略中國。內閣總理廣田更向我政府提出制止抗日運動，承認僞滿，經濟合作與共同防共的所謂「三原則」，迫我接受。我政府如接受此「三原則」，即無異亡國，如果拒絕，則日本大舉武力侵華將為必然的結果。在此局面之下，南京中央政府乃一味拖延，日本軍閥則步步進逼。組織冀東僞政府之後，繼之以進兵察、綏，組織內蒙僞政權，並企圖使華北五省「特殊化」。日、韓浪人更乘機在中國販毒走私，無所不為，日本侵華方式的下流，實史無前例。局勢發展至此，已無可收拾，全面抗戰的爆發，只是時間問題而已。

值此時期，我們在西南，便覺全面抗戰的暴風雨即將臨頭，蔣先生和中央雖一再拖延規避，最後還是無路可走，非挺身而出領導抗戰不可。所以我們在廣西建設的中心目標便是準備全面抗戰，但是以一個老大落後的中國，一旦全面抗戰爆發，我們怎樣才可以作有效的抵抗，以置暴日於死地呢？經過長時期的反覆考慮和研究，我於民國二十二年草擬了一篇討論抗日戰略計畫的論文，名之曰《焦土抗戰論》。「焦土抗戰」四字後來在抗戰期間曾被廣泛引用，成為一項最悲壯的抗戰口號。我這篇論文便是這一口號的來源所自。

在這篇論文裡，我特地指出，與其聽任敵人蠶食而亡國，毋寧奮起而全面抗戰以圖存。我們雖是一個落後國家，工業建設和交通設備尚未現代化，從戰略方面說，若日本侵略者實行堂堂正正的陣地戰，則彼強我弱，勝負之數，不待蓍龜。故敵人利在速戰速決，以迫我作城下之盟。但吾人必須避我之所短，而發揮我之所長，利用我廣土眾民，山川險阻等優越條件來困擾敵人，作有計畫的節節抵抗的長期消耗戰。到敵人被誘深入我國廣大無邊原野時，我即實行堅壁清野，使敵人無法利用我們的人力和物資，並發動敵後區域游擊戰，破壞敵人後方交通，使敵人疲於奔命，顧此失彼，陷入泥沼之中，積年累月，則暴日必敗無疑。這便是我《焦土抗戰論》一文的精義所在。「焦土抗戰」一辭的涵義，並非真個自行將所有物資燒毀一空，而是本寧為玉碎，不為瓦全的心理，以激勵全民與敵人火併。

文成之後，我即送給胡漢民先生，希望用他的名義發表。因胡氏是黨國元勳，望重中外，以他的名義發表，更可引起國內外的重視。胡先生看過該文之後，承認我的看法完全正確，不過，他說，他是個文人，以文人談兵，反令人有鑿枘不投之感，而我既是一員握重兵的將領，倒不如由我自己發表。在胡氏敦促之下，該文乃由我自己署名，送交報館和通訊社發表。全國各報競相轉載，成為當時輿論研討最熱烈的題目之一。

2

「九・一八」、「一・二八」以後，我國民間的抗日運動極為澎湃，當時藉抗日口號而別有所圖的，雖然大有人在，但是絕大多數人民，都是激於義憤，情難自抑。無奈中央有意敷衍日本，竟通令壓制各地的抗日運動。兩廣因一向與中央的政治主張相徑庭，故兩廣的抗日運動獨能不受干擾。我們兩廣，尤其廣西，抵制日貨的徹底，可說史無前例，真是尺布寸紗也不能偷關一步。

日方有見於此，乃多方派人來粵做拉攏的工夫。因此，「九・一八」以後的兩三年內，日本軍、政、商、學各界要員訪粵，並來我私邸訪問的，多至百餘人。軍人中，如土肥原賢二少將、松井石根中將、岡村寧次少將、梅津美治郎少將、坂垣征四郎少將、鈴木美通中將、和知鷹二中佐、血田寬三、服部、中井、吉野、佐方等，都是後來侵華戰爭和太平洋戰爭中的要角。

文人、政客、學者來訪的，如現任日本國有鐵道總裁的十河信二，便是當年與我長談過的訪客之一。年前十河氏來美，我們於紐約暢談往事甚歡。

對於這些日籍訪客，我總是開門見山毫不留情地痛斥日本強佔我東北的狂妄行動。以同文同種之國，中、日兩民族亟應相親相重，以維持遠東和平。而日本不此之圖，卻一意步西方帝國主義的後塵，變本加厲侵略中國，可恥孰甚？我一再強調說，日本咄咄進逼，最後必然要引起中國的全面抗戰。試問以日本蕞爾小國，是否可將中國一舉吞沒？如不可能，則戰事必然曠日持久，使日本陷入泥淖無法自拔，最後必惹起世界大戰，日本玩火自焚，終要招致滅亡而後已。

一般日本人，在我責以大義以後，都有赧然無辭以對的表示，唯獨土肥原和松井二人卻態度倔強，向我反駁，此事已詳第三十九章。其他日人則有一共同遁辭，說中國國勢不振，赤禍瀰漫，蘇聯最後必將以中國為踏腳石而侵入太平洋，赤化東南亞。中國的東北位居蘇聯東進的要衝，而中國無力防守，為免淪入蘇聯之手，日本實不得不越俎代庖云云。

針對這一點，我竭力反駁說，諸君此項遁辭實是自欺欺人。為著反共，必須侵略中國，這種理論不值一駁。如真有一二糊塗君子，以為侵略中國可以反蘇，則他們將來所招致的結果將適得其反。中、日火併，適使蘇聯坐收漁翁之利。日本也將為淵驅魚，把中國廣大的抗日群眾驅向蘇聯懷抱，同時予中國共產黨以坐大之機，將來赤化中國，禍延遠東。

日本訪客中，除少數頑固分子外，大都對我這項分析，口雖不服，而心然其說。在和他們廣大人群接談之後，我深深覺察到，日本人之間對侵華、反蘇兩項抉擇實持有不同意見。縱使是少壯軍人之間，意見也相去甚遠。南進、北進兩派頗為格格不入，陸軍和海軍也時相水火。

當時訪粵的日本少壯軍人中，和知鷹二中佐便是不贊成侵華而力主反蘇的重要分子。他在和我接談時，對我的分析幾乎完全同意。他認為日本侵華是最大的錯誤，蘇聯才是日本的真正敵人。日本應聯華反蘇，不應把中國趕入蘇聯的懷抱。因為觀點相同，和知在粵和我相處甚得，可說無話不談。後來滬戰爆發，和知任少將旅團長，在大場和我軍血戰。嗣以發表反戰言論，為軍部褫去兵柄，轉任運輸司令。太平洋戰爭爆發，又奉調為日本駐菲律賓佔領軍參謀長。戰後，曾以戰犯身分被捕入獄，嗣因渠一向反對「南進」，且在菲期間，對美國戰俘多所庇護，故獲無罪釋放。此是後話。

在廣州時，我便看到「南進」派極為得勢，咄咄逼人。我乃竭力拉攏「北進」派，企圖擴大兩派間的摩擦，並乘此刺探日本侵華的祕密。因此，我與和知的交情日篤，和知也引我為中國知己，不時有意或無意地將侵華機密洩漏給我方情報人員。擔任此項重要任務的人，便是何益之君。

何君是遼寧大連人。日本帝大法政科畢業，能操流利日語。「九．一八」事變時，自大連逃出，企圖到關內投效。但因關內無親無友，不特請纓無路，甚至無計餬口。不得已，又潛返東北。終因其學歷過人，日語流利，為日本軍方所羅致，派充日本駐華南各機關華語譯員。他遂乘機與土肥原、坂垣、岡村、和知等廝混極熟，以故所有我的日本訪客都請何君為通譯。

我和何君見面多次之後，覺得他為人正派，年輕熱情，何以竟甘心事敵呢？一次，我便祕密著人約其來私邸一談。

見面之後，我便很誠懇地問他說：「何先生，我看你是位有德有才的青年。現在我們的祖國如此殘破，你的故鄉也被敵人佔據，祖國命運已到生死存亡的邊緣，你能甘心為敵人服務而無動於衷嗎？」

何君經我一問，頓時淚下。他因而告訴我，他於「九・一八」事變後，入關投效失業的一段往事，以及後來為日本軍部羅致，充當傳譯的經過。

我說：「何先生，我看全面抗日戰爭很快就要爆發了，你希望不希望替祖國盡點力呢？」

何說：「如有機會替祖國報效，萬死不辭！」

我見他出語誠摯，乃私下和他議定，要他做我方情報員，刺探日方機密。何君一口允諾，並謝絕任何報酬。民國二十三、四兩年間，他果將日本派大批人員到印度支那半島和東南亞國家活動情形向我報告。根據這一情報，我即斷定日本向中國全面進攻為期當在不遠了。「七・七」事變後不久，上海、南京相繼淪陷，益之得和知鷹二等朋友的掩護，在淪陷區行動自由，常蒐集日方重要軍事行動情報，交設於法租界的地下電台拍發第五戰區。故日軍每一軍事動向我方都事先得報，歷驗不爽。甚至軍委會所得情報，尚不及五戰區所得的為可靠。所以軍令部曾迭電嘉獎五戰區的情報組，此實何君之功。

日本侵華與抗日運動發展至一九三六年（民國二十五年），已至相當嚴重階段。是年十二月十二日，剿匪軍副總司令張學良暨陝西綏靖主任楊虎城突然發動「西安事變」，劫持蔣委員長，要求全面抗日。「西安事變」和平解決後，剿匪軍事停止，全國抗日運動乃急轉直下。到一九三七年（民國二十六年），日本向華北壓迫，有增無已，抗戰遂成箭在弦上，一觸即發。

為應付即將爆發的抗戰，我們深覺廣西省會的南寧，距離海口太近，極易受敵人威脅。二十五年秋，「六一抗日運動」事件結束後，我乃於廣西全省黨政軍聯席會議中陳述，為應付將來抗戰軍事上的需要，省會應自南寧遷返桂林。一則可避敵人自海上登陸的威脅，再則可與中央取得更密切的聯繫。加以桂林多山洞，是最好的天然防空設備。一省省會的遷移，往往引起人民不絕的爭執，且茲事體大，最難作出決定。但此次經我解釋後，大家一致通過，殊出人意料之外。廣西省會遷治後，果然不到半年，抗戰便爆發了。

注釋

❶非洲衣索匹亞的舊稱。——編者注

【第50章】

「七・七」事變與上海、南京保衛戰

1

「七・七」盧溝橋事變，實為日本帝國主義有計畫的挑釁行為所發動，消息一出，全國民氣沸騰，一致主張全面抗戰，不再讓步。此時蔣委員長正在廬山舉行談話會，邀請著名教授和社會名流聚論國事。與會人士也多數認為只有發動抗戰，才可挽救國家的滅亡，於是中、日全面大戰遂成定局。

盧溝橋事變後約四五日，蔣先生即自廬山拍電來桂林，聲言中央已決心抗戰，約白崇禧和我速赴廬山，共商大計。我們接電後，不假深思，便覆蔣先生一電說，中央既已決心抗戰，我輩誓當擁護到底，崇禧當即遵命首途，聽候驅遣，我本人則暫留桂林，籌畫全省動員事宜，一俟稍有頭緒，亦即兼程北上，共效驅馳。

當我們同中央電報往返之時，四川省主席劉湘、雲南省主席龍雲均有所聞，兩人乃相繼來電勸阻。大意說，傳聞中央預備對日抗戰，不過是否出於誠意，尚在未知之數，兄等殊未可輕易入京，萬一抗日不成，反而失去自由，則國家將因此愈益多事，務盼兄等深思熟慮云云。

劉、龍二人當時對國是意見頗尊重我們的主張，故對我們北上，特別關切。他們認為蔣先生的為人，最尚權詐，萬一藉抗日之名，將我李、白二人騙往中央，加以羈縻，則廣西省政必為蔣系所控制。脣亡則齒寒，川、滇兩省也將岌岌可危了。所以他們來電勸阻。

我得電後，當即覆電勸慰劉、龍二主席。大意是說，我們的判斷與他二人大有出入。因日本侵略者現正著著逼我，不只是蠶食而已，而是實行其一舉征服中國的政策。相信中樞已無忍讓的餘地。今日的局勢只有兩條路可循，不是抗戰圖存，便是投降亡國。中央和蔣先生縱有意拖延，日本侵略者也未必容許，此其一。如中央此次仍無心抗戰，而欲採取投降一途，則不特全國軍民不能同意，恐怕蔣先生的嫡系部隊也將自動實行抗戰，此其二。根據以上兩點判斷，我認為中央和蔣先生除抗戰外，實無他路可走。今蔣先生既有發動抗戰的決心，廣西自當響應號召，實行全省動員，參加抗日。希望劉、龍二公也秉「先國難而後私仇」的大義，動員全省人力物力，擁護中央，參加抗戰，切勿遲疑不決，致貽蔣先生以吾人不願共赴國難的口實，而向侵略者低頭。

電報發後，白崇禧便乘廣西省府所購的法國製六座小飛機，直飛南京。我本人則暫留桂林，主持動員計畫。

廣西平時僅有常備軍十四個團，其中兩團還被用作兵工，在賀縣開採錫礦。幸而我們平時寓兵於農的政策十分成功，廣西於民國二十二年起實行徵兵，新兵訓練一年後退伍。所以「七・七」事變前，我們已有四屆有訓練的士兵退伍在鄉，各級幹部也儲備齊全。現在抗戰爆發，我們擬立刻編成四十個團，開赴前線。一經號召，各縣農民蜂擁前往縣政府報到入伍，終因報到人數太多，政府還須以抽籤方式決定取捨。不滿一月，便編成四個軍，共四十個團，嗣後改編為三個集團軍。開中國近代史上，軍事動員前所未有的先例。戰鬥序列如下：

第十一集團軍總司令　李品仙

第十六集團軍總司令　夏威

第二十一集團軍總司令　廖磊

各軍指定集中地點為桂林、衡陽、岳州、武昌，以便聽候中央統帥部調遣。各軍成立時，重武器雖不多，然輕重機槍和步槍均係自己新製或購自歐洲的。士兵一律戴捷克製鋼盔，士氣旺，紀律佳，軍容亦盛。

各軍編成後，廖磊、李品仙兩集團軍即依次北上入湘，開赴前線。我在離桂前，特地電白崇禧，決定將廣西數年來慘澹經營而頗具規模的兵工廠，悉數移交中央統籌辦理。並請白氏就近通知中央派人接收。其實當時各廠原有的管理及技術人員均已駕輕就熟，中央接收時，僅須將管理系統改由中央直轄便可，本毋須作人事上的更動。孰知中央竟將內部行政人員一律撤換，殊屬不近情理。我們為促成全國團結，一致抗日起見，力誡部屬不得吐露微辭。

十月十日晨，我參加桂林各界慶祝雙十國慶節後，乃專機北飛，參加抗戰。專機起飛時，我察看手表，正指著十時十分，可謂巧合。

2

自桂林動身之前，我原定直飛南京，不意在長沙遇到大雨，飛機著陸後無法起飛。天氣短期內也無轉晴跡象，不得已，乃改乘火車到武昌。本擬即時換乘客輪下駛，但是一時無定期班輪開行，所幸湖北省主席黃紹竑、建設廳廳長伍廷颺都是我的老朋友，我便問伍廳長有無辦法。最後，伍廳長替我找到一艘可乘百人的破舊小火輪。當天中午，我便率隨員數人，搭該輪下駛。不料行至中途，西北風大作，長江之上，白浪滔天，這艘輪船既舊又小，風摧浪捲，危險不堪。尤其因西北風從船尾吹來，時常將船頭壓向浪中。船尾螺旋槳脫離水面，舵手便無法操縱，只得隨風逐浪漂流，船員和同行官兵都面呈憂懼之色。然此時輪船已不易靠岸，只有冒險前進。一路歷經險惡，翌日船過蕪湖，風浪稍減，人心始定。據船上領江的告訴我說，他在長江上下游操舟數十年，尚未遭遇過這種危險。

船抵南京下關，已是十月十二日晚間，我便暫時在中山陵園一座洋房內和白崇禧同住。這座洋房據說是張學良被囚前的私人住宅。翌日，白崇禧乃陪我去拜訪蔣委員長。此時敵我雙方已在上海戰場血戰兩閱月，國軍死傷甚巨，南京也時受敵機空襲，市面蕭條。但是委員長精神飽滿，且不時作豪語，一再向我說：「要把敵人趕下黃浦江去！」當時我心中殊不以此言為然，為最高統帥的，斷不可意氣用事。我想，我們如果能把敵人趕下黃浦江去，敵人也不敢來侵略我們了。但是值此鏖戰正烈，民氣沸騰之時，最高統帥有此豪情，我們也不便澆他冷水。一日，我見有機可乘，便對他陳述意見，略謂，淞滬不設防三角地帶，不宜死守。為避免不必要的犧牲，我軍在滬作戰應適可而止。我並建議將廖磊第二十一集團軍和其他增援前線的部隊調至蘇嘉路國防線上的既設陣地，憑險據守，然後將滬上久戰之師抽調回南京整補，再相機向國防線增援。如此更番抵抗，才能持久消耗敵人的力量。至不得已時，我軍便自動放棄南京，將大軍向長江兩岸撤退，誘敵深入，節節抵抗，實行長期的消耗戰。

無奈蔣先生個性倔強，不聽我的建議。那時的作戰計畫，全以他一人的意志為依歸，旁人簡直沒有置喙的餘地。他堅持死守淞滬三角地帶。並告訴我說，他已命令廖磊的第二十一集團軍趕赴上海參戰，要我去電催促廖一下。這既是最高統帥的命令，我的建議未蒙採納，自然只有絕對服從。不久，廖磊所部六旅之眾趕到上海，奉命參加大場的決戰。

3

淞滬會戰，歷時三月，是我國抗戰八年，犧牲最大，戰鬥最慘的一役。

敵方上海派遣軍總司令官為松井石根大將，所部有第三、六、九、一一、一〇一、一〇五、一〇六、一一〇、一一四、一一六等師團和海軍陸戰隊，總共不下三十萬人；有大炮三百餘門，戰車二百輛，飛機二百架，兵艦數十艘。戰鬥力之強，火力之旺，一時無兩。

我方投入這一河道港灣交錯，地形複雜的三角地帶的部隊，也是國軍的精華。初期作戰（自八月十三日至九月十七日）司令官為馮玉祥，嗣後由委員長自兼。全軍分三路，戰鬥序列，略如下：

司令長官　蔣中正（兼）

副司令長官　顧祝同

右翼軍總司令　張發奎

第八集團軍總司令　張發奎（兼）

第十集團軍總司令　劉建緒

中央軍總司令　朱紹良

第九集團軍總司令　朱紹良（兼）
第二十一集團軍總司令　廖磊
左翼軍總司令　陳誠
第十九集團軍總司令　薛岳
第十五集團軍總司令　羅卓英
另直轄部隊九個師

以上我軍參戰的約五十餘師，戰鬥兵員總數在七十萬左右。淞滬戰場離蘇嘉路第一道國防線尚有百餘華里。戰場上人數既多，又無險可守。敵海、陸、空三軍的火力可以盡量發揮，我軍等於陷入一座大熔鐵爐，任其焦煉。敵方炮火之猛，猛到我炮兵白日無法發炮，而夜間又無法尋找目標，只是盲目轟擊。所以淞滬之戰，簡直是以我們的血肉之軀來填入敵人的火海。每小時的死傷輒以千計，犧牲的壯烈，在中華民族抵禦外侮的歷史上，鮮有前例。

滬戰進行中，除前敵指揮官外，副總參謀長白崇禧也經常親冒炮火，在前線督戰。委員長以及我們高級將領也不時親赴前線鼓勵士氣。某夜，委員長和我們若干高級將領專車抵蘇州，適敵機數十架前來空襲，一時照明彈滿天照耀如同白晝。我們均在車站月台附近暫避，幸而敵機狂炸蘇州城內，未炸車站，故我們一行未有死傷。

此時前線我軍雖抱必死的決心，然血肉之軀究不敵炮火的摧殘。十月中旬，我軍已不能支持，自上海華界市中心撤至郊外大場一帶。幸廖磊及時趕到，協力扼守大場，陣地賴以暫時穩定，但敵人傾全力來撲，我軍也只能固守一星期。二十一集團軍原有旅長六人，數日之內，三死兩傷，戰鬥的激烈，可以想見，大場遂為敵所陷。

淞滬會戰至此，我軍已成強弩之末，亟應後撤。然委員長意氣用事，嚴申命令，有敢擅自撤退的，軍法從事。前線指揮官都知道委座脾氣，誰也不敢以真情實況報告，偶承以電話垂詢，多誑報士氣旺盛，倘直陳實際情形，即遭申斥。

白崇禧因常在前線視察，深知敵我戰鬥力的懸殊，乃於十一月初建議委員長下令後撤，蔣先生堅持不允，前線官兵又苦撐兩三日，實在疲憊不堪，白崇禧再度獻言撤退，蔣仍不允。全線又勉強支持一二日，時我軍陣容已亂，白氏知事急，乃向委員長報告說，前線指揮官已無法掌握部隊，委員長不叫撤退也不行了，因為事實上前線已「潰了」！統帥部下令撤退，面子上似好看點罷了。委員長才於十一月九日下令分兩路，一向杭州，一向南京，全線撤退。然前方此時已潰不成軍，各軍倉皇後撤，加以敵機日夜轟炸，人馬踐踏，秩序大亂。大軍數十萬竟越過鋼筋水泥所建的蘇嘉國防線陣地而不能停足。陣地上雖有堅固的堡壘，退兵因一時找不到鑰匙，不得其門而入，竟一一放棄，潰退之慘，一言難盡。敵人跟蹤追擊，不出數週，便自東西兩面進迫京畿，將南京合圍。

4

上海會戰失敗後，委員長乃約在京高級將領和德國顧問商討南京應否固守的問題。應召到會的，計有白崇禧、李宗仁、唐生智、何應欽、徐永昌等多人。

委員長首先便問我說：「敵人很快就要進攻南京了，德鄰兄，對南京守城有什麼意見？」

我回答說，我不主張守南京。我的理由是：在戰術上說，南京是個絕地，敵人可以三面合圍，而北面又阻於長江，無路可退。以新受挫折的部隊來坐困孤城，實難望久守。歷史沒有攻不破的堡壘，何況我軍新敗之餘，士氣頗受打擊，又無生力軍增援；而敵人則奪標在望，士氣正盛，南京必被攻破。與其如此，倒不如我們自己宣布南京為不設防城市，以免敵人藉口燒殺平民。而我們可將大軍撤往長江兩岸，一面可阻止敵人向津浦線北進，同時可拒止敵人的西上，讓他徒得南京，對戰爭大局無關宏旨。

委員長再問白崇禧，白說，他極同意我的主張——放棄南京。蔣先生說，在他看來，南京為國府和國父陵寢所在地，斷不能不戰而退，他個人是主張死守的。

接著，他便問總參謀長何應欽和軍令部部長徐永昌。二人皆異口同聲說，他們沒有意見，一切以委員長的意旨為意旨。詢及德國首席顧問，他也竭力主張放棄南京，不作無謂的犧牲。

最後，委員長問到唐生智，唐忽然起立，大聲疾呼道：「現在敵人已迫近首都，首都是國父陵寢所在地。值此大敵當前，在南京如不犧牲一二員大將，我們不特對不起總理在天之靈，更對不起我們的最高統帥。本人主張死守南京，和敵人拚到底！」唐氏說時，聲色俱厲，大義凜然，大有張睢陽嚼齒流血之概。

委員長聞言大喜，說：「孟瀟兄既有這樣的義憤，我看我們應死守南京，就請孟瀟兄籌畫防務，擔任城防總司令。」唐生智慨然允諾，誓以血肉之軀，與南京城共存亡。死守南京便這樣決定了。

當唐生智在會上發此豪語時，我就揣測他是靜極思動，想乘此機會掌握一部兵權，所謂與城共存亡的話，不過是空頭支票罷了。會後，我便向唐生智翹起大拇指道：「孟瀟，你了不起啊！」

唐說：「德公，戰事演變至此，我們還不肯幹一下，也太對不起國家了！」生智此時意態鷹揚，滿腹豪氣躍然臉上。我們遂互道珍重而別。

會議的翌日（十一月十二日），我便搭車赴徐州，執行第五戰區司令長官的任務。此時國民政府名義上雖然早已遷往重慶，但中央各部會仍多在武漢辦公。唐生智於城防司令職務發表後，公開宣稱與南京城共存亡，並督率軍民趕築防禦工事，準備和敵人廝殺。到十二月上旬，敵軍前鋒已逼近南京城郊，發生零星的戰鬥。

此時，駐在蚌埠，職司保衛津浦路南段的第十一集團軍總司令李品仙，忽有長途電話給我，說：「唐孟公要我在浦口車站替他預備一列車，這是什麼意思呢？恐怕南京淪陷就在旦夕了！」

我說：「孟瀟大概預備逃走了吧?!」

果然不久，噩耗傳來，南京失守了，大軍十餘萬人，激戰不到三四天工夫便全軍潰敗。據說，撤退時毫無計畫，任由官兵亂竄，各自逃生。少數勇敢部隊不知究竟，誤認友軍畏縮，擅自撤退，竟在城樓上架起機槍，掃射潰竄出城的友軍，卒至自相殘殺，死傷枕藉，慘烈之至。敵人於十二月十三日入城後，更大肆姦擄焚殺。我軍被俘和無辜平民被屠殺的，計數十萬人。充分表現日本軍人的獸性，為人類文明史永遠留下了污點。

我軍在南京損失部隊十餘萬，器械彈藥無算。當南京城郊尚在激戰時，李品仙又來電話說：「唐孟公已乘車經蚌埠北上，將過徐州轉隴海路去武漢。」我聞訊乃親到徐州車站迎接。見面之下，真使我大吃一驚，唐氏神情沮喪，面色蒼白，狼狽之狀，和在南京開會時判若兩人。我們在徐州列車上傾談二十分鐘，握手欷歔。

孟瀟說：「德公，這次南京淪陷之速，出乎意外，實在對不起人。」言罷歎息不已。

我說：「孟公不必介意，勝敗乃是兵家常事，我們抗戰是長期的，一城一地的得失，無關宏旨。」

我們談了片刻，唐生智便垂頭喪氣，轉隴海路駛向武漢而去。

5

上海、南京相繼失守之後，我國陸、海、空軍的精華喪失殆盡。舉國惶惶，淒慘景況難以言狀。於是汪兆銘等主和派沾沾自喜，以為有先見之明，一時妥協空氣甚囂塵上，若非全國軍民抗戰意志堅強，實已不堪再戰。

檢討京滬會戰的得失，我們不能不承認我們的最高統帥犯了戰略上的嚴重錯誤。我們極不應以全國兵力的精華在淞滬三角地帶作孤注的一擲。

蔣先生當初作此次決定的動機，第一可能是意氣用事，不惜和日本軍閥一拚，以爭一日的短長。第二可能是他對國際局勢判斷的錯誤。在蔣先生想來，上海是一個國際都市，歐美人士在此投下大量資金，如在上海和敵人用全力火併一番，不特可以轉變西人一向輕華之心，且可能引起歐美國家居間調停，甚或武裝干涉。誰知此點完全錯誤。第三便是由於蔣先生不知兵，以匹夫之勇來從事國際大規模戰爭。

兵法有云：「知己知彼，百戰百勝。」我敢說，蔣先生固不知彼，連自己也茫然不知。乘危用險，破釜沉舟，只可在少數場合偶一用之。長期戰爭，斷不可竭澤而漁，自喪元氣。

淞滬之戰，不過表示我國抗戰的決心而已，自應適可而止。當我方敗徵已見時，蔣先生應即採納白副總參謀長的建議，作有計畫的撤退，實行節節抵抗。則我雖退不敗，敵雖勝不武，以空間換取時間，達成消耗戰的目的。

無奈蔣先生不此之圖，意氣用事，甚至潰敗之兆已顯，他還要一守、再守，終於潰不成軍。試問在長期抗戰的原則下，多守一兩日和少守一兩日，究有多少區別？但是在用兵上說，有計畫的撤退和無計畫的潰敗，則相去遠甚。可惜蔣公不明此道，而好逞匹夫之勇，怎能不糟？溯自北伐以來，凡蔣先生親自指揮各戰役，如武昌之圍、南昌之圍、徐州之潰退，以及後來剿共戰爭中，東北與淮海的全軍覆沒，均如出一轍，實堪浩歎！

所以蔣先生在中國戰場縱橫數十年，他所憑藉的武器，不外金錢收買和分化離間的伎倆。若從純軍事觀點立論，則蔣先生實在是既不能將將，也不能將兵，若以他一己的意志來統兵作戰，安有不敗之理？只以軍事一端作簡單的論列，中共今日的囊括大陸，實非偶然。

【第51章】

第五戰區初期防禦戰

1

當我於民國二十六年十月十二日抵達南京時，中央統帥部對全面抗戰的通盤戰略已經擬好。發表我擔任第五戰區司令長官，駐節徐州。職務是指揮保衛津浦路的防禦戰。北至濟南黃河南岸，南達浦口長江北岸，東自長江吳淞口向北延伸至黃河口的海岸線。直轄地區計有山東全省和長江以北江蘇、安徽兩省的大部，轄區遼闊，責任綦重。而最高統帥部為集中力量起見，特規定長官部的職權，可直接指揮轄區內的黨政機構。

我奉命後，即選拔徐祖貽君任本戰區參謀長，囑其立刻束裝赴徐，組織司令長官部，我本人則奉委員長面諭暫留南京。因此時淞滬戰事正急，中央統帥部也需要我隨時建議和協助戰事的籌畫。

徐君為江蘇無錫人。畢業於保定軍官學校、日本士官學校和陸軍大學。為人十分幹練，軍事學識也極豐富。北伐前在奉軍服務，十七年曾任張學良代表，來北平和我方接洽東北易幟事，但是那時因徐君先期離平，我們未能晤面。「九・一八」以後，徐君奉調至中央，出任軍令部第一廳廳長，籌畫作戰事宜，頗有能名。我受任五戰區司令長官時，想由軍委會中選一幹員為參謀長，以便和中央聯絡，因而想到徐君。我們雖未嘗謀面，然一經把晤，即一見如故。

當滬上潰敗，南京告急之時，我徐州司令長官部已組織就緒，只待我親往坐鎮。不過此時我五戰區所直轄的部隊卻少得可憐。部隊番號和駐地大略如下：

第三十一軍，軍長劉士毅，轄一三一（師長覃連芳）、一三五（蘇祖馨）、一三八（莫德宏）三師。本軍雖為我在廣西所親自徵調成立，班長以上的各級幹部多係北伐前後的舊班底，頗有作戰經驗，不過士兵多係新近入伍的鄉農，受訓期間很短，也無作戰經驗。幸本軍究係我所直接領導的，指揮起來可以得心應手。三十一軍奉調北上到蘇北海州駐防，以防敵人在該地登陸。

第三集團軍總司令韓復榘所轄兩軍為第十二軍（孫桐萱）和第五十五軍（曹福林）。韓部駐在山東境內，訓練和裝備都還差強人意，不過是否服從命令拚死作戰，卻大成問題。因此時我已得到情報，韓復榘曾派遣代表赴天津活動，和敵軍有妥協的企圖。

第五十七軍繆澂流，下轄一一一（常恩多）和一一二（霍守義）兩師，駐在蘇北。繆部原為東北軍，裝備尚可，但戰鬥力素稱薄弱。

第八十九軍韓德勤，轄三三（韓德勤兼）和一一七（李守維）兩師。韓部為江蘇省保安隊改編，原非正規軍，故戰鬥力很差。

第五十一軍于學忠，轄一一三（周光熊）和一一四（牟中珩）兩師，駐在青島。于部原為東北軍，尚可作戰，然算不得是勁旅。

第三軍團龐炳勳，轄五個團，駐防碭山。龐部原為西北軍，因其年資甚高，故位至軍團長。然該軍團的實力，只有五個步兵團而已，作戰能力自甚有限。

所以當時五戰區內可用的兵力尚不足七個軍。而且這些部隊均久被中央列為「雜牌」部隊，蓄意加以淘汰之不暇，更談不到糧餉和械彈的補充了。因此，這些軍隊的兵額都不足，訓練和士氣也非上乘。和當時在上海作戰的部隊相比擬，這些部隊實在是三四等的貨色。惟在抗日戰爭以前，因內戰頻繁，各級幹部的戰陣經驗極為豐富，若在上者能推心置腹，一視同仁，並曉以國家民族的大義，和軍人應盡的天職，必能激發良知，服從命令，效命疆場。不過我們的最高統帥蔣先生的一貫作風，卻是假全國一致團結，共赴國難的美名，陰圖將這些非他嫡系的雜牌軍悉數消滅。所以這些被目為雜牌軍的將領，一面激於民族爭生存的義憤，都想和日軍一拚；一面卻顧慮部隊作戰損失之後，不僅得不到中央器械兵員的補充，恐還要被申斥作戰不力，甚或撤職查辦，並將其部隊番號撤銷，成為光桿一根，即無以謀生。因此都懷著沉重惶惑的心情。我在日常言談之中得知他們的隱衷甚詳，也引以為憂。

在戰略上說，京滬戰事一旦結束，津浦線必然是敵人攻擊的次一目標。當時若干新聞記者和一知半解的政論家，都有一錯誤的論斷。他們認為敵人在京、滬一帶將我軍主力擊破之後，如能長驅直入，一舉而下武漢，則我們抗戰的局面可能就徹底潰敗而不堪收拾了。其實，這說法是缺乏軍事學識的紙上談兵的謬論。因敵人在京滬線得手之後，必定要打通津浦線以清除右側面的威脅，然後才可西進，這是軍事學上最起碼的基本認識，不必多贅。所以我在離京之日，便和委員長談起將來津浦線防禦戰的兵力問題。我說：「津浦線處於南北兩面夾攻之中，敵人且可隨時自海州、青島登陸。目前的七個軍的兵力，斷難應付。」委員長說：「將來京滬線上撤往江北的部隊，都可歸你節制。」我心才稍安。

我離京赴徐時，深知南京危在旦夕，唐生智斷不能久守。南京一失，敵人必以排山倒海之勢，來犯津浦線。我軍在京滬線上有百萬貔貅，尚且一敗塗地，今敵人挾新勝之威，自南北兩路傾巢而來，我膽敢以七八萬疲憊之師，與之周旋，也未免有螳臂當車之感了。

此時我雖深知情勢危迫，然自思抗戰至此，已是千鈞一髮的關頭，我如能在津浦線上將敵人拖住數月，使武漢後方有充分時間重行部署，則我們抗戰還可繼續，與敵人作長期的糾纏，以待國際局勢的轉變。如我軍在津浦線上的抵抗迅速瓦解，則敵人一舉可下武漢，囊括中原，使我方無喘息機會，則抗戰前途便不堪設想。思維及此，我深覺責任重大，然統計所部兵力，則又有「巧婦難為無米之炊」的感覺。所以我赴任之日，雖未作唐生智所發的豪語，然哀憤之情，與拖住敵人的決心，則遠非唐氏所能比擬。

徐州是四戰之區，無險可守。平、津淪陷之後，太原、淞滬也相繼失守。徐州居民知道徐州的危險性，遷徙一空，市面蕭條，形同死城。我到徐之後，即發動民眾抗戰運動，召集民眾代表大會，策勵寸土必爭，組織第五戰區抗戰青年團。南北流亡學生聞風而至，市上行人漸多。我為安定人心起見，每日清晨或午後，騎馬到主要街道巡視一番。此時心情雖極沉重，而態度故作悠閒。一般市民見司令長官尚有此閒情逸致，出來試馬，相信戰局必可穩定，乃相率回市開店復業。不旋踵，徐州市上又摩肩接踵，熙熙攘攘起來。人心安定，物質充裕，市面恢復繁榮。

然此時南京已失，敵軍屠殺我軍民數十萬，主將松井石根竟在我國民政府前，舉行規模極大的所謂「入城式」。全軍殺氣騰騰，一個個如狼如虎，以為支那軍主力已為其消滅，今後北上津浦線，不過是旅次行軍，徐州、蚌埠可以傳檄而定。

我也料到敵人此時是驕狂無比，我要掌握住他們這「驕兵必敗」的弱點，以我所可能運用的數萬哀兵與之周旋。然此時津浦路南段直至浦口，完全空虛，無兵防守。我即將原駐海州的三十一軍調至津浦路南段滁州、明光一帶，作縱深配備，據險防守。由明光以南，為湖沼和小山交錯的地區，易於防守，而敵人的機械化部隊則不易發揮威力。

三十一軍雖是新成立的部隊，但是全軍上下義憤填膺，足堪一戰。加以此時適有在上海戰場被俘後逃出的一位廣西籍排長前來報告。他在淞滬被俘時，偽稱炊事兵，敵軍遂迫令挑運伙食擔。他沿途竟親自看見敵兵將比較肥胖的農人砍死，然後割取肘上的肉，放入飯盒，到宿營時，取出烤食，吃得津津有味。據說，這部分敵軍是蝦夷族，以烤食人肉為癖嗜。這位排長親眼所見，言之鑿鑿。三十一軍全軍上下抗日情緒本已十分激昂，一聞敵軍獸行，尤為髮指，誓與野蠻的敵人一拚到底。

津浦路南段的敵軍指揮官為畑俊六。十二月中旬，敵軍約有八師之眾，先後自鎮江、南京、蕪湖三地渡江北進。在津浦路正面的敵軍即有三師，總兵額當為我三十一軍的數倍。敵軍原意，顯然是以旅次行軍方式，直趨蚌埠。孰料行抵明光以南，即為我軍所堵截。血戰逾月，雙方打成平手，敵軍竟不能越雷池一步，大出敵軍指揮官意料之外，遂自南京調集援軍及坦克車、野炮等重武器，傾巢來犯。我深知我軍不論就人數、就武器來比，均難於與敵相火併，到了我軍將敵軍主力吸入明光一帶時，我便命令坐鎮蚌埠的第十一集團軍李總司令品仙，將三十一軍全軍於二十七年一月十八日自明光迅速西撤，將津浦路正面讓開。在此之前，我已將原守青島的于學忠第五十一軍南調，布防於淮河北岸，憑險拒敵越河北進。

敵人以獅子搏兔之力猛撲明光，結果撲了個空，沒有捉住我軍主力。嗣後雖連下定遠、懷遠、蚌埠，然為我軍阻於淮河南岸，一無所獲。此時西撤的三十一軍忽自敵軍左側背出現，向東出擊，一舉將津浦路截成數段，四處圍殲孤立之敵。

淮河前線之敵，因後路忽被切斷，乃迅速將主力南撤，沿津浦路與我三十一軍展開拉鋸戰。敵人用盡九牛二虎之力，將我軍自津浦線向西加強壓力，惟敵進我退，敵退我進，敵人始終無法消除我軍對津浦線的威脅。而參加淞滬會戰的二十一集團軍，時已北調到合肥，我方力量更加雄厚，使敵人增加後顧之憂，不敢貿然北進。因此，津浦南段戰事乃形成敵我雙方膠著，隔淮對峙之局。

這一戰役的關鍵，是三十一軍執行命令的徹底。敵退我進，始終釘住津浦線，使敵軍不能北進。因三十一軍為我親手訓練出來，調動起來，如臂使指。若是其他部隊，恐怕在被敵向西加大壓力之後，便不敢再乘虛東進，襲擊敵人的後路了。如是，則日軍早已越過淮河，與南下之敵會師徐州了。

以上是津浦南段，初期保衛戰的大略。

2

津浦線北段的保衛戰，原由副司令長官兼第三集團軍總司令韓復榘所指揮。

韓氏與中央素有隔閡，抗戰開始後，對最後勝利也無信心，所以自始至終想保存實力。敵軍佔領平、津，沿津浦線南下時，即傳韓復榘祕密派遣代表，與敵軍華北派遣軍總司令小磯國昭和津浦北段指揮官西尾壽造祕密接洽，希圖妥協。無奈雙方條件相去太遠。敵人要韓復榘宣布山東獨立，正式充當漢奸。而韓氏之意，只希望日軍不犯魯境，以達其保存實力的目的，雙方距離太遠，當然無法談得攏。但是敵人總還是希望韓氏當漢奸，而不願逼其抗戰，故津浦北段的日軍遲遲未渡黃河，以期待韓氏的叛變。這樣反給我們以充分的時間來從容部署。

我初到徐時，即顧慮到韓氏抗戰意志不堅定，乃親赴濟南一行。在韓氏的總司令部中住宿一宵，和他作竟夕之談。這是我和韓復榘第一次見面。韓氏雖識字不多，言談也很粗俗，但是卻生得眉清目秀，皮膚白皙。驟看之下，儼然是一位白面書生。

韓氏一見我，便問：「長官，你看我們抗戰有把握嗎？」

我說：「抗戰有把握，最後勝利必屬於我！」

嗣後我和他聚談終宵，我反覆解釋「最後勝利必屬於我」的道理。我說，我們的抗戰是不得已的。日本人逼得我們無路可走，只有「抗戰」與「亡國」兩條路。我們選擇了「抗戰」！須知日本侵略中國，不是單純的中、日兩國的事，它是有國際性意義的。日本人侵我東北，國聯無力制裁，鼓勵了日本，同時也鼓勵了西方德、義兩國的侵略集團。西方今日法西斯侵略勢力的增漲，吸引了英、美、法的注意力，也增加了日本侵華的勇氣，才有今日的戰事。所以東西兩個侵略勢力是相互為用，相互影響的。今日日本侵華得手，世界各國莫奈伊何。你看德、義兩國一定要步其後塵，如法炮製。以今日形勢來看，歐戰的爆發，只是時間問題。歐戰爆發了，英、法、荷等國自顧不暇，他們在遠東的殖民地便成了俎上之肉，聽任別人宰割了。到那時，日本這頭貪狼豈能坐視肥臠在側而無動於衷？

接著，我就分析日本必然南進的道理。我認為日本的南進不僅是國際間的利害問題，同時也是日本國內問題發展的必然後果。日本軍閥之間，陸、海二軍原即相互嫉忌，相互水火，如今日本陸軍在中國大陸橫行無忌，揚威一時，大小軍閥皆雞犬升天。但是，以英、美為假想敵的海軍則原封未動，值此時機，能不躍躍欲試？根據我在華南所得日本在南洋活動的情報，日本將來必然南進無疑。日本南進，英、法、荷等國無力東顧，則美國必定挺身而出，與日本作戰了。到那時，歐亞反侵略戰爭合而為一，便是我們抗戰轉機的時候了。

根據我的分析，我們抗戰的戰略重點便是以空間換取時間，以待世界局勢的轉變。我們能拖得愈久愈好，千萬不能洩氣。我們如果洩氣了，投降了，侵略者勢力東西相呼應，則可能西方被侵略國家也不敢蹈我們的覆轍，作不量力的抵抗。如果歐戰因之不能爆發，或爆發後，不旋踵即為德、義侵略勢力所撲滅，則第二次世界大戰不能實現，我們就永遠做日本的奴隸了。

韓復榘聽了我這番分析之後，如大夢初醒，也認為我們的抗戰是有前途的。前途建立在歐戰和世界大戰之上。所以他一再追問我：「長官，你看歐戰什麼時候可以爆發呢？」

我說：「遲早總歸要爆發的，至於確定的日期，則誰也不敢說了。」

我們在濟南分手時，韓復榘對時局的看法，便完全以我這番話為依歸。他也認為抗戰是長期的，是有前途的，漢奸是當不得的。但是，他的愚而好自用的簡單頭腦終於誤了他。他認為「留得青山在，不怕沒柴燒」。他那兩軍部隊，斷不可在長期抗戰的局面下，而在短期之內被消耗了。他不能與日軍死拚。保存實力是第一要務。

二十六年十二月中旬，日方既攻下南京，乃強迫韓復榘攤牌，韓氏不肯。敵軍遂於十二月二十三日由青城、濟陽間渡河。二十七日侵入濟南。韓復榘不戰而退。三十一日敵陷泰安。二十七年一月二日韓部放棄大汶口。敵軍乃於一月五日攻入濟寧，沿津浦路長驅直入。我於徐州得報後，即嚴令韓復榘循津浦線後撤，設險防守。無奈韓氏不聽命令，竟率所部兩軍，捨棄津浦路，向魯西撤退，且不向我報告，以致我方津浦路正面，大門洞開。大批敵軍乘虛而下，若非沿路少數部隊拚力死守，則大局不堪收拾了。

一月中旬，統帥部忽傳出命令，要一、五兩戰區，師長以上的軍官可以暫離陣地的，齊集歸德，舉行由委員長親自主持的軍事會議。我心知這一會議係專為懲治韓復榘而召集的。韓氏本人果然也疑慮叢生，特派專人來徐州長官部請示，問他應否親自出席這一軍事會議。我告訴他的使者說：「應該去。」韓乃如命前往。

歸德軍事會議係在二十七年一月十一日舉行。委員長偕白副總參謀長已先一日到歸德。事實上，此一會議是會而不議。共到師長以上軍官八十餘人。首先由委員長訓話，鼓勵大家奮勇作戰。隨即面囑第一戰區司令長官程潛和我分別報告戰況。報告畢，委員長遂宣布散會。

當與會眾人紛紛離去之時，劉峙忽然起立大呼道：「韓總司令請慢點走，委員長有話要同你講！」韓復榘聞言留下。離會眾人遂議論紛紛，齊說：「韓復榘糟了，韓復榘糟了！」

當散會時，我走在最後，只見會場內留有委員長的便衣衛士四五人。劉峙便指著衛士對韓復榘說：「韓總司令，你可以跟他們去。」韓氏臉上頓時發青，低著頭，蹣跚地隨衛士去了。

同日下午，委員長在其歸德行轅召集一小規模的談話會。出席者僅委員長、程潛、白崇禧和我，共四人而已。大家方坐定，蔣先生便聲色俱厲地說：「韓復榘這次不聽命令，擅自行動，我要嚴辦他！」

程潛應聲說：「韓復榘應該嚴辦！這種將領不辦，我們的仗還能打下去嗎？」白崇禧和我在一旁默坐，未發一言。我回徐州後不久，即聞韓復榘已被槍決於武昌。雖未經過軍法審判，然此事確使抗戰陣營中精神為之一振。這是後話。

此次談話的另一問題，便是實施軍政合一。委員長認為抗戰以來，地方行政機構未能切實配合軍事上的要求，影響作戰甚大，故提議以戰區司令長官兼轄區內的省政府主席。並隨即提以程潛兼河南省主席，我兼安徽省主席。程潛當即附議，認為是「最好的解決辦法」。

我則認為無此必要。因為司令長官應該集中精神籌畫軍事，哪裡還有時間兼管全省的政務？如果只是擔任一個名義，那又何必多此一舉呢？再者，軍事與省政之所以未能密切配合，雙方均有責任，如果只責一方，實欠公允。雙方如均能設身處地，互相諒解，則閒言誹語自可消弭於無形。故對「軍政合一」，我請委員長縝密考慮，然後決定。但是委員長仍說：「我看還是兼著好！」白崇禧也以為然。談話至此乃告結束，並未作具體決定。

不意我回徐州後不久，中央便明令發表程潛兼河南省政府主席，我兼安徽省政府主席。程潛當即就職，我則去電懇辭。無奈電報數度往返，中央仍堅持不准。最後白崇禧從漢口打電話來，勸我先到六安就職再說吧。同時皖省前主席蔣作賓，已於接到調職令後，離職去漢，致省政成了無政府狀態。各廳長均頻頻來電相催。我不得已，乃勉強抽空往六安住一星期，接篆視事。

【第52章】

台兒莊之戰

1

我在六安就省政府主席後回到徐州時，已是二月初旬，魯南保衛戰至此已進入緊急階段。敵軍坂垣、磯谷兩師團正以台兒莊為會師目標，並策應津浦路南段敵軍的攻勢，企圖合攻徐州。

先是，當韓復榘態度游移之時，津浦路敵軍可以隨時南下，青島在戰略上已成孤立之點，無死守價值。我乃命令青島守軍于學忠部南下，沿淮河北岸據險防守，以堵截敵軍北進。對青島防務只採取消極態度，由市長沈鴻烈率海軍陸戰隊五百人和一部分警察，協同維持治安，並監視海面敵人。二十七年一月十二日，敵軍坂垣第五師團在青島的勞山灣、福島兩處強行登陸，沈市長即率所部南撤。敵軍佔領青島後，乃沿膠濟路西進，至濰縣轉南，經高密，循諸城、莒縣一線，進迫臨沂，與津浦線上的磯谷師團取得呼應，齊頭猛進。

坂垣、磯谷兩師團同為敵軍中最頑強的部隊。其中軍官士卒受侵略主義的毒素最深。發動「二·二六」政變的日本少壯派，幾乎全在這兩個師團之內。今番竟協力並進，與自南京北犯的敵軍相呼應。大有豕突狼奔，一舉圍殲本戰區野戰軍的氣概。

二月上旬，臨沂告急，該地為魯南軍事上所必爭的重鎮，得失關係全局。處此緊急關頭，既無總預備部隊可資調遣，只有就近抽調原守海州的龐炳勳軍團，馳往臨沂，固守縣城，堵截敵人前進（龐部防地則由駐蘇北的繆澂流軍接替）。

龐軍團長的職位雖比軍長要高，但所指揮的軍隊則只有五個步兵團，實力尚不及一個軍。龐君年逾花甲，久歷戎行，經驗豐富。於抗日以前的內戰時期，以善於避重就輕，保存實力著稱。人極圓滑，為一典型的「不倒翁」人物。凡為龐氏的指揮官和並肩作戰的友軍，莫不對渠存有戒心。

但是龐氏有其特長。能與士卒共甘苦，廉潔愛民，為時人所稱道。所以他實力雖小，所部卻是一支子弟兵，有生死與共的風尚，將士在戰火中被衝散，被敵所俘，或被友軍收編的，一有機會，他們都潛返歸隊。以故龐部拖曳經年，又久為中央所歧視，仍能維持於不墜。

當龐部奉命編入第五戰區序列之初，龐氏即來徐州謁見，執禮甚恭。我因久聞其名，且因其年長資深，遂也破格優禮以待。我雖久聞此公不易駕馭，但百聞不如一見，於談吐中察言觀色，覺他尚不失為一愛國誠實的軍人。在初次見面時，我便推心置腹，誠懇地告訴他說：「龐將軍久歷戎行，論年資，你是老大哥，我是小弟，本不應該指揮你。不過這次抗戰，在戰鬥序列上，我被編列為司令長官，擔任一項比較重要的職務而已。所以在公事言，我是司令長官，在私交言，我們實是如兄如弟的戰友，不應分什麼上下。」

接著，我又說：「我們在內戰中攪了二十多年，雖然時勢逼人，我們都是被迫在這漩渦中打轉，但是仔細回想那種生活，太沒有意義了。黑白不明，是非不分，敗雖不足恥，勝亦不足武。今日天如人願，讓我們這一輩子有一個抗日報國的機會，今後如能為國家民族而戰死沙場，才真正死得其所。你我都是五十歲以上的人，死也值得了，這樣才不愧做一軍人，以終其生。」

龐聽了很為感動，說：「長官德威兩重，我們當部屬的，能在長官之下，為國效力，天日在上，萬死不辭，長官請放心，我這次決不再保存實力，一定同敵人拚到底。」

我又問他道：「你的部隊有沒有什麼困難，需要我替你解決呢？」龐歎息說：「我原有五個團，現在中央有命令，要我把一個特務團歸併，共編為四個團。長官，我的部隊兵額都是足額的，我把這個團歸併到哪裡去呢？不能歸併，就只有遣散。現在正是用兵之時，各部隊都在擴充，唯獨要我的部隊遣散，似乎也不是統帥部的本意吧！」

我說：「可能上級不知道你部隊的實況！」

龐說：「報告長官，我如不遵令歸併，中央就要停發整個部隊的糧餉！」

我說：「中央這樣處理是不公平的，我當為你力爭此事。」我又問他道：「你的部隊還缺少些什麼呢？」龐說：「子彈甚缺，槍支也都陳舊，不堪作戰。」我也答應在我權力所能及，盡量予以補充。在龐部去海州之前，我便認真地向中央交涉，請求收回成命。旋奉軍政部覆電說：「奉委員長諭，龐部暫時維持現狀。」我將此消息告訴龐，全軍大喜過望，龐氏自更感激涕零，認為本戰區主帥十分體恤部曲，非往昔所可比擬。我更命令本戰區兵站總監石化龍盡量補充第三軍團的彈藥和裝備，然後調其赴海州接防。全軍東行之日，我親臨訓話，只見士卒歡騰，軍容殊盛，儼然是一支勁旅。

此次臨沂吃緊，我無軍隊可資派遣，只有調出這一支中央久已蓄意遣散的「雜牌」部隊來對抗數目上且佔優勢的號稱「大日本皇軍中最優秀的坂垣師團」。

二月下旬，敵我兩軍遂在臨沂縣城發生攻防激烈的戰鬥。敵軍以一師團優勢的兵力，並附屬山炮一團、騎兵一旅，向我龐部猛撲。我龐軍團長遂率其五團子弟兵據城死守。敵軍窮數日夜的反覆衝殺，傷亡枕藉，竟不能越雷池一步。

當時隨軍在徐州一帶觀戰的中外記者與友邦武官不下數十人，大家都想不到以一支最優秀的「皇軍」，竟受挫於一不見經傳的支那「雜牌」部隊，一時中外哄傳，采聲四起。坂垣征四郎顯然因顏面關係，督戰尤急。我臨沂守軍漸感不支，連電告急。

所幸此時我方援軍張自忠五十九軍，及時自豫東奉調趕至津浦線增援。張部按原命令係南向開往淮河北岸，增援于學忠部，適淮南敵軍主力為我李品仙二十一集團軍的三十一軍和廖磊十一集團軍的第七軍、第四十八軍所糾纏而南撤。我遂臨時急調張自忠全軍北上臨沂，援助龐部作戰。

張部以急行軍出發，於三月十二日黃昏後趕到臨沂郊外。翌晨，當敵軍攻城正急之時，五十九軍先與守城部隊取得聯繫，乃約定時間向敵人展開全面反攻。臨沂守軍見援軍已到，士氣大振，開城出擊。兩軍內外夾攻，如疾風暴雨。坂垣師團不支，倉皇撤退。龐、張兩部合力窮追一晝夜，敵軍無法立足，一退九十餘里，縮入莒縣城內，據城死守。沿途敵軍遺屍甚多，器械彈藥損失尤大。造成台兒莊大戰前之一齣輝煌的序幕戰。

敵軍退入莒縣後，我軍圍攻數日，終因缺乏重武器，未能奏效。

臨沂一役最大的收穫，是將坂垣、磯谷兩師團擬在台兒莊會師的計畫徹底粉碎。造成爾後台兒莊血戰時，磯谷師團孤軍深入，為我圍殲的契機。

此次臨沂之捷，張自忠的第五十九軍奮勇赴戰之功，實不可沒。張自忠部也在「雜牌」之列，他所以能造出這樣赫赫的戰功，其中也有很多有趣的故事：

張自忠原為宋哲元第二十九軍中的師長，嗣由宋氏保薦中央，委為北平市長。「七・七」

事變前，敵人一意使華北特殊化，張以北平市長身分，奉宋氏密令，與敵周旋，忍辱負重，外界不明真相，均誤以張氏為賣國求榮的漢奸。「七・七」事變後，張氏仍在北平城內與敵交涉，因此輿論界對其攻擊尤力，大有「國人皆曰可殺」之概。迨華北戰事爆發，我軍失利，一部分國軍北撤南口、張垣，張部則隨大軍向南撤退。時自忠被困北平城內，縋城脫逃，來京請罪。惟京、滬輿論界指責張自忠擅離職守，不事抵抗，籲請中央嚴予懲辦，以儆效尤。南京街上，竟有張貼標語，罵他為漢奸的。群情洶洶，張氏百喙莫辯。軍委會中，也有主張組織軍法會審的。更有不逞之徒，想乘機收編張的部隊，而在中央推波助瀾。那時我剛抵南京，聞及此事，乃就西北軍自忠的舊同事中調查張氏的為人。他們，尤其是張的舊同事黃建平，便力為辯護說，自忠為人俠義，治軍嚴明，指揮作戰，尤不愧為西北軍中一員勇將，斷不會當漢奸。我聽到這些報告，私衷頗為張氏惋惜。一次，我特地令黃君去請他前來一敘，孰知張君為人老實，竟不敢來，只回答說，待罪之人，有何面目見李長官。後經我誠懇邀請，他才來見我。當張氏抵達之時，簡直不敢抬頭。平劇中，常見犯人上堂見官，總是低著頭說：「犯人有罪，不敢抬頭。」對方則說：「恕你無罪，抬起頭來。」我以為這不過是扮戲而已，殊不知抗戰時期，北方軍人中尚有此遺風。

我說：「藎忱兄，我知道你是受委屈了。但是我想中央是明白的，你自己也是明白的，我們更是諒解你。現在輿論界責備你，我希望你原諒他們。群眾是沒有理智的，他們不知底蘊才罵你，你應該原諒他們動機是純潔的……」

張在一旁默坐，只說：「個人冒險來京，戴罪投案，等候中央治罪。」

我說：「我希望你不要灰心，將來將功折罪。我預備向委員長進言，讓你回去，繼續帶你的部隊！」

張說：「如蒙李長官緩頰，中央能恕我罪過，讓我戴罪圖功，我當以我的生命報答國家。」

自忠陳述時，他那種燕趙慷慨悲歌之士的忠藎之忱，溢於言表。張去後，我便訪何部長一談此事。何應欽似有意成全。我乃進一步去見委員長，為自忠剖白。我說，張自忠是一員忠誠的戰將，決不是想當漢奸的人。現在他的部隊尚全師在豫，中央應該讓他回去帶他的部隊。聽說有人想瓜分他的部隊，如中央留張不放，他的部隊又不接受瓜分，結果受激成變，真去當漢奸，那就糟了。我的意思，倒不如放他回去，戴罪圖功。

委員長沉思片刻，遂說：「好吧，讓他回去！」說畢，立刻拿起筆來，批了一個條子，要張自忠即刻回至其本軍中，並編入第一戰區戰鬥序列。

自忠在離京返任前，特來我處辭行，並謝我幫忙，說：「要不是李長官一言九鼎，我張某縱不被槍斃，也當長陷縲絏之中，為民族罪人。今蒙長官成全，恩同再造，我張某有生之日，當以熱血生命以報國家，以報知遇。」言出至誠，說來至為激動而淒婉。我們互道珍重而別。

至二十七年二月，淮河前線吃緊，于學忠兵力不敷，軍令部乃將五十九軍調來五戰區增援。張軍長大喜過望，因為我和他有那一段淵源，他頗想到五戰區出點力。不過，在五戰區他也有所顧慮，因為他和龐炳勳有一段私仇。原來在民國十九年，蔣、馮、閻中原大戰時，龐、張都是馮系健將，彼此如兄如弟。不意龐氏受蔣的暗中收買而倒戈反馮，且出其不意襲擊張自忠師部，張氏幾遭不測。所以自忠一直認為炳勳不仁不義，此仇不報，誓不甘休。自忠此次奉調來徐時，便私下向徐參謀長陳述此一苦衷，表示在任何戰場皆可拚一死，唯獨不願與龐炳勳在同一戰場。因龐較張資望為高，如在同戰場，張必然要受龐的指揮，故張不願。好在原定計畫中，已調他去淮河戰場。

天下事真是無巧不成書，淮南敵軍主力適於此時被迫南撤，淮河北岸軍情已經緩和。獨於此時，龐炳勳在臨沂被圍請援，而我方除五十九軍之外，又無兵可調。徐參謀長頗感為難。我聞訊，乃將張自忠請來，和他誠懇地說：「你和龐炳勳有宿怨，我甚為了解，頗不欲強人之所難。不過以前的內戰，不論誰是誰非，皆為不名譽的私怨私仇。龐炳勳現在前方浴血抗戰，乃屬雪國恥，報國仇。我希望你以國家為重，受點委屈，捐棄個人前嫌。我今命令你即率所部，在臨沂作戰。你務要絕對服從龐軍團長的指揮。切勿遲疑，致誤戎機！」

自忠聞言，不假思索，便回答說：「絕對服從命令，請長官放心！」

我即命張氏集合全軍，向官兵訓話鼓勵一番，自忠乃率所部星夜向臨沂增援，竟打了一個驚天動地的勝仗！若非張氏大義凜然，捐棄前嫌，及時赴援，則龐氏所部已成甕中之鱉，必至全軍覆沒。其感激張氏，自不待言。從此龐、張二人竟成莫逆，為抗戰過程中一段佳話。

2

臨沂一戰，津浦北段敵軍，左臂遂為我軍砍斷，敵兩路會攻台兒莊計畫，遂為我所破，惟敵軍沿津浦線而下的正面磯谷師團，則因韓復榘不抵抗的影響，日益向南推進。值此緊要關頭，我方另一部援軍，第二十二集團軍川軍鄧錫侯部（轄第四十一及第四十五兩軍）適自鄭州趕來增援。我遂急調第四十一軍（軍長孫震，轄一二二及一二四兩師）前往魯南的鄒縣堵截，四十五軍跟進為預備隊。軍次滕縣，知鄒縣已失，四十一軍乃以一二二師（師長王銘章）守滕縣城，一二四師在城外策應。敵軍以快速部隊南侵，將滕縣包圍，並以重炮及坦克猛攻縣城。王師長親自督戰死守，血戰三晝夜，終以力有不逮，為敵攻破。王師長以下，全師殉城，至為慘烈。然卒將敵軍南侵日期延緩，使我增援部隊湯恩伯、孫連仲等部能及時趕到參戰。

鄧錫侯部川軍來五戰區作戰，也有一段有趣的故事：

鄧部原駐於川西成都，因其防區通向外界之水路為川軍劉湘所部封鎖，無法購買彈械補充，故士兵所用的槍械半為土造，極其窳劣。此次激於大義，請纓出川參加抗戰，奉統帥部令，編為第二十二集團軍，以鄧錫侯為總司令，孫震為副司令，由二人親自率領，往第二戰區參加山西保衛戰。然倉卒出師，遠道跋涉，沿途又無補給兵站的組織，勢須就地購買糧草，對軍紀不無影響。

川軍方抵山西而太原已告失守。敵人用機動性快速部隊向潰軍左衝右突，川軍立足未穩，便被衝散，隨大軍狼狽後退，沿途遇有晉軍的軍械庫，便破門而入，擅自補給。敗兵之際，士兵強買強賣皆所難免。事為第二戰區司令長官閻錫山所悉，大為震怒，認為川軍是「抗日不足，擾民有餘」的「土匪軍」，乃電請統帥部將川軍他調。統帥部接此難題，乃在每日會報中提出。委員長聞報也很為生氣，說：「第二戰區不肯要，把他們調到第一戰區去，問程長官要不要？」

軍委會乃打電話去鄭州給第一戰區司令長官程潛，告知此一命令，並老實說出其原委。孰知程潛對川軍作風早有所聞，在電話裡竟一口回絕，說：「閻老西都不要，你們要送給我？我不要這種爛部隊！」據說，當軍令部次長林蔚將此消息報告委員長，並請示辦法時，委員長正因南京初失，心緒不好，聞報勃然大怒，說：「把他們調回去，讓他們回到四川去稱王稱帝吧！」

白崇禧在一旁聽著，便勸解道：「讓我打電話到徐州去，問問五戰區李長官要不要？」白氏隨即自武漢用長途電話問我，並娓娓陳述此一事件的經過。此時正值韓復榘不戰而退，我無援兵可調之時。我便立刻告訴白崇禧：「好得很啊！好得很啊！我現在正需要兵，請趕快把他們調到徐州來！」

白說：「他們的作戰能力當然要差一點。」

我說：「諸葛亮紮草人做疑兵，他們總比草人好些吧？請你快調來！」

白崇禧聞言一笑。川軍就這樣地調到徐州來了。

鄧錫侯、孫震兩君，我和他們雖曾通過信，這次在徐州卻是第一次見面。鄧、孫兩君對我個人的歷史知道得很清楚，如今加入我的戰鬥序列，也頗覺心悅誠服。他們所以被調到五戰區的原委，他們本人也完全知道。

鄧、孫二人見到我便苦笑著說：「一、二兩戰區都不要我們，天下之大，無處容身。李長官肯要我們到五戰區來，真是恩高德厚！長官有什麼吩咐，我們絕對服從命令！」

我說，過去的事不必提了。諸位和我都在中國內戰中打了二十餘年，回想起來，也太無意義。現在總算時機到了，讓我們各省軍人，停止內戰，大家共同殺敵報國。我們都是內戰炮火餘生，幸而未死，今後如能死在救國的戰爭裡，也是難得的機會。希望大家都把以往種種譬如昨日死，從今以後，大家一致和敵人拚命。

隨即，我便問他們有什麼需要，有沒有困難要我代為解決的。鄧、孫異口同聲說，槍械太壞，子彈太少。我乃立刻電呈軍委會，旋蒙撥給新槍五百枝，每軍各得二百五十枝。我又於五戰區庫存中，撥出大批子彈及迫擊炮，交兩軍補充。兩軍官兵歡天喜地。適磯谷師團另附騎兵旅、野炮團、重炮營和戰車數十輛，自濟南循鐵路南進，我遂調兩軍前往防堵。大軍出發前，我並親臨訓話，舉出諸葛武侯統率川軍北抗司馬懿的英勇故事，希望大家效法先賢，殺敵報國。大軍上下無不歡躍。滕縣一戰，川軍以寡敵眾，不惜重大犧牲，阻敵南下，達成作戰任務，寫出川軍史上最光榮的一頁。

以上所述臨沂、滕縣兩役，都是台兒莊大捷前，最光輝的序幕戰。但是這兩項艱苦的血戰，卻都是由一向被中央歧視的「雜牌」部隊打出來的。這些「雜牌」部隊在其他場合，往往畏縮不前，但是到了五戰區，卻一個個都成了生龍活虎，一時傳為美談。

3

在臨沂和滕縣於三月中旬同時告急時，蔣委員長也認為在戰略上有加強第五戰區防禦兵力的必要，乃倉促檄調第一戰區駐河南補充訓練尚未完成的湯恩伯軍團和孫連仲軍團，星夜增援。首先抵達徐州的為湯恩伯第二十軍團，轄兩個軍（第五十二軍關麟徵和第八十一軍王仲廉）共計五個師（第二師鄭洞國、第二十五師張耀明、第四師陳大慶、第八十九師張雪中和第一一○師張軫）。該軍團裝備齊全，並配屬十五生的德製重炮一營，為國軍中的精華。

湯部八十一軍先抵徐州，即乘火車北上支援二十二集團軍的作戰，不幸滕縣城已先一日陷敵，迨湯軍團全部到達，已不及挽回頹勢，只消極地掩護友軍退卻和遲滯敵人的南進而已。

隨湯部之後到徐州的為孫連仲的第二集團軍。孫集團軍名義上雖轄兩軍（第三十軍田鎮南、第四十二軍馮安邦），惟該部因曾參加山西娘子關之保衛戰，損失頗大。四十二軍所剩只一空番號而已，孫連仲雖曾屢次請求補充，均未獲准。其後不久，四十二軍番號且為中央新成立的部隊取而代之。故該集團軍實際可參加戰鬥的部隊只有三師（第二十七師黃樵松、第三十師張金照、第三十一師池峰城）。孫總司令到徐州來見我時，匆匆一晤，我就叫他快去台兒莊部署防務建築工事。因孫部原為馮玉祥的西北軍，最善於防守。我當時的作戰腹案，是相機著湯軍團讓開津浦路正面，誘敵深入。我判斷以敵軍之驕狂，磯谷師團長❶一定不待蚌埠方面援軍北進呼應，便直撲台兒莊，以期一舉而下徐州，奪取打通津浦路的首功，我正要利用敵將此種心理，設成圈套，請君入甕。待我方守軍在台兒莊發揮防禦戰至最高效能之時，即命湯軍團潛行南下，拊敵之背，包圍而殲滅之。

部署既定，敵人果自滕縣大舉南下。湯軍團在津浦線上與敵作間斷而微弱的抵抗後，即奉命陸續讓開正面，退入抱犢崮東南的山區。重炮營則調回台兒莊運河南岸，歸長官部指揮。敵軍果不出我所料，捨湯軍團而不顧，盡其所有，循津浦路臨棗支線而下，直撲台兒莊。敵軍總數約有四萬，擁有大小坦克車七八十輛，山野炮和重炮共百餘尊，輕重機槍不計其數，更有大批飛機助威。徐州城和鐵路沿線橋梁車站，被敵機炸得一片糜爛。

三月二十三日，敵軍衝到台兒莊北泥溝車站，徐州城內已聞炮聲。

二十四日敵人開始猛烈炮轟我防禦工事，戰鬥激烈期間，我第二集團軍陣地每日落炮彈至六七千發之多。炮轟之後，敵軍乃以坦克車為前導，向我猛衝。將我台兒莊外圍陣地工事摧毀後，敵步兵乃躍入據守，步步向前推進。台兒莊一帶，耕地之下盛產石塊，居民多疊石為牆；以故每一住宅皆係一堡壘。此種石牆被敵人衝入佔據之後，我軍因無平射炮，又無坦克車，即無法反攻。然我軍以血肉之軀與敵方炮火及坦克相搏鬥，至死不退。敵人猛攻三晝夜，才衝入台兒莊城內，與我軍發生激烈巷戰。第二集團軍至此已傷亡過半，漸有不支之勢。我嚴令孫總司令死守待援。自二十七日始，敵我遂在台兒莊寨內作拉鋸戰，情況非常慘烈。

在此同時，我也嚴令湯恩伯軍團迅速南下，夾擊敵軍。三令五申之後，湯軍團仍在姑婆山區逡巡不進。最後，我訓誡湯軍團長說，如再不聽軍令，致誤戎機，當照韓復榘的前例嚴辦。湯軍團才全師南下。然此時台兒莊的守軍已傷亡殆盡。到四月三日，全莊三分之二已為敵有。我軍仍據守南關一隅，死拚不退。敵方更調集重炮、坦克猛衝，志在必克。其電台且宣稱已將台兒莊全部佔領。我方守莊指揮官第三十一師師長池峰城，深覺如此死守下去，必至全軍覆沒而後已。乃向孫總司令請示，可否轉移陣地，暫時退至運河南岸。孫連仲乃與長官部參謀長徐祖貽和參謀處處長黎行恕通電話請示。

參謀處來報告，我因湯部援軍快到，嚴令死守，決不許後撤。最後，孫總司令要求與我直接通話。連仲說：「報告長官，第二集團軍已傷亡十分之七，敵人火力太強，攻勢過猛，但是我們把敵人也消耗得差不多了。可否請長官答應暫時撤退到運河南岸，好讓第二集團軍留點種子，也是長官的大恩大德！」

孫總司令說得如此哀婉。但我預算湯恩伯軍團，明日中午可進至台兒莊北部。第二集團軍如於此時放棄台兒莊，豈不功虧一簣。我因此對孫連仲說：「敵我在台兒莊已血戰一週，勝負之數決定於最後五分鐘。援軍明日中午可到，我本人也將於明晨親來台兒莊督戰。你務必守至明天拂曉。這是我的命令，如違抗命令，當軍法從事。」

孫連仲和我，僅在他奉調來五戰區增援時，在徐州有一面之緣。此時我向他下這樣嚴厲的命令，內心很覺難過。但是我深知不這樣，便不能轉敗為勝。

連仲知我態度堅決，便說：「好吧，長官，我絕對服從命令，整個集團軍打完為止！」

在電話中，我還指示他說：「你不但要守到明天拂曉之後，今夜你還須向敵夜襲，以打破敵軍明晨拂曉攻擊的計畫，則湯軍團於明日中午到達後，我們便可對敵人實行內外夾擊！」孫連仲說，他的預備隊已全部用完，夜襲甚為不易。我說：「我現在懸賞十萬元，你將後方凡可拿槍的士兵、擔架兵、炊事兵與前線士兵一齊集合起來，組織一敢死隊，實行夜襲。這十萬塊錢將來按人平分。重賞之下，必有勇夫，你好自為之。勝負之數，在此一舉！」

連仲說：「服從長官命令，絕對照辦！」

我所以要他組織敢死隊的原因，便是根據我的判斷。第二集團軍的傷亡雖已逾全軍十分之七，但是從火線上因抬運負傷官兵而退下的士兵一定不少，他們因為戰火太猛沒有回到火線上去。重賞之下，必有勇夫。現在我們要利用這一點最後的力量，作孤注的一擲。

孫總司令和我通話之後，在台兒莊內親自督戰。死守最後一點的池師長峰城，又來電向他請求准予撤退。連仲命令對方說：「士兵打完了你就自己上前填進去。你填過了，我就來填進去。有誰敢退過運河者，殺無赦！」

池師長奉命後，知軍令不可違，乃以必死決心，逐屋抵抗，任憑敵人如何衝殺，也死守不退。所幸戰到黃昏，敵人即停止進攻。及至午夜，我軍先鋒敢死隊數百人，分組向敵逆襲，衝進敵陣。人自為戰，奮勇異常，部分官兵手持大刀，向敵斫殺，敵軍血戰經旬，已筋疲力竭，初不意戰至此最後五分鐘，我軍尚能乘夜出擊。敵軍倉皇應戰，亂作一團，血戰數日為敵所佔領的台兒莊市街，竟為我一舉奪回四分之三，斃敵無算，敵軍退守北門，與我軍激戰通宵。

長官部夜半得報，我湯軍團已向台兒莊以北迫近，天明可到。午夜以後，我乃率隨員若干人，搭車到台兒莊郊外，親自指揮對磯谷師團的殲滅戰。黎明之後，台兒莊北面炮聲漸密，湯軍團已在敵後出現，敵軍撤退不及，遂陷入重圍。我親自指揮台兒莊一帶守軍全線出擊，殺聲震天。敵軍血戰經旬，已成強弩之末，彈藥汽油用完，機動車輛多被擊毀，其餘也因缺乏汽油而陷於癱瘓。全軍膽落，狼狽突圍逃竄，潰不成軍。我軍驟獲全勝，士氣極旺，全軍向敵猛追，如疾風之掃落葉，銳不可當。敵軍遺屍遍野，被擊毀的各種車輛、彈藥、馬匹遍地皆是。磯谷師團長率殘敵萬餘人突圍竄往嶧縣，閉城死守，已無絲毫反攻能力了。台兒莊之戰至此乃完成我軍全勝之局。

戰後檢點戰場，掩埋敵屍達數千具之多。敵軍總死傷當在二萬人以上。坦克車被毀三十餘輛，擄獲大炮機槍等戰利品不計其數。磯谷師團的主力已被徹底殲滅。台兒莊一役，不特是我國抗戰以來一個空前的勝利，可能也是日本新式陸軍建立以來第一次的慘敗。足使日本侵略者對我軍另眼相看。

台兒莊捷報傳出之後，舉國若狂。京、滬淪陷後，籠罩全國的悲觀空氣，至此一掃而空，抗戰前途露出一線新曙光。全國各界，海外華僑，乃至世界各國同情我國抗戰的人士，拍致我軍的賀電如雪片飛來。前來參觀戰績的中外記者和慰勞團也大批湧到。台兒莊區區之地，經此一戰之後，幾成民族復興的新象徵。我軍得此鼓勵，無不精神百倍，各處斷壁頹垣之上，都現出一片歡樂之情，為抗戰發動以來的第一快事。

4

我軍在台兒莊的勝利，在敵人以及國內外的觀察家看來，簡直是不可思議之事。因我軍以區區十餘萬疲憊之師，在津浦路上兩面受敵。敵人來犯的，南北兩路都是敵軍的精銳，乘南北兩戰場掃蕩我軍主力百餘萬人的餘威，以猛虎撲羊之勢，向徐州夾攻。孰知竟一阻於明光，再挫於臨沂，三阻於滕縣，最後至台兒莊決戰，竟一敗塗地，寧非怪事?!

不過仔細分析我軍作戰的情形，便知致勝之道並非僥倖，主要原因有以下數端：

第一，我三十一軍在津浦南段運用的得宜。南京棄守之後，我軍利用地形，據守明光至四十餘日之久，使我在魯南戰場有從容部署的機會。到了敵我雙方在明光消耗至相當程度時，我便命令三十一軍對敵的抵抗，適可而止，全師西撤，讓開津浦路正面，但仍保有隨時出擊的能力。孰知敵人竟誤認我三十一軍已潰敗，乃將主力北調，一舉而陷我明光、定遠、蚌埠，擬渡過淮河，直搗徐州。而我自青島南調的于學忠的第五十一軍，適於此時趕到，予以迎頭痛擊。敵方主力正預備渡河與我死拚之時，我又命令三十一軍配合新自江南戰場北調的第七軍，自敵後出擊，一舉將津浦路截成數段，使敵首尾不能相顧。敵不得已又將主力南撤，與我軍膠著於津浦沿線，減少我軍在淮河一線的威脅，使我可以抽調原來南下赴援于學忠的張自忠部，轉頭北上，向臨沂增援，充分發揮內線作戰的優越條件。

第二，當坂垣、磯谷兩師團齊頭南下時，我守臨沂的龐炳勳部，適時趕到。以最善於保存實力的舊式軍隊，竟能與其私仇最深的張自忠部協力將板垣師團擊潰，阻其南下與磯谷師團在台兒莊會師。臨沂之捷，實為台兒莊勝利的先決條件。而龐、張二人先國難而後私仇的胸懷，尤有足多者。台兒莊戰後，蔣先生曾驚訝地向我說：「你居然能指揮雜牌部隊！」似乎真使他莫測高深。其實做主帥的人只要大公無私，量才器使，則天下實無不可用之兵。

第三，此點也可能是最重要的條件，便是我違背統帥部的意旨，毅然拒絕將長官部遷離徐州。

先是，二十七年初，當韓復榘不戰而退，津浦路正面無兵可守，徐州頓形危急之時，中央統帥部，即深恐五戰區長官部臨時撤退不及，為敵所俘。

二月初，蔣委員長就在每日會報中提出此問題，交軍令部研究。後即指定河南的歸德和安徽的亳縣，讓我任擇其一，俾長官部遷往該地辦公。但是我卻大不以為然。因此時敵人南北兩戰場的重心，正集中對付第五戰區，且敵我的態勢也已為我軍形成了天造地設的內線作戰有利條件。為爭取空間和時間起見，徐州的保衛戰必須不惜任何犧牲，以期粉碎敵人速戰速決的野心。然後才可達成掩護武漢，使有充分時間部署保衛戰的重大任務。

再者，徐州鐵路四達，尤為電話、電報網的中心。長官部一旦遷往亳縣或歸德，一切命令與情報全須憑藉無線電。而無線電每日拍發電報有一定時間，如此司令長官真等於耳目失聰，如何能指揮作戰，更談不到赴前方督戰，鼓舞軍心了。況司令長官部的遷移，必然影響民心與士氣。重心一失，全盤鬆動，將不可收拾了。

但是軍令部既有此建議，徐州各中央機關都人心思遷，即長官部若干職員也作同樣的主張，我也未便公開反對，自想唯有拖延的一法。乃令成立「設營小組」，前往察看歸德與亳縣的形勢，以及長官部和各機關駐地如何分配等情，囑其詳細具報。如是，往返費時半月，台兒莊的局面已緊張萬分，值此背城借一之時，長官部自然更不能遷移了。這一點實在是台兒莊之戰的最大關鍵。當時我如遵從中央命令將長官部遷出徐州，則此後戰局便面目全非了。

第四，便是敵人本身戰略的錯誤。日軍在南北兩戰場將我百餘萬抗戰主力掃蕩之後，驕狂無比。我五戰區內區區十餘萬殘兵敗將，根本不在敵軍指揮官的眼裡。南北兩路主將都以為攻打徐州，也不過是旅次行軍。到了南北兩路同時受挫，敵人仍不覺悟，滿以為只要他認真作戰，仍可一舉攻下徐州。南北諸將，彼此貪功，不待各路配合便冒險前進，以「先入關者為王」的心情向徐州單獨進攻，這樣便墮入我所預設的陷阱，被各個擊破。

總之，敵人此來，是以「利人土地財寶」的貪兵，來向我進攻，犯下了「驕兵必敗」的大忌。我軍人數雖少，裝備雖差，但是我們是保國衛民與侵略者作殊死戰的哀兵，我們在士氣上已享有「兵哀者勝」的心理條件。加以我們在指揮上對本軍量力而用，上下一心，對敵情判斷正確，擊其所短，可說是知己知彼，發揮了內線作戰的最高效能，故有台兒莊的輝煌戰果。綜觀台兒莊一役的戰史，固知致勝之道，初未可倖致也。

注釋

❶指磯谷廉介。——編者注

【第53章】

徐州會戰

1

日軍在進攻台兒莊受挫後，原攻臨沂敗退費縣附近的坂垣師團，獲知其友軍磯谷師團殘部被困於嶧縣、棗莊、臨城一帶，也捨去臨沂戰場而將主力向西移動，與磯谷殘部合流，死守待援。同時敵方統帥部也深知徐州不可輕取，非調集重兵，自四面合圍，斷難打通津浦線。四月間，敵方遂自平、津、晉、綏、蘇、皖一帶增調十三個師團，共三十餘萬人，分六路向徐州進行大包圍，企圖殲滅我五戰區的野戰軍。

敵軍這次所抽調的，均為其中國派遣軍中最精銳的部隊，配備有各種重武器。全軍按計畫構成數個包圍圈，逐漸向徐州軸心縮小包圍圈，以期將我徐州野戰軍一網打盡。

在敵方這種有計畫的大規模殲滅戰的部署之下，雄師數十萬，復輔以飛機數百架，裝備窳劣的我軍，斷難與之抗衡。無奈台兒莊之捷鼓起了我方統帥部的勇氣，居然也調到大批援軍，想在徐州附近和敵人一決雌雄。

我方首先抵達徐州的援軍為周碞的七十五軍和李仙洲的九十二軍。我命令周、李兩軍自台兒莊向東延伸。因此時磯谷殘部尚死守嶧縣待援，敵坂垣師團已捨棄臨沂戰場而向西挺進，與磯谷合夥，企圖對台兒莊捲土重來。我周、李兩軍向東延伸，正拊其背。

四月二十日，樊崧甫的四十六軍和盧漢的六〇軍也奉調到徐。我乃調該兩軍到運河兩岸，加強這方面的防禦兵力。不久，李延年的第二軍和晉軍商震部的一師也到徐，乃加入東線。譚道源的二十二軍也尾隨而至，加入徐州西北微山湖一帶的防線。接著石友三的六十九軍抵達魯西，馮治安的七十七軍、劉汝明的六十八軍也先後到徐，我即令開拔南下，增強淮河北岸的防禦力量。

因此，不到一個月，我援軍抵徐的，幾達二十萬人，與本戰區原有軍隊合計不下六十萬，大半麇集於徐州附近地區，真有人滿之患。而白崇禧從漢口軍令部打電話來，還高興地對我說，委員長還在續調大軍向我增援。

我說：「委員長調了這麼多部隊幹什麼呢？」

白說：「委員長想要你擴大台兒莊的戰果！」

我說：「現在已經太遲了！」

此時我已判斷到敵軍向我合圍的新戰略，我方集大軍數十餘萬人於徐州一帶平原地區之內，正是敵方機械化部隊和空軍的最好對象。以我軍的裝備，只可相機利用地形有利條件，與敵人作運動戰，若不自量力而與敵人作大規模的陣地消耗戰，必蹈京滬戰場的覆轍。當徐州保衛戰時，我軍元氣已有限，類似上海的會戰，斷不可重演。因此當大軍雲集之時，我深感責任的重大，和內線作戰無能為力之苦。

統帥部也深知此役關係重大，不久，白副總參謀長即率統帥部參謀團的劉斐、林蔚等到徐州籌畫防禦戰。

敵軍自攻佔宿縣與蒙城兩個重要戰略據點後，除以少數部隊固守宿縣外，竟放棄津浦路正面，而循西側的地區，與蒙城之敵相聯繫，分途向北推進。

四月中旬，津浦路北段之敵在土肥原等指揮之下，開始自濮陽、壽張分兩路強渡黃河，進入魯西，分別陷我鄆城、菏澤、金鄉、魚台，自西北方面向徐州推進；東北方面之敵，則由海道自連雲港登陸，佔海州、郯城，與進佔台兒莊和嶧縣之敵相呼應，自東北方向徐州進迫。

五月上旬，津浦路南面敵人為排除其側翼常被我軍突擊的危險，乃以其主力配合大量裝甲部隊和飛機，向西部閃電挺進，攻佔合肥，壓迫李品仙十一集團的三十一軍西撤，退守大別山外圍的六安縣，然後轉向我據守淮河中流一帶的廖磊二十一集團第七、第四十八兩軍防線猛烈攻擊。我防守淮河兩岸和田家鎮、鳳台縣、壽縣、正陽關等重要據點的部隊，為避免被敵包圍集體殲滅計，乃稍事抵抗即自動放棄，實行化整為零的游擊戰術，與敵人糾纏，使其疲於奔命。不幸敵人不入我軍的圈套，而以其第三、第九、第十三等師團和井關機械化部隊，配屬大群飛機，作戰鬥開路先鋒，然後循渦河地區向蒙城邁進。同時，蚌埠南岸附近的敵軍也已搶渡淮河，向北急進。至此，于學忠之五十一軍和馮治安的七十七軍忽遭受敵軍優勢力量的壓迫，乃星夜東向皖蘇邊境撤退。劉汝明的六十八軍原奉命南下增援，師行到夾溝，而戰局面貌已非，我遂令該軍迅速西向渦陽，突出重圍。是時，廖磊總司令見徐州以南津浦路防線已完全洞開，乃調二十一集團軍總預備隊，師長楊俊昌與周副師長各率步兵兩團，馳赴扼守南宿縣和蒙城兩個據點。不料周副師長趕到作倉促布防之際，敵人也已跟蹤而至，將蒙城團團圍困得水洩不通。敵機械化部隊和機群復整日衝擊、轟炸。城中房屋火光燭天，變成一片焦土，五月九日蒙城遂陷。後來據少數突圍士兵的報告，當敵軍猛烈進攻時，周副師長曾數度奮勇反攻，期望衝破重圍，無奈敵人火網嚴密，未能成功。除二十一名士兵乘黑夜蛇行逃出，倖免於難外，其餘官兵、夫役、馬匹等，則一概為國犧牲。至楊師長俊昌，率所部扼守南宿縣，因城垣被敵炮摧毀，被迫撤至郊外，損失雖重，尚未全部犧牲。

北上之敵隨即切斷我隴海路於徐州以西的黃口車站。蚌埠之敵約三個師團，於攻破宿縣後也自津浦路的西側平原向徐州迫近，形成對徐州四面合圍之勢。

我軍為避免與優勢之敵作消耗戰，也於五月初旬作有計畫的撤退。敵軍此次來勢甚猛，構成數重包圍圈，志在將我軍一舉殲滅。我軍為打破敵方此一企圖，只有迅速作有計畫的突圍，脫離敵人的包圍圈。然大軍數十萬倉促撤退，談何容易！

2

五月初旬，當魯西與淮河戰事同時吃緊之時，我即嚴令該方面的孫桐萱與廖磊兩集團軍，自南北兩方盡最大的努力，阻止敵人會師於隴海線；並乘敵人尚未合圍之時，督率徐州東北方面的孫連仲、孫震、張自忠、龐炳勳、繆澂流諸軍，憑運河天險及運河以東地區擇要固守，以掩護徐州四郊大軍向西、南兩方面撤退，脫離敵軍的包圍圈。一待任務完成，即向南撤入蘇北湖沼地區，然後再相機西撤。因敵軍的注意力概集中於徐州隴海路西部，因此，我軍能安全向蘇北撤退。

五月中旬，我軍其他各部乃陸續開始撤退。為避免敵機轟炸，多數部隊都晝息夜行。敵軍旋即南北會師，惟陣容不無混亂，且因地形不熟，不敢夜間外出堵截，故我軍未脫離包圍圈的部隊也能自敵人的間隙中安全通過。五月十七日晚，湯恩伯軍團及其機械化部隊因西線敵人已重重合圍，乃改向南撤。其他掩護部隊也奉命逐漸向東南撤退。敵軍遂自北面迫近徐州，其野炮且已可射入城內，長官部數次中彈起火，幸皆迅速撲滅。我乃遷長官部到郊外城南陳家大屋暫住，然該地仍在敵炮射程之內。一次，我命一傳令兵向附近傳達命令，渠剛離開，忽然一顆炮彈落在司令部內爆炸，此傳令兵即應聲倒地，我連忙前去將他扶起，只見其血肉模糊，臀部已被炸去一大塊。當時情況的險惡，可以想見。

到五月十八日，各路大軍泰半已撤退就緒，我乃決定於十八日午夜放棄徐州。是晚十一時，我率長官部職員、特務營、中央留徐各機關人員和若干新聞記者，共約千餘人，合乘火車一列南開。本擬於車抵宿縣後，折向西方撤退。孰料車行方一百華里左右，忽聞前路有猛烈爆炸聲，停車一問，才知係我方工兵炸毀鐵路橋梁。因工兵誤以為長官部列車已過，所以將橋梁炸毀。火車既不能前進，全軍千餘人只得捨車步行。翌晨抵宿縣城北十餘里處，湯恩伯軍團適亦停止在此。據難民報告，宿縣已為敵軍所得，不能通行。

湯軍團長乃和我作簡短會議。他問我要否將宿縣克復，再繼續西進。因湯軍團此時尚有數師之眾，並有十五生的大炮數門隨行，克復宿縣，可無問題。不過我認為無此必要，我軍今日當務之急，是脫離敵人的包圍圈。一小城鎮的得失實無關宏旨。

湯恩伯並問我要否和他的部隊一起向西突圍，因為他的軍團實力雄厚，不虞敵人包圍，我則認為湯軍團是我軍的精華，此時脫離戰場要緊，我長官部和他同行，恐為該軍團之累。所以我命令湯軍團長即刻率部西行，我本人則偕長官部一行東向繞過宿縣。此地是一望無際的大平原，我們這一千餘人的小部隊，在本國的土地上，可以四處行動，敵人斷難捕捉我們。同時，我更電令第七軍自皖派部隊到宿縣以南三十里附近接應。

自與湯軍團在宿縣以北分手之後，我即親率長官部一行千餘人向東南前進。沿途皆有敵機跟蹤轟炸，然在大平原之上，部隊分散前進，敵機殺傷力甚小。越過津浦路以西地區後，某次吾人正在一大村落造飯休息，忽為敵偵察機發現。該機兜了個圈子，即行離去。我知其情不妙，匆匆飯畢，即令全體人馬離開該村。我們走了不及二三里地，突有敵轟炸機二十餘架比翼飛來。一陣狂炸，將該村落頓時夷為平地，而我輩竟無一人死傷，亦云幸矣。又一次，我們在途中被數架敵轟炸機發現，我們遂作緊急疏散，匍匐於附近麥田中，敵機群在我們上空低飛一轉，並未投彈便匆匆飛去了。此時敵機如集中狂炸一陣，則吾輩千餘人將無噍類了。又一次在宿縣東南，幾與敵騎數百人相遇，敵我相去極近，而卻「交臂相失」，否則其情況也就不堪設想了。

我們自東邊繞過南宿州，足足走了一整天，抵達渦河北岸，與第七軍來接的部隊共一團人相遇。渦河橋梁、渡船皆毀，人、物渡河已感困難，隨行汽車數十輛自然更無法攜帶，乃悉數在河邊焚毀。渡過渦河，進入第二十一集團軍防地，才完全脫離了敵人的包圍。

3

此次徐州會戰，我方參戰的不下六十萬人，敵軍總數也在四十萬左右，敵方參謀部顯欲將我野戰軍主力吸引到徐州附近，自四面重重包圍，漸次將包圍圈縮小，然後一舉將我數十萬大軍悉數殲滅。

敵人再也沒有想到，他以獅子搏兔之力於五月十九日竄入徐州時，我軍連影子也不見了。數十萬大軍在人不知鬼不覺之中，全部溜出了他們的包圍圈。敵人四處搜尋，僅捉到了我方幾個落伍的病兵。其中之一是二十二軍軍長譚道源的勤務兵。敵人自他衣袋中搜出了一張譚軍長的名片，便誤以為生俘了譚道源，竟據此大事宣傳，鬧出個大笑話。

在徐州會戰的最後階段，敵軍捕捉我主力的計畫是何等周密，其來勢是何等凶猛，但是鏖戰月餘，敵方不特沒有擊潰我軍的主力，甚至連我方一個上尉也沒有捉到。這種情形，在雙方百萬大軍的會戰史上也可說是個奇跡。徹底毀滅了敵人捕捉我軍主力，速戰速決的侵略迷夢。

溯自二十六年十二月十三日南京失守時起，到二十七年五月十九日我軍自動放棄徐州時止，我軍與南北兩路雙管齊下的敵軍精銳，竟周旋了五個月零六天。使其無法打通津浦路，充分地發揮了以空間爭取時間的戰略計畫。使我大後方有充分時間來部署次一階段的武漢大會戰。到了津浦路保衛戰最高潮時，我在台兒莊還打了一個舉世聞名的勝仗，把京滬戰後敵軍的一團驕氣，打得煙消火滅，同時也沖淡了我方在南京失守後的悲觀氣氛。使長期抗戰重露一線曙光，也延遲了汪兆銘之流的「低調俱樂部」裡漢奸們的賣國行動。

4

徐州五個月的保衛戰，今日回思雖頗有兵凶戰危之感，然在當時環境下，我不但不覺其緊張，且覺生活頗有樂趣，其中數端，也不妨略述於此。

徐州此時是第二期抗戰重心的所在，觀戰的西方各國武官和軍事人員，以及國內外慰勞團體的來徐者，川流不息。長住徐州的中外記者、訪員、作家也不下百數十人。長官部內終日熙熙攘攘，熱鬧之至。台兒莊告急之時，敵機更日夜狂炸。我空軍既少，防空設備尤差，長官部內僅有一小型防空洞，可容二十人。每逢敵機來襲，洞內總為各種訪客和本部少數膽小官員所佔用。我身為司令長官，未便和他們去擠做一團，所以每逢敵機臨空，我只是走到辦公室外，在草地上看敵機投彈，或與二三訪客談戰局。有時彈落長官部附近，震耳欲聾，客人每每恐懼至面無人色，而我則能處之泰然，若無其事。軍民和一般訪客對我的大膽和鎮定都佩服得五體投地。正因為我個人的鎮靜和談笑自若，使本城的緊張與恐慌的氣氛大為減低。

台兒莊戰前一次委員長來徐視察，他就感覺徐州情形危急，一再問我說：「你看徐州可以守嗎？」我說：「請委員長放心，徐州短期內沒有問題。如果我能得充足的補充，我可能還要打一個不大不小的勝仗！」委員長雖未多言，但是在神情上，我可看出他是將信將疑。

此外我在平時紀念週上也一再強調徐州沒有危險，我們說不定要打一小勝仗來轉換轉換空氣。由於我個人的信心堅定，我的部隊上下均充滿信心，在徐觀戰人員及人民均甚沉著。作戰五閱月，步驟未亂絲毫。凡此均足見兵凶戰危之時，主將個人的言行關乎全局甚大。古人用兵所謂「指揮若定」，其重要意義蓋亦在此。

在此緊張的局面中，和我數次談論的一位來自美國的不平凡的訪客，便是當時美國大使館的上校武官，後來成為大名鼎鼎的史迪威（Joseph Warren Stilwell）將軍。史君能操華語，和我談話不用通譯，人均稱其為「中國通」，渠也頗引以為榮。史氏為人極豪爽，談笑風生，頗有戰將的氣概。一見其人，便知道他可以做一位叱吒風雲、出入槍林彈雨的猛將，而不是一位「借箸為君一籌」的參謀人才。言談之間，他對我國抗戰的前途很是悲觀。因當時一般西方人士譏笑中國拿筷子去和日本軍隊打仗，史迪威身受高度物質文明和唯武器論的教育的薰陶，自更不能例外。我請其一述他對中、日兩國軍隊作戰的觀感。他即坦白表示，他是外交官員身分，不便發表意見。我提到中國軍民抵抗日本侵略的英勇事跡時，他就申明他站在個人的立場，是相當同情的。我並說，這場戰爭是長期的消耗戰，影響所及，希特勒很快就要發動歐洲大戰，英、法既無力兼顧東亞殖民地的利益，日本必然南進取而代之。日本軍閥更可能對美國不宣而戰，企圖將美國在太平洋的勢力驅回到西海岸去。屆時，美國必被迫與中國站在同一戰線上，並肩作戰，最後勝利當屬於我們的。我希望他向美國政府建議，乘珠江和印度支那半島的海口尚未被日軍封鎖之時，趕快貸款給我國，購買大量作戰物資，運入西南大後方，增加中國軍隊的作戰力量，以防制日本南進。中國有句「借刀殺人」的成語，實為美國對付日本最高明的策略。美國如果猶豫不決，則他日必定後悔莫及。不意史迪威聽了，大搖其頭，嚴肅地反駁我說，法國已建了馬其諾防線，德國有何力量來發動歐戰？至於日本，其志在征服中國，所以她自信尚有把握，若言南進，與強大的英、美海軍為敵，何異癡人說夢。我乃將國際局勢的發展，反覆申述，說，歷史上的戰爭多是偶然爆發的，並不能以常理去判斷。中、日之戰實由國聯的姑息政策所引起，而後乃有義大利侵略阿比西尼亞，與德國廢除《凡爾賽和約》的舉動。如今侵略集團正得寸進尺，不幸英國張伯倫（Arthur Neville Chamberlain）仍存姑息，法國則恃有馬其諾防線，猶自醉生夢死。英、法顯然毫無備戰的意向，而德國則利用其優越的工業基礎，如火如荼地擴張軍備。你輕視德國無力發動歐戰，難道英、法同床異夢，各行其是，反有力量抵抗希特勒的擴張主義？美國雖擁有雄厚的實力，然因地處西半球，且素抱門羅主義，對於國際糾紛，每不願介入，凡此犖犖大端，皆為養癰遺患。根據此種邏輯來展望國際間的變化，則歐戰的爆發，與日本的南進，只是時間問題而已。

至此，史君亦無置辯的餘地。我乃對中、日戰局作扼要的分析說，日本雖強，中國雖弱，但中國擁有廣土眾民的優越條件。敵人志在速戰速決，而中國則志在困敵於泥沼之中，至其崩潰而後已。美國朝野睿智之士須知今日表面上雖為中、日的戰爭，而實質上實為侵略集團與反侵略陣線的戰爭，中國不過是首當其衝而已。所以美國提早貸款援華，確是為美國將來在遠東戰場上減少子弟犧牲的不二法門。

史君傾聽良久，才慨然說，假使他是羅斯福總統或國會議員，一定同意我的主張，只可惜人微言輕，莫可奈何云。

後來不久，歐戰果然爆發了。我因公到重慶，史迪威請我吃飯，一見面，他就翹起大拇指說：「你說對了，你說對了！」原來他還記得我在徐州的一番談話。這也是台兒莊會戰時一段有趣而難忘的小插曲。

另有一事值得順便一提的，便是二十一集團軍師長楊俊昌失宿縣受軍法審判一事。

當長官部最後自徐州撤退時，二十一集團軍總司令廖磊曾嚴令師長楊俊昌死守宿縣，俟長官部退過宿縣，始可放棄。無奈敵軍企圖斷我後路，以優勢兵力猛攻宿縣。我守軍至勢窮力竭時，楊師長便向廖總司令請示，電話尚未說完，敵軍已攻進城內，俊昌便放下聽筒，且戰且走，放棄了宿縣。廖磊大怒，呈請嚴辦楊俊昌。楊遂被押往漢口，交軍法會審，判處監禁十年，其實楊師的守宿縣，已用盡最後力量，力竭始退。抗戰期中，各部隊所犯錯誤比此嚴重的，不知凡幾，甚少受到處罰。縱使受到處罰，也很輕微。尤其是中央軍，軍官都是黃埔出身，同學之間互相照應，許多嚴重罪犯，都給馬虎過去。所以如楊師長的十年監禁，多少有點冤枉。嗣後他在湘西芷江監獄，不時寫信給我，請求緩頰。我因未便徇私，總是覆書叫他耐性等待。俊昌足足坐了十年牢，勝利後才恢復自由。這也可說是徐州會戰時，一點小小的美中不足。

【第54章】

武漢保衛戰

1

我長官部一行，脫離了敵人包圍圈，隨行的中央機關人員和新聞記者無不喜氣洋洋，向我申謝保護之勞，隨即分頭趕路，向武漢而去。長官部則經阜陽、三河尖，入河南的固始，至潢川暫駐。潢川遂暫時成為第五戰區司令長官部所在地。自徐州先行撤退的「第五戰區徐州青年幹訓團」也暫在潢川駐屯，繼續訓練。這便是抗戰初期有名的「潢川青年幹部訓練團」。

關於該團的歷史，此地且略為補敘一下。原來在抗戰開始之後，平、津、京、滬學校泰半停辦。青年人請纓心切，紛紛投入軍旅報效。我於二十六年十一月抵徐時，平、津方面退下的大、中學男女學生、教授、教員不下數千人。無不熱情興奮，希望有殺敵報國的機會。為收容這批知識青年，我便命令長官部在徐州成立「第五戰區徐州抗戰青年幹部訓練團」。共有學員四五千人。但是當時中央沒有這筆經費，我便商請廣西綏靖公署匯款前來維持。經過短期訓練後，畢業學員都分發至地方行政機構或各部隊擔任組訓民眾和宣傳等項政治工作，以提高軍民抗敵情緒，頗著成效。徐州撤退時，在該團受訓學員尚有二三千人，遂遷至潢川繼續訓練。各地青年來歸的，仍絡繹於途，朝氣蓬勃，俱有志為抗戰效死力。無奈為時不久，委員長忽有命令將該團停辦。而陳誠所主持的戰幹團，那時卻正開班招生，何以獨獨將潢川訓練團停辦，殊令人不解。然為免中央多心，只有遵命辦理。一個朝氣蓬勃的青年訓練機構，便無端夭折了。這批青年學生後來投效延安方面為數甚多。

當長官部停留潢川期間，我原先撤往蘇北的孫連仲、馮治安、張自忠、孫震、于學忠、李仙洲、龐炳勳等部，均已陸續越過津浦路，通過安徽，至豫東布防。敵軍既陷徐州，即乘勢大舉西侵，因此也無暇顧及我撤往蘇北的部隊。因敵人的戰略計畫在於速戰速決，企圖西向席捲皖、豫產糧地區，同時掌握津浦、平漢兩交通線，進而掃蕩西南，逼我國作城下之盟。因此，敵人於六月五日陷開封後，便繼續前進。六月九日因黃河花園口的河堤被炸，黃河東南汎區頓成一片澤國，敵方輜重彈藥損失甚大，敵軍沿隴海線兩側西進的計畫遂被我統帥部完全粉碎。於是，敵軍改變進攻方向，將其主力南調，配合海軍，溯長江西進。六月下旬佔我安慶，再陷潛山、太湖。敵人利用強大海軍，旋又突破我馬當要塞。再攻佔我湖口、九江兩據點後，乃分兵兩路，一循南潯鐵路攻馬回嶺；一在北岸小池口登陸，與太湖西進宿松之敵會合，陷黃梅，進攻廣濟。但鄂東地勢南濱長江，北連大別山，無數河道由北向南，匯入長江。兼以其間遍地皆為稻田，地形又起伏縱橫，形成天然的障礙防線，易守難攻。又兼廖磊的二十一集團軍以大別山為根據地，時向皖西和鄂東猛烈出擊，截斷敵軍交通線，威脅敵軍後方，逼使敵人屢進屢退，一籌莫展。敵我雙方遂成膠著的狀態。敵軍為排除其戰術上的困難，以達成其迅速佔領武漢的目的，乃改變戰略，另出奇兵兩路，由大別山的北麓平原西進。一路自正陽關向河南的固始、潢川、羅山、信陽攻擊，企圖於截斷平漢鐵路後，再南下攻擊武勝關及平靜關；另一路則由合肥攻入六安，然後直搗商城，再南向威脅麻城，與鄂東之敵相呼應，對武漢構成大包圍的態勢。在敵軍發動新攻勢前，我已向中央建議：自大別山北麓乘敵人防務空虛之時主動出擊，威脅南路敵人的後方。無奈中央置若罔聞，致有後來之失，下章當再詳敘。

2

正當敵軍溯長江西上陷落安慶之時，我右頰上於討龍濟光戰役所受的槍傷突然發作。這一創傷自民國五年以來，並未完全治癒。時有輕性發炎，旋又消腫，並無大礙。而此次發作則為最厲害的一次，右臉紅腫，右目失明。不得已乃請假赴武漢就醫，並將指揮職責交請白崇禧暫代。我由友人介紹，住於武昌有名的東湖療養院內。此醫院的資產，大半為張學良所捐贈，規模宏大，設備新穎。院長兼外科主任為一美國人，醫道甚好。我即由他施手術，自口腔上顎內取出一撮黑色碎骨，腫痛遂霍然而癒。

東湖為武昌風景區之一。我出去散步時，常在路上碰到周恩來和郭沫若，大家握手寒暄而已，聽說他們的住宅就在附近。此療養院環境清靜，風景宜人。時值夏季，湖中荷花盛開，清香撲鼻。武漢三鎮，熱氣蒸人，東湖療養院實為唯一避暑勝地。因此李濟深、黃紹竑、方振武也來院居住。這三人都和我有莫逆的友誼，現在朝夕聚首，或談論國事，或下圍棋，或雇扁舟遨遊於荷花之中，戲水釣魚，真有世外桃源之樂。而親朋故舊前來慰問的，更不絕於途，以致引起中統和軍統特務的注意，派了一王姓女士來暗中監視。某次，陳誠來院訪問，見我等數人正圍坐聊天，彼半開玩笑地說，諸公是否開祕密會議，可得與聞否。大家相顧愕然，苦笑了之。由此可見中央當局庸人自擾的一斑。

我在東湖住了二十多天，鄂東、豫東戰事已至最緊張階段。第五戰區長官部早已自潢川遷往蘄水，此時再由蘄水遷至宋埠。宋埠為黃陂縣屬一小鎮，長官部即設於鎮外一小廟中。我回到宋埠不及一旬，委員長曾親來視察，為表示與前線將士共甘苦，並在小廟中住宿一宵。我只好將床鋪讓出，自己在廟中正廳辦公桌上放一門板而臥。入夜蚊子太多，不能入睡，蔣先生睡在我的床上，雖有蚊帳，但也為蚊蟲所擾，不能入睡，時時呼喚侍從人員入室將帳裡的蚊子趕掉。可是越趕越多，整整一夜我們二人都未好好睡覺。

武漢外圍保衛戰發展至十月初旬，北線敵軍已迫近信陽，另一部敵軍已佔領麻城，威脅宋埠。江北敵軍正進逼黃陂，江南敵軍也已迫近湘鄂邊境。我五戰區長官部乃自宋埠北遷至黃安屬的夏店。

十月十二日信陽失守。我原先已電令胡宗南自信陽南撤，據守桐柏山平靜關，以掩護鄂東大軍向西撤退。然胡氏不聽命令，竟將其全軍七個師向西移動，退保南陽，以致平漢路正面門戶洞開。胡宗南部為蔣先生的「嫡系」部隊，在此戰局緊要關頭，竟敢不遵命令，實在不成體統。先是，胡宗南部在上海作戰後，自江北撤往蚌埠。蔣先生曾親自告我說，將來撥胡宗南部歸五戰區指揮。但是這批「嫡系」中央軍至蚌埠後，也不向我報告。同時他們彼此之間為爭取潰退的士兵，竟至互相動武，鬧得烏煙瘴氣。徐州失守後，長官部駐紮鄂東，軍令部更有明令撥胡宗南部隸屬於我，但胡氏從不向我報告敵我兩方情況。信陽危急時，竟又擅自撤往南陽。此事如係其他任何非「嫡系」將官所為，必被重懲無疑。但是此次我據情報告軍委會，要求嚴辦胡宗南，軍委會竟不了了之。

平漢路正面既讓開，武勝關瞬亦棄守。戰局至此，我預料平漢路以東的正規戰已告結束。中央旋即明令，除大別山據點保留為游擊基地外，所有五戰區部隊應悉數向鄂北撤退。為商討據守大別山問題，我乃在夏店召集第二十一集團軍總司令廖磊和第十一集團軍總司令李品仙開緊急軍事會議。我告訴廖、李二人說，中央有令要保留大別山為游擊基地，你們二位中誰願意留在敵後打游擊呢？李品仙默不作聲，似乎不大願意。我本人也覺得廖磊為人篤實持重，比較適宜於這項艱苦工作。我便問廖磊說：「燕農，你有沒有興趣留在大別山內打游擊呢？」

廖磊說：「好得很呀！我願意在大別山打游擊！」

我遂派廖磊率第二十一集團軍在大別山內打游擊。最初在我們想像中，在敵後打游擊是件極艱苦的事。孰知事實證明大謬不然。大別山根據地後來竟變成敵後的世外桃源，比大後方還要安定繁榮。不久，中央又發表廖磊兼安徽省政府主席。當我任皖主席時，早已羅致了抗戰前所謂「七君子」之一的章乃器任財政廳廳長，整頓稅務，頗見成效。廖磊在大別山苦心孤詣經營的結果，竟形成令人羨慕的小康之局。可惜廖磊原有心臟病，一度且曾患輕微的腦溢血，醫生囑咐，須安心靜養。但是值此抗戰最緊張的階段，軍書旁午，戎馬倥傯，一位責任心極強，勇於任事，能征善戰的將官，哪有機會靜養呢？廖君終於積勞成疾，舊病復發，於民國二十八年十月不治而逝。廖君死時，大別山根據地內的軍政設施已粗具規模。我乃呈請中央調第十一集團軍總司令李品仙繼任第二十一集團軍總司令，並兼安徽省主席，駐節立煌。至於第十一集團軍總司令遺缺，則呈請調黃琪翔充任。

十月中旬，我長官部復自夏店西撤至平漢線上花園站以西約十里的陳村。當我尚在夏店時，平漢路正面之胡宗南已不知去向，乃檄調西進至應城附近的覃連芳八十四軍和劉汝明六十八軍趕赴武勝關、平靖關一帶擇要固守。不料我甫抵陳村，長官部的無線電台與劉汝明已失去聯絡。八十四軍也被敵壓迫，退守應城。該軍與劉部雖相去不遠，然亦不知其確切所在地。我繞室彷徨，焦灼萬狀，輾轉反側，至午夜猶不能入睡。忽然心血來潮，驚覺戰況不好，在陳村可能有危險，遂披衣而起，將隨從叫醒，命通知長官部同人速即整裝，向西移動。這時徐參謀長祖貽等都在夢中，忽被叫醒，都很感到突兀。祖貽問我道：「長官一向都很鎮靜，今晚何以忽然心神不安了？」

我說：「陳村可能不安全，我覺得應該從速離開！」

眾人也未多問，遂整隊西撤。黎明後，行抵安陸縣境，眾人就地休息，忽發現陳村附近居民竟尾隨我長官部之後，如潮湧而至。問明原委，始知在我們離開陳村後約二小時，敵騎兵千餘人便竄入陳村。這批敵軍的快速部隊是否因為得到情報，知我長官部駐在陳村，特來抄襲，不得而知。但是當晚我如果不是因為心血來潮，臨時決定離開陳村，則不堪設想了。當時我長官部同人得到陳村難民的報告後，無不鼓掌大叫。徐參謀長也把手一拍說：「昨晚要不是長官心血來潮，就糟了！」

這件小事使我想到中國史書上常常記載有某一重要事件，由於當事人一時「心血來潮」或「耳鳴眼跳」等所引起的奇跡，似乎也非完全揑造。

我們退到安陸後，武漢三鎮也於十月二十六日為敵人竄入。武漢既失，抗戰形勢又進入另一階段了。

【第55章】

武漢棄守後之新形勢與隨棗會戰

1

武漢撤退後，我方主力部隊都退往西南山區，抗戰乃進入最艱難的階段。不過，敵人因深入我內地，戰區擴大，補給線延長，兵力不敷分配，也有陷入泥淖之勢。故無力對我作全面進攻，只有對各戰區不時作間歇性的戰鬥，但每次作戰時期亦不能超過一月以上，真所謂勢窮力竭，捉襟見肘了。

民國二十七年十一月間，我偕五戰區長官部退至棗陽時，第十一集團軍總司令李品仙已先抵該處，與我會商防務。李部所轄的第八十四軍在應城一帶突破敵人包圍圈，到達隨縣。劉汝明的六十八軍也自左翼退下，同時到達。我便命令兩軍在隨縣布防，以待敵軍來襲。我長官部則暫設於樊城。因按軍令部於武漢失守後的新規畫，本戰區現轄防地，計包括自沙市至巴東一段長江的江防。北面包括豫西的舞陽、方城、南陽、鎮平、內鄉數縣。東向則敵後的大別山和皖北、皖西、鄂東各縣也在本戰區防地之內。故樊城實為指揮本戰區內戰事的最適中地點。

長官部到樊城後，我遂將在武漢保衛戰中打殘了的部隊約十餘萬，加以整頓，重行部署，準備向武漢反攻。這一時期，我五戰區的戰略是死守桐柏山、大洪山兩據點，以便隨時向武漢外圍出擊，同時與平漢路東大別山區內的廖磊集團軍相呼應，威脅平漢路的交通，使敵人疲於奔命，發揮機動戰與游擊戰的最高效能。

敵人固亦深知我方戰略的重心所在，故視我桐柏山、大洪山兩據點為眼中釘。無奈武漢四周我軍的游擊隊實力強大，日軍四面受敵，暫時無足夠兵力來掃蕩我五戰區，我們因而有充分時間來重行部署。而二十七年歲暮，我們在樊城也能從容過年，未受敵軍騷擾。

孰知正當敵人陷入泥淖，攻勢日弱之時，我方陣營的悲觀論者，卻出人意料地，背叛抗戰，開始作投降的活動。十二月十八日國民黨副總裁、國民政府國防最高委員會主席汪兆銘突然祕密離渝飛滇，前往越南的河內，並發表反對抗戰，誣衊抗戰將士的文告。

汪兆銘的叛國雖出我意外，但是他的反對抗戰，我實早已親自領教過。我在上年十月抵京的翌日，便專程去拜望汪先生，見汪氏態度很是消極。他一再問我：「你看這個仗，能夠打下去嗎？」說時搖頭歎息。

我說：「汪先生，不打又怎麼辦呢？不是我們自動地要打呀！是日本人逼我們抗戰呀！我們不打，難道等著亡國嗎？」汪氏遂未多言。也許他已認定我是好戰分子，不可以理喻吧?!那時汪派反抗戰人士已組織一個「低調俱樂部」，當前方抗戰最緊張，後方民氣最沸騰時，這批悲觀分子卻打著「低調」，在後方洩氣，實是可恨。直至武漢失守，全國精華地區全部淪陷，他們悲觀到了絕望的程度，乃索性不顧一切，掉頭投敵，當起漢奸來了。

但是我們也應該講一句公道話，便是汪兆銘當了漢奸，卻沒有做積極破壞抗戰的勾當。例如汪氏投敵後，以前與汪氏淵源最深的國軍將領，如第四戰區司令長官張發奎，和第五戰區內第十一集團軍總司令黃琪翔，都是抗戰陣營中的柱石。然終汪之世，未嘗作片紙隻字向張、黃等招降。足見大義所在，縱是賣國賊也頗覺不為已甚，而自我抑制。

汪氏投敵後，五戰區中袍澤雖亦紛紛議論，然究以敵愾同仇之心甚切，士氣未受絲毫影響。

民國二十八年初，第二十六集團軍總司令兼第十軍軍長徐源泉忽率所部三師，自平漢路東大別山區潛至路西。原來在武漢保衛戰初期，在安徽太湖、潛山一帶作戰的，為徐部和川軍楊森部的第二十七集團軍以及川軍王纘緒部的第二十九集團軍。武漢吃緊時，楊、王兩部奉命撤入江南。徐部則奉命入大別山，協同廖磊部在該山區作游擊戰。

前在「完成北伐」一章中曾提及，徐源泉原為張宗昌的舊部，後經何成濬的居間，在天津一帶向革命軍投降的。嗣後何氏即引徐部為自己人，徐也仗何在中央為渠周旋。此次徐源泉不奉命令擅自自大別山潛來路西，實犯軍法，無奈何成濬在中央為其緩頰，遂不了了之。

再者，此次武勝關失守，亦由於第一軍軍長胡宗南不聽調遣所致。我抵樊城後，便呈報中央，要求嚴懲胡宗南。孰知此電報竟如石沉大海，永無反響。於是，武勝關一帶失守的責任問題，亦不了了之。

於此均可見中央政府的治軍、治政，全以人為依歸。凡中央「嫡系」部隊，或與中央可以發生「通天」關係的，因不聽將令，不受指揮而失城失地的，都可不了了之，實在不成個章法。如此上行下效起來，對敵抗戰的效能也就大大地減低了。

2

民國二十八年四月，敵人經縝密計畫與充分補給之後，乃思掃蕩我五戰區的主力，以鞏固其武漢外圍。四月下旬，敵方乃集結其中國派遣軍的精銳：第三、第十三、第十五、第十六等師團和第四騎兵旅，約十餘萬人，挾輕、重炮二百餘門，戰車百輛，循襄花（襄陽至花園）及京鍾（京山至鍾祥）兩公路西犯。其初步戰略，想掃蕩我大洪山、桐柏山兩據點內的部隊，以佔領隨縣、棗陽。其第二步目標，似在佔領我襄陽、樊城與南陽。敵方如能完成此兩項戰果，則武漢可以安如磐石，而我軍對平漢路的威脅，也可解除了。為針對敵方此項戰略部署，我亦決定死守桐柏山、大洪山兩據點，以與敵長期周旋。

我判斷敵軍此次西犯，其主力必沿襄花公路西進，作中央突破，直搗襄、樊。所以我方的部署，即以主力的八十四軍和六十八軍守正面隨、棗一線。以張自忠的第三十三集團軍擔任大洪山的南麓、京鍾公路和襄河兩岸的防務；而以孫連仲的第二集團軍和孫震的第二十二集團軍守桐柏山北麓南陽、唐河至桐柏一線。長江沿岸和襄河以西防務，則由江防司令郭懺所部兩個軍擔任。

部署既定，樊城長官部內的情報科收到我方諜報人員何益之自上海拍來密電，詳述敵軍此次掃蕩五戰區的戰略及兵力分配，一切果不出我所料。

前已言之，何益之君（化名夏文運）原為日方的譯員，嗣經我親自接洽而擔任我方在敵後的情報員。抗戰爆發後，何君即以為敵工作作掩護。並以其個人多年來培植的友誼，與反對侵華的日本少壯軍人領袖和知鷹二等相結納，由和知君等供給最重要的軍事機密。何君並在日籍友人私寓內設一祕密電台，與我五戰區的情報科通訊。其情報的迅速正確，抗戰初期可說是獨一無二。所以關於敵軍進攻徐州，突入皖西、豫南，以及圍攻武漢的戰略及兵力分布，我方無不瞭若指掌。其後應驗也若合符契。每當我五戰區將此項情報轉呈中央時，中央情報人員尚一無所知。所以軍令部曾迭次來電嘉獎五戰區情報科，殊不知此種情報實全由何益之自和知將軍處獲得而供給的。嗣後和知君因反對侵華而調職，乃另介一人與益之合作，繼續供給情報。直至太平洋戰事發生，日軍進入租界，何君因間諜嫌疑，為日方搜捕而逃離上海，我方情報始斷。此地我須特別提出一敘的，即是何君冒生命危險，為我方蒐集情報，全係出乎愛國的熱忱。渠始終其事，未受政府任何名義，也未受政府分毫的接濟。如何君這樣愛國志士，甘作無名英雄，其對抗戰之功，實不可沒。

我既獲何君的情報，乃一面轉報中央，一面在敵軍主力所在的襄花公路上布一陷阱，預備來一個誘敵深入的殲滅戰。

當隨、棗吃緊時，中央軍令部曾調第三十一集團軍湯恩伯部的五個師前來增援。湯部自徐州撤退後，即調往江南，嗣因江南兵力太多，乃又北調，自沙市渡江來五戰區。湯軍甫抵沙市，恩伯即乘輪赴渝，向委員長有所請示。所部陸續於四月中到達襄、樊一帶，聽候調遣。我便命令湯部五個師迅速開往桐柏山的南麓，以桐柏山為倚托，在側面監視敵人。待我軍正面將敵人主力吸入隨棗地區後，湯軍團即以迅雷不及掩耳之勢自桐柏山衝出，一舉截斷襄花公路，會同正面我軍，將敵人包圍而殲滅之。

我判斷敵人此來，是以騎兵與機械化部隊為主，意在速戰速決。且因不知我方在側面桐柏山上匿有重兵，必然以主力沿公路西進，而墮入我袋形部署之內，自招覆滅無疑。

孰知我部署方妥，前線敵我已有接觸，湯恩伯適自重慶返抵前方，到樊城來看我。我便將我所得的情報及計畫殲滅敵人的部署，說給他聽。未待我解釋完畢，恩伯便大發脾氣，說：「

不行，不行，你不能胡亂拿我的部隊來犧牲！」

我再耐性地向他解釋說：「你以桐柏山為後方，有什麼危險？……」不待我說完，恩伯便牛性大發，竟不聽命令，拂袖而去。在任何戰爭中，當前線危急之時，部將不聽主官約束而擅自行動，都是犯法的。可是抗戰期中，所謂「嫡系」的「中央軍」如胡宗南、湯恩伯等，皆習以為常。當時做戰區司令長官的困難，也就可以想見了。

四月三十日，沿襄花公路西犯之敵與我軍開始接觸，隨棗會戰之幕遂啓。襄花公路沿線俱係平原，敵人因而可以盡量發揮其機械化部隊的威力。敵坦克在陣地上橫衝直撞。我方部隊，久經戰鬥，無充分補充，本已殘破，又缺乏平射炮等武器，對衝來的坦克簡直無法抵禦。所幸士氣尚盛，士兵據壕死守，即以血肉之軀與敵人的坦克相搏鬥，官兵的勇者，竟攀登敵人的坦克之上，以手榴彈向車內投擲。作戰的勇敢與犧牲的壯烈，筆難盡述。然血肉之軀終究難敵坦克、大炮。以致敵人坦克過處，我軍的戰壕每被壓平，守壕士兵非被輾斃，即被活埋於壕內。坦克過後，敵方步兵隨之蜂擁而來，輕重機槍密集掃射，彈如雨下，銳不可當。

但是縱在這種劣勢下作戰，敵我在隨縣大洪山一帶激戰經旬，大小二十餘戰，我方正面始終未被突破。此時湯恩伯軍團如接受我的命令，自桐柏山側面出擊，必可將敵人包圍，獲致與台兒莊相埒的戰果。無奈湯恩伯一意保存實力，不願配合友軍作殲滅戰。故當敵軍向襄花公路正面突擊時，其掩護右側面的少數部隊曾與湯部接觸，而湯部竟全軍迅速北撤，退往豫西舞陽一帶。

正面我軍因無友軍自側面接應，無法與敵長期消耗，遂失隨縣。五月八日以後，敵人又加強對我軍兩翼的攻擊。南路以精銳騎兵自鍾祥沿襄河北竄，攻入棗陽；北路則自信陽西進，陷桐柏、唐河，擬與南路會師棗陽，對桐柏、大洪兩山區內的我軍作大包圍。我乃嚴令湯恩伯會同孫連仲自豫西南下，向唐河一帶出擊。十四日克復新野、唐河，與包圍圈內的友軍相呼應。我乃令我軍於十五日起作總反攻。激戰三日三夜，至十八日，敵卒開始總退卻。我軍克復棗陽，乘勢追擊，敵軍死守隨縣。我軍因無重武器，無法攻堅，乃與敵膠著於隨、棗之間，入於休戰狀態。

綜計此次隨棗會戰，敵軍以十萬以上的精銳部隊，猛烈的機械化配備，三個月以上的調度布置，對我桐柏山、大洪山兩游擊基地及襄、樊、南陽發動攻勢，志在必得。孰知經三十餘日的苦戰，卒至遺屍五千餘具，馬匹器械無算，狼狽而返。我方如不是湯恩伯不遵軍令，敵方機械化部隊，在襄花公路上，說不定就永無東歸之日呢！

3

第一次隨棗會戰，幾以湯恩伯的自由行動而僨大事，對湯恩伯的作風及其部隊的戰鬥力量，似有略作評述的必要。

湯恩伯為抗戰期間所謂「中央軍」中的戰將。他事實上並不善戰。每次臨陣，恩伯的指揮所均無固定地點，他只帶少數隨從和電話機四處流動。因為每逢作戰，敵機總很活躍，他深恐目標為敵機發現而招致危險，所以不願停留於某一地點。以致他司令部內的人員都不知道總司令在何處。湯的畏葸行動影響指揮效率甚巨。武官怕死，便缺乏了打勝仗的基本條件。

再者，湯恩伯專喜歡打飄忽無常的機動戰。看到形勢絕對有利時，便迅速來個突擊，否則便竭力避戰。所以隨棗會戰時，他對我所布置的大規模殲滅戰，便望而生畏。

湯恩伯的最大缺點，還是他的治軍無法度，軍紀廢弛。湯軍藉口防諜，凡所駐紮的村落，除老弱婦孺外，所有成年男子一概迫令離村往別處寄宿。村中細軟、糧食、牲口也不許外運。壯年人既去，則婦女、財產便一任駐軍支配了。以故湯軍過處，民怨沸騰。後來河南人民有句反湯的口號說：「寧願敵軍來燒殺，不願湯軍來駐紮。」據我所知，這並不是對湯軍過分誣衊之辭。

隨棗戰後，湯軍五個師仍奉命駐於桐柏山一帶，所佔村落之多可以想見，以故駐地被攪得雞犬不寧。當地居民乃央請該地區專員石毓靈來請求我下一道命令，整肅軍紀，以禁湯部擾民。在石專員訴苦之後，我便坦白地對他說，關於整肅軍紀的命令，我已不知下過多少道。不過對湯恩伯的軍隊，我再下千百道命令也無益處。「冰凍三尺，非一日之寒」，軍隊的紀律，斷非幾道命令可以改好的。何況湯恩伯是委員長的心腹，縱使我向委員長報告，他也不會追究，徒然引起無謂的摩擦。

後來石專員又告訴我一個目擊的故事：某次湯恩伯要石專員一起去視察防地，當地有一位老舉人，年約八十多歲，長髯拂胸，扶了一枝拐杖，求見湯總司令。湯傳見後，這老丈便對恩伯說：「湯將軍，我久仰大名，你在南口英勇殺敵時，全國對你真是敬若神明。但是我們老百姓實在沒想到你部隊的紀律是如此之壞。我癡生八十餘年，熟讀古書，遜清時代也還有個功名，從未聽說，一支部隊軍紀廢弛到如此地步，而還可以殺敵致果的。」言談之間，分明對恩伯以前抗日的英名表示懷疑。這老者年紀既已八十多歲，又是一位舉人，湯恩伯奈何他不得，只好說：「請批評！請批評！」這老人便毫無隱諱地，將湯軍如何佔領村落，驅逐人民的事實和盤托出，語調甚為激動，說完也不管湯恩伯的反應如何，便拂袖而去。

湯恩伯聽了一番教訓之後，頗覺難為情，連說：「我不相信，我不相信！」並立刻約石專員一同去各村巡視。所見實情，較諸該老者所言有過之無不及。恩伯便把駐軍的三位連長叫來，問他們，當地老百姓哪裡去了。三位連長回說：「因為防諜，都按照本軍慣例，不許老百姓住在村內。」

恩伯聞言大怒，便吩咐將這三位連長綁起來，立刻推出村外，竟把這三個連長槍斃了。這種一怒殺人的幹法，簡直是發瘋。他受了那老舉人的氣，便殺幾個部下來出氣。事實上，他全軍皆是如此做法，相沿已久，今殺此三人，對軍紀並無改進，這就是湯恩伯的作風。

關於湯恩伯這種不遵軍令，部隊不守紀律的情形，我知道報到中央去，不但於事無補，反而把事弄糟。我們的最高統帥蔣委員長的一貫作風，便是鼓勵他部下將帥不和，以便分化控制。湯恩伯、胡宗南等不服從我的命令，是蔣先生所最高興的。他們也知道，如果他們認真執行我的命令，就要失去「天眷」了。所以他們動輒直接向委員長報告。戰區司令官哪在他們眼裡呢？

我如不明此理，據實報上去，蔣先生非但不辦湯、胡，反會將我的報告交給他們看，說你看你的長官在告你呢！這樣一來，湯、胡等人感知遇之恩，會對委員長更加服從。而我們戰區之內，軍紀沒有整肅好，部將與司令官間的摩擦卻隨之發生了。

湯、胡等人深知蔣先生的作風，知道別人告他們，委員長也不會聽，何況還有黃埔同學互相掩飾呢！因此他們就大膽蒙蔽領袖，國家軍政大事也就不堪設想了。

湯恩伯在五戰區不服從我，猶有可說，因為我曾經倒過蔣，是蔣先生所提防的人物。他後來被調到第一戰區，第一戰區司令長官蔣鼎文同是委員長的心腹，他們又是浙江同鄉，應該相處無間了。誰知在委員長慫恿之下，蔣、湯二人竟鬧到不能見面的程度。蔣司令長官召集會議，湯恩伯竟不去參加。甚至蔣鼎文打電話來，湯也不接。而出人意外地，湯恩伯卻始終對我保持著表面上極度恭順的態度。我也就想利用這一點點友誼，來替他調處調處，免得鬧大了，影響戰局。

民國三十一年，湯恩伯在葉縣防次辦了一所「大學」。開學時，承他邀我前去「訓話」。公務既畢，我找了一個機會和他閒談。我開門見山地問他說：「我聽說你和蔣長官的關係鬧到不能見面的程度，究竟是怎麼回事？」

恩伯說：「蔣長官昏瞶糊塗，受左右宵小包圍，對我歧視。」我說：「恩伯兄，論軍界資歷，蔣長官是你老前輩；論私誼，他與你又都是委員長的同鄉。如你們二人尚不能合作，你又能和誰合作呢？你和蔣長官之間的摩擦，你縱無過，也是不對，何況你還不一定無過呢！在這大敵當前的局面，你們帥將不和是多麼危險的事呀！本來，你們第一戰區如鬧糟了，我第五戰區還可乘機表現一番。不過就大局說，我希望你們不要鬧意見。」最後，我一再強調說：「恩伯兄，我比你癡長十來歲，我這番話實在是為你好，希望你能接受！」

恩伯聽後很為感動，說：「那我就到洛陽去看蔣長官去！」

嗣後不久，我因事與蔣鼎文碰面。我遂問及此事。蔣鼎文說：「你指揮過湯恩伯，他的脾氣你還不知道？他眼睛長在頭頂上，哪瞧得起我們司令長官？他常常去告『御狀』，委員長不知底細，還常常打電話來申斥我呢！我一切都忍下了，為的顧全大局。這個位子，我早就不想幹了。湯恩伯想當長官，讓他去當好了。但是我辭職，委員長又不准……」

接著，他就敍述他辭職不准的道理。鼎文說：「我也有我的長處呀！雜牌部隊不怕我，我還可以指揮他們。可是他們怕湯恩伯，湯恩伯如當了長官，他們恐怕都要跑了。所以這一位子，湯恩伯想幹也幹不了，我辭也辭不了。」

我當然也把湯恩伯在葉縣所說的一番話告訴蔣氏，並說，湯恩伯有意到洛陽來看他，希望他不要拒人於千里之外。「銘三兄，」我說：「為著大局，我希望你也能相忍為國！」蔣鼎文也很感激我這一番善意的調解。

從這些小事，很可看出湯恩伯是怎樣一個飛揚跋扈，不守法度的人。他在河南時，除辦「大學」之外，還圈定民地數千畝，創辦什麼「傷殘將士農場」。將士既已傷殘，當然不能務農，他就雇用農民去耕種。此外，他又不恤民時，徵用民工，大興土木，修建其「大學」，建築材料則就地徵集，人民住宅、祠廟，甚至祖塋上的磚石，都被挖掉，弄得民怨四起。恩伯又隨時召集當地縣長、專員等地方官開會。凡徵調民工，或按戶攤派錢糧等事，他從不通知省政府，而是直接命令各縣長去執行。他生性又是個能說會講，而講過又不算的莽漢子。不僅他的部下對他怕得要死，地方官吏、人民都畏之如虎。再加有「最高當局」的縱容，恩伯就益發不知天高地厚了。終至中原鼎沸，一敗塗地而後已。

【第56章】

歐戰爆發後之宜、棗及豫南、鄂北諸戰役

1

敵人自在隨棗地區受創之後，短期內無力再犯，我方亦得一喘息機會，軍事委員會乃將五、六兩戰區作戰地境略作調整。

第五戰區在當時轄地最廣。不特在敵後的大別山地區仍歸我直接指揮，即魯南、蘇北名義上亦屬五戰區戰鬥序列之內。但是自武漢失守，第六戰區司令長官陳誠因素為蔣先生所寵信而身兼數要職。然事實上未能常川坐鎮前方，指揮作戰。軍委會乃將其轄區分割，另成立第九戰區，任命薛岳為司令長官。另將宜昌以下的江防，由五戰區劃出，改歸陳誠指揮。五戰區重心既已北移，則襄、樊已不是中心所在。民國二十八年秋，我乃將五戰區司令長官部遷往光化縣

的老河口。

老河口為鄂北襄河東岸的商業市鎮，亦為中國古代著名的戰場。由老河口向北，有公路貫通豫西平原，直達洛陽。另有公路通漢中，北走西安，西去成都皆甚方便。況因該市在襄河東岸，故也兼有水路運輸之便。雖云山高水陡，道路崎嶇，然抗戰八年，軍事物質的運輸實利賴之，以故就形勢說，長官部設於老河口，實較適中。

遷老河口以後，使我最感詫異的，是人民生活極苦，教育水準極低，惟天主教勢力卻極為雄厚。教堂建築巍峨，擁有大量的耕地，據說從未納糧完稅，官吏也莫奈伊何。佃農多為天主教徒。狡黠之徒恃有教會包庇，為非作歹，而官廳則惟恐引起外交糾紛，只得隱忍不問。以故義大利的神父儼然一方的土皇帝。不過當地基督教會的作風則比較開明。

我遷老河口後的第一項設施，便是在市外約五里地的楊林鋪成立第五戰區幹部訓練班。由我擔任主任。調本戰區校官以上各級軍官前來受訓。旨在提高戰鬥精神，檢討作戰經驗，增進戰鬥技術，並聯絡感情，收效極宏。另於襄河西岸距老河口約九十里地的草店成立中央陸軍軍官學校第八分校。校址設於武當山下諸宮殿式建築的驛站中。相傳這些驛站建於明代，那時武當山寺廟香火鼎盛，各方士大夫多來朝山，每年且有朝中大臣奉敕前來進香，這些驛站即於是時奉聖旨所修建。規模宏大，雖經數百年猶未改舊觀。加以山林幽靜，古柏參天，真是最理想的軍校校址。該校除招收知識青年外，並調各軍下級幹部前來受訓，故有學生隊與學員隊之分。因抗戰已過三年，全國軍隊久經戰鬥，下級軍官傷亡甚巨，亟待補充之故。

第八分校校長名義上為蔣委員長兼任，實際上，設一教育長負其全責。第一期，我呈請中央調桂林綏靖公署中將參謀長張任民為教育長。第二期，調五戰區參謀長徐祖貽中將擔任。徐的遺缺則由副參謀長王鴻韶接替。徐、王二人都是我國軍界難得的人才，各有所長。然二人在長官部工作，意見時時相左，此亦中外所恆有的人事問題，足使身為主管長官的，有難為左右袒之苦，適祖貽有意擔任斯職，我乃特為舉薦，以作一事兩全的安排。

此時在敵我對峙的休戰狀態中，我乃用全副精神主持幹部訓練班事宜。本戰區所轄部隊，大半都是中央所認為的「雜牌軍」。各軍歷史不同，習性各異，裝備參差，作戰能力也不免有強弱之分。對於這些部隊的駕馭指揮，必須一視同仁，恩威並用，因勢利導，掩其所短而用其所長。例如川軍和舊西北軍的將領，積習甚深，斷非一朝一夕所能改變。又如在抗戰前，川軍將領因爭奪地盤，各霸一方，視同敵國。今一旦並肩作戰，自難期其泯除前嫌，融和無間。對付這些將領，我只有以身作則，並導之以為國家、為人民的大義。人非木石，經過長期潛移默化之後，行為習俗都能逐漸改善。如王纘緒集團軍守大洪山數載，民國三十年正值鄂北、豫西一帶發生大饑荒，赤地千里，人民真至易子而食的地步。而一向講求高度生活享受的王總司令，那時竟能與士卒共甘苦，食樹皮草根而無怨。後來王部調至後方整訓，官兵見襄樊市上尚有白米出售，王部向以不守紀律聞名，那時雖垂涎欲滴，也絕未聞有搶劫米店的事發生。且抗戰數年，出生入死，王纘緒所部之功亦不讓友軍。可見人心向善，領導者苟能以身作則，大公無私，天下實無不可用之兵。

其次，如張自忠的第三十三集團軍積習亦深，軍中煙賭，習以為常。甚至張總司令本人及其部下師長劉振三等均有煙癖。他們沾染於舊社會的傳統惡習，受毒已深，戒除不易，我也雅不願當面訓斥，使其難堪。一次，我親赴襄河西岸荊門張部防地檢閱，集合部隊訓話。略謂，我們軍人在此國難期間，為國家、民族圖生存，個人的生命均隨時準備犧牲，難道我們還沒有勇氣與決心來維持軍紀嗎？但是煙、賭兩項，實是軍中的大忌。這兩項如不能戒絕，我們還說什麼殺敵報國呢？訓話檢閱之後，我便離開張軍他去，只望其聞言內疚，逐漸改正。

孰知張自忠是個血性漢子，他聽了我諄諄開導，自覺慚愧萬分。我離去的翌日，自忠便集合他的部隊訓話，以革除惡習，誓死報國的大義勖全軍將士。最後，自忠大聲問：「昨天李司令長官對我們的訓話，你們聽到了沒有？」

全軍將士大聲同答：「聽到了！」

自忠又問：「戒除煙、賭嗜好，你們做得到，做不到？」

將士又大聲同答：「我們做得到！」

自忠說，我們要做，應先自我總司令和軍、師長做起。便命副官將他的煙具拿出來，當眾搗毀。並宣布，此後軍中官兵有煙癖的，若不自動戒除，即依軍法懲治。因而第三十三集團軍中原已發展至無可救藥的煙、賭兩項惡習，數日之內，竟根絕無遺。而戒煙後的張自忠，未幾竟身先士卒，戰死沙場。凡此均可見中國軍人坦率、忠誠的可敬可愛，以及「師克在和」一語意義的重大。

2

一九三九年（民國二十八年）九月初，希特勒忽出兵侵略波蘭，英、法因與波蘭締有軍事同盟條約，遂被迫對德宣戰，歐戰爆發了。為應付這個突如其來的新局面，蔣委員長特地在重慶召集軍事會議，加以商討。我便應召赴渝。其實在會上所討論的，仍然只是一些國內戰事的問題罷了。

此次赴渝，最使我高興的便是我又見到美國大使館武官史迪威上校。他聽說我到了重慶，特地專柬請我吃飯。一見面，史迪威便翹起大拇指向我說：「李將軍，給你說對了，歐戰真的打起來了！哈哈！」

我說：「上校，事不止此啊！萬一不幸，英、法聯軍為德國所敗，以我預測，她的侵略箭頭大有指向蘇聯的可能呢！」

史迪威大笑說：「將軍，你又要作新推測了。德、蘇已簽了十年互不侵犯協定，你知道嗎？況且英、法聯軍有馬其諾防線為屏障，德軍要突破此一堅固無比的要塞地帶，談何容易，所以歐戰一定成為持久消耗戰之局。誰勝誰負，將軍言之未免過早。」

我說：「史上校，你知道希特勒在《我的奮鬥》一書上，不是以消滅共產主義為己任嗎？難道你相信希特勒和你一樣誠實，真的在十年之內不侵犯蘇聯嗎？照我看來，希特勒的話不算話！至於馬其諾防線，雖然堅固，也須有戰鬥意志堅強的部隊防守，與激昂的民氣作後盾，才可予希特勒以嚴重的打擊。英、法當局以往一味以姑息政策對付侵略者，自無從提高軍心與民氣。今日倉促應戰，試一分析雙方運用政略和戰略的優劣，英、法初期軍事的挫敗恐難避免。再者，今英、法既有事於歐洲，自無力保護其在東亞的殖民地，所以近來日本特別強調『大東亞共榮圈』的口號，其欲稱霸太平洋，已甚明顯。說不定將有不利於貴國的行動呢！」至此，史上校似仍半信半疑，但也不再置辯，只說，這種變化太大了，只有上帝才曉得。乃相與大笑。

過了兩天，蘇聯大使❶也請我喝茶，在座只有首席顧問朱可夫（Vasili I. Chuikov）中將和一中國譯員。蘇大使約我晤面的動機，可能是由於塔斯社遠東副社長羅可夫（Rokov）曾在徐州戰地聽我分析未來國際形勢，事隔一年又半，一部分竟已不幸而言中，故朱可夫等也想親自聽聽我的言論。

蘇大使中等身材，文質彬彬，有東方人面孔。朱可夫則身材魁梧，面孔巨大而眼睛細小，不愧為北極熊的典型。兩君性情沉默，很少言笑，一見而知為深思沉毅的人物。與史迪威上校的豪放活潑、談笑風生，恰成一對照。稍事寒暄，蘇大使即開始問我，對歐戰今後發展的觀察如何。我乃用極客觀的態度作分析，略謂，英、法因與波蘭訂有軍事同盟條約，此次被迫對德宣戰，完全處於被動的地位，在戰略上已居下風。聞英、法軍民戰鬥意志並不旺盛，惟馬其諾防線是賴，須知在戰爭史上，未有攻不破的要塞。若英、法聯軍不幸失敗，巴黎淪陷，法國屈服，則希特勒動員了數百萬勁旅，一旦失去攻擊的目標，很可能乘戰勝的餘威，東向進攻蘇聯，實現其《我的奮鬥》一書上的預言，故蘇聯應早為之計。說至此，朱可夫忽然離座，在客廳中躑躅思索，似頗有同感。

我繼續說，屆時日本的動向甚可注意，因日本素有南進派與北進派之分，此後南進乎？抑北進乎？頗可尋味。日本雖負有德、日、義三國軸心反共同盟的義務，似應向西伯利亞進軍，夾擊蘇聯。可是她的侵略大陸政策已陷在中國泥沼之中，自不願再向西伯利亞酷寒荒漠地區進軍，以免一誤再誤，不能自拔。今日英、法在東南亞的殖民地已成真空地帶，日本只要一舉手之勞，此資源豐富的地區即為其所有。此舉抑且不負希特勒以日本分散西方國家力量的期望。從這點看，一俟時機成熟，日本實行南進政策，為形勢所必然。世界大戰範圍愈益擴大，亦為必然的結果。只要受軸心國侵略的國家能同心協力，奮鬥到底，必獲最後的勝利。談話至此，遂告一結束。他們並未多加評論，乃盡歡而散。

在重慶會畢，我乘機向蔣委員長告假半月，回桂林省親。因家母年高多病，很想看看我。

軍事委員會乃特地為我預備一架小飛機，直飛桂林。這是「七・七」事變後我第一次返鄉。桂林各界歡迎的熱烈，與母子相見的歡愉，自不待言。

桂林是抗戰中期西南的文化中心。由於地方當局比較開明，大批自由主義者及左翼文化人，都以桂林為樂土，群聚於這一座以「山水甲天下」聞名的省城。我到了桂林，這批文化界人士在廣西大學校長馬君武領導之下，為我舉行一個大規模的歡迎會和時事座談會。會中，大家對歐戰爆發後的國際新形勢，作極為熱烈的討論。

一般左派人士對蘇聯在歐戰前夕簽訂「德蘇協定」的批評，都認為史達林有眼光，有手段。在他們看來，目前的歐戰是資本主義的內戰，社會主義的蘇聯，可以坐收其利。

另一派人士則對英、法的勝利表示有信心。他們認為英、法是歐洲最強盛的國家，潛力雄厚，曠日持久，德國必然失敗。德國的失敗無疑造成對中國極有利的形勢，但中國是否有力量支持到那個時候，則不無疑問。因此油然而生惴惴不安的心理。

我聽了他們的意見，便針對這兩點發言。首先，我預料英、法在歐洲大陸上的戰爭可能一敗塗地。因為我在重慶時，適孫科一行剛自歐洲考察歸來，對英、法兩國的觀察甚為透徹，認為英、法毫無準備，倉促應戰，殊可憂慮。當我引證孫科的話時，會中右派人士不以為然。

我又繼續分析德、蘇形勢，說英、法若不幸戰敗，德國既已動員了幾百萬軍隊，必然回師東征，以貫徹其《我的奮鬥》上的反蘇主張。所以歐戰之火必愈燒愈大，絕難一時熄滅。我作此預料時，在場左翼文化人個個搖頭，大不以為然。

我說：「諸君，歐洲戰局的發展是不會隨我們的好惡而改變的。不管我們高興不高興，歐戰是朝這方向發展的，請大家用恬靜的心等著瞧吧！」

我的一席話，潑了左右兩派文人滿頭冷水。他們既不願英、法戰敗，也不希望蘇聯挨打。無奈希特勒掃他們的興，其後果不出我所料。

會後，胡愈之來同我握手說：「德公，你以前是說對了，以後怎樣就不敢說了。」因為當武漢保衛戰時，胡愈之率領了「文化慰勞團」到鄂東前線勞軍，在宋埠曾與我作竟夕之談。那時，我便預料歐戰要爆發，而胡君不信，還和我辯論。到現在他才承認我說對了。

「胡先生，」我說：「我現在預測的許多變化以後也是要實現的。」大家哈哈一笑。

翌日，馬君武請我到廣西大學演講，他特地引證我和胡愈之辯論的這段故事。馬先生說：「希望李將軍現在的預言，將來再度實現！」

在講演中，我仍然強調我的看法不會錯。誰知一年多之後，希特勒所做的，和我所逆料的竟然若合符契。真是天下事亦未始不可以常理推測。

3

我自桂林回到老河口不久，便接獲可靠情報，敵人受德國閃電戰勝利的刺激，也預備和我們來一個閃電戰。二十八年九月，敵方成立所謂「對華派遣軍總司令部」，以西尾壽造為總司令，坂垣征四郎為總參謀長。二十九年四月中旬，集中了六七個師團的兵力，要再到隨棗地區來掃蕩我五戰區。

我方的部署，大致是：㈠以精銳的黃琪翔第十一集團軍八十四軍守襄花路正面。㈡以川軍第二十九集團軍王纘緒（許紹宗代總司令）部守襄河以東地區。㈢張自忠的第三十三集團軍守襄河西岸。㈣以孫連仲的第二集團軍守北線桐柏山以北地區。

戰事於五月一日開始。敵軍仍分三路西進，大致如前次隨棗會戰時的姿態。不過，此次敵方對我正面只是佯攻，以吸引我主力。另以重兵配以坦克百餘輛和飛機七八十架，自襄河東岸北進，猛攻我許紹宗部。許部不支，退入大洪山核心。敵遂長驅直入，直搗雙溝，擬與北路會師，對我方主力進行大包圍的殲滅戰。我即令黃琪翔迅速北撤，以免被圍。敵於五月八日衝入棗陽，與我掩護撤退的第一七三師發生激戰。我方以眾寡不敵，且戰且走，節節抵抗。第一七三師自師長鍾毅以下，大半於新野縣境殉國。而我方主力卻賴以撤出敵人包圍圈。敵人既撲一個空，我軍乃自外線實行反包圍，由兩翼將敵軍向中央壓縮，加以殲滅。雙方戰鬥至為激烈。至十一日，敵卒不支，向東南撤退。十六日，我軍且一度克復棗陽。

此時我方防守襄河西岸的第三十三集團軍尚有一部未參戰，我乃電令張總司令自忠「派有力部隊，迅速渡河，向敵後出擊」，以便將襄河東岸之敵攔腰斬斷。自忠乃親率其總司令部直屬的特務營和七十四師的兩個團，遵令渡河，於南瓜店附近一舉將敵軍截為兩段。敵軍被斬，乃密集重兵，自南北兩路向張部夾攻。大兵萬餘人，如潮湧而來。自忠所部僅兩團一營，斷不能抵禦，隨行參謀人員暨俄顧問都勸自忠迅速脫離戰場。孰知自忠已下必死決心，欲將敵軍拖住，以便友軍反攻，堅持直至所部將士傷亡殆盡，自忠亦受重傷倒地，才對身旁衛士說：「對國家、對民族、對長官，良心平安，大家要殺敵報仇！」遂壯烈殉國。為抗戰八年中，集團軍總司令督戰殉國唯一的一人。

自忠在奉命渡河時，曾有親筆信致該集團軍副總司令馮治安，略謂：「因戰區全面戰爭關係，及本身的責任，均須過河與敵一拚。如不能與各師取得聯絡，本著最後之目標（死），往北邁進，無論作好作壞，一切求良心得此安慰，以後公私，請弟負責。由現在起，或暫別，或永別，不得而知。」足見自忠在渡河前已抱必死的決心。

回憶抗戰開始時，自忠自北平南下，在南京幾被人誣為漢奸而遭受審判。我當時只覺得不應冤枉好人，故設法加以解脫，絕未稍存望報之心。孰知張自忠竟是這樣一位血性漢子，一旦沉冤獲雪，便決心以死報國。在他瞑目前的一剎那，「國家」、「民族」之外，對我這位「司令長官」猶念念不忘。我國古代的仁人志士都以「殺身報國」，以及以「死」字來報答「知己」為最高德性。張自忠將軍實兼而有之了。

張自忠死後，我方雖損一員能將，然敵在隨、棗一帶，終不得逞。各路敵軍與我軍均陷入膠著狀態。

敵人在五戰區既無法越雷池一步，乃在六月初再度增援，捨開五戰區正面，在襄河下游強渡，向六戰區採取攻勢，與陳誠將軍展開宜昌爭奪戰。六月一日，敵人一度侵入襄陽、樊城。經我們自外線反擊，敵人不敢死守，乃將襄、樊焚毀一空，於六月二日向南竄撤。我軍乃於六月三日連克襄、樊與棗陽。惟六戰區方面之敵，於六月十四日侵入宜昌，據城死守，我軍屢攻不克，宜昌遂為敵所有。

自此我五戰區通往重慶後方的水路被阻。以後只有自老河口翻越崇山峻嶺，改走巴東一線了。

敵人雖佔有宜昌，然襄、樊和大洪山一帶，我軍對其威脅始終無法解除。二十九年九月我軍為策應長沙會戰，曾對宜昌之敵發動反攻，以牽制其兵力。故敵人對隨、棗一帶我軍根據地，終視為眼中釘，必去之而後快。是年十一月，汪兆銘在南京組織的偽政府正式獲得敵方承認。敵人以軍事配合政治，又以幾師團兵力再向隨棗地區進攻。自十一月二十四日至三十日，經七晝夜的苦戰，襄花路上敵遺屍數千具，仍一無所獲而返。

敵軍在隨、棗一帶三度受挫，心仍不甘。三十年一月中旬，合豫、鄂、皖各地敵軍共約七個半師團，重炮一聯隊，戰車三百輛，飛機百餘架，在豫南集結，企圖沿平漢路北犯，打通平漢路。一月二十五日，敵軍自信陽、確山、駐馬店等地，分六路向西進犯，與我軍展開大規模的戰鬥，是為「豫南鄂北會戰」。

敵軍所用的戰略，仍是以大兵團向我主力迂迴包圍的老套子。我對敵我戰鬥力估計甚為明白，斷不與敵爭一城一地的得失而中其圈套。凡敵包圍尚未合圍時，我便主動地轉移，使敵撲空；然後自外圍向敵反包圍，敵軍也唯有迅速躲避。

就這樣，敵我雙方數十萬眾，便在豫南平原大捉其迷藏，使敵疲於奔命。敵軍徒有最優良的配備與訓練，終莫奈我何，士氣沮喪之極。我軍得機即行反攻，足使敵軍落膽。二月四日我軍一度撤離南陽，敵軍竄入之後，亦不敢守，六日即自南陽遁去。鄂北敵騎兵一度曾竄至離老河口僅三十里的地區。老河口雖只有一個特務營駐守，我諒他不敢前來。無奈參謀長王鴻韶為人謹慎，力主將長官部遷往襄河西岸暫避。我也認為此時沒有與敵軍玩「空城計」的必要，遂率長官部渡河。旋即遷回。是時敵軍因已陷入我軍包圍圈，不敢戀戰，南北兩路一時俱退。豫南、鄂北之戰，遂告勝利結束。

注釋

❶指潘友新（Aleksandr S. Panyushkin）。——編者注

【第57章】

珍珠港事變後之五戰區

1

自三十年二月豫南、鄂北會戰結束之後，直至三十二年秋季我離開五戰區，調升漢中行營主任止，前後約兩年多的時間，敵人均未敢再犯五戰區，使我能徹底整頓本戰區的部隊，預備反攻。

三十年十二月八日，由於日機偷襲珍珠港而引起了太平洋戰事，美國和英、法同時對日宣戰，歐、亞兩洲戰火，終於燒成一片。我軍抗戰四年，至此驟得強大盟國加入對日作戰，抗戰必勝信心於焉確立，軍心民心的振奮，實前所未有。

三十一年春初，蔣委員長為應付國際新局勢與調整各戰區的部署，又召集各戰區司令長官赴陪都開會。這次會議，仍與歐戰爆發後的會議相同，各將領許久未見，大家乘機在重慶互相對國內戰局作一番檢討罷了。

會畢，我又向委員長請假十天，返桂林原籍省親。此次返桂林，各界歡迎熱烈如前，惟老母年高體弱，已十分衰邁。我在兩江墟故宅住了一星期，不得已又回桂林，預備飛渝返防。孰知重慶派來的專機，或係因天氣關係，遲遲未到。我因自思與其在桂林閒住候機，不若再返榔頭村承歡數日。不意剛回至村中，桂林便來電話報告，飛機已到。然此時我忽發覺老母病況突然轉劇，遂不敢離開，終夕在榻前伴侍。是日夜半十一時，慈母遂瞑目而逝，享年七十有六歲。子欲養而親不待，悲痛曷極。乃急電中央續假十天，在家守靈開弔，遵舊制成服，親視含殮。中央自林主席、蔣委員長以下均有唁電，地方各界均派專人前來祭奠，備極哀榮。

家母喪事之後，即赴桂林，乘中央特派的單人飛機逕飛重慶。當飛機飛至湖南芷江機場，預備著陸加油時，自天空俯瞰，機場上不見一人，四周一片死靜。我下機後，始知敵偵察機三架曾來芷江機場上空偵察，許久始去。我機著陸離敵機飛去時，相去尚不足三分鐘。真是「失之交臂」！否則我們一定被打得機毀人亡了。實是僥倖之至。

回到老河口，立刻便又恢復到日常的緊張生活。前章已略說過，五戰區自遷到老河口，我為加強部隊的戰鬥力，並使各種不同系統的部隊官長有機會互相觀摩和認識起見，曾向中央建議在老河口郊外一小鎮曰楊林鋪，創設「第五戰區幹部訓練班」。我自兼班主任，副主任一席則由集團軍總司令或副總司令輪流擔任，隊長、副隊長則由各軍軍長或副軍長充任。調各軍中校官以上官佐前來受訓。我們訓練的科目都是部隊中所急切需要的，不像重慶的「中央訓練團」只著重繁文縟節。白天由專才教官講授關於對日作戰的戰略戰術，晚間則舉行小組會議，由各級部隊官佐互相檢討戰地經驗，以及切身需要改善的各項問題，並提出改革方案，供長官部參考施行。至於我，白天上課講解做人之道和將兵、將將方法以及指揮作戰經驗，每晚我並親往各小組旁聽。與會學員均能盡所欲言，使我於察言觀色之中，充分了解各將校的品性，而對各軍的情形也有進一步的認識。受訓學員因我能虛心而誠懇地和他們接近，所以對我也能竭誠擁護，足使本戰區之內上下關係直如水乳交融，毫無隔閡。然我身為司令長官的，卻因此日無暇晷，黎明即起，深夜始睡，忙迫不堪。不過眼見各方進步，成績斐然，亦殊不以為苦。如此緊張生活一直繼續到三十二年秋冬之交，我奉命調升漢中行營主任時，才告一段落。

2

我自從抗戰初起時擔任第五戰區司令長官起，至三十二年解職時止，凡六年之久。前後直接指揮過的部隊不下百餘萬人。這些部隊中，除第十一和第二十一兩集團軍約十萬人是我親手訓練的部隊，指揮起來比較方便之外，其他部隊的系統極為複雜，指揮殊屬不易。其中尤以所謂「嫡系」「中央軍」如胡宗南、湯恩伯、郭懺等部為甚。他們只聽從委員長個人的命令，甚至作戰時對直接指揮他們的戰區司令長官所發的命令亦多方躲避，不願接受，也不向司令長官報告情況。驕蹇之情，難以盡述。其實所謂「中央軍」的作戰能力，均極薄弱，軍紀尤壞。各級軍官均自恃是「天子門生」，有直接「通天」的本領，大家效忠於一人，不願受階級服從，層層節制的約束，所以彼此之間摩擦特多。但是大家又共同蒙混委員長，使最高統帥對部隊的實際情形毫無所知。這種部隊能不能作戰，也就不言而喻了。

本戰區中，除我直接訓練的廣西部隊和所謂「中央軍」之外，半數以上都是一向被中央當局歧視的所謂「雜牌」部隊，包括舊西北軍、奉軍、直魯軍、川軍等部，不下數十萬人。如張自忠、龐炳勳、孫連仲、劉汝明、孫桐萱等部原屬西北軍系統，為馮玉祥所一手訓練，底子並不差。不過自民國十九年中原大戰後，西北軍系統瓦解，部隊零星流散。雖經中央收編，然因蔣先生一心一意要借對內對外的戰爭，把這些「雜牌」部隊消滅，所以平時扣發軍餉，戰時不予補充，待該部在戰爭中消滅殆盡時，中央便藉口將其番號取消。但是中央這種作風，各部隊長官皆洞若觀火，所以他們絕對不打硬仗，處處企圖保存實力，免被消滅。如此，自然無法表現其戰鬥力，同時軍紀亦易廢弛。於是，中央愈加蓄意加以消滅。演變的結果，中央當局便視「雜牌」部隊為癰疽，而「雜牌」部隊亦視最高統帥為仇讎，而形成一種互為因果的死結。

我早已看出癥結的所在，認為各部隊指揮官中，不乏血性漢子，都有與敵寇一拚的決心。如用之得當，都是生龍活虎的勁旅，所以自始至終，我對「雜牌」部隊都推心置腹。我同情他們的困難，也了解他們的戰鬥力量。作戰起來，量才器使，斷不責其所不能。平時待遇和補充，各部隊完全平等。同是保國衛民的將士，在本戰區內斷無軒輊之分。因此這些久經憂患和歧視的部隊，一旦入我指揮系統之下，都感到無限的溫暖與安全。人非木石，壞人究屬少數，投之以桃李，報之以瓊玖，所以我指揮下的「雜牌」部隊，人人皆有效死之心。然後我再視其作戰能力的強弱而善用之。故而這數十萬殘破不堪，訓練、裝備、紀律均無足言的「雜牌」部隊，在我指揮之下，均能如臂使指，各盡所長，與最優勢的敵人在黃河以南，大江之北，糾纏數年，且迭獲勝利，自信殊非偶然。憶徐州戰後，委員長檢討戰績，曾驚訝地向我說：「你還能指揮雜牌部隊?!」這一點在蔣先生看來，實在是不可思議之奇跡，他本人是斷然做不到的。

「雜牌」部隊中，除西北軍舊部之外，尚有「川軍」鄧錫侯、王纘緒、楊森等集團軍約十餘萬人。川軍習氣較壞，官長均視物質享受為當然，不能與士卒共甘苦。各將領間，因為省內長期互戰的結果，彼此均積不相能。我身為司令長官，處處設法彌縫，並以大義相責，要他們先國難而後私仇。所以抗戰八年，川軍的犧牲相當大，抗日衛國之功，殊不可沒。

此外如舊東北軍于學忠、繆澂流兩軍，及舊直魯軍徐源泉部，前章皆曾加以敍述，他們在抗日戰爭中的功績，俱將永垂史冊。

這些部隊中，有幾件小事，值得特別一提：第一便是二十七年韓復榘被處決之後，他的衛隊旅旅長吳化文忽率部投敵。吳旅為韓部配備最佳的一旅，後受北平僞組織收編為僞軍。抗戰勝利後，吳部向中央投降，為山東省主席王耀武所收容，駐於兗州。後吳部為共軍所圍，苦守數月，迭向王耀武乞援，無奈王氏又實行中央借刀殺人的故技，不予援助，吳化文憤而投共。嗣後，吳化文竟為共軍的先遣部隊，進入南京。

另一事便是抗戰中期，六十九軍軍長石友三率部駐於豫東黃汎區，因久受中央歧視，並對抗戰前途悲觀，乃暗中派員與日軍聯繫。事為中央偵知，乃密令副軍長高樹勳誘友三而殺之，並升高為軍長。樹勳恐軍心動搖致為敵所乘，乃自黃汎區西撤，進駐湯恩伯防地。恩伯竟祕密設一陷阱，擬將高部包圍繳械。孰知高樹勳十分機警，倉皇逃至五戰區。然中央仍蓄意消滅他，故意扣發軍餉，樹勳極為憤懣。抗戰勝利後，中央調高軍沿平漢路北上，歸孫連仲指揮，與共軍作戰。高部乃不戰投共，我方也就永遠無法打通平漢路了。

孫連仲的第二集團軍（三十一、六十八兩個軍），在抗戰末期也發生了一點小麻煩。孫部原駐防豫西南陽。民國三十二年夏，中央忽令孫氏率領三十一軍移防第六戰區，在長江南岸駐防。然而孫部將士都是北方人，其主食品是麵食，對江南的氣候亦不甚能適應。且鄂西多山，原駐軍足夠禦敵，三十一軍殊無增防該區的必要。再者，第六戰區司令長官陳誠是「雜牌」部隊久仰大名的、主張消滅雜牌軍的人。故此令一出，第二集團軍上下譁然。他們都知道中央此舉不是為戰局著想，而是別有用心。

連仲是個老實人，奉命之後，心雖不願，還是預備率部前去。可是三十一軍將士都不願移動，紛紛來我處請願。我當然深知中央用心，更未便代為申請收回成命，只好勸孫部將士服從命令。好在勝利在望，不久大家皆可解甲還鄉。三十一軍不得已，只有遵命開往鄂西。

但是中央對孫部仍未盡放心。抗戰勝利後，中央發表孫連仲為河北省主席，兼綏靖公署主任。但卻要連仲將所部第三十一軍交胡宗南指揮，連仲本人則奉命帶高樹勳一軍沿平漢路北上接收。不料高部突然叛變投共，孫連仲隻身脫險，到了北平，一籌莫展，只得坐看華北陷入共軍手中。

凡此均可看出當時中央當局的一群人器量是何等的狹隘，防範自家袍澤直如防賊。終至山河變色，誤己誤人，也可說是劫數吧。

3

五戰區各種部隊中，尚有一部頗值得一提者，便是豫西別廷芳部的民團。抗戰期中，亦建有奇勳。

據說自民元鼎革以來，豫西的內鄉、鎮平等七縣即以多匪著稱。官兵不時來剿，亦屬無效。民國十年前後，西北軍張之江部有祕書長某，係豫西人。因感於故鄉糜爛，盜匪如毛，乃憤然辭職，還鎮平縣故鄉，辦理民團防匪。此人為北京師範大學畢業生，原係一文人，但是他當了七縣民團總指揮之後，卻一本「治亂國，用重典」之義，大開殺戒。凡查出一家有匪，則闔戶皆誅，因此殺人如麻，而地方匪患賴以肅清。此人頭腦新穎，對地方革新建設頗為注意。如開水利、興教育、放纏足等，百廢俱興。所以他殺人雖多而豫西人士對他卻稱頌備至。不幸他結怨太多，終為仇人刺死。此人死後，代之而起者便是別廷芳。

別廷芳為河南內鄉人，原在民團內當班長，目不識丁。因其為人忠實能幹，逐步升遷，其上司死後遂為地方商民推戴為總指揮。嗣後勢力日盛，別氏隨時可徵調數萬人上陣作戰，儼然是該地區的土皇帝。

廷芳雖一字不識，但是為人廉潔正直，凡事以身作則，對地方建設極為努力。辦學校、築水壩、修電廠、護道路，俱有成效。所轄七縣之內真是道不拾遺，夜不閉戶。不特盜匪絕跡，即不法官兵亦不敢騷擾。據說，某次有河南駐軍樊鍾秀所部一團在豫西擾民，被民團包圍繳械。所繳械則悉數送還樊氏司令部。自此以後，再沒有官兵敢在該區胡為。

別廷芳既有此種勢力與胸襟，因而他留下來的故事也特別多。據說，在他治區之內向無盜竊情事。過路客商如有被竊的，廷芳必查出原物歸還。一次，有一過路布商被偷掉一匹布。此商人貪小利，向別氏報告說有布二匹被竊。別乃下令嚴查，最後只查出一匹，再嚴詰此布商，卒發現他多報一匹圖騙。別氏乃將布商與竊賊一併槍斃示儆，嗣後再無人敢作謊報。

豫西盛產西瓜，往年因偷瓜者多，瓜農損失甚大，廷芳乃布告四方「偷瓜者死」。一日，他的女婿途中口渴，就在附近瓜田內取一西瓜吃了。事為別廷芳所知，竟即刻吩咐衛兵，推出槍斃。其獨生女兒在旁見狀大恐，抱住父親，號啕大哭，為乃夫求情，並訴說，如果丈夫被殺，女兒終身靠誰呢？廷芳把女兒推開說：「槍斃了他，有我養你一輩子！」卒將女婿槍決。

還有，在豫西煙、賭、香煙皆在嚴禁之列。當時在河南各縣，鴉片幾公開買賣。但是廷芳規定，他的區域內鴉片與香煙過境則可，買賣則不可。抗戰之初，物價波動甚巨。某次廷芳忽發現他的兒子囤積了一批鴉片，便立刻責令燒毀。他兒子辯說：「政府還許可公開買賣呢！你不許在境內買賣，也該讓我運出境去！」

廷芳說：「政府許可，咱家不許可！」

他兒子不敢再辯，便當眾把鴉片全部燒毀了。

不過廷芳對政府合理的政令卻遵奉唯謹。凡省、縣兩級政府徵兵納糧等事，廷芳皆率先奉行，從不稍違。他對境內的公路保護尤無微不至，並通令路旁鄉民「下雨後補路，下雪後掃雪」，故豫西公路的保養為全省之冠。

像別廷芳這樣私定法律，隨意殺人，在一個正常的現代化國家的人看來，或嫌過分。殊不知在舉世擾攘、政治不上軌道的中國，人民也是被迫而自衛自治，實情不得已。像別廷芳這樣的人已經是難能可貴了。

無奈抗戰前河南省主席劉峙對別氏便蓄念誅鋤，屢召廷芳往開封，廷芳皆不敢去。徐州會戰後，我方主要戰略是發動全盤游擊戰，像別廷芳這種人正是政府所應當鼓勵的。蔣先生在漢曾電召別氏一晤。廷芳因知許多中央大員不滿意他，不敢貿然前往。因為按戰鬥序列，他的游擊隊屬五戰區指揮，所以他特地到宋埠來看我。我勸他速去武漢晉謁蔣先生，並擔保其無事，別氏才欣然就道。

後來豫南會戰時，我到南陽，別氏再度來謁。我命令他率精銳民團配合國軍作戰。廷芳竟動員民兵七千餘人與國軍並肩作戰，頗有戰果。我亦曾明令獎勵。

此後不久，別廷芳忽得腦充血症而死，年不過五十七八歲。廷芳一生廉潔，幼時家中僅有三畝地，死後遺產仍是三畝地，也可說很難得的了。

我在老河口前後住了五年，雖然戎馬倥傯，軍事指揮之外，無暇兼及他事，然所見所聞，對我國的貧弱又多了一番了解。老河口和隨、棗一帶為鄂北最貧瘠之區。據說民國以來，省級官吏中尚無廳長級的官吏曾到此地區視察過。

民國三十年宜棗會戰後，民間已一片糜爛。不幸大兵之後又繼之以凶年。我生於貧瘠的廣西，然生平尚未見過此種情況，真是駭人聽聞，真所謂餓殍載道，人民連樹皮草根都吃盡，甚至易子而食，言之悚然。

三十一年夏季，老河口酷熱難當，白晝樹葉被曬得捲了起來，夜間也不能入睡。當地居民便建議說，離老河口約六十里地的海山為避暑勝地，戰前外國教士在此建有洋房十數幢，專為避暑之用，勸我前往避暑數週。我本人初無此意，因為半生勞碌，尚不知什麼叫做「避暑」。

此次在眾人力勸之下，老河口實在太熱，戰局也比較穩定，因此忙裡偷閒，前往海山小住。我們一行數人自老河口乘車出發，至海山山腳乘滑竿上山。行才半途已覺清風徐來，暑氣全消。山上果有洋房十數幢，主人都避戰回國，我們遂權充遊客，擇屋住下。山上林蔭片片，泉水潺潺，真是別有一番天地，我這才嘗到所謂避暑的樂趣。

老河口附近除海山外，還有武當山一名勝。據說明朝皇帝曾封武當為五嶽之王。為便利權貴來朝拜，朝廷曾耗了七省錢糧，以十三年的時間，自均縣至武當山沿途造了一系列的宮殿。這些宮殿畫棟雕梁，外飾以琉璃瓦，美奐美輪。四五百年來歷經滄桑，諸多損毀，然大體上都還完整。當時凡自重慶來五戰區視察的大員都要前往遊覽。我本人如有空總陪他們同去，所以五年之內曾數遊武當山。見那層巒疊翠之中，宮闕如雲，確實很壯觀美麗。這也可算是炮火叢中的一點雅興。

【第58章】

漢中行營期中對戰後局勢的預測

1

民國三十二年九月，委員長忽然將我自第五戰區司令長官調升軍事委員會委員長駐漢中行營主任。漢中行營是一所新成立的介於中央與各戰區之間的軍事機關。表面上的職權是負責指揮第一、五兩個戰區。後來中央把大別山游擊根據地劃成第十戰區，所以漢中行營也就直轄三個戰區了。

漢中行營事實上是一個虛設機構，無實際的職權。各戰區作戰一向由軍事委員會直接指揮，漢中行營設立之後，此指揮系統並無變更，只是各戰區對中央的報告亦送一副本給漢中行營罷了。所以這一機構似乎是蔣先生專為我一人而成立的。目的是把我明升暗降，調離有實權的第五戰區。

前已言之，蔣先生生性多疑而忌才。他見我在第五戰區與部隊的感情十分融洽，深受部屬的擁戴，至恐形成尾大不掉之局。但是抗戰六年，我第五戰區可說是戰績輝煌，蔣先生實無適當藉口把我調職。所以他唯一的抉擇便是成立一個位尊而無實權的新機構，把我明升暗降，與部隊脫離實際關係。

蔣先生此舉用心所在，我當然洞若觀火，然亦深合我意。因為六年來戎馬倥傯，案牘鞅掌，個人也很想得機休息；加以功高震主，無端招忌，倒不如暫時減輕一些責任為愈。因此，中央明令發表之後，我反覺渾身輕鬆，即趕忙準備交卸，並派參謀長王鴻韶前往漢中籌備行營成立事宜。我本人則俟繼任人到職後，再行離去。不久，新任第五戰區司令長官劉峙率隨員數人，自重慶乘一小飛機到老河口來接事。

劉峙原是我多年老友。回憶我於民國十五年夏赴廣州策動北伐時，劉氏正任第二師師長，曾以「四校同學」關係，設宴為我洗塵。席間，劉氏起立致歡迎詞，並請我演講。這是當時廣東的風氣，無論大小宴會，賓主雙方都要起立演講。但這在我，還是第一次，所以印象很深。

北伐期間，劉峙第二師尚有戰功，他本人給我的印象也不錯。但是在抗戰期間，劉氏任第一戰區副司令長官時，每每不戰而潰，頗受時論指摘。其原因有兩點：第一，劉氏之才最大不過一位師長，過此即非其所能勝任。第二便是因為官做大了，習於享受，再不願冒矢石之危了。語云：「千金之子，坐不垂堂。」當時在中央做大官的人，生活都趨於腐化，精神難以振作，統兵治政的效率自然就差了。

從第一戰區卸職後，劉氏受任為重慶衛戍總司令。官尊事少，益發耽於宴樂。他在重慶並納一新歡，藏之金屋。但是他的夫人卻是一性悍善妒的女子，而劉氏又偏偏是個聞獅吼而變色的將軍，以致閨房之內，鬥爭無已時。劉夫人曾為此向蔣夫人哭訴，請求主持正義。此事在陪都盡人皆知，傳為趣談。此次劉君被任為第五戰區司令長官，親臨前線，正可遠避雌威，忙裡偷閒了。

劉氏來接篆時，見司令長官部設在老河口市區之內，便有惴惴不安之感。他首先便問我，老河口的防空情形如何。我說，我的長官部雖在城市之內，究竟位置偏僻，屋子很小，而且四周都是菜圃。敵機縱使找到目標，也不易命中。所以敵機來得多了，我就到菜圃裡面走走，以防房屋被震倒。敵機如來得不多，我就不管它，諒它也炸不著我。

這位好好先生的劉峙聞言大驚，說：「那怎麼靠得住？我聽到空襲警報，腳都軟了。」他又問我：「你看長官部有沒有別處可遷？」我說：「離此地五里路有一小鎮楊林鋪，是五戰區前幹訓班所在地，可以作長官部，不過交通系統重行建立起來就麻煩了。」劉立刻說：「你能否派人馬上帶我去看看。」我便親自陪他到楊林鋪。該地原有一小學，地方尚寬敞，空襲時的目標也不大。劉氏雖覺此地比市區好些，然仍嫌目標太大。且此地亦在襄河東岸，面對敵人，顯然是背水為陣，有欠安全。我說：「那你就自己斟酌吧。再不然，你可遷往襄河西岸，距老河口六十里地的草店，便再安全沒有了。」我離開老河口之後，劉峙立刻便把長官部移到楊林鋪。不久，果然又移到草店去了。

劉峙身為大將而膽小如鼠，真令人驚異。其人也，生得肥肥胖胖；其為人也，老老實實。真是「庸人多厚福」的典型代表。

在老河口時，我將五戰區的情形對劉峙詳細解釋，交代清楚後，便率原長官部全班人馬，首途赴漢中。不久，劉峙的特務營及其長官部官佐夫役也已到齊，我所留下的少數炊事兵、傳達兵和衛兵也就離開老河口，來漢中歸隊了。據這些最後離開的衛兵、雜役人等說，這位新長官膽子實在小得不得了。有的竟笑著說：「劉司令長官夜裡起來解小便，還要兩三個衛兵陪著呢！」

據說自我離開之後，五戰區司令長官部的派頭便不一樣了。我的生活一向是極其簡單樸素的，隨從人員亦極度平民化，官兵與駐地商人、農民相處極為融洽。外來人每不知我的住處便是司令長官部所在地。劉峙則不同。他本人極講究場面，侍從人員烜赫，衙門氣息極重。長官部四周的農民莫不大遭其殃，花、果、菜蔬時為官兵強取而去，例不給值。農人有來訴苦的，長官部裡的人卻說，我們一向是這樣的。軍人為國抗戰，難道吃點水果、菜蔬，還要花錢買？哼！

由這些方面觀察，我才知道所謂中央嫡系部隊軍紀的廢弛，實在是相沿成習，所來有自，非一朝一夕所致。這種部隊，如何能打仗呢？

據說當劉峙接掌五戰區時，敵方廣播便奚落他說：「歡迎常敗將軍來老河口駐紮！」果然，我離開五戰區不出數月，敵人便發動攻勢，一舉攻佔老河口與襄、樊。劉峙指揮無方，無力反攻，該戰略據點遂為敵人所佔領，直至抗戰勝利才重歸我有。

2

漢中一帶是一片沃野，秦嶺在其北，嵩山山脈在其東，漢水橫貫其中，地形險要，物產豐盛。我國自秦、漢以降，歷朝都以漢中為屯兵之地。所以其地古跡特多。

自老河口沿漢水西上入陝，沿途民俗淳樸，多存古風。凡我途經的市鎮，紳民都排班迎於道左。有的甚至擺起香案，由穿長袍馬褂的年高紳士，雙手高舉一茶盅，前來雙膝跪下獻茶。我也只有停車下來答謝，並雙手接過茶盅，一飲而盡，然後再登車前進。這是專制時代紳商歡迎欽差大臣和封疆大吏的禮節，不圖尚見之於今日，風氣的閉塞，由此可見。

在漢中時，我名義上雖然負責指揮三個戰區，但事實上則日常待決的事務極少，與老河口的忙碌生活，恰成一對比。日長無事，簡直有髀肉復生之感。可是正因如此，我才有工夫對今後中外大局的演變，作一番冷靜的思考。

民國三十三年五月上旬，委員長因為主持第九軍分校畢業典禮，親自飛來漢中，我遂乘此時機和蔣先生詳談今後戰局發展的問題，以及我們應有的應付方案。可惜蔣先生竟以余言為河漢，未加採納。此建議當於第七篇中再詳敘。

我到漢中就行營主任後不久，又因開會而至重慶。此時盟軍已有在西歐開闢第二戰場的趨勢，我國報紙討論亦至為熱烈。當時自稱為中國第一流戰略家的楊杰氏，便在《大公報》上發表一論文，略謂在現代化的戰爭中，敵前登陸實不可能。楊氏認為，同盟國很難在西歐開闢第二戰場，最大的可能還是將美、英聯軍由北穿過蘇聯腹地，與蘇軍並肩作戰云云。朋友們即持此理來問我。

我讀了楊氏之文，便大不以為然，初不料號稱戰略家的楊杰，竟亦膚淺至此。我說，在現代化的戰爭中，敵前登陸固難，而防止敵人登陸亦同樣不易。即就純軍事立場來看，論大軍團的指揮、運輸和補給，同盟國在英法海峽登陸實是最方便而有效的行動。這樣才能使德國兩面受敵。即就政治立場來說，蘇聯亦斷不許英、美聯軍在蘇境作戰。第一次世界大戰後，西方列強圍困蘇聯的餘創猶存，史達林何能坐視英、美軍隊駐在其國境之內？此事簡直出乎一般人政治常識之外，所謂戰略家的楊杰，居然能想得出，亦虧他會動此腦筋。

我雖然料定盟國必自西歐登陸，但是我私下卻希望第二戰場開闢得愈遲愈好。我在重慶時，曾兩度與英國大使❶和邱吉爾駐華軍事代表魏亞特（Adrian Carton de Wiart）將軍詳論此事。

我說，希特勒已陷於東西兩面作戰的苦境，同盟國勝利只是時間問題。現在既已距勝利不遠，同盟國當局便應想到戰後的複雜問題。你們西方國家與蘇聯，由於政治制度的不同，在戰前已成水火，戰時因為對同一敵人作戰，才暫時攜手。一旦大敵消滅，西方國家必定又與蘇聯針鋒相對。為減少戰後的困難，務須稍為忍耐戰爭的痛苦，第二戰場千萬不宜過早開闢。然而，你們應當盡量以各種物資援助蘇聯，讓德、蘇兩國拚死糾纏。等到兩雄聲嘶力竭，然後選擇地點登陸，德國自將俯首成擒，而蘇聯元氣亦已用盡，則二次大戰後的世界便要單純多了。

至此，兩君忽然向我質疑說：「照你說的這樣做，萬一蘇聯為德國所敗，或者史達林等候開闢第二戰場不耐煩了，轉而與希特勒單獨講和，則大局不是不堪設想嗎？」

我說：「這兩點倒是不必顧慮，你們未免忽視了蘇聯潛在的強大力量。她具備了地廣、民眾、物產豐富的優厚條件，要想徹底擊潰蘇聯，談何容易！以中國抗日戰爭為例，中國無一事不較日本落後，尚且抵抗六年之久，使日軍陷於泥淖之中。日本何嘗不屢屢試探談和，中國皆不屑一顧，何況蘇聯？」

無奈我言之諄諄，這兩位英國代表皆大不以為然。尤其是魏亞特將軍，和我辯論尤多。他認為頭痛應醫頭，腳痛應醫腳，此時不能想得太遠。英國目前亟須解除痛苦，不管戰後局勢如何，希特勒愈早打倒愈好。英國大使也一再強調說，倘第二戰場遲遲不開闢，恐怕蘇聯會憤而與德國妥協，那便糟了。我說，國際政治原像下棋和賭博一般，看誰氣魄大，手段高。據我判斷，德、蘇絕無中途妥協之理，歷史上亦從無此事例，西方當局盡可放心。但是他們卻堅持己見，不稍退讓。當然也不會把我的意見轉到倫敦去。

孰知第二次世界大戰後，西方盟國果然和蘇聯為著東歐諸國問題，為著柏林問題，鬧得劍拔弩張。我在北平任行營主任時，魏亞特到中南海居仁堂來拜會我。翌日，我也到六國飯店回拜他。我說：「魏亞特將軍，冷戰現在已打得火熱了，你該想起我在重慶對你所說的是真理吧？」但是這位約翰牛卻仍舊執拗地說，此一時也，彼一時也，不可相提並論。大家一笑而罷。

3

一九四四年（民國三十三年）六月，同盟國在諾曼第登陸成功，德軍節節敗退，歐戰已有迅速結束的趨勢。同年七月，日軍在太平洋屢敗之餘，使極端反動的東條英機內閣倒台。同盟國海軍已逼近菲律賓群島，日本的命運，也已到了決定性的階段。

是年九月，美國駐華大使高斯（Chareuce Edward Gaus）奉調回國，由赫爾利（Patrick Tay Hurley）將軍繼任駐華大使。赫氏使華，除負有外交上的使命外，還負有調解我國國共糾紛的責任。因二次大戰已接近尾聲，羅斯福總統目擊我國國共關係的惡化，深恐影響戰後世界和平，所以特派赫爾利前來，企圖促成國共合作，組織聯合政府。故赫爾利來華時取道莫斯科，並與史達林詳談中共問題。

我此時適因公在重慶，赫爾利大使特地徵詢我對共產黨的意見。他認為我既非蔣先生的嫡系將領，說話必然比較公道。我乃反問他，站在外交官的立場，他作何看法。

赫爾利說，他為此特地經過莫斯科，問過史達林元帥關於中國共產黨的意見。史達林說，中國哪裡有共產黨，不過是些土地改革者罷了。我說：「這些話，你認為如何？」赫爾利說，他認為史達林對中國共產黨的分析是真實的，不會騙人的。我說：「史達林對你所說的不過是一種外交辭令，不應過分相信。中國共產黨是信仰馬列主義的，是百分之百的第三國際共產黨，你千萬別上了史達林的當。難道史達林比我們中國人知道的還多，他的話比我們中國人的話還可靠？」

赫爾利誠懇地說：「史達林是政治家，我相信他的話！」

這樣，我們當然無法再說下去，辯論也就不了了之。

赫爾利大使到職不久，新任中國戰區參謀長魏德邁（Albert Coady Wedemeyer）將軍也接踵而至。中國戰區前任參謀長為史迪威將軍，因與委員長不合，奉召返國，由魏氏繼任。

前已言之，史迪威原為美國駐華武官，珍珠港事變後，調升中國戰區參謀長。不過史氏是一陽分人，可為赫赫的戰將，卻不宜做運籌帷幄的參謀工作。這種人尤其不能與自私的蔣先生合作。因為蔣先生事事以其個人利益為出發點，大權獨攬，事必躬親。做他的參謀長，必須要事事請示而後行，斷不可自作主張。史君是美國人，當了參謀長，便真的要行使參謀長職權了，和蔣先生當然無法相處。

關於蔣、史之間的彆扭，據說，史迪威曾公開批評蔣先生專將美國運來的裝備補充他的嫡系部隊。史氏認為，美式裝備的分配，應以軍隊的能否作戰為標準，「包括共產黨的第八路軍在內」。致引起蔣先生的憤怒，認為史氏干涉中國內政，必去之而後快。

魏德邁抵重慶時，我們亦曾詳談今後世界局勢。無奈當時美國將領都有個相同的看法，即急於要求蘇聯參加對日作戰，以免戰爭曠日持久。至於戰後的問題，他們似乎絲毫沒有考慮到。但是在我看來，戰後的困難將甚於戰時百倍。如不未雨綢繆，屆時必將捉襟見肘。論力量，論聲望，美國實掌握了左右今後世界安危的樞紐，美國當局一著之差，便足以影響整個世界的和平。思維及此，我認為有盡我所見，向友邦當局貢獻一點意見的必要。

因此在赫爾利和魏德邁蒞華之後，雅爾達會議開幕之前，我曾兩度修致備忘錄給赫、魏兩君，希望他們能轉致羅斯福總統和馬歇爾元帥。

我的第一備忘錄是在赫、魏兩氏抵華後不久便送出的。修繕之前，我曾向蔣委員長提及此事。蔣先生說：「可以，可以，你就送去吧。」在這文件內，我特別提醒美國當局說，德國一旦投降，日本不久必然也跟著投降。但是，當時在渝的美國人都認為日本民族性強悍，篤信武士道精神，非戰至最後，決不輕言投降。美國軍隊若要攻佔日本三島，至少犧牲二三十萬生命。其實這估計是大錯而特錯的。日本民族性恰如日本運動員的長途賽跑。當他看到失敗已成定局，他便不再跑下去，不像西方運動員，明知失敗了，還要跑到終點。如今歐戰已急轉直下，同盟國應該計畫如何應付日本的突然放下武器！我更強調說，從歷史上看，戰勝並不難，難的是處理戰後問題。此次遠東方面戰後問題的焦點在我國東北。同盟國當局事先便應想到將來的東北問題，所以千萬不必要求蘇聯參戰。因為蘇聯眼見日本戰敗在即，不論吾人要求與否，她必然要來分一杯羹。故而中、美兩國應及早計畫與蘇聯向東北這共同目標作進軍競賽，千萬不可讓蘇聯獨佔東北。

此備忘錄發出不久，果然歐戰急轉直下，盟軍正逐漸向柏林縮小包圍圈，德國投降已是指顧間事。為考慮到我國的東北問題，我便向赫、魏兩君送出第二份備忘錄，重新提醒華府當局千萬不可與蘇聯在東北劃分戰區，我們應與蘇聯向同一目標競賽。為準備此項競賽工作，我提議，魏德邁與蔣先生商議在菲律賓設一中美合作訓練機構。將我方準備接收東北的軍政人員在菲律賓開班訓練，與美國陸、海軍密切配合。一旦日本支持不住而放下武器時，我方維持治安的部隊和政治接收人員即可由美國海、空軍迅速運往東北。我們至少須掌握南滿地區，則蘇軍縱能進駐北滿，亦無法與中共軍隊接觸，中共如得不到蘇聯的物質援助，中共問題將不致引起中蘇糾紛，而事態也就簡單化了。我深願美國統帥部鄭重考慮此一問題。

這兩件備忘錄均由我口述大意，由祕書擬就中文稿，再由行營顧問石超庸和軍委會少將參議余兆麒協同譯成英文，分送赫爾利大使和魏德邁參謀長。孰知此兩項文件發出之後，便石沉大海，毫無反響。約摸一年之後，德、日相繼投降，蘇聯部隊不費一彈佔領東北，一切均如我所逆料。而美國當局的措施，則與我所建議的完全相反。差之毫釐，失之千里，鑄成大錯，不勝扼腕之至。我自思前兩項備忘錄，所言是何等詳盡，而盟國當局竟絲毫不加考慮，不無令人懊喪。事後，我私自臆測，雖赫爾利大使曾當面恭維我，不只是個軍事家，而且是政治家，但華府當局或認為我不過是一戰區指揮官，妄言世界大勢，根本不值一顧。

戰後，我國內戰危機日深，魏德邁奉調回國，順道到北平來看我。當他辭別時，我親自從居仁堂送他出大門，邊走邊談。魏氏忽然提到我的兩項備忘錄，說：「李將軍，現在滿洲情勢的發展，你當初給我的那兩項備忘錄，皆不幸言中了！」

他這麼一說，我才知道，原來他曾詳細看過我的兩項備忘錄。但是他們為什麼明知故犯，硬把東北造成那種不可收拾的局面呢？

注釋

❶指薛穆（Sir Horace James Seymour）。——編者注

【第59章】

八年抗戰敵我優劣之檢討

1

民國三十四年八月十日下午，各報忽然發出號外，日本已宣布無條件投降。全國頓時鼎沸，八年抗戰至此已勝利結束，全國人民的喜悅，史無前例。漢中城鄉此時也歡聲震天，爆竹震耳欲聾。全城軍民舉行聯合大遊行，各機關、團體紛紛派代表前來行營道賀。各人心目中無不充滿勝利還鄉、前程似錦的美夢。但是我本人此時反覺落落寡歡，頗使踵門道賀的人感覺詫異。

其實此種心情一般人亦不難體會。因為像我這樣身負國家重任，前後統兵逾百萬人的高級將領，在勝利的爆竹聲中，回顧前瞻，難免百感蝟集。古人說：「一將功成萬骨枯。」抗戰八年，全國死難軍民何止數千萬，即在五戰區內，犧牲亦不下數百萬人。我們試一念及因抗戰而招致家破人亡的同胞，以及為國族生存而在戰場上慷慨捐軀的袍澤，他們所遺留的寡婦孤兒，如今皆嗷嗷待哺。興念及此，能不悽惻。

況且，抗戰雖告勝利，前途荊棘正多，而中央當國者又私心自用，宵小横行。眼見內政、外交危機接踵而至，我人身當其衝，又將何以自處？凡斯種種思想皆與勝利一時俱來，構成極複雜的心境。

然今日回思，當時心情的悒鬱，實非一時神經過敏，嗣後國事的發展，均在當時逆料之中。固知天下事的形成，皆非偶然。日人處心積慮要侵略中國，經營數十年，卒至一敗塗地，蒙千年來未有的奇恥大辱，實罪有應得，自貽伊戚。

至於我國革命數十年，最後竟招致強鄰入侵。抗戰八年，幸獲勝利，然不數年，大陸鼎沸，政權易手。此種事勢的形成，初非一朝一夕的錯誤有以致之，實在也是積弊太久，病入膏肓的必然現象。所以本章擬對八年抗戰中敵我的得失，作一公平的檢討。

今先從敵人說起：

日本侵華戰爭的基本錯誤便是「企圖征服中國」，本身便是一個不可補救的錯誤。日本自明治維新以後，侵華一直是她的基本國策。此種國策的奠定，可能有兩種因素：㈠是受西方帝國主義的影響。日本目擊西方列強由於侵略弱小民族而致富強，所以她要踵起效尤。㈡是日本對中國的錯覺。日本人一向把中國看成一個無可救藥的古老國家，他們認為中國傳統是重文輕武，是教育落後，統治者用愚民政策，以愚黔首，以致長期貧弱，不可與西化了的日本抗衡；再者，中國被國內的少數民族征服已不止一次，往者有蒙古，近者有滿洲。滿、蒙二族尚且統治中國，況日本乎?!殊不知日本這種想法是完全錯誤的。時至二十世紀中葉，全球所有被壓迫民族獨立圖存的風氣已如火如荼。西方帝國主義且已日益式微，繼起的日本焉能後來居上？所以日本開明之士說，日本侵略中國，無異吞下一顆定時炸彈。再者，日本認為中國是古老文化，不堪一擊，殊不知日本的文化正是從中國傳去的，最近才受西風東漸的影響而從事維新。中國也正以同樣方式接受西方文化，民族意識逐日提高。不過中國幅員廣大，人口眾多，改革起來沒有日本那樣迅速有效罷了。惡可視為無反抗能力，而必定被人征服？

日本既以侵華為國策，田中義一並認為征服中國為征服世界的階梯。但是日本究係島國，民族眼光短視，胸襟狹隘，政治、軍事領袖皆有志大才疏之弊，徒有成吉思汗的野心，而無成吉思汗的才能和魄力。因而他們侵華的方式，是蠶食而不是鯨吞。既已作了侵略者，又沒勇氣承認對華戰事為「侵略」，卻硬說是「事變」，而且這些「事變」的製造，又是毫無計畫的盲目行動。例如瀋陽「事變」是土肥原、坂垣等少數中下級軍官搞起來的。關東軍司令官本莊繁事前竟不知其事。事後關東軍司令部和日本政府只有追隨少壯軍人之後，為其越軌行為作辯護。此實非文明國家應有的現象，然日人行之，不以為怪。

侵華戰事既已發動，而日本人又沒有氣魄來大舉稱兵。等到中國民憤達到最高潮，以致盧溝橋「事變」無法收場，大規模用兵勢在不免之時，日本又不願傾全國之師來犯。只是在華北、華東用少數兵力與中國作戰，到兵力不敷時，才逐次增兵，深入作戰。這種「逐次增兵法」便犯了兵家大忌。中國地廣人密，日軍一個師團、一個師團地開入中國，正如把醬油滴入水中，直至把一瓶醬油滴完，為水吸收於無形而後已。日本人便是這樣一滴滴地，滴進了六七十個師團在中國大陸，但是還是泥腿深陷，坐以待斃。

所以日本既處心積慮要征服中國，就應乘歐洲多事之秋，一舉把中國吞下。日本平時國防軍有二十個師團，稍一動員便可遞增至四五十個師團。如果盧溝橋戰事發動前夕，日本便動員全國，首批派遣三十個師團同時分途進犯。用閃電戰方式，主力由平漢、津浦兩路南下，另以一路出西北，實行戰略上大迂迴，佔領蘭州，一舉切斷中、蘇的交通，並與沿隴海鐵路西進的部隊相呼應，夾攻陝西，佔領西安，得隴望蜀，威脅成都。同時利用海道運輸的便利，向長江、珠江兩流域西進攻擊，與其南下的主力軍相呼應，使西南各省軍隊不能調至長江流域作戰，則佔領淞滬、南京、武漢、長沙等戰略要地，即無異探囊取物。然後右路越秦嶺佔成都；中路上宜昌，穿三峽，入夔門，佔重慶；左路經廣西，向都勻，入貴陽。一舉而佔領中國各重要都市，將我方野戰軍主力摧毀，將零星游擊隊趕入山區，支解我們整體抵抗的局面，陷全國於癱瘓狀態，並非難事。到那時，我政府只有俯首聽命。等到大勢已去，縱使我們的極端主戰派也只好鉗口結舌。則以蔣、汪為首的反戰派和三月亡國論者自將振振有詞，率全國人民屈服於暴力之下了。然後，一俟德、義向外侵略，歐戰發展到頂點時，日本即可挾中國的人力物力，向亞洲防衛力量薄弱的地區，進行狂風擄掠性的戰爭，則南進北進，均可游刃有餘。如此，二次大戰結束的面貌，恐將完全兩樣了。

日本的基本政略既已鑄成大錯，而其小規模局部戰略運用錯誤亦復如出一轍。盧溝橋事變後彼方乘我政府的不備，不宣而戰，瞬息即擊破我華北的駐軍。如果乘勝跟蹤窮追，使我政府無喘息的餘暇，佔領東西交通動脈的隴海路，進迫武漢、南京，截斷長江運輸，則京、滬不攻自破。日軍有此天與的良機而不取，竟將其主力軍投入四面崇山峻嶺的山西，以致曠日持久，作繭自縛。雖用盡九牛二虎之力，前鋒勉強一度進至黃河北岸，然而南望風陵渡，面對洶洶巨浪，何能飛渡？其後雖把主力軍抽出，南下圍攻徐州，西進攻佔開封，企圖席捲豫、皖產糧區域，卻又被黃河決堤氾濫所阻。逼不得已，乃轉循長江西侵。因兩岸地形複雜，進展甚緩。到佔領武漢，已成強弩之末，形成僵持的局面。中國歷史上元、清兩代入關，係由北方南下，以居高臨下之勢，自可事半而功倍。日本恃有海軍的支援，違背傳統戰略有利條件，改由海道溯江西上作仰攻。兵力又不敷分配，其失敗固可預卜。

日本之所以在戰爭初期不這樣做的道理，一則或許由於無深謀遠慮的政治家以及氣魄雄偉的戰略家，他們相信我們不會長期抵抗，南京、武漢失守之後便要投降了。再則是他們本國之內可能亦有掣肘之處，軍閥未能隨心所欲。關於此點，研究日本問題的專家們當可提出極詳盡的答案。但是，日本既然不能放手來侵略，則又何必搞此無結果的侵略呢？以上便是注定日本必敗的兩項重要因素。

至於日本軍隊的長處，那也確是說不盡的。日本陸軍訓練之精，和戰鬥力之強，可說舉世罕有其匹。用兵行陣時，上至將官，下至士卒，俱按戰術戰鬥原則作戰，一絲不亂，令敵人不易有隙可乘。日本高級將領之中雖乏出色戰略家，但是在基本原則上，絕少發生重大錯誤。日本將官，一般都身材矮小，其貌不揚，但其做事皆能腳踏實地，一絲不苟，令人生敬生畏。這些都是日本軍人的長處。不過如果一個國家的大政方針的出發點已錯，則小瑜不足以掩大瑕。何況「兵凶戰危」，古有明訓，不得已始一用之。日本憑了一點武士道精神，動輒以窮兵黷武相向，終於玩火自焚，豈不是理所當然嗎？

2

我方部隊亦有若干優點足以一述。第一，我們是以哀兵作戰，為著保家衛國，與入侵強寇火併。所以抗戰初期，士氣的悲壯實亙古所未有。語云：「一個拚命，萬人難當。」何況我們全國奮起，和敵人拚命？再者，在本土之內與深入的外族作戰，實具備天時、地利、人和各種條件。同仇敵愾，到處得到人民幫助，隨處可以補給，敵人的情形，適得其反。故我軍裝備雖差，但是在交通不便的鄉村，反可利用游擊戰來困擾敵人，不像敵人的機械化配備，一離開交通線便運用不靈。我軍還有一最大優點便是吃苦耐勞，在任何惡劣條件下，都可繼續作戰。

但是我方除上述少數優點之外，其缺點亦復不少。例如官兵未受嚴格訓練，軍紀廢弛，戰鬥力薄弱。因軍隊傷亡奇重，中央兵役司到處派員抓兵，閭閻騷然。新兵未經訓練，即倉卒開赴前線應戰，無異驅羊以餵虎口。糧餉待遇既微，致士兵恆苦營養不良，骨瘦如柴。醫生、藥品均極缺乏，受傷患病官兵境遇之慘，有不忍言者。所以中日戰前，日人視中國軍隊如無物，亦不為無因。

至於中央政府政治、軍事措施的乖謬，更是數之不盡。若說「萬方有罪，罪在朕躬」，則吾人首先便要自中央政府說起。

老實說，抗戰前乃至抗戰期中，我們的中央政府實在沒有具備任何足以與外族作戰的條件。

自北伐完成後，中央政府中，事實上是蔣先生一人當國。由於他蓄意排除異己，造成由他一人控制的黨政軍系統，因此引致內戰頻仍，兵連禍結。中央當局為政既不以德，則中國真正統一便永遠不能完成，為應付這一錯綜複雜的政治局面，蔣先生在中央各部門，及其權力能到達的省分中，全是因人設事。不是用人唯才，勵精圖治，而是以政府名器作酬庸，來拉攏親蔣人士。因而在中央能徹底控制的省分中，其行政效率與各項建設，反不若中央政令不能貫徹的各省。

桂、粵、晉、川、滇等省曾與中央有過對立或隔閡，姑且不論，即以與中央比較接近的魯、湘二省為例，亦可見一斑。

山東省主席韓復榘，係在馮玉祥的西北軍中行伍出身，僅略識之無，政治觀念的落後更不必言。所以韓氏為一省之長，可說是條件不夠。再看湖南省主席何鍵，原為唐生智所部第三十五軍軍長。為人圓滑，而不能任事，只因湘省介於粵、桂、黔之間，可作緩衝，故得久任主席。此人思想既舊，對政治尤屬外行。然韓、何二人皆非中央系統中人，對中央僅作有限度的服從，平時與反抗中央的西南各省，信使往返甚密，凡國內有紛爭，他二人的態度均甚模稜。因而中央對湘、魯兩省的省政甚少干涉，以致韓、何二人在抗戰前一直做了八年的省主席。韓、何雖非理想的行政人才，但是因省政安定，人事無甚更動，黨政軍之間頗少摩擦，因而湘、魯兩省的治安亦差強人意，共產黨無法生根。省內政治、經濟設施，八年以降多有可觀。因中國積弱太久，當政者不論賢與不肖，只要給以機會，他們總會為國家、人民做點建設事業。所謂「積跬步可以致千里」，只要有意前進，速度雖慢，猶勝於一暴十寒。

反看對中央政令貫徹最力的豫、鄂、皖、贛等省便不然了。湖北自民國十八年到抗戰開始，七年之間竟五易主席（計有夏斗寅、何成濬、楊永泰、張群、黃紹竑）。湖北可說是我國各省中先天條件最好的之一，交通輻輳，物產豐饒。這五位省主席中，除夏斗寅外，都可說是當時政壇上第一流的人物，為蔣先生所倚重。但是七年之內，湖北省內可說是貪污成風，建設毫無，軍隊雲集，而紅軍仍肆意流竄，成為國內最糟省分之一。抗戰以前鄂東、鄂北是武漢兩道門戶，甚至連一條公路都沒有，其他建設也就可想而知了。

至於治安，則更不必說了。鄂東的豫鄂皖邊區早成為共產黨張國燾和徐向前的天下，鄂西則為賀龍、蕭克所盤據。滋長茁大，卒成心腹大患，而中央與鄂省當局均束手無策，莫可奈何。

鄂省地方行政的糟亂與貪污的盛行，戰前實鮮有其匹。但是這並不是偶然的現象。主要的原因是由於省政的不安定。我國政治迄未走上法治的正軌，因而形成一朝天子一朝臣的局面。省政首長一更動，則廳長、處長、行政專員、縣長全盤更動，甚至事務人員也都徹頭徹尾換掉。故一省首長如頻頻調換，則全省上下公務人員，人人皆存五日京兆之心。一有機會，便大撈一筆，愈速愈妙，以免錯過。從政人員志在貪污，則省政便不可復問了。

湖北如此，安徽、江西、河南等省亦莫不如此。抗戰前七年之內，安徽六易省主席，政治情況之糟亦與湖北相埒。蔣先生為什麼要這樣做呢？最大的原因是他不把國事當事做，而把政府職位作酬庸，以市私恩。這樣，國家政治豈有不糟之理呢？此外，如張群、何成濬等人，都是蔣先生朝夕諮詢的智囊，他們雖當了省主席，卻經常不在省府辦公，「主席」只是掛名而已。省政由人代拆代行，為代理人的，當然多一事不如少一事了。所以蔣先生統治下的「中央集權制」，事實上是「包而不辦制」。如果他肯放手讓地方當局去從事興革，國家反而容易搞好了。

再者，蔣先生對地方政府的駕馭，一向是採用「分化統治」的方式。故意使一省內的黨、政、軍互相對立，不時傾軋，以免一省首長的權力太大，不易控制。所以湖北七年內的五個省主席中，雖然有四個是職業軍人，但是他們對駐軍卻無絲毫監督和調動之權。加以中央的剿共政策原來是借共軍力量來消滅「雜牌軍」。所謂「中央軍」的主要任務為監視「雜牌軍」，是對付自己人的，不是防禦敵人的。因而一旦與共軍作戰，各軍皆避實就虛，保存實力。共產黨就乘機茁壯了。

我們試一翻閱地圖，便知共產黨當年的根據地多在贛、鄂、豫、皖四省，而該四省正是中央權力徹底到達之區。號稱共產黨老家的湘、粵兩省，中共反無法立足，甚至在省當局統治能力最薄弱的山東、四川、貴州、雲南等省，中共也無法滲透。孰為為之，孰令致之。我們稍一思考，便不難獲得答案。

加以蔣先生為鞏固其獨裁政權，竟不擇手段豢養特務，魚肉人民。知識分子偶有批評蔣先生的，輒遭迫害。其屬下文武官員也每因私怨而被借端槍斃，或因受疑忌而慘遭毒手。其他暴政，罄竹難書。例如暗殺學者楊杏佛，《申報》主筆史量才，湖北省主席楊永泰，前直魯督辦張宗昌，前五省聯軍總司令孫傳芳，前抗日救國軍軍長吉鴻昌，外交界元老唐紹儀，「七君子」之一的李公樸，西南聯大教授聞一多及前陸軍大學副校長楊杰。捕殺第三黨領袖鄧演達，第十三軍軍長賴世璜，第十軍軍長王天培。又如用綁匪手段劫持民社黨領袖張君勱，拘禁立法院院長胡漢民及廣東省主席李濟深。逮捕沈鈞儒、章乃器、鄒韜奮等愛國「七君子」，及重慶大學教授馬寅初等。至於被屠殺的農工群眾與青年學生，尤不知凡幾。更勾結江浙買辦階級，濫發公債以營利，操縱金融以自肥。結納幫會和各種黑社會頭目，公然販賣煙土，製造毒品，貽害中外。因之，金融市場悉為官僚資本所壟斷，皇親國戚，權傾中外。上行下效，貪污之風瀰漫全國。

中央政府既然如此，則我們對外抗戰時政治上的艱難也就可想像了。

3

我國軍事上的糟亂也不在政治之下。抗戰開始時，全國軍隊不下數百萬人，但是五花八門，雜亂不堪。就歷史系統來說，有所謂中央軍、東北軍、西北軍、山西軍、粵軍、桂軍、川軍、滇軍及其他各省地方軍。就訓練方面來說，各軍訓練方法極不一致。就裝備來說，中國軍隊可說是全世界各種武器的陳列所，德、日、俄、義、英、美、法、捷克等一應俱全，國內的漢陽、金陵、鞏縣、瀋陽、太原等兵工廠出品也各不同，故軍隊的配備，因軍而異。就地域來說，有北方軍人，有南方軍人，其生活習慣和作戰的適應性也各各不同。就徵募方式來說，廣西是徵兵，中央及其他各省是募兵，也有徵募並行的。就思想來說，三民主義之外，還有一支信仰馬列主義的第八路軍。這些軍隊的性能可說完全不同，戰鬥力的強弱也極懸殊。

不過在抗戰初期，由於民族意識濃厚，和對敵人的極端憎恨，所以數百萬人敵愾同仇之心卻完全是一致的。大家一致服從中央，全力抗戰。中央當局此時如能去其一貫的褊狹心理，大公無私，一視同仁，視各部隊的作戰能力善予運用，則經過八年的抗戰，這數百萬人確可熔於一爐，變成一德一心的國家軍隊，無奈中央當局始終不能開誠相見，無法達成理想。

第一件令人不服的事，便是硬把全國軍隊分成「中央系」和所謂「雜牌」。在武器、彈藥、被服、糧餉各方面，中央軍得到無限制的補充，雜牌軍則被剋扣。前章已說過，如中央的對付龐炳勳，當各軍都在擴充之時，龐軍獨奉命裁去一團。又如川軍開到徐州，我竭力請求補充，中央破例補充了每軍步槍二百五十枝。這真是「杯水車薪」，何濟於事？因而在大敵當前之時，並肩作戰的友軍，有的食豐履厚，武器精良，氣燄凌人，有的卻面有飢色，器械窳劣。要他們同樣出死力而無怨尤，又豈可得呢？

由這種歧視所產生的惡果，則更是歷數不盡。就以「中央軍」而言，上上下下都是具有「通天」本領的「天子門生」。大家唯領袖之命是從，將帥不和，上下傾軋，作戰能力自然無法提高。但是犯起法來，大家都是黃埔同學，又官官相衛，蒙蔽最高當局。茲舉一實例：民國三十年，五戰區第十補充兵訓練處第二團團長何中明（黃埔四期畢業），其團部駐老河口南三十里的仙人渡，曾將病兵三十餘人衣服剝光活埋致死。何的同事見此事太殘酷，乃據情報告長官部。我便派軍法官及有關人員前往查辦，並掘墳檢視，情形確實，慘不忍睹。因將何中明扣留，交軍法處審訊屬實，判處死刑。本擬就地槍決，以申國法。不意中央當局聞訊，電令押解重慶軍法總監部，旋即釋放。因軍法總監部內高級人員多係黃埔畢業生，狼狽為奸，儘管何中明罪無可逭，也可逍遙法外。

可是蔣先生卻最喜歡人家恭維黃埔畢業生是如何如何地好，「雜牌」部隊是如何如何地不好。而他的左右又都是善於阿諛的人，於是蔣先生朝夕所聽到的批評，和看到的特務密告，都正如他所想像的。因而成見愈深，欲消滅「雜牌」部隊之心也愈切。

此種情形發展到抗戰末期尤糟不可言。有些「雜牌」部隊因久無補充，部隊長官不得已向蔣委員長面訴衷曲，委員長表面上故作矜恤，溫語有加，親下手令，囑兵站補充；然後視部隊的系統，親自電話或令侍從室主任吩咐，照手令上的數目撥給，或者打個折扣。若無電話預先交代，軍政部的兵站就以庫存已盡來搪塞。於是，有些部隊長官探知箇中內幕情形，為保存部隊實力，免被淘汰失業計，乃勾結侍從室和兵站官員，實行賄賂，則武器彈藥又可源源而來。軍隊為國捐軀，武器損失，彈藥消耗自所難免，尚須向上級機關官員行賄才可得到補充，實為千古未有的怪現象。

當我在老河口的最後兩年，有一新編師奉調受五戰區節制。師長王認曲為黃埔第一期畢業生，深通此道。那時第二十九集團軍總司令王纘緒得了委員長親批手令，仍得不到補充，而王師長後來才得到手令，卻領到了。王鴻韶參謀長便問王師長理由何在。王微笑告王鴻韶說：「其中有竅門！」王鴻韶追問其「竅門」何在。王說，他奉批得新槍一千枝，他決定賣掉二百枝，就以這筆款項向經管倉庫人員行賄，如此他尚可實得八百枝，比王纘緒一枝也得不到強多了。

後來，傅作義也告訴我一件故事。某次傅奉委員長親批彈械一批，可是傅在西安的辦事處主任卻無法領到。西安倉庫主任老實不客氣地告訴傅的辦事處主任說，要領武器，一定要出錢。該辦事處主任便發電向傅請示。傅說，錢當然付，不過可否請該倉庫主任給一收據。那倉庫主任利令智昏，竟真的給傅的辦事處寫了一張收據。傅有證據在握，乃立刻告到委員長那裡。果然，委員長一怒之下，把這位倉庫主任撤職了。可是不久之後，他卻又當了另一倉庫的主任。這種賄賂公行的局面，便是我們抗戰末期軍事行政的特色！

至於雜牌軍部隊本身呢，在這種無法無天的局面之下，也就竭力自救。他們都知道中央當局欲利用對日抗戰來消滅他們，平時剋扣糧餉，戰時不予補充，等他們消耗得差不多了，便將他們遣散或改編歸併其他部隊，空出的番號，便可以「嫡系」補充了。

所謂「雜牌」部隊，其中是分等級的。例如我們廣西部隊，雖然自北伐以來，我們實在是國民革命軍的正統，但是在蔣先生的心目中，我們也是「雜牌」。不過由於抗戰初期五戰區的輝煌戰果，使中央不得不另眼相看。再者，我國諺語說「朝中有人好做官」，我們在朝中有白崇禧任副總參謀長，嗣兼軍訓部部長，在外有我本人任戰區司令長官。所以廣西部隊總算是承蒙中央優禮有加了。

至於其他部隊，如福建綏靖主任陳儀的部隊，雖然也是「雜牌」，但是陳儀畢竟是浙江人，蔣先生的同鄉，所以也多少受到此優待。最慘的，要算是那毫無背景的孤魂野鬼，例如龐炳勳、高樹勳、孫殿英一干人了，其次則為馮玉祥統馭過的西北軍、張學良統馭過的東北軍、陳濟棠統馭過的粵軍、唐生智統馭過的湘軍，以及川、滇、黔、陝、甘等省的軍隊。中央是蓄意要消滅他們的。糧餉既缺，中央還派了大批黃埔生去做他們的高級參謀和副軍長。這些人事實上都是蔣先生的耳目，對部隊的一言一行，有時甚至無中生有，都報告到蔣先生那裡去。平時在部隊中作威作福，目無餘子。

須知我國將領都是除掉帶兵打仗之外，一無所長的職業軍人，軍隊便是他們的家。我國既沒有良好的退休制度，他們一旦脫離部隊便無法生存。中央既用種種方法去消滅他們，他們也就用種種方法自救圖存。平時在前線，一怕敵人攻擊，二怕被共產黨吃掉，最怕的還是被友軍的中央軍繳械。在這種情況之下，圖存之不暇，哪裡有心思去抗戰呢？狡猾一點的，便用重金到中央去拉關係。例如徐源泉便一意投靠何成濬，再利用何成濬去疏通侍從室。侍從室路線打通了，以後凡有不利於徐源泉的報告都一概被扣壓下來，留中不報。徐軍因此便可得到補充，然後利用此補充款項的一部去作活動經費，因而形成了一個貪污和行賄的大循環。

關於我國政治、軍事上的各項缺點，我在南京、武漢、重慶曾不斷地向蔣先生坦白進言，請求改正。我說：「這些事，別人不敢對你說，只有我敢向你說，希望你採納。」無奈我言之諄諄，他聽之藐藐，哼了幾聲便算了。這也可說我們的國運是活該走下坡路吧！

4

我國抗戰的戰略錯誤亦多。從基本原則上說，我們對一個優勢敵國侵略的戰爭，應該是長期的消耗戰，直到把敵人拖垮為止，決不與敵人爭一城一地的得失，自喪元氣，消耗主力。所以抗戰一開始，我們斷不可把全國軍隊的精華集中在京、滬、杭三角地帶，任敵方海、陸、空軍盡量發揮其優越性能。蔣先生當時作這決定的原因可能是多方面的。第一是由於他不知兵法，而好意氣用事。因蔣的本性是絕對親日的，但目睹失地千里，日本仍不滿足，使他面子上無以自處，實在氣憤不過，所以不顧一切，和她一拚再說。這是個絕大的錯誤。因為做統帥的人，甚至獨當一面的指揮官，一定要冷靜，千萬不可使氣。一時衝動，往往正墮敵人奸計之中。第二，可能是他的策略。蔣先生本不願全面抗戰，他認為能把上海牢守幾個月，西方列強可能出來斡旋，戰事亦可乘此收場，如「一·二八」淞滬之戰一般。這一想法顯然也是錯誤。敵人來勢洶洶，不打到武漢不會輕易言和。要和，也必然是城下之盟，我們除亡國之外別無他途可循。再者，西方列強此時已弱點畢露，歐洲局勢岌岌可危，英、法自顧不暇，哪有餘力東顧？當「九・一八」之時，希特勒還未上台，國聯尚且無力制裁日本，何況此時呢？

死守南京，又鑄下第二大錯。滬上兵敗之後，我後方尚有數師精銳部隊未參預戰鬥。此時如索性把大兵向大江南北一撤，將南京正面讓開，敵人深入之後，再相機自南北兩方夾擊，京、滬敵人亦難安枕。我元氣未喪盡，則敵人此後北上徐州，西窺武漢，顧慮皆多。當時白崇禧和我以及德國顧問都反對守南京。無奈委員長認為南京係國府及國父陵寢所在，不守在面子上過不去，更兼唐生智別有用心，隨聲附和，乃決定死守南京這戰略上的死地。孰知我軍新敗之餘，士氣已沮。敵軍迫近我首都，爭奪首功，士氣正盛，相形之下，優劣懸殊。不數日，南京便為敵軍所奪。我大軍十餘萬簡直被無故糟蹋掉了，豈不可惜。

南京失守後，敵人次一目標必然是津浦線。但是此時津浦線簡直無兵可調，優勢敵人本可一舉打通津浦線。若非敵軍太驕妄粗心，和我五戰區將士沉著應戰，則戰事早已不堪設想。所幸我們能運用內線作戰的便利，在津浦路上和敵人糾纏了半年，使他無法西窺武漢，抗戰局勢才轉危為安。

二十七年武漢保衛戰時，我方戰略再度發生錯誤。當我從徐州退到豫南、鄂東時，敵人正由南京沿江西上。我那時在戰略會議上，便主張以一部分兵力在鄂東阻止敵人西進，而以主力自豫南出皖西，循六安、舒城、懷寧一線，配合大別山內的廖磊集團軍，主動出擊，以攻為守，夾擊侵入鄂東的敵人。我的建議未被蔣先生接受，他主張陳重兵於鄂東，於豫南一帶作縱深配備，構築工事，以逸待勞。這「挨打戰略」實是一項錯誤。因為鄂東地形複雜，敵我大兵團均不易展開作戰，陳重兵於此，實無用武之地。而自六安以西直達信陽，一坦平原，無險可守，此路有失，則鄂東之兵將不戰自退。其後敵人果由六安西進，各個擊破我重疊配備防線，侵佔信陽。至此，鄂東和武漢守軍不能不倉卒撤退，一切如我所料。以上是我所親自參預，雖然一再進言而不為蔣先生所採納的三項戰略錯誤。至於其他的錯誤，這裡也就不必多贅了。

到抗戰末期，中央以配合美國在印度的基地為名，抽調四五十個師集中滇緬邊境，聲言打通滇緬路，奪取仰光海口，以便接運美國作戰物資。這也是一項極大的錯誤。當時我曾建議，捨近求遠，天時地利人和於我都極不利，故與其勞師出國遠征，不如集重兵於南寧、貴縣一帶（廣西當時已無敵軍）向廣州灣進攻，開闢一個出海口，與太平洋上的盟軍相呼應。我的理由很簡單，敵人的兵力自三島本土向外延伸，直到緬甸，正如一條長蛇，蜿蜒在亞洲大陸邊緣。我們打蛇應該採取腰斬的方式，不應專門打頭或打尾。吾人如在緬甸與敵人火併，敵勢不支則慢慢向東收縮，愈縮則兵力愈集中，抵抗力愈強，而我方困難也愈多。當時如果我們以入緬的兵力向廣州灣出擊，必可打通廣州灣出海口，如此則可與循菲律賓一線北上的美國海、空軍相呼應。日本在支那半島以及南洋一帶和其本土的交通頓受威脅，則緬甸日軍將不戰自潰。我提出此一戰略主張的另一用意，便是看到日本有突然投降的可能。日本投降時，我國如有個出海口，則四五十萬大軍便可利用日本投降的船舶迅速開往東北與華北，則戰後問題便簡單多了。

但是我的戰略主張也未被重視。我們足足有四五十萬最精銳的部隊被困於滇西、緬北的崇山峻嶺地帶。日本突然投降後，這些部隊才慢慢開回昆明，等到開到北方，已是三四個月之後，華北、東北已局勢全非。我們不特未能搶先一步，等到共產黨已打下基礎，我們再去逐步打通交通線，則為時已晚了。殊不知日本宣布無條件投降後不久，中央即密令杜聿明圍攻昆明五華山，龍雲被迫應戰，我才恍然大悟，原來蔣先生之所謂打通滇緬路，其用意實在此不在彼。

整個戰略之外，抗戰時我方指揮系統的毛病亦多。最重大的一個缺點，便是蔣先生越級親自指揮。前已一再提及，蔣先生既不長於將兵，亦不長於將將。但是他卻喜歡坐在統帥部裡，直接以電話指揮前方作戰。抗戰時，他常常直接指揮最前線的師長，抗戰後對共軍作戰，他竟然連團長也指揮起來。他指揮的方法是直接掛電話，或直接打電報，故戰區司令長官甚至集團軍總司令和軍長都不知其事。有時一軍一師忽然離開防地，而前線最高指揮官還不知其事。但是蔣先生的判斷既不正確，主張又不堅定。往往軍隊調到一半，他忽然又改變了主意，益發使前線紊亂。蔣先生之所以要這樣做，實在是因為他未做過中下級軍官，無戰場上的實際經驗，只是坐在高級指揮部裡，全憑一時心血來潮，揣測行事，指揮系統就亂了。

凡是中央系的將領都知道蔣先生這項毛病。他們知道奉行蔣先生的命令，往往要吃敗仗，但是如不聽他的命令，出了亂子，便更不得了。所以大家索性自己不出主意，讓委員長直接指揮，吃了敗仗由最高統帥自己負責，大家落得沒有責任。將領如果是這樣的庸才，當然不能打勝仗，而蔣先生卻偏偏喜歡這樣的人。

抗戰初期，戰場上表現最壞的要算是第一戰區副司令長官兼第二集團軍總司令劉峙。劉氏在河北潰敗時，曾受到撤職查辦的處分。但是不久，蔣先生又重用劉峙。據說，某次蔣夫人曾向委員長進言說：「外邊閒話很多，劉峙恐怕不能再指揮作戰吧？」

蔣先生說：「劉峙指揮作戰是不行，但是哪個人有劉峙那樣絕對服從?!」結果還是用了。蔣先生所喜歡的便是像劉峙那樣「絕對服從」，自己毫無主張的庸才，因此，國軍戰績也就不易表現了。

長沙三次會戰時，薛岳本打得很好，不圖在作戰正緊張時，蔣先生一個電話把軍隊調亂，薛岳一時無法補救，被打得踉蹌大敗，失了長沙。薛伯陵一氣，不聽統帥部撤往湘西的命令，竟把部隊撤到江西去了。後來薛岳幾乎為此受處罰呢！有人問薛岳，為何要到江西去。薛說：「跑遠一點，他（指委員長）電話便打不通了！」這是抗戰期間，高級將領盡人皆知的趣事。

不過話又說回來，終我六年之任，委員長從未直接指揮過我五戰區的部隊。我原知道蔣先生有這項脾氣，所以當二十六年十月蔣先生任我為五戰區司令長官時，我便笑著向他說：「委員長，我很感激你這樣看重我，使我負這樣重要的職務。不過古代戰略家說：『將在外，君命有所不受。』我希望你不要打電話直接指揮五戰區的部隊啊！」

蔣先生也笑笑說：「五戰區我不打電話，對你我放心得過，放心得過。」他果然能守此諾言，始終未打過電話。我在徐州時，蔣先生曾為別的事，和我通過兩次電話。他那口寧波腔，當面談話還可勉強懂得，在長途電話裡，我就有一大半不懂了。我聽得很吃力，蔣先生也覺得很苦，以後他連這類電話也少打了。老實說，我在五戰區能打幾次小勝仗，未受委員長直接指揮亦不無關係。

第八編

從全盤勝利到徹底潰敗

【第60章】

勝利接收鑄成大錯

我國抗戰八年，人民死傷數千萬，全國精華地區淪陷殆盡，然終將敵人驅出國土，失地全收，實開中華五千年歷史上未有的奇局。孰意勝利不及四年，我國民政府竟被共產黨逐出大陸，數百萬軍隊一敗塗地，實在也是亙古以來鮮有的怪事。

然今日推原究本，固知中共之所以能席捲大陸，並非一朝一夕之所致。其中因素，一言難盡。不過就最重要的近因來說，抗戰勝利後，政府對收復地區，有關軍事、政治、經濟接收中所鑄成的大錯，實是促成中共勝利的主因。今且就軍事來說：

猶憶三十三年春天，蔣先生因事到漢中視察，我便乘機向其建議說，抗戰勝利只是時間問題，我們現在便要考慮到戰後的接收問題。我認為勝利後，蘇俄和中國共產黨將變成我們最頭痛的難題。對付俄國，我的建議正如我給魏德邁和赫爾利的備忘錄上所說的，應準備與蘇聯向東北作進軍競賽，並隔離中共和蘇聯的陸地交通和直接接觸。

至於與對付中共有密切關係的對日軍「受降」問題，我更向蔣先生提出具體的主張。我認為敵人一旦宣布投降，我統帥部應立即命令各地日、偽軍就地待命，維持當地治安和交通，以待我接收部隊的到達。第二，關於我軍向收復區的開拔，我主張用「後浪推前浪」方式，以求快捷。在勝利已露端倪時，政府應盡量將駐於江南的大軍，向江北推進。因為長江以南經八年抗戰，大軍雲集，地方安堵如恆，中共滲透力量也微。但在黃河流域則完全相反，因北方淪陷的時間較久，日軍後方的兵力單薄，只能維持主要交通線，至於廣大平原和山岳地區，大都為中共所佔領並建立根據地。我政府對此問題亟應早為籌畫，作適當的軍事部署。等到勝利的爆竹一響，我大軍便一浪繼一浪向北方推進。如原駐河南、安徽和蘇北的國軍，即向山東、河北前進，原駐山西、寧夏、綏遠的，則向察哈爾前進。各該軍所遺防地，則由後方部隊遞補。如此不出一月，華北所有重鎮及津浦、平漢交通線皆為我大軍所有，然後再令日軍集結，就地解除武裝。

至於各地區的受降和接收，應責成專人負責，有條有理地進行。我尤其指出東北為最重要地區，負責接收的人，尤應慎重遴選。

蔣先生問我說：「你看接收東北誰最適當呢？」

我稍一思索，便說：「我看黃紹竑還可以。」

我之所以推薦黃季寬實出於數種考慮。第一，我認為戰後東北問題最為棘手，主持其事者，必須有眼光，有魄力，勇於負責，必要時敢於便宜行事。而蔣先生夾袋中人物之可以外調的，如陳誠、顧祝同、蔣鼎文、劉峙、張治中、張群等人，在蔣先生極權之下，磨練已久，事事聽候蔣先生手令，絲毫不敢獨斷獨行，已完全失去主動的、勇於負責的精神，斷難應付戰後東北錯綜複雜的局面。第二，我考慮到蔣先生的疑忌。我如提名白崇禧，則多疑的蔣先生必以為我徇私。加以戰後的白崇禧，恐也不能離開中央。而黃紹竑則不然。他在民國十九年已和我疏遠，而投入蔣氏幕中，頗為蔣先生所倚重。同時，季寬也確有此應變之才，可以處理東北的複雜問題。至於東北耆老莫德惠、抗日英雄馬占山，以及尚在監禁中的張學良等，中央若能適格錄用，在號召力方面而言，自可事半而功倍。可是我深知蔣先生對東北人特別忌恨，故未敢提供參考，以免觸其憤怒。誰知蔣先生聽了我的話，不置可否，「哼」了一聲，便結束了我們關於這一方面的談話。

我當時的建議，實完全是為戰後大局著想，絕無個人私意存乎其間。孰知蔣氏多疑，他在抗戰勝利之後，對於我的建議，一句未予採納，甚或反其道而行。

戰事剛結束，我統帥部立即命令日本駐華司令官岡村寧次，將日軍向數點集中，聽候繳械。例如長江以北敵人便奉命於短期內集中於鄭州、洛陽、開封、徐州、蚌埠、石家莊、濟南、北平等重鎮。而日軍集中後所遺留的若干戰略據點和各交通線的防務，我軍卻未能即時一一接防。因而原在敵後活動的共產黨游擊隊，遂毫無顧忌，乘機大肆發展，組織人民，加以掌握。以故原來通行無阻的津浦、平漢等線，勝利後頓時交通斷絕，無法恢復，直至大陸易手而後已。

當中央作此決定時，我便一再向何應欽警告，要他千萬不可操之過急，草率從事。但是何說，奉蔣委員長面諭，如今抗戰勝利，如不將敵人迅速集中繳械，將有損國家威信。誰知後患即由此造成。

至於向收復地區進軍，中央也沒採納我「後浪推前浪」的辦法。主要的原因是，全副美式配備的嫡系中央軍共四五十個師，此時尚集中於滇西、緬北一帶。如以後浪推前浪方式向華北前進，則原在安徽、河南一帶的非嫡系部隊將先入華北，甚或東北，這在私心自用的蔣先生看來，顯然是對他不利的。所以他只要原駐鄂北、豫西的劉峙部隊和原駐皖西大別山的李品仙部隊，分頭開進隴海線上的鄭州和徐州受降接收，接收後即不得再向北方推進。至於華北、東北的接收，卻要等留在滇、緬一帶的部隊調去辦理。但是四五十個師的大軍要自西南山區開往華北，談何容易。大軍尚僕僕在途，東北、華北的版圖大半已再度變色了。

政府在軍事接收上的另一重大錯誤，便是毫無程序，純以私心為出發點的軍隊整編。前已一再敘及，蔣先生自北伐以來，便一心一意要造成清一色黃埔系部隊。他利用內戰、外戰一切機會來消滅非嫡系部隊。這種作風在對日抗戰時，更變本加厲。

據說，勝利將屆的前夕，蔣先生向參謀總長兼軍政部部長何應欽索閱全國軍隊番號清冊。見非黃埔系的番號尚有百數十師之多，蔣先生頓感不悅，說：「打了八年，還有這許多番號？」他的意思當然是怪何應欽太姑息了，為什麼不藉對日抗戰，把這些「雜牌」部隊消滅呢？蔣先生這一怒，卻給了善於揣摩人主意旨的陳誠一個機會。陳氏便向蔣先生攻擊何應欽，並自炫其能，認為如果陳某在其位，謀其政，「雜牌」部隊早就消滅完了。因而抗戰剛勝利，蔣先生便將何應欽調離軍政部，專任陸軍總司令，而以陳誠繼長軍政部。

陳誠就任軍政部部長後的第一項重要命令，便是將收復區的偽軍及有功抗戰的游擊隊一律解散。解散的方式，也像日軍繳械一般，由中央指定各部隊集中地點，然後向前來接收的中央軍接洽，聽候處置。而偽軍和游擊隊的原有防地，卻無軍隊接防，於是，共軍又乘虛而入了。這些部隊開到指定地點，而他們所奉命要接洽的中央軍有些還遠在滇、緬一帶。這些部隊長官久候無著落，又奉嚴令，不准就地籌借給養。因而，老實的將領便將部隊解散歸農，悽愴情形，難以言狀，狡黠的便另打主意，投向中共效力了。在這種不近人情，魯莽滅裂的辦法下，失業軍官動以千計，以致後來在南京鬧出失業軍官「哭陵」的活劇。而向共軍投奔的，更不計其數。我當時目擊陳誠這樣無理蠻幹，便引為絕大的隱憂。我得機總勸告陳誠說：「辭修兄，你這種幹法是替共產黨湊本錢啊！」

陳誠卻自負地說：「他們要到共產黨那裡去，我求之不得，正可一鍋煮掉！」

記得戰後，我在南京、北平，不知向他講過多少次，他總是如此回答。我說：「我們戰前剿共剿了那麼多年，還沒剿掉，現在怎能一鍋煮掉呢？」

陳誠說：「那時是因為我們空軍無力量！」

陳誠此時實在太自信了，決不把共產黨看成一個威脅。因而他的主要目標，不是在應付日益壯大的共產黨，而是處心積慮地消滅內部異己。這種企圖又使他想出一個新花樣，就是所謂「混編」的計畫。

前已說過，我國軍隊歷來都有其特殊的系統，將專其兵。這種傳統的壞處是容易造成門戶之見，好處是將官知人善用，指揮起來可以如臂使指。當然，這傳統未始不可打破，但是要國家承平，中央當局大公無私，汰弱留強，才可逐漸消滅門戶之見。可是陳誠的「混編」，目的在排除異己，培植私人勢力。所謂「混編」，便是將各集團軍中的軍、師、團等單位對調，其用意即在將「雜牌軍」化整為零，以便吞併消滅的一種陰險手段。這樣一「混」，原先本甚單純的軍事系統，反而弄得龐雜了，指揮不易，士氣消沉，戰鬥力也因此喪失。似此魯莽滅裂的幹法，當時縱是「嫡系」部隊，也被攪得上下騷然。

陳氏更利用不同方法，褫人兵柄，製造混亂。例如抗戰勝利後，中央要找一北方人去接收河北省，因而委孫連仲為河北省政府主席，囑其由鄂西的恩施往北平受降，但是卻不許他帶已指揮十餘年的子弟兵——第三十一軍——前往接收，而將該軍調給胡宗南指揮，再由胡部調胡博翰軍隨孫北上，連仲指揮起來，自然就不容易了。

陳誠借整編、混編為名，又處處培植他的私人。例如抗戰勝利後，陳誠把各戰區的通訊兵團次第整編撤銷。白崇禧於戰後赴洛陽、鄭州視察，發現通訊兵團的電台被撤銷，無法與各地聯絡。值此復員緊張之際，如何能沒有通訊機關呢？白氏不禁大發雷霆。事實上，陳氏並不是取消通訊系統，而是暫時撤銷，藉以遣散一部分人員。到重建時，便可安插新人，而這一批新人，難免就是陳誠的十八軍老幹部了。

諸如此類的故事，在抗戰勝利後真是罄竹難書。這些尚是就純軍事觀點立論，至於政治和經濟上接收的糟亂，尤不勝枚舉。例如對偽幣幣值規定太低，即其一例。剛勝利時，淪陷區中偽幣的實值與自由區中的法幣，相差原不太大，而政府規定偽幣與法幣的兌換率為二百比一。以致一紙命令之下，收復區許多人民頓成赤貧了，而攜來大批法幣的接收人員則立成暴富。政府在收復地區的失盡人心，莫此為甚。

國家在大兵之後，瘡痍滿目，哀鴻遍野，而當國者卻如此以國事逞私欲，國民黨政權如不瓦解，真是無天理了！

【第61章】

上不沾天，下不著地的北平行轅

1

抗戰勝利的消息一出，中央便任命我為軍事委員會委員長北平行營主任。該機構於三十五年九月一日改稱國民政府主席北平行轅，其組織與人事除增加一調查處，處長由中央直接委派之外，餘均照舊。

按中央所頒組織章程，北平行營直轄兩個戰區（第十一、第十二），包括五省（河北、山東、察哈爾、綏遠、熱河）三市（北平、天津、青島）。轄區內一切軍、政、黨的設施俱得聽行營主任的命令行事，我的權力不可謂不大。按理應可大有作為，替國家人民服務，可是我接到命令之後卻憂心忡忡。

在抗戰勝利前二年我便喚醒中央注意，認為「戰爭在華南，問題在華北」。如今抗戰勝利，華北的情形最複雜，是戰後問題焦點所在，我擔任華北軍政最高長官，職責是何等重大。如果中央能按照規章，授我實權，以我數十年統兵和從政的經驗，以及鞠躬盡瘁的決心，自信可以澄清華北，輔翼中央而復興中國。

但是以我和蔣先生相處數十年的經驗所得，我深知蔣先生決不會信任我而授我以實權。他要把我捧得高高在上，負華北全局安危之責，而無絲毫調兵遣將、控馭下屬之權。主官無權，政出多門，則治絲愈棼，華北前途必不堪設想。但我又未便向蔣先生訴苦，因為說穿了反而啓其疑竇，於事無補。所以在奉命之日，心情上實感無限沉重。既辭謝不得，只有盡我所能。

北平行營是一個兼管軍事、政治的機構，建制上設有祕書長一職，我漢中行營幕僚中尚無適當人選足充此任。最後我便報請西北大學教授蕭一山君擔任此職。我與蕭君在漢中才初次相識。斯時蕭君任國民參政會參政員、西北大學（在漢中城固縣）法學院院長，凡有重要集會，他都被邀參加。一次在漢中軍分校畢業典禮上經人介紹相識，遂一見如故。嗣後他曾來行營和我長談竟夕，頗為投契。因此當我需要遴選一位祕書長時便想到了蕭君。且因他久負才名，與全國教育界人士極為熟悉，北平為我國文化薈萃的中心，如得蕭君為佐，實最理想。起初，蕭君對此頗為躊躇，因他與蔣先生也很熟，蔣先生且曾數度請他入中樞任職，皆因政治主張格格不入而婉謝。這位一向遁跡高蹈，薄中央之官而不為的學者，一旦與所謂「桂系」接近，豈不惹蔣先生的不快？經我一再解釋，他才有屈就之意。再者，一山尚有住宅書籍在平，八年戰火之餘，亟待整理。抗戰結束之初，交通困難萬狀，他要立刻飛平，殊非易易，如就任北平行營祕書長，則可返北平於旦夕之間。經數度考慮，他終於接受了我的邀請。以後我們便成為終身的朋友。

籌備稍有眉目，九月初遂遣梁參謀處長❶率職員十餘人自漢中飛平，九月二十日蕭祕書長一山，王參謀長鴻韶也飛往布置北平行營成立事宜。時接收平、津的負責人為第十一戰區司令長官兼河北省主席孫連仲。前已說過，孫的基本部隊早為中央割裂，他現奉命指揮高樹勳、馬法五、胡博翰三軍循平漢路北上，連仲本人則在新鄉督師。不過他由參謀長呂文貞率領的前進指揮所則早已入駐北平。中央各部會以及戴笠的特務系統也已在北平成立機構，分頭接收。

十月二十六日我本人率領副參謀長甘沛澤、主任祕書黃雪邨等專機飛平。北平市民聽說我將於是日到達，竟全城哄動，從機場到城內夾道歡迎的數十萬人，歡聲震天，令人感動。因華北同胞為敵偽壓迫八年之久，今一朝重獲自由，對政府派來坐鎮華北的最高軍政長官的熱烈歡迎，實是出於至誠。

行營辦公地址設在中南海故宮居仁堂，屋宇華麗寬敞，非漢中所能比於萬一。不過北平行營名義上雖為華北軍政最高官署，委員長也曾電令中央在華北接收的各級機關要聽行營主任的命令行事，事實上，這命令只是敷衍我面子的虛文。各機關仍是直接聽命於他們中央主管官署的命令，與行營風馬牛不相及，行營也根本管不著他們。尤其是負責在華北肅奸的特務人員，他們自稱「見官大三級」，哪裡會聽我的命令。甚至空軍人員在北平也成特權階級，亂事接收，趾高氣揚，不可一世。

當時在北平的所謂「接收」，確如民間報紙所譏諷的，實在是「劫收」。這批接收人員吃盡了抗戰八年之苦，一旦飛入紙醉金迷的平津地區，直如餓虎撲羊，貪贓枉法的程度簡直駭人聽聞。他們金錢到手，便窮奢極欲，大事揮霍，把一個民風原極淳樸的故都，旦夕之間便變成罪惡的淵藪。中央對於接收職權的劃分也無明確規定，各機關擇肥而噬。有時一個部門有幾個機關同時派員接收，以致分贓不勻，大家拔刀相見。無法解決時，便來行營申訴，我這身為最高長官的行營主任竟成了排難解紛的和事佬。

最令當時平、津居民不能忍受的，便是這批接收官員為便於敲詐人民，故意製造恐怖氣氛，隨意加人以漢奸罪名而加以逮捕。一時漢奸帽子亂飛，自小商人以至大學教授隨時有被戴上漢奸帽子坐牢的可能。因而凡是抗戰期間沒有退入後方的人，都人人自危。於是頗有一些年高德劭的學者和居民來向我泣訴，希望能稍加制止。

我不得已，乃召集黨政軍臨時聯席談話會，尤其對特務機關負責人馬漢三曉以大義，申斥一頓。我說，你們對「漢奸」一辭的定義，應該依法有明確的規定，不可用來作為勒索人民的藉口，須知在敵人侵入國土之時，我政府無力保國衛民而被迫撤退，我們對留下來任敵人宰割的人民已覺愧慚不堪。今敵人幸被逐出國土，我們應如何與民更始，重慶昇平。你們不此之圖，反欲渾水摸魚，藉口敲詐，成何體統。我一再告誡馬漢三說，嗣後凡非附敵有據的，概不得濫予逮捕。爾部下如有不聽命令，明知故犯的，一經人民告發，查明屬實，當惟爾是問。

經我痛斥之後，馬漢三之徒劣跡稍斂，平、津市民始粗可安居。

這些案件中最令人抱不平的要算是協和醫學院內幾位知名的教授了。盧溝橋事變後，協和醫院因受美國保護，其教授均未隨國軍西撤。迨太平洋戰事爆發，協和醫院為偽政權接收，這幾位教授無法離平，只得仍留院內。因此被特務加上「偽教授」甚或「漢奸」的罪名，逐出醫院，不許聘用。這幾位先生衣食無著，乃託人向我申訴，我一時也想不出解決方法。後來我忽然想到他們既是第一流的醫學師資，而廣西醫學院正鬧師荒，何不請他們到廣西屈就些時呢？他們聞言，都異口同聲說，如蒙李主任替我們找到工作，使妻兒免於飢寒已感激不盡，至於地點，我們就顧不得許多了。我隨即發一專電給廣西省主席黃旭初，旋接渠覆電歡迎。我乃贈他們一些路費前去廣西，才解決了這難題。至其他大、中學的教授、教員處境的淒慘，就可想而知了。

2

勝利之初，北平的另一難題便是糧食與燃料問題。因為戰事剛結束，交通還未恢復，北平四郊又不平靖，避難進城的人日多，以致城內發生糧荒。時近嚴冬，煮食、取暖用的燃料也供不應求。北平本有居民二百萬，復員而來的四個國立大學員生在萬人以上，解除武裝的日軍也有數萬人，眾口嗷嗷，無以為炊。各大學負責人不時到行營來請求設法，華北日軍指揮官根本博也不時來謁，請求發給俘虜糧食。我行營雖無實權，卻是各方屬望殷切的最高機關。眼看大學生和教授們無煤無米，我不能不負責任，俘虜缺糧與我國家顏面攸關，也不能置之不問。所以在北平的起初幾個月，我行營主任便是替各方搜羅柴、米、油、鹽的總管。在各方交涉之下，總算查到敵偽倉庫尚有餘糧，遂訓令河北省政府和北平市政府，將這些倉庫內的米、煤先期撥出，交各機關分攤。這樣才解決了初期的糧荒和煤荒。各校員生以及日本俘虜無不額手稱慶。

此外還有少數北方耆宿也時因個人生活發生困難，來行營請求救濟的。如八十高齡的老畫家齊白石先生即其一例。他老人家時以無法買到米、煤而來看我。我無善策可想，只得在行營人員配額中酌量撥出一些米、煤奉送給他。白石先生居然認為我能「禮賢下士」而萬分欽佩，特地繪了一壽桃橫幅，親自送來，以為我夫婦壽。這幅傑作現在還懸在我客室之內。

我對當時北平其他學者、教授也不分軒輊，同樣禮遇。並成立一座談會，每兩星期聚會一次，各大學名教授都在被邀之列。會上，我分請他們對政府設施盡量批評與建議，不必隱諱。有些個性褊急的教授如費孝通等，竟乘機對政府痛加指摘，措辭的尖刻嚴峻，有時竟甚於共產黨。他們不明政府內幕，誤以為我掌有實權，因此對行營的批評也毫不放鬆。我在其位，本應謀其政，個人苦衷也未便向他們解釋。同時我深知他們對政府的憤懣並不是沒有理由的，所以我只有虛心地聽他們的批評，而毫無不悅意的表示。古語說得好，「是非自有公論」，這些名教授中自不乏觀察銳敏之人，毋待我解釋，他們也看出北方問題的癥結所在，對我處境的困難頗能曲諒。因此我在平三年，與北方教授們揖讓往還，相處甚得，這也是我平生殊可引以自慰的事。

3

當我在北平將各種瑣碎煩難的問題逐項解決之時，整個國家戰後的軍政處理卻愈變愈複雜，終至無法解決。

戰後政府的第一大難題便是接收東北。按照中蘇條約，蘇軍應於日本投降後三個月內全部撤離中國，孰知史達林卻詭計多端，不許我政府利用大連等海港運兵入東北接收，加以國軍還在滇緬路上，短時期內萬難到達北方，蘇聯遂藉口延宕我方接收日期。

史達林此項陰謀的第一用意，在使蘇聯有充分時間拆運東北的工廠和物資，第二用意似乎是讓中共有充分時間組織民眾，並收編偽滿軍，訓練成強大的野戰軍。不幸我方負實際責任的接收大員熊式輝又是個只會敷衍做官，不敢負責做事的官僚，東北局面的演變就愈嚴重了。

中共在東北根基日固，延安方面在國內和平談判上的態度也就日益強硬起來。

先是，在抗戰勝利時，由於美國的斡旋，毛澤東由美國駐華大使赫爾利陪伴飛到重慶，政府和中共乃開始和平談判。十二月底，美國前參謀總長馬歇爾奉杜魯門總統之命來華任特使，專事調停國共之間的衝突。三十五年一月政府召開政治協商會議，國共雙方發表會議紀要，停止軍事衝突，當時頗顯出化干戈為玉帛的祥和之氣。無奈東北問題還是無法解決。共軍因在東北得到補充，在長春、四平街一帶竟然和國軍作大規模的陣地戰。

東北的戰火很快便使原已日益減少的國共在關內的衝突重新擴大起來。三十五年春間，華北槍聲遍地，內戰又繼續下去，我身為華北最高軍政長官，盱衡全局，深覺前途未可樂觀。當時在幾處主要戰役上，我方雖佔有優勢，但是曠日持久，情形勢將逆轉。

軍事不可為的最大原因是將不專兵，士無鬥志。當時在華北負實際指揮責任的是孫連仲。但連仲可以運用靈活、指揮如意的部隊已不存在。三十四年冬他在新鄉指揮北上的是高樹勳、馬法五、胡博翰三軍。

高樹勳的部隊原從石友三的副軍長處劫奪而來，中央不但未論功行賞，且處處伺機消滅他。樹勳早已積憤在心。

馬法五原是龐炳勳的舊部，炳勳年高退休時，馬始代統其眾。這一支「雜牌」部隊又是中央處心積慮要消滅的。

胡博翰部是日本投降之前不久，在淪陷區收編零星武裝成軍的，毫無作戰力量。今番高、馬、胡三部奉調北上打通平漢線，和中共火併，在高樹勳等看來，又是中央借刀殺人的毒計。因此，在十月底軍次河北的邯鄲時，一經共軍圍攻，高樹勳立刻投降，馬法五因士無鬥志而被俘，胡博翰則僅以身免。

自此以後，孫連仲在華北所指揮的，名義上，全係由空運或由海道而來的「中央軍」。然而這些部隊長官俱是「天子門生」，所謂層層節制，逐級服從，早已蕩然無存。這種部隊不但孫連仲指揮不了，就是蔣先生的心腹股肱也無法指揮。真是積重難返，無法改造。

再者，這些部隊長官早已驕縱成性，醉心利祿，貪生怕死。他們對所謂「雜牌軍」以及老百姓雖趾高氣揚，不可一世，但對共產黨則畏之如虎。白天深溝高壘，不敢出擊，夜間尤不敢行動。因此除他們的宿營地周圍十里之外可說都是共產黨的活動範圍。即以北平來說，除市區外，四郊常有共產黨游擊隊出沒。有時中央大員來平，想一遊郊外的西山，我陪同出遊也非帶大批扈從衛士不可。

因此三十五年春孫連仲坐鎮保定，企圖率領大軍打通平漢線，不過是望梅止渴而已。我深知華北戰局的不可為，是軍隊不堪作戰。我想我如能有一兩軍真正可以作戰的軍隊，如第七軍、第三十一軍等，任我調度，華北局面或可改觀。為此，我曾商之於白崇禧，請他相機向蔣先生建議。白說，我的想法或許是對的，但是為事勢所不許。

華北當時唯一可用之兵，便是第十二戰區司令長官傅作義將軍所部的兩個軍。傅作義不但是一員戰將，同時也是一位傑出的行政人才。至於他個人治事的勤勉，從政的廉潔，尤為可取。他在盧溝橋事變前即享有抗日令譽。抗戰期間，拱衛綏遠西部和北部大青山地區，敵人卒無法越雷池一步。而第十二戰區內政治的修明，人民的安居樂業均有足多者。所以傅君的防地雖和中共的「陝甘寧邊區」比鄰，中共終無法滲透。抗戰勝利後，中共為急於打通對俄交通，曾集中兵力猛攻十二戰區，放出抗戰後內戰的第一槍，然終為傅部擊潰。是以中共雖視傅作義為眼中釘，但對他卻十分畏而敬之。

傅部雖堪一戰，然抗戰期中受中央歧視，得不到補充，全軍裝備窳劣，人數有限。最後大勢已去，中央才用他來澄清華北，就難免有蚍蜉撼大樹之感了。

三十五年春夏間，政府和中共談談打打，中共態度強硬，政府也不甘示弱，各地衝突日多。到是年秋季，內戰的擴大已不可避免，中央乃決定先收復張家口，截斷共軍關內外的交通，再及其他。我深知傅作義的部隊可用，遂訓令傅作義向東移動，向張垣進攻。另以李文總司令指揮中央石覺、牟廷芳、侯鏡如等部自北平北上，夾擊賀龍的主力。經半月的戰鬥，傅作義部終於十月十一日佔領張垣，是為內戰初期政府軍唯一的勝利。但因李文所部逡巡不前，未能按照預定作戰計畫迅向左翼延伸，截斷共軍西竄的退路，致戰果未達理想，美中不足。

張家口是個戰略地區，我軍克張家口，便將在東北與華北的共軍腰斬為二。當時中央統帥部估計錯誤，認為張垣既克，關內共軍得不到關外的補充，必可次第肅清；關內隱患一除，便可徐圖關外，中共將不足為大患了。

以故國民政府於張垣收復的同日宣布召開國民大會，制定憲法。為召開制憲國大，蔣先生頗想再立一下軍威，以醒國人耳目，因命陳誠攜帶親筆手諭飛平，召集軍事會議，企圖打通平漢線。

陳誠在抗戰後便繼何應欽為軍政部部長。三十五年六月一日軍委會撤銷，國防部成立時，陳誠和白崇禧分任參謀總長和國防部部長。就名分上說，國防部部長的職位高於參謀總長，但是論實權，則軍政和軍令權概操於參謀總長之手。所以陳誠實是當時策畫指揮剿共軍事的實際負責人。

三十五年十月九日陳誠以參謀總長身分在平召集一重要軍事會議。出席者有：陸軍總司令顧祝同，保定綏靖主任孫連仲，張家口綏靖主任傅作義，集團軍總司令李文和軍、師長多人，以及行營高級將領的全部。

會議中，首由參謀總長宣讀蔣主席手令，略謂，國大召集在即，為安定民心，鼓勵士氣，平漢路應於三個星期內打通云云。陳誠讀畢手令，即訓話式地敘述今後用兵的方略，然後詢問與會將領的意見。奇怪的是儘管大家面面相覷，孫連仲和李文等都說應該執行主席命令，於三星期內打通平漢路。傅作義則以平漢路不在他的戰區之內，未表示意見。

最後，陳誠始問我的意思如何。我說，論軍人本分，原應服從命令，不過為事實著想，我們更不應欺騙最高統帥。若以現有兵力來打通平漢路，簡直是不可能。因為平漢路如果打得通，則早已打通了，然而打了這麼久還未打通。現在並未增加一兵一卒，忽然限於三個星期內打通平漢路，實是夢想。我們如果不知彼不知己，貿然用兵，不特平漢路打不通，恐怕還要損兵折將，為天下笑。

陳誠說：「德公，你認為絕對打不通嗎？」

我說：「照我看，以現有兵力，無此可能。」

陳誠說：「若果如此，我如何能向主席覆命呢？」

我說：「辭修兄（陳誠），那只有據實報告了。」

陳誠說：「德公，您是老前輩，能否用你的名義打一電報給主席，據實報告呢？」

我說：「你既不願直接報告，當然可以用我的名字！」說完，我便要王參謀長鴻韶立刻起一電報稿，向蔣先生報告。略謂，奉手諭後，曾召集各將領討論，深覺以目前兵力，斷難完成任務。與其知其不可而為之，莫若養精蓄銳以待有利時機再行動云云。

這電報發出後，陳誠如釋重負。他也深知於三個星期內打通平漢路為不可能，但又不敢拂逆蔣先生的意旨，如今有我出面負責，他也落得輕鬆一番。翌日，他便乘機返京覆命去了。不久即奉到蔣先生覆電，大意說，接德鄰兄來電，考慮允當，前令著即暫緩執行。在平將領聞知此電，都如釋重負。李文且親自來對我說：「如沒有德公負責打電報，這事就糟了，我們有誰敢說半個『不』字。真要聽命發動攻擊，豈不準吃敗仗無疑。」

平漢路雖未打通，但是「制憲國大」卻於十一月十五日在京準時開幕，制定憲法。我本人也當選為廣西省國大代表，然因北方情勢不穩，未赴京出席會議。

國大開會期間，國軍戰事雖尚平穩，但是內戰延長，通貨膨脹，人民生活的痛苦日甚一日。感覺敏銳的青年學生遂集會遊行，呼籲停止內戰。學潮先自南京開始，逐漸蔓延各地，勢如野火。北平為近代中國學生運動的聖地，五四運動後，所有學潮恆以北平為馬首是瞻，此次學潮自亦不能例外。

國共兩黨此時在北平各大學中都有職業學生從中活動。國民黨的學生甚至身懷手槍，在宿舍和教室中耀武揚威，頗引起其他學生的反感。並且引致一般青年同情的，總是在野黨的言論。以故學潮的擴大，事實上即係公開的反政府的集會。各地軍警、特務竟認為學生甘心為共黨利用，不惜用武力彈壓，重慶、昆明、武漢、南京等地血案頻生。軍警壓力愈大，群眾反抗愈烈，學潮的蔓延也愈廣。

在北平，我不僅竭力禁止軍警和學生衝突，且令軍警保護遊行學生，等他們把忿氣、熱情發洩盡了，自會散隊休息。在此政策之下，學潮聖地的北平居然平安無事。國民黨的職業學生固然不敢過於越分，共產黨的職業學生也失去了煽起暴動的口實。不過我的作風似非南京所能容忍。北平中央特務在中央授意之下，卻另有打算。

某日凌晨，北平市長何思源忽然面色倉皇，趕來看我。我忙問何事？

何說：「各大、中學學生今天又要大規模遊行示威。」

我說：「讓他們遊行好了。」

何說：「特務機關這次可忍不住了，他們已經準備有所行動！」

我說：「如何行動法？」

何說：「他們預備在各重要街口埋伏便衣特務，手槍、手提機關槍都有，今天他們要製造個大屠殺場面來顯示他們的威風！」

我說：「他們真準備製造血案？」

何說：「他們已經在各街口埋伏了二百多條槍……李主任，你千萬要制止他們，否則這一場屠殺是萬難避免的了。」

何思源的口氣不像是危言聳聽，我乃立刻打電話給馬漢三，叫他務必即來行營見我。馬漢三來了，我便問他道：「聽說你們今天要製造血案，是不是？」

馬漢三道：「報告李主任，學潮愈鬧愈不像話了。我看不犧牲幾個人恐怕鎮壓不了。」

我說：「你的意思是要打死幾個學生？我告訴你，這事千萬做不得。你以為打死幾個學生和教授就可把風潮壓下去嗎？」

馬說：「他們是受共產黨煽動的。」

我說：「你打死了學生，不是更替共產黨製造反政府的藉口嗎？無論怎樣，你務必速將派出去的便衣隊撤回！你必須馬上就辦！」

馬漢三聞言頗有難色。我聲色俱厲地告訴他說：「你務必照辦！上面的事有我李主任完全負責！」馬漢三仍然默默無言。

我說：「你如不聽我命令，我今天便扣押你，把特務便衣隊全部繳械。以後特務如和學生有任何衝突，惟你馬漢三是問！」

於是馬說：「我聽李主任命令就是。」說畢便唯唯而退。

當日午後二時，果然又是一次學生大遊行。北平城門關了，城外學生爬城而入，情緒激昂，但終沒出事。不久，遊行也就散了。

事過之後，何思源又來看我，拍手稱慶道：「要不是德公當面嚴令馬漢三，那就糟了。打死了幾十條人命誰能負責？」最奇怪的是馬漢三也來向我報告說，幸好李主任吩咐，否則打死了學生，他也擔當不了的。言下之意，他似奉有南京方面的密令，如沒有我堅決阻止，他何敢擅自撤銷呢？

這場血案雖幸避免了，但是北平的軍統局特務後來仍然午夜爬牆進入師範大學宿舍捉人，祕密嚴刑審訊，間有殺死，投屍於城外溝渠中的事。各大學負責人遇有學生失蹤，總是來向我請求營救。其實特務橫行，既不是奉我的命令，他們也從不向我報告，不過出了亂子，則責任必然是我的。不僅特務系統如此，其他中央駐平的軍事機關、憲兵團也莫不如此。他們皆獨斷獨行，根本不向我報告，我也管不著他們。

最令人不解的是我下屬的更調，北平市政府與河北省政府，和行轅近在咫尺，而每次更換首長時，連通知也不給我一個。例如何思源被調職時，我適在南京開會，翌日飛回北平，有人示我以當日報紙說，何思源市長聞已被撤職。我說，根本是謠言，因為我昨日剛自南京回來，行前還見到蔣先生，他並未提及此事！

孰知不到三天，消息便經證實，何思源調職了。北平市可說是北平行轅的直屬機關，北平市長撤換（後來天津市亦復如此），我身為行轅主任，連事先知道的權利都沒有，我的實權如何，也可想而知了。我這行轅主任對部下人員撤換的消息還不及一個CC系報紙的新聞記者靈通，蔣先生硬要我頂這個空名義，又何必呢？所以我說，我任北平行營（轅）主任三年，實在是吊在空中，上不沾天，下不著地呢！

注釋

❶指梁述哉。——編者注

【第62章】
競選副總統的動機與籌備經過

1

民國三十五年十一月十五日國民大會開幕制定憲法。三十六年元旦遂由國民政府公布施行。政府並聲稱從速召集「行憲國大」，選舉正副總統，好讓國民黨還政於民。

直至三十七年三月二十九日「行憲國大」開幕之日這一段期間，國內戰局表面上似乎政府軍尚佔優勢，但是我則深知此局面的不可久。

就政治上說，最高當局的私心自用，和各級行政部門的貪污腐化，正與日俱增，毫無改善的可能。從軍事上看，東北國軍如陷入泥沼，不能自拔，正在各個據點為共軍逐一消滅。三十六年八月中熊式輝去職，由陳誠兼東北行轅主任，但是東北敗徵已見，全部淪陷只是時間問題，任何人不能起死回生，陳誠更不是能夠挽狂瀾於既倒之才。關內戰局也日趨惡化。國軍於三月間雖曾一度進佔延安，但這是毛澤東有計畫的撤退，國軍知道中計旋即退出，故對整個戰局並無決定性的影響。華北平原泰半已入中共之手，並無鬥志的國軍所佔的僅係少數大城市。華北終將為東北之續已可預見。

經濟的徹底崩潰更是致命傷。法幣貶值，日瀉千里，城市裡的工商界、鄉村的農民以及靠薪金度日的公教人員均無以為生。這一根本問題不解決，則政治、軍事當然就更無從談起。三十六年七月下旬魏德邁將軍銜杜魯門總統之命以特使身分來華，八月初旬飛抵北平，曾與我長談。魏氏問我關於挽回目前危局的意見和如何運用美援問題。我便坦率地告訴他說，目前問題的中心是經濟問題。我希望美國政府能貸款助我政府穩定幣值，安定人心，至於軍火倒是次要的。魏氏頗以我言為然。

在這種環境中，我既無補時艱，便時時想潔身而退，但是蔣先生又偏不讓我辭職。不特此也。當東北局面於三十六年夏秋之交已不可收拾，熊式輝在東北人士攻擊之下，勢在必撤的時候，蔣先生竟異想天開，要我兼任東北行轅主任。陳誠為此曾數度銜蔣先生之命來北平「促駕」。由於我竭力推辭，蔣先生才打消此意，改由陳誠出馬。

我雖倖免於介入東北，但坐困北平也終非了局。因東北一旦失守，華北便首當其衝，共軍必自四面向北平合圍。我屬下的將領泰半係「天子門生」，真是「既不能令，又不受命」。萬一我為共軍合圍於孤城之內，我將何以自處？低頭靦顏向共軍投降嗎？此事斷非我李某人能做得出來的。臨時逃走嗎？我是守土有責的封疆大吏，棄職潛逃，將干國法。事急吞槍自裁嗎？我實覺心有不甘。因為我雖為華北軍政最高長官，但我事實上未能行使我應有的職權。如果華北情形的弄糟是由於我才有不濟，則一死以報國，自覺無憾。今則適得其反，時局的不可收拾可能是由於我權力受無理限制，人不能盡其才之所致。如此而要我殺身殉職，當然於心不甘。

在這進退維谷的境地，經過了千思萬慮，我自覺只有兩途可循。第一，作積極的打算，不顧艱難，以天下為己任，挺身而出，加入中央政府，對徹底腐化了的國民黨政權作起死回生的民主改革，以挽狂瀾於既倒。因為抗戰之後，由於我本人潔身自處，作風比較開明，所以尚薄負時譽，黨內外開明人士都把我看成國民黨內民主改革的象徵。我如加入中央政府，領導民主改革，自信可以一呼百應，全國改觀。第二，作消極的打算，不能兼善天下便獨善其身，擺脫這種於國於己兩無建樹的政治生涯，離開故都，解甲歸農。正當我為這兩種矛盾心理所困擾不得解決之時，發生了副總統競選的事。使我想到如果參加競選，便一舉而了結上述兩項矛盾。幸而獲選，我便可作積極的打算；不幸失敗，則正可乘機表示消極，告老返鄉，息影林泉。因此我就決定參加競選了。

三十六年冬季，國共和談已完全決裂。為統一華北軍事指揮系統，中央於十二月初明令裁撤保定、張垣兩綏署，成立華北剿匪總司令部，以傅作義為總司令。十二月六日作義在張垣就新職，不久即遷來北平辦公。

傅作義是一位卓越的軍事領袖，華北軍事既由他統一指揮，行轅更可不必多管。此時各地國大代表已紛紛選出，中央也已明令規定於三十七年三月二十九日召開第一屆「行憲國大」，選舉正、副總統。蔣先生並口頭申明，本黨同志可以自由競選。經此鼓勵，我原有的理想便進入實行的階段了。

我既決定競選，遂將私意告訴老友白崇禧、黃旭初和甘介侯三人。白君時任國防部部長，長住南京；黃任廣西省主席，常在桂林；介侯時在清華大學執教，在平無住宅，所以長住我寓，時時敘晤。

黃、白二人知道我這項企圖後，竟一致反對。白崇禧且特地請黃紹竑、程思遠、韋永成三人先後飛平來勸我打消此意。這批老朋友們竭力反對我競選的心理是不難想像的。在他們預料中，我如參加競選，蔣先生必定不會支持，我就必然要落選。我如果不顧蔣先生的意旨而硬要競選，勢將引起我與蔣之間的嚴重摩擦。我與蔣先生摩擦起來，則向來被目為「桂系」首腦的一白二黃，勢必被捲入漩渦，而遭池魚之殃。故與其聽我知其不可而為之，以致牽累大家，不若早早斷念於未萌之時，免惹多疑善忌的蔣先生不快。

再者，這批老朋友且預為我作了一項退路的安排。當三十六年秋廣西選舉監察委員時，他們替我競選，我就當選為廣西籍監察委員。他們認為，在必要時，我可以競選那位尊而無所事事的監察院院長，以免與蔣先生發生牴觸。他們這項安排也可謂煞費苦心。

因此黃紹竑到了北平便勸我說，既吃不著羊肉，何必惹一身膻呢？所以他勸我競選監察院院長，因為于院長春秋已高，可能要退休了，我去競選，一定是輕而易舉的事。

我回答他說：「季寬，我的看法與你和健生的看法不大一致。你知道國民黨政權在現在人民眼光中已反動透頂，但是一般人民又怕共產黨。因此大家都希望我們黨內有像我這樣比較開明而敢作敢為的人出來輔佐蔣先生，換換空氣。此次競選，蔣先生和ＣＣ系不反對我便罷，他們愈反對，我自信我獲選的可能性便愈大。

「至於監察院長，我是不做的。因為我如做了監察院長，我可不能像于右老那樣只拍蒼蠅不打老虎呀！我要行使起職權來，恐怕首先遭受彈劾的便是蔣先生。蔣先生如不服彈劾，那事情就鬧大了，可能你們更要遭受無辜的牽累了。」

我雖然不好把我競選的消極動機告訴他，但是黃紹竑辯來辯去還是無法說服我，更沒有動搖我的決心。他見我主意已定，無法挽回，也就怏然回南京去了。

黃君去後，我立刻發出兩通長電分別給白崇禧和吳忠信，表示我已決心競選副總統，請他們便中轉報蔣先生，希望蔣先生同情我的競選。不久，得白、吳兩君覆電，俱說，曾將我兄之意轉報介公，介公之意國民大會為實行民主的初步，我黨同志均可公開競選，介公對任何人皆毫無成見云云。我得此保證後，遂在北平組織競選辦事處，正式參加競選了。

一月初，中外新聞界已在作將來副總統候選人的各項推測。一月八日在一外籍記者招待會中，一位美國的美聯社記者向我問及此事。我回答說，我確有此意圖，不過尚未徵得蔣先生的同意。此消息一出，各報均列為重要新聞而哄傳海內外。出人意料之外的是各方的反響均極為友好。中外報紙竟有作專論提出的，一致認為我參加競選可以促使民主政治在中國早日實現。

一月十一日北京大學校長胡適寄來一短箋說，他聽到我願做副總統候選人，甚為高興。因為將來競選，正如運動員賽跑一樣，雖「只一人第一，要個個爭先，勝固可喜，敗亦欣然」。所以他寫此短信，對我的決定「表示敬佩，並表示贊成」。我也立刻回他一信，希望他也本著「大家加入賽跑」之義，來參加大總統競選。雖然大總統非蔣先生莫屬，但我還是勸他競選，以提倡民主風氣。

嗣後，全國各報又登出程潛、于右任、莫德惠參加競選副總統的消息。民社黨也推出徐傅霖。因此副總統候選人已有五位。計國民黨三人，民社黨一人，莫德惠是東北耆宿，係以「社會賢達」的身分參加。

在國民黨籍的候選人中，我想到程、于二人是不足以與我為敵的。于氏年邁，而程氏對黨國的功勳似尚不足與我比擬。加以蔣先生雖反對我，也未必就支持程頌雲。

他們二人之外，我還在推想黨中其他可能以「黑馬」姿態出現的有資望的同志。此時我便考慮到孫科。孫是總理的哲嗣。他如出馬，可能得到蔣先生和ＣＣ系的支持，同時廣東方面人士與孫科有極深淵源，他很可能分取我在這一方面的選票。

我既考慮到孫科是一位可能的勁敵，因此在我離平之前，便請白崇禧去訪問孫科，問他有沒有意思參加競選。孫科的回答是，副總統在憲法上無權，他無意參加競選，並祝我勝利。

在北平為競選籌備得稍有眉目，並將行轅事務略事整理，時間已是三月下旬。國民大會開幕在即，國民黨中央亦召開五中全會。三月二十二日我便率領競選團全班人馬專機南飛。同行的，余妻之外，計有行轅祕書長蕭一山、機要室主任李揚、行轅參議劉仲華、新聞處處長黃雪邨等十餘人。

飛機於下午三時在上海龍華機場降落。到機場歡迎的，有上海市長吳國楨，各機關、團體代表，及中外新聞記者，不下數千人。大家蜂擁而前，人聲嘈雜，鎂光燈照眼欲盲。一場熱鬧的副總統競選便正式揭幕了。

【第63章】

民主的高潮與逆流——當選副總統始末

1

民國三十七年三月二十二日下午三時我們乘飛機到達上海龍華機場，下榻勵志社。親朋故舊來訪的絡繹不絕。翌日招待中外新聞記者，報告我決定競選副總統的經過，以及將來輔翊中樞，促進民主政治的誠摯願望。

這次招待會規模很大，與會者不下數百人。這原是我競選團同人在北平時便已擬訂的。他們認為上海是中國新聞業的中心，對國內外宣傳的開山炮都應在上海發動。果然這計畫十分成功，我的競選一開始便聲勢浩大，不同凡響。會後，中外新聞界均有讚揚之辭，足使國人耳目一新，對民主政治在中國實現的遠景增加了信心。

在滬住宿一宵，次晚十一時便乘京滬快車駛南京。翌晨到達下關車站。各界歡迎極為熱烈。國大代表們聽說我到了南京，結隊來我大方巷住宅訪問，日夜不絕，真有戶限為穿之勢。當時東北籍代表對我的歡迎尤為熱烈，因為東北局勢至此已有不可收拾之勢，他們眼見故鄉陷共，無不悲憤萬狀。他們由於政府在東北處置失當而引起的不滿心理，很快就化為對我這個欲挽頹局而力與願違的人的同情心。他們都希望我能當選副總統，拿出氣魄與辦法來輔佐中樞，挽狂瀾於既倒。

其他方面的代表對我也寄予無限期望，對我的當選也均有最樂觀的預測，使我深深感到，此次副總統的選舉如真能恪守憲法，遵循民主方法，我將必然當選無疑。但我也深知蔣先生將因此而感不快。

三月二十五日，我請見蔣先生，當蒙於官邸接見。寒暄既畢，我便向他報告我已決心競選，事先並曾請吳、白兩位報告過，承蒙俯允，現在希望更有所指示。蔣先生說，選舉正、副總統是民主政治的開端，黨內外人士都可以自由競選，他本人將一視同仁，沒有成見。得到蔣先生這項保證，乃興辭而出。

不久我在另外一個場合碰見了孫科。我說：「這次競選副總統，哲生兄為何不參加，大家熱鬧熱鬧？」

孫科搖搖頭說：「我絕無意思，絕無意思……」接著，他便向我解釋他不參加的原因。他認為根據憲法，副總統是個「吃閒飯」的位子。他既是現任立法院院長，行憲後競選立法院院長是輕而易舉的事。立法院院長既比副總統有實權，又何必去競選副總統呢？

三月二十九日國民大會如期開幕了。蔣先生當選總統當然是不必討論的了。但是幾位副總統候選人便展開了激烈的競選宣傳，真正呈現出民國史上前所未有的民主政治的氣氛。雖然鹿死誰手尚未可必，但是一般預測都認為我當選的可能性最大。在此緊要的關頭，蔣先生開始憂慮了。

其實按照憲法，副總統真如孫科所說，是「吃閒飯」的。我如當選於蔣先生究竟有何不便？蔣先生可能也說不出。但他就是這樣褊狹的人，斷不能看一位他不喜歡的人擔任副總統。他尤其討厭對黨國立有功勳，或作風開明在全國負有清望的人。記得以前當台兒莊捷報傳出之時，舉國若狂，爆竹震天。蔣先生在武昌官邸聽到街上人民歡鬧，便問何事。左右告訴他說，人民在慶祝台兒莊大捷。蔣先生聞報，面露不愉之色，說：「有什麼可慶祝的？叫他們走遠點，不要在這裡胡鬧。」蔣先生並不是不喜歡聽捷報，他所不喜歡的只是這個勝仗是我打的罷了。戰後我在北平，因為作風比較開明，頗為全國清議所重，又觸蔣先生的大忌。他所喜歡的常是「國人皆曰可殺」的人。其人聲名愈狼藉，愈得蔣先生的歡心，因為他愈不敢脫離蔣先生的左右，而蔣先生也愈可向其市私恩。例如抗戰期間在河南徵調民工，徵發糧秣，視民命如草芥，搞得聲名狼藉的湯恩伯，便是蔣先生的心腹愛將。後來湯在河南吃敗仗，在重慶的豫籍參政員恨不得殺之而後快。鬧得不得開交之時，蔣先生不惜親自出馬，到參政會解釋說，湯是聽他的命令行事，一切責任由他來負。參政員固然無可奈何，湯恩伯則感激涕零，愈要向他個人效忠了。所以此次副總統的選舉，蔣先生在意氣上非把我壓下去不可。

在一批策士密議之下，他們便想以由黨提名的方式，把我的名字自候選人中剔出。因而召開第六屆中央執監委臨時聯席會議。表面上是為將來行憲交換意見，事實上是想使我接受「由黨提名」這一主張。一日，正在開會休息的時候，洪蘭友忽然走到我跟前細聲地說，請我到某休息室去，有事相商。我乃起立前往，內心猜測必有枝節發生。到了休息室門口，推門一望，見于右任、居正、吳稚暉、程潛、吳忠信、張群、陳果夫、孫科、丁維汾各人已在裡面。他們見我進來便一齊起立，請我坐下。這談話會的重心似乎就在我身上，此時已見端倪了。大家坐下後都默不作聲，氣氛非常沉重。有頃，張群站起來，說是奉總裁之囑，特請諸位先生來此談話的。他推吳稚暉說明其中原委，吳先生亦未謙辭，略謂，本黨一向是以黨治國，目前雖準備實行憲政，不過國民黨本身需要意志統一，才能團結。這是本黨內部的事，與實行憲政還政於民是兩回事，不可混為一談，故蔣先生認為本黨同志參加正副總統的競選應尊重本黨意旨，由黨提名。這辦法確極公允，應該照辦的。他又根據這原則，手舞足蹈，口沫橫飛地說了一套似是而非的大道理。記得民國十九年蔣、馮、閻中原大戰時，吳稚暉原和馮玉祥頗有交情的，至此為維護蔣先生的獨裁政權，不惜破口大罵馮氏為軍閥。馮覆吳一電曰：「革命六十年的老少年吳稚暉先生，不言黨了，又不言革命了，亦不言真理是非了。蒼髯老賊，皓首匹夫，變節為一人之走狗，立志不問民眾之痛苦，如此行為，死後何面目見先總理於地下乎？」頗能道出此老的作風。時談話會中同人早已不耐煩聽他胡說八道，張群乃起立將他的話頭打斷，而以非常親切的口吻解釋蔣先生的苦衷說，總裁深恐由於副總統競選引起黨內的摩擦，為防患於未然，總裁有意使總統和副總統候選人由黨提名。如果大家同意，我即去另一間休息室報告總裁。於是，吳忠信即徵詢孫科的意見。孫說，他絕對服從總裁的意旨。吳氏乃問我的意見如何。我聽了他們一大堆的話，心中極不為然，乃申明不贊成這項辦法。選舉正副總統既是實施憲政的開端，則任何國民都可按法定程序參加競選，如果仍由黨來包辦，則我們的黨將何以向人民交代？我更強調說，以前在北平時，我便向總裁建議從緩行憲，先將國內政局穩定再說，總裁當時並沒有考慮我的建議，只說，解決今日問題一定要行憲。現在既已行憲，本人主張一切應遵循憲法常規辦理，任何其他辦法，本人將反對到底。程潛也自動發言，表示與我的意見一致。

他們見我詞意堅決，立論又無懈可擊，遂不再多言。最後居正站起來打圓場，說：「我看德鄰先生既不贊成這項辦法，那就請岳軍兄[1]去回覆蔣先生吧。」才結束這一尷尬場面而相率離去。

後來在大會中，尚有人輕描淡寫，有意無意地提及黨提名方式，但無人附議。我本想起立發言，後見大家未討論此問題，也就算了。會後，白崇禧對我說：「你這次幸好未上台說話，此事既已不了了之，又何必再提呢？」

然而蔣先生並未因此罷休。不久他又單獨召見我，還是希望我放棄競選，以免黨內分裂。我說：「委員長（我有時仍稱呼他委員長），我以前曾請禮卿、健生兩兄來向你請示過，你說是自由競選。那時你如果不贊成我參加，我是可以不發動競選的。可是現在就很難從命了。」

蔣先生說：「為什麼呢？你說給我聽。」

我說：「正像個唱戲的，在我上台之前要我不唱是很容易的。如今已經粉墨登場，打鑼鼓的、拉弦子的都已叮叮咚咚打了起來，馬上就要開口而唱，台下觀眾正準備喝采。你叫我如何能在鑼鼓熱鬧聲中忽爾掉頭逃到後台去呢？我在華北、南京都已組織了競選事務所，何能無故撤銷呢？我看你還是讓我競選吧！」

蔣先生說：「你還是自動放棄的好，你必須放棄。」

我沉默片刻說道：「委員長，這事很難辦呀。」

蔣說：「我是不支持你的。我不支持你，你還選得到？」

這話使我惱火了，便說：「這倒很難說！」

「你一定選不到。」蔣先生似乎也動氣了。

「你看吧！」我又不客氣地反駁他說：「我可能選得到！」

蔣先生滿面不悅，半天未說話。我便解釋給他聽，我一定選得到的理由。我說，我李某人在此，「天時」、「地利」都對我不太有利。但是我有一項長處，便是我是個誠實人，我又很易與人相處，所以我得一「人和」。我數十年來走遍中國，各界人士對我都很好，所以縱使委員長不支持我，我還是有希望當選的。

蔣先生原和我並坐在沙發上促膝而談。他聽完我這話，滿面怒容，一下便站起來走開，口中連說：「你一定選不到，一定選不到！」

我也跟著站起來，說：「委員長，我一定選得到！」

我站在那兒只見他來回走個不停，氣得嘴裡直吐氣。我們的談話便在這不和諧的氣氛中結束。

蔣先生是有名的威儀棣棣的大獨裁者，一般部下和他說話，為其氣勢所懾，真可說是不敢仰視，哪裡還敢和他吵嘴。但是我則不然，他有時說我幾句，我如認為他沒有道理，就頂還他幾句。所以蔣先生誤以為我對他不服從，因而對我時存戒心。

蔣先生逼我退出競選之事當然不久就傳出去了。許多支持我的國大代表頗為此憤憤不平。有一次，蔣先生往國民大會堂出席會議，只見會場內十分嘈雜，他有點不慣，招呼左右要代表們「肅靜點，肅靜點」！代表們不但未靜下來，樓上代表席中竟有人大聲反唇相稽，頗使蔣先生難堪。他氣憤極了，認為這大概又是擁李的人幹的。回官邸後不久，他就召集一個極機密的心腹股肱會議。出席的全是黃埔系和ＣＣ系的重要幹部。在會中，蔣先生竟聲稱，我李某參加競選副總統直如一把匕首插在他心中，各位如真能效忠領袖，就應該將領袖心中這把刀子拔去云云。

這故事是一位參預機密的「天子門生」劉誠之後來告訴我的。誠之是黃埔四期畢業生，由蔣先生資送日本入警官學校。抗戰期間，被派為警官學校西安第四分校教育長。勝利之後，駐於北平。他在北平的附帶任務便是偵察我和孫連仲的行動和言論，向蔣先生打小報告。所以他在行轅出入很勤，和我也很熟。日子久了，他發現我原是一個光明磊落的人，沒有什麼可報告的。相反地，他且為我的忠厚無欺所感動，不但同情我的處境，而且認為蔣先生那套作風不對，常在他的朋友面前為我抱不平說：「領袖對李先生那樣忠厚長者都不能用，也實在不對。」所以他時時把他們黃埔系中許多機密說給我聽。競選期中，類如以上所說的許多祕密，劉君都毫無隱瞞地告訴了我。我當然只有一笑置之。

2

蔣先生既知勉強我自動退出的不可能，他就只有用支助他人競選來擊敗我的一途了。因此他便發動ＣＣ系和黃埔系來支持孫科和我競選。

孫科本無意競選，現在何以忽然變成蔣先生的「黑馬」呢？據孫科左右和蔣先生的親信所傳出的內幕消息，其中有一段煞費苦心的故事：

當蔣先生認定我決不自動撤退之時，他便想請孫科出馬來擊敗我。在他想來，孫科是唯一可以擊敗我的人選。第一，孫科是總理的哲嗣，在黨內國內的潛勢力很大。再者，孫科是廣東人，可以分取我在西南方面的選票。

蔣先生作此決定後，便派蔣夫人去勸請孫科參加競選。孫科推託說，他寧願做有實權的立法院院長，不願做空頭的副總統。再者，競選需要競選費，他也籌不出這一筆費用。

蔣夫人一次無結果，乃銜蔣先生之命再訪孫科。說，當選副總統之後仍可兼任立法院院長，孫科如沒有錢競選，則全部費用由蔣先生撥付。但是孫科仍舊吞吞吐吐，不願立刻允諾，並推託說，有人說按憲法副總統不能兼立法院院長呀！

蔣先生不得已，乃親自出馬勸駕。孫科便不再堅持了。他的左右且慫恿說，縱使按憲法副總統不能兼長立法院，但是如果蔣先生要你兼，誰還敢說不能兼。蔣先生此次親訪，當然就作下了此項保證，於是孫科便正式登場了。

孫科正式宣布參加競選以後，果然聲勢浩大。ＣＣ系所控制的各級黨部以及蔣先生所直接領導的黃埔系，利用黨部、黃埔同學會以及其他黨政軍各機關為基礎，向國大代表們威脅利誘一時俱來。派人直接或間接向各國大代表分頭接洽，凡投孫科票的，要錢有錢，要官有官，其不願合作的，對將來前途必有不利影響。

ＣＣ系報紙和新聞機構此時更對我個人造謠中傷，其中最無稽的，便是說某省當局為支持我競選，曾接濟我法幣有數卡車之多云云。其他無稽毀謗更不勝枚舉。所幸公道自在人心，我所遭受的影響並不如他們所希望的大。

四月十九日蔣先生正式當選總統。二十日國民大會公告副總統候選人六名。二十三日遂開始選舉副總統的投票。這一次副總統選舉是國民黨當政以來第一次民主選舉，何人當選，無人敢作決定性的預測。因此全國各界，乃至外國新聞人員對此都密切注視。南京、上海一帶尤其議論紛紛。

第一次投票結果，我以七五四票領先；孫科以五五九票居第二位；第三為程潛，得五二二票；第四于右任，得四百餘票；莫德惠第五，徐傅霖殿后，各得二百餘票。

初選因無人達到法定票數，故二十四日再投票。我的票數增至一一六三票，孫科、程潛亦遞增至九四五及六一六票。競選至此已達最高潮，各地人民對之均感莫大的興趣。電台不斷廣播投票消息，報紙則發行號外，儼然是抗戰勝利以後最熱鬧的一件大事。其中也有不少滑稽場面，例如《救國日報》被搗毀便是一例：

南京「救國日報社」社長兼主筆向有「大炮」之稱的龔德柏，與我素昧平生，然自競選開始就支持我。他攻擊孫科的措辭有時也未免過火，因此激怒了支持孫科的粵籍代表。在一次激烈的討論之後，他們乃決定搗毀《救國日報》。由張發奎、薛岳、香翰屏、李揚敬、余漢謀等幾位上將親自率領大批代表，湧向「救國日報社」，乒乒乓乓地把「救國日報社」搗毀。幸好該社編輯部在樓上，龔德柏拔出自衛手槍，在樓上守住樓梯口，聲稱如有人膽敢上樓，他必與一拚。張向華等不敢上樓，便和「龔大炮」隔梯對罵一陣，憤憤離去。這也是競選期中一幕滑稽劇。但是不管怎樣，孫科的助選團終究挽回不了孫科在競選中的頹勢。

孫科的幕後人至此已覺得不用非法手段搶救，孫科必落選無疑。因此凡可動員活動的機關，如黨部、同學會、政府機關、憲兵、警察、中統、軍統等一齊出動，威脅、利誘、勸告更變本加厲。甚至半夜三更還到各代表住處去敲門訪問，申明總裁之意，從者有官有錢，違者則自毀前途。國大代表不堪其擾，怨聲四起。

二十四日晚我的助選團也開會討論此事。大家認為蔣先生和他的股肱們這種作風跡近下流，是可忍而孰不可忍。我自己卻認為反正當選已無問題，就讓他們去胡鬧好了。黃紹竑說，事情恐不那麼簡單，我們如不加阻止，說不定要鬧出血案來。我們討論到深更半夜，黃紹竑最後乃提出一項他叫做「以退為進」的戰略。由我本人聲明所受幕後壓力太大，選舉殊難有民主結果，因此自願退出競選。

照黃的看法，我如退出，孫科和程潛為表示清白，亦必相繼退出。我三人一齊退出，選舉便流產了。蔣先生既不能坐視選舉流產，只好減輕壓力恢復競選常規，則我就必然當選。

二十五日我便以選舉不民主，幕後壓力太大為辭，聲明退出競選。消息一出，果然全國輿論大譁，支持我的國大代表，尤其是東北代表們，無不氣憤填膺，認為最高當局幕後操縱，破壞民主，孫科如當選亦無面目見人。孫科為表白計，亦於翌日退出競選，程潛亦同時退出，國民大會乃宣告休會，延期再選。

蔣先生不得已，只好將白崇禧找去，要他勸我恢復競選。蔣說：「你去勸勸德鄰，我一定支持他。」

最高當局既已軟化，底下的人也就不敢過分胡鬧。四月二十八日國大恢復投票。我的票數仍然領先，孫科遙落我後，程潛票數太少，依法退出。原投程潛票的乃轉投我的票。二十九日四度投票，我終以一四三八票壓倒孫科的一二九五票，當選副總統。

當第四次投票達最高潮時，蔣先生在官邸內屏息靜聽電台廣播選舉情形，並隨時以電話聽取報告。當廣播員報告我的票數已超過半數依法當選時，蔣先生盛怒之下，竟一腳把收音機踢翻，氣喘如牛，拿起手杖和披風，立刻命令侍從備車。上車之後，侍衛忙問：「委員長，開到哪裡去？」蔣仍一言不發，司機因蔣先生煩悶時總喜歡到陵園去，乃向中山陵開去。剛剛駛進陵園道上，蔣先生忽高叫：「掉轉頭，掉轉頭！」司機乃開回官邸。蔣先生才下車，立刻又上車，再度吩咐開車出去。隨從侍衛見蔣先生如發瘋一般，恐怕他自殺，乃加派車輛隨行。蔣先生的座車剛進入陵園，他又吩咐掉轉頭。轉回之後，又令司機開向湯山去。真惶惶如喪家之犬，不知何去何從，卻苦了侍從人員。此消息後由總統府扈從衛士透漏出來，我亦為之怏怏不樂，早知蔣先生如此痛苦，我真就不幹算了。

當選翌日，我偕內子德潔至蔣先生黃埔路官邸拜候，並謝他向白崇禧所說支持我的盛意。內子和我在客室中枯坐了三十分鐘，蔣先生夫婦才姍姍而出。相見之下，彼此都感十分尷尬。我表示謝意之後，遂辭出。

按政府公布，總統與副總統就職日期是五月二十日。我照例遣隨員請侍從室轉向蔣先生請示關於就職典禮時的服裝問題。蔣先生說應穿西裝大禮服。我聽了頗為懷疑，因為西式大禮服在我國民政府慶典中並不常用，蔣先生尤其是喜歡提倡民族精神的人，何以這次決定用西服呢？但他既已決定了，我也只有照辦。乃貪夜找上海有名的西服店趕製一套高冠硬領的燕尾服。孰知就職前夕，侍從室又傳出蔣先生的手諭說，用軍常服。我當然只有遵照。

五月二十日是南京市一個隆重的節日，各機關、學校一律放假，各通衢大道上懸燈結綵，爆竹喧天。總統府內尤其金碧輝煌。參加典禮的文武官員數百人皆著禮服，鮮明整齊。各國使節及其眷屬也均著最華貴莊嚴的大禮服，釵光鬢影與燕尾高冠相互輝映。這是國民政府成立後第一任正副總統的就職典禮，也確是全民歡慶，氣象萬千。在這種氣氛中，我深感到穿軍便服與環境有欠調和。

孰知當禮炮二十一響，贊禮官恭請正副總統就位時，我忽然發現蔣先生並未穿軍常服，而是長袍馬褂，旁若無人地站在台上。我穿一身軍便服佇立其後，相形之下，頗欠莊嚴。我當時心頭一怔，感覺到蔣先生是有意使我難堪。但再一思索，我立刻挺胸昂視，豁然若釋。因為蔣先生以一國元首之尊，在這種小地方，他的度量都不能放寬，其為人如何也可想見了。觀禮人員中，誰不清楚蔣先生的作風？大家既然明瞭，這尷尬的場面與其說使我難堪，毋寧說使他自己難堪罷了。將來史家秉筆直書，勢將使蔣先生本人在歷史上多其難堪的一筆而已。

3

我就任副總統後，即向蔣先生簽辭北平行轅主任一職。這個有空銜無實權的中間機關原是為安插我而設的，我既職辭，蔣先生便索性把這機構裁撤了。從此我便長住南京。從北平行轅主任改任副總統，對我說來不過是由一個吃閒飯的位子換到另一個吃閒飯的位子罷了。不過從地理上說，卻是從華北遷到了華東。

政府在行憲以後，中樞人事並無多大變動。孫科與陳立夫於五月中旬分別當選為正、副立法院院長；六月初于右任、劉哲分別當選正、副監察院院長；王寵惠、石志泉分長司法院；張伯苓、賈景德分長考試院。前行政院院長張群辭職，蔣先生改提翁文灝、顧孟餘（後改張厲生）分任行政院正、副院長，也於五月二十四日經立法院同意就職。

我在副總統任內幾個月，真是平生難得的清閒日子。有關軍國大事的重要會議，蔣先生照例不要我參加。招待國際友人的重要宴會，蔣先生也向不邀請我陪客。只有幾次總統招待國內元老的餐會，我偶爾被邀作陪罷了。我平生原不喜酬酢，蔣先生既不來邀我，我也落得清閒。

在京閒住日長無事，就在京、滬、杭一帶遊山玩水。農曆中秋曾赴海寧觀潮，備受蔣先生故鄉各界的盛大歡迎。為結束北平行轅事務，我也曾飛平小住。此時華北軍政大事已由傅作義全權籌畫。作義雖是不羈之才，可惜為時已晚，他和我一樣，也只有坐困愁城，默待局勢的惡化。傅君是個硬漢子，既不願投降，又不願逃亡，也不甘心自殺。處此艱難環境，終日深思苦慮，憂心忡忡，無以自解。他的左右告訴我說，總司令常常徹夜不睡，在階前廊下徘徊不定。他們知道傅君的個性，深怕他覺得事不可為而自殺，要我得機勸勸他。我得閒便向他提及此事。傅君和我開誠相見，無話不談，他此時心境的痛苦和思想的矛盾，與我在北平時如出一轍！他屢屢問我：「到那時，怎麼辦？」他顯然預料到北平必有被合圍的一日。傅將軍是以守涿州而一舉成名的，他可以拿出守涿州的精神來死守北平。無奈時移勢異。第一，內戰非其所願；第二，守涿州是待援，守北平是待斃。傅君連連問我在此情況下何以自處，希望能以我一言為依歸。但是我自己此時幸能擺脫此惡劣環境，傅君不幸為我之繼，我一不能勸他逃亡，二不能勸他投降，三不能勸他自殺，則我又計將安出？最後我只好說：「宜生兄，萬一局勢發展到那地步，那只有聽憑你自擇了。你要想到『留得青山在，不怕沒柴燒』！」不久，我便乘機南旋，傅作義送我至機場，彼此執手踟躕，欷歔而別。想不到幾個月後北平被圍，他為使故都精華免於炮火，便向共產黨投降了。

我返京不久，長兄德明忽然在桂林病歿。大哥以半商半農為業，胼手胝足，一生勞苦。我歷年馳騁國事，對他亦未有太大的幫忙。驟聞殂謝，憶念手足之情，頗思返桂林弔喪。因赴蔣總統官邸，擬當面向他請一兩個星期假，俾便返里。誰知蔣先生多疑，他深恐我乘機與兩廣人士又有聯絡，對他不利，竟不准我請假。我一再堅持，他仍是不准。最後才笑著說：「嫂夫人很能幹，讓嫂夫人去料理好了。」我不得已，只好打消此念，而由內子飛返桂林弔喪。自思我身為副總統，在中國真可說是「一人之下，萬人之上」了，但是先兄去世，我連弔喪的自由都沒有呀！

注釋

❶即張群，字岳軍。——編者注

【第64章】

急轉直下的內戰

1

當我於副總統任內，在南京閒住期間，內戰卻急轉直下，終於不可收拾。

內戰逆轉的開端，正如眾所周知，始於東北。國軍在東北的失策，前已約略說過。至於東北軍事受挫經過的詳情，將來史家自可秉其春秋之筆加以論述，我本人既未參預戰略的籌畫，更未嘗作直接或間接的指揮，故僅能就我個人觀察所得，對國軍在東北戰敗的原委略事分析：

抗戰勝利前夕，蔣先生曾命張群、吳鼎昌、陳立夫、熊式輝、沈鴻烈諸人成立一小組委員會，研究制訂一戰後接收東北的方案。聞陳立夫以五人小組中無一東北籍人士，而其餘四人又全為政學系要角，認為必有陰謀，不願參加。然此小組委員會卒擬訂一草案，將東三省分為九省，旋交立法院通過，由行政院公布。這一措施表面上是以山川的形勢和國民經濟的發展為理由，而其真正目的，乃在將此邊陲富庶之區割裂，以便控制而已。

東北原為戰後共產黨最難滲透的區域。因其土地肥沃，人口稀少，謀生容易；加以地接蘇聯，近百年來所受帝俄與赤俄之禍，僅次於日本的侵略，所以居民在情感上及利害上仇俄反共之心特別堅強。東北受日本人鐵腕統治達十五年之久，土共難以立足，戰後共產黨自不易滲透。而國民黨則不然，國民黨在中國當政二十年，其貪污無能甚於北洋政府，並不為全國人民所擁戴，但國民政府究屬正統，淪陷區人民，尤其是東北人民，處於敵偽治下，身受水火，久望王師。政府此時如處置得宜，實是收拾人心，安定邊圉的最好機會。而東北情勢終至不可收拾，實下述數種最大因素有以致之：

第一，根據雅爾達會議的決議和中蘇條約的規定，蘇聯在東北的佔領軍應於日本投降後三個月內全部撤退。抗戰勝利前後，我政府如對東北接收有通盤計畫，則其時我為四強之一，國威正盛，英、美友邦又竭力從旁支援，蘇聯斷不敢冒天下之大不韙，阻礙我軍進入東北。無奈我政府當局對東北接收事前毫無計畫，臨事又私心自用，不接受我「後浪推前浪」的建議，捨近求遠，自滇緬邊境抽調嫡系部隊前往，致遲遲不能到達，反而兩度要求蘇軍延期撤退，貽蘇聯以拒不撤退的口實，而予中共以從事發展的時機。

抗戰勝利後，中共深知東北人民不願為其利用，因趕緊在關內訓練大批幹部，分別自山東的煙台渡海，及察哈爾、熱河兩省由陸路進入東北，由中共高級幹部林彪、高崗等督導，在佳木斯建立訓練中心，並於各地建立地方政權，吸收偽軍。

蘇聯此時尚不敢公開違背中蘇條約，明目張膽接濟共軍，只故意疏虞所收繳的日本軍械庫的防守，一任中共軍前往「偷竊」。此時我政府如態度嚴正，一面向蘇聯政府抗議，一面加緊進兵接收，則中共在東北的勢力斷不致釀成燎原之禍。無奈我方接收大員又是一些膽小如鼠，敷衍塞責的官僚，所以東北的局面一開始便不可收拾了。

熊式輝於三十四年十月二日以東北行營主任身分率隨員百餘人專機飛往長春。抵長之後，如入敵國，被蘇軍招待居住於一指定的大廈內，派蘇軍站崗保護。式輝以本國接收大員，因恐開罪蘇聯，竟服服帖帖地龜縮於住宅之內，甚至連本地人民派來的歡迎代表也不敢接見，真是可恥之極。

俄人原即欺善怕惡，今見我方大員如此，遂更肆無忌憚，處處留難我方接收人員和入駐東北的國軍。旅順、大連已租予蘇聯，我政府固無法使用，甚至營口也不讓我軍登陸。中共乃有充分時間在東北逐日壯大。

更有一荒唐絕頂的事，便是陳誠在勝利後所發一連串的遣散偽軍的命令。東北偽軍四十萬均由日本配備訓練，極有基礎。他們久處日軍鐵蹄之下，含憤莫雪，一旦抗日勝利，無不摩拳擦掌，希為中央政府效命，一雪作偽軍之恥。當時政府如善加綏撫，曉以大義，這四十萬偽軍只需一聲號令，即可保東北於無虞。無奈陳誠仰承上峰意旨，竟下令遣散。熊式輝若是一個有眼光而勇於負責的幹員，未嘗不可把這道命令暫時擱置。殊不知熊式輝就是一位只知做官的人物，他竟把陳誠這道糊塗命令通令全體僞軍。此舉直如青天霹靂，數十萬僞軍頓時解體，林彪乃乘機延攬，僞軍的精華遂悉為中共所吸收。迨中央發現其錯誤企圖加以糾正時，已來不及了。

民國三十五年春初，美式配備的嫡系中央軍才自滇緬邊境由海道開來，在秦皇島登陸，循鐵路向瀋陽和長春前進。但是在林彪指揮下的共軍經半年的準備已相當強大，乃開始在鐵路沿線與國軍作戰。自此而後，國軍始終無法離開鐵路線尋找共軍主力作戰。相反地，國軍竟逐漸蟄伏於若干重要據點，廣大的東北原野遂為共軍所有。至三十六年夏季，共軍顯然已在東北佔有優勢，野心勃勃的中共指揮官林彪竟想對國軍主力作殲滅戰。

是年六月底，國共雙方動員起在東北的主力，在四平街發生決戰。白崇禧適於其時飛往瀋陽視察，乃順便協助指揮作戰。前敵指揮官陳明仁且立下遺囑，趕至四平街前線。這本是雙方為爭取東北的第一個主力會戰，關係東北前途極大。

共軍指揮官林彪這次顯然是過分自信，竟傾巢而來，企圖一鼓將國軍主力殲滅。但是國軍究係美式配備，火力熾烈，陣地戰經驗豐富，經數日夜血戰之後，林彪主力終被徹底擊敗，向北撤退。這是共軍在東北空前的敗仗。

白崇禧本是四平街會戰的主要畫策人，林彪敗退之後，白氏即主張乘勢窮追，縱不能生擒林彪，也須將共軍主力摧毀。當時負責東北軍事指揮的杜聿明雖同意白氏的主張，但未敢專斷，陳明仁則認為戰事瞬息萬變，時機稍縱即逝，應立刻揮軍窮追，結果乃聯銜電蔣請示。不意所得線電竟是「暫緩追擊」，共軍因此能從容北撤。前敵將領得此覆電，無不頓足浩歎，白崇禧亦頹然而返。

其時縱是嫡系將領如陳明仁、杜聿明，甚至熊式輝，均不了解何以蔣先生不許乘勝追擊，任林彪所部安然脫逃。我得此消息便心中有數而暗笑。我知道蔣先生不是不想殲滅共軍，而是討厭這主意出自白崇禧，縱可打一全勝的仗，他也寧可不要。

蔣先生就有這樣忌賢妒能，寧饒敵人，不饒朋友的怪性格。此事說出去，一般人是不會相信的，但是追隨蔣先生有年的人一定會拍案叫絕，認為這是一針見血之談。

是年九月，參謀總長陳誠兼長東北行轅，這位立遺囑血戰四平街的陳明仁即被陳誠撤職查辦，罪名是利用大豆作護牆工事，乘機貪污。其實在「嫡系」將領中，貪污的何止千百人，陳明仁何以獨被撤職查辦呢？這可能與他和白崇禧親近有關。

東北戰爭中還有一荒唐而有助於共軍的事件，便是中央當局對滇軍的分割。抗戰勝利之後，隨中央嫡系部隊自越南海防海運東北的尚有盧漢部一個集團軍，由集團軍總司令孫渡率領，共計兩個軍——第二軍軍長張冲，第六十軍軍長安恩溥。

滇軍抵東北後，杜聿明便將這兩軍拆散。張冲一軍調往吉林，安恩溥一軍則駐在長瀋路沿線。兩軍既被拆開，則集團軍總司令孫渡只落一個空銜。這位空頭總司令常僕僕於長、瀋、京、滬之間。他亦偶自北平經過，除第一次來行轅對我作禮貌上的拜會，談了二十分鐘外，便不敢再來看我，其小心翼翼可知。但由此亦可知滇軍將領對中央的情緒為如何了。其後，張冲突於吉林危急時叛變投共，旦夕之間，吉林全省便變色了。

東北戰事至三十七年暮春已發展到無可救藥的地步。國軍於三月九日自動放棄永吉，整個東北只剩下長春、瀋陽、錦州三個孤立據點和若干重要交通線。當時美軍顧問團，最早連美國特使馬歇爾都曾向蔣先生建議放棄東北，將數十萬精銳之師全部調入關內，以解決長城以南的共軍，再緩圖規復東北。無奈蔣先生置若罔聞。長春此時與外間交通已斷，守軍全賴空運補給，自無法長期維持。

至三十七年九月，林彪發動大軍二十餘萬圍攻錦州，錦州危在旦夕，蔣先生乃飛往瀋陽親自指揮。此時負東北全局指揮責任的為東北區剿匪總司令代行轅主任衛立煌。

衛氏盱衡全局，認為國軍在瀋陽一帶孤立為不妥，乃向蔣先生建議，將瀋陽一帶國軍主力南移救援錦州，並打通北寧線，必要時則放棄瀋陽，以北平為後方，與共軍在遼南一帶決戰。蔣先生聞言，未置可否。衛立煌遂將國軍主力十二個師沿北寧路南調，尚未到達錦州，而錦州守將范漢傑已兵敗被俘。迨國軍到達，共軍已放棄錦州，撲了一個空。共軍自錦州撤出，埋伏於北寧路西北側山地，準備居高臨下與國軍戰鬥。蔣先生因判斷錯誤，認為共軍撤出錦州，志在轉移目標，乘虛襲取瀋陽。時共軍不但揚言會師瀋陽，且確有一小部分兵力向瀋陽以西一個戰略據點作佯攻，做出來勢極猛的姿態。蔣以瀋陽若不守則東北即非我有，乃電令衛立煌自錦州全師東返，救援瀋陽。衛立煌則認為共軍主力仍在錦州以東北寧路北側一帶山地，對瀋陽只是佯攻以吸引國軍的注意力，故不同意蔣的主張。蔣先生見衛立煌與己意相左，竟直接電令各軍各師，限於接到命令後立刻星夜回援瀋陽。各軍、師長得令，遂自錦州一帶紛紛東撤。此時已有若干鐵路、橋梁為共軍所破壞，大軍擁擠於鐵路線上，爭先恐後，混亂不堪。共軍主力遂自西側山地突出，一舉將國軍截成數段，首尾不能呼應，為共軍分段截擊，大軍七萬餘人瞬息之間即為共軍消滅。

十月十五日錦州失守，十九日長春守將鄭洞國、廖耀湘等見突圍無望，遂向共軍投降。蔣先生見東北無救，乃離瀋南飛。衛立煌因瀋陽已無兵可守，也於十月三十日乘最後一班飛機離瀋。國軍在東北最後據點的瀋陽遂為共軍所佔。

綜計東北之戰前後三年，國軍精銳調往東北的不下三十餘萬人，到瀋陽棄守時，除少數高級將領由飛機撤出外，其餘官兵悉數被俘，可謂慘極。

事實上，東北在大勢已去之後原不應死守，而蔣先生一意孤行，下令死守到底，實犯兵家大忌。最後錦州之戰，如蔣先生從衛立煌以北平為後方之議，不胡亂越級指揮，則國軍在關外精銳不致喪失淨盡，華北亦不致隨之覆沒，則國民黨政權在大陸或可再苟延若干時日。蔣先生不痛定思痛，深自反省，反將全部戰敗責任委諸衛立煌一人。立煌不但被拘禁，幾遭槍決。直至蔣先生下野後，我才下令將衛立煌釋放。衛氏感激涕零，特來向我拜謝。一夕長談，我才明白東北最後戰敗的情況，原來如此！

2

東北陷共之後，林彪所部不下百萬人馬，迅即越過長城進入關內；對平、津作大包圍。傅作義部寡不敵眾，被迫退入平、津兩市，被重重包圍。天津終於三十八年一月十五日被攻破，守將林偉儔等被俘。傅作義見大勢已去，為保存故都文物，不得已與共軍言和，北平遂於一月二十二日為共軍和平佔領。

當東北戰局緊張之際，山東戰局亦急轉直下。守兗州的前偽軍吳化文部因被圍，山東省主席王耀武拒不援救，乃降共。三十七年九月中旬共軍陳毅部已逼近山東省會的濟南。二十五日城破，王耀武被俘，山東除青島外，遂全部淪陷。

蘇北、魯南一帶的戰事原由湯恩伯指揮。三十六年秋，湯恩伯奉令率中央嫡系若干殘部撤往江南整補，以劉峙、杜聿明分任徐州剿匪總、副司令。原屬湯氏指揮的黃伯韜所部粵軍和川軍則尚留於蘇北、魯南一帶，與共軍周旋。後又徵調中央嫡系美械部隊，暨徐庭瑤、蔣緯國的裝甲兵團集中徐州，準備與共軍決一雌雄。旋因劉峙不孚眾望，調京任戰略顧問，遺缺由杜聿明、邱清泉升任。到了山東全部瓦解，共軍陳毅、劉伯承兩部主力南下，不時向徐州外圍挑釁。內戰重心乃自華北移向黃淮平原。

所以國共之戰發展到三十七年九、十月間，共軍已奄有東北、華北的全部。政府方面僅有隴海路東段若干據點，終必陷落無疑。不過政府轄區，此時尚有淮河以南、豫南、豫西、長江流域的全部和西北各省。因此國共戰爭的前途將全視雙方在黃淮平原一帶的勝負了。

為指揮這一方面的戰事，蔣先生曾於三十七年春初召開戰略會議，決定以白崇禧兼任華中剿匪司令長官，駐節武漢，與徐州形成犄角之勢。我聞此訊息後，即向蔣先生建議將黃淮平原劃成一個戰區，由白氏統一指揮。因為在戰略上說，黃淮平原西至潼關、宜昌，東達濱海岸，本是一個地理單位；更有隴海、平漢、津浦三鐵路縱橫構成一交通網，調遣部隊和指揮作戰均極方便。無奈蔣先生不接受這一建議。他硬要把這個戰略單位分裂為「華中」、「華東」兩個剿匪總指揮部。此種分割已鑄大錯，而以劉峙擔任更重要的華東剿匪總司令長官，尤非其選。

此時駐防徐州的為中央嫡系部隊的精華，約三十餘萬人，全係美式配備的機械化部隊，由兵團司令邱清泉指揮。黃伯韜兵團則駐於徐州東約五十餘華里隴海東段的曹八集和碾莊一帶，以為犄角。杜聿明和邱清泉在徐州的戰略是採取嚴陣以待的方式。杜、邱二人皆是「天子門生」，志大言誇，驕縱不堪。東北、華北一連串的失敗並未動搖他們無知的驕傲和可怕的自信。

他們仍然認為共軍不堪一擊。眼見共軍六十餘萬自四方向徐州合圍，杜、邱二人卻守株待兔，希望共軍在徐州四郊平原猛烈圍攻，好讓中央的機械化部隊充分發揮效能。

誰知共軍指揮官陳毅和劉伯承也十分狡黠，他們避免和中央機械化部隊作陣地戰，只是遙遙實行圍困。同時用以大吃小的「人海戰術」，於十一月初旬將火力較差的黃伯韜兵團（四個軍，七萬餘人）重重圍困，猛烈進攻。

黃伯韜突圍不成，乃向邱清泉乞援。清泉竟拒不赴援。參謀總長顧祝同見事急，遂親自飛往徐州，責令邱清泉出兵。邱清泉把眼睛一瞪，說：「我出兵援黃，徐州方面出事，誰能負責?!」

顧祝同拍胸說：「我是參謀總長，徐州失守，我參謀總長負責！」

邱說：「你說得好，你才負不了責呢！」

顧說：「難道你一定要違抗我參謀總長的命令？」

邱說：「什麼總長不總長，我就是不出兵！」

顧墨三氣得面孔發青，但他終無法使邱清泉援黃。此事在別的軍事系統看來，簡直是笑話，在他們黃埔系卻是司空見慣的事。大家都有「通天本領」，誰能管得著誰呢？

顧祝同回報蔣先生。蔣先生居然「御駕親征」，專機飛徐，在飛機上以電話命令邱清泉出兵援黃。邱仍然以徐州危險為辭，抗不從命，蔣亦無功而返。

至十一月二十二日，黃伯韜彈盡援絕，全軍覆沒，伯韜不願被俘，乃拔槍自戕而死。

當此消息在南京傳出時，我們幾乎不能相信，因為邱清泉拒絕參謀總長之命猶可，何以蔣先生的命令亦不能生效。因此有很多人就懷疑邱清泉的抗命是蔣先生授意的；至少蔣先生的命令的語氣是可以便宜行事的，清泉才敢如此。因為黃伯韜兵團原是「雜牌」，早在蔣先生蓄意消滅之列，為使邱清泉保存實力而犧牲黃伯韜，也並不是費解的事。

黃伯韜所轄的四個軍，一軍原為余漢謀的廣東部隊，一軍原為楊森所部川軍，其餘兩軍亦屬「雜牌」。抗戰勝利後不久，蔣先生命宋子文主粵，特於衢州設一綏靖公署，調廣東綏靖主任余漢謀為衢州綏署主任。這又是一項因人設事的空機關。余漢謀就職之後，他的兩個軍遂奉命北調至蘇北、魯南剿共，受湯恩伯指揮。

粵軍北上後，中央又施展分割的故技，將一個軍撥歸黃伯韜指揮，調往魯南；另一軍則調往陝、甘，受胡宗南指揮。此令一出，余漢謀便認為不妥。因為這兩軍都是嶺南子弟，相依為命已久，作戰時互相配合尤為有效。如今分調兩地，殊無此必要。加以兩廣人民對陝、甘的氣候、語言、生活習慣均不能適應，尤不能發揮作戰效能，徒作無謂犧牲。

余漢謀首先向白崇禧和我訴衷曲，請向中央說項，收回成命。白崇禧和我都覺得我二人如開口，不但無效，反而得更壞結果。余氏不得已，乃親向參謀總長陳誠請求。陳誠竟把桌子一拍，說：「你要把兩軍人留在一起，預備造反啦！」此時抗戰新勝，陳誠之勢炙手可熱，余漢謀何敢多辯，只得黯然而退。孰知三年之後，黃伯韜全軍就這樣平白無辜地給犧牲了。抗戰期中及抗戰以後，中央企圖消滅異己，結果害人害己的事例，像這樣的真是罄竹難書啊！

黃伯韜兵團覆滅之後，共軍陳毅、陳賡、劉伯承等部加上新降受編的國軍，不下百萬，遂將徐州重重包圍。他們的戰略是圍而不戰以坐困國軍。徐州至蚌埠的鐵路交通已全部被破壞，國軍的補給全憑空運。軍隊和居民都煤、糧兩缺。時已隆冬，黃、淮一帶雨雪交加，大軍數十萬飢寒交迫，慘不忍睹。蔣先生乃電令華中剿總速遣大軍往救。白崇禧乃於十一月底派黃維兵團（約十萬人）自豫東循皖北一線向徐州增援。黃維師次皖北宿縣以南的雙堆集時，便為共軍圍困，戰鬥不及一週，卒於十二月中旬全軍覆沒，黃維被俘。

當黃維兵團被圍時，徐州已完全孤立，蔣先生乃決定放棄徐州，下令各軍突圍南撤。但此次蔣先生親自指揮撤兵又重演錦州的故劇。大軍數十萬並不按戰術原則作有條理的撤退。因此一聲「撤退」，便人馬雜沓，奪路而逃。風雪滿天，道路泥濘，各地大軍擠成一團，進退兩難。全軍於十二月二日放棄徐州之後，勉強行抵徐州以南永城一帶，又被共軍重重圍困。共軍並發動民夫數十萬，於一夜之間掘壕溝數道，使國軍機械化部隊毫無移動的餘地。國軍便在風雪之中露宿兼旬，終於飢寒交迫中全軍覆沒，邱清泉死於亂軍之中，杜聿明則被共軍生擒。國軍精銳，至此幾全部消滅，剿共戰事，遂不可收拾了。

【第65章】

從副總統到代總統

1

民國三十七年十二月中旬，徐蚌會戰已接近尾聲，中共全盤勝利勢成定局，京、滬震動，人心惶惶，陰沉氣氛瀰漫全國。至此，蔣先生固然感到大勢已去，國內外許多民意機關，甚或統兵作戰的高級將領，也都認為內戰前途無望，希望政府在猶有可為之時，與中共恢復和平談判。首作此項呼籲的為河南、湖北和湖南的省參議會。他們都有通電呈蔣總統，希望能作此項考慮。蔣先生為此也曾兩度找我到官邸商談。他說明想即時引退，希望我能頂起這局面來同共產黨講和。我聞言大驚，說：「這局面你都幹不了，我如何頂得起！」蔣先生一再做出懇切的姿態勸我接受，我卻竭力推辭。嗣後蔣先生又迭派吳忠信、張群、張治中等來我處，數度相勸，我均表示無論如何不願承當。我推辭的原因，第一便是我確實也幹不了；第二，我與蔣先生相處二十餘年，深知其詭計多端，說話不算話，在此危急之時，他可能要我作替死鬼。

但是蔣先生既有此動機，消息很快就傳遍海內外，對軍心民心影響極大。十二月下旬徐蚌會戰結束，華中剿匪總司令白崇禧曾有密電給蔣先生和我，希望能與中共恢復談判，這便是外界所傳的「亥敬電」。其實他的電報只是向蔣先生作極溫和的建議，採納與否，自須蔣先生自己決定。京、滬、港有政治背景的新聞界不明底蘊，故意以猜測之辭，寫出許多聳人聽聞的新聞，而白崇禧尤為謠言的重心。因在徐蚌會戰後，國軍在東南地區的精銳喪失殆盡，而白崇禧坐鎮武漢，還掌握了三四十萬能戰之兵，為華中擎天一柱。

白氏且因為所謂「扣留軍火」的事件，增加了外界對他的懷疑。這故事的實在情形，其實遠不若外間所傳之甚。先是，三十七年秋冬之交，白崇禧正在整編陳明仁的第一兵團。陳明仁，湖南人，黃埔軍校出身，原為蔣先生最信任的部將。年前四平街一役，在東北打了一個空前的大勝仗。此次奉命在兩湖成立新編部隊，頗為白崇禧所倚重。無奈陳氏所部都是雜湊來的，武器奇缺，屢請中央撥給，均無下文。是時重慶兵工廠適有一批械彈東下，停泊漢口江岸碼頭。白崇禧得訊，乃掛一長途電話給參謀總長顧祝同，希望能以這批軍火補給陳明仁。在電話裡，顧祝同已經同意了，不過顧還有相當保留的地方，說等到向總統報告之後，才正式撥付。白崇禧便打電話請示蔣先生，蔣說可向顧總長商酌辦理。白氏因急於取用，未待正式命令便逕自將這批軍火分給陳明仁。

當時還有一件事也是外界誤傳。說徐州危急時，白崇禧拒絕派兵援救。其實在宿縣以南全軍覆沒的黃維兵團（共有十個師），便是白崇禧從華中調去的。

總之，白崇禧不幸因為他以往曾和蔣先生合不來，值此事急，外界不明真相，把一切責任都加到白氏頭上去。CC系分子更仰承諭旨，推波助瀾，推卸失敗責任，嫁禍於人，於是什麼「拒命」、「逼宮」一類的讕言都硬栽到白崇禧身上去，真是居心可誅。

當外界謠言極盛之時，傅斯年曾來看我，說，外傳白崇禧企圖威脅蔣總統與共言和，究竟是怎麼回事。我就把白氏給我的電報原文給他看。白氏把他給蔣先生的電報另拍一份副本給我，兩電內容相同。傅氏看過電報後說，白先生的話也很近情入理，真是謠言不可輕信！

當京、滬一帶和謠方盛之時，中共新華社突於十二月二十五日發表一批「戰犯」名單。第一批共四十三人，蔣先生居首，我名列第二，白崇禧第三。此外中央文武大員如孔祥熙、宋子文、孫科、陳立夫、陳誠等也皆「名列前茅」。

局勢發展至此，蔣先生深覺戰既無望，和亦不能，這才使他下了引退的決心，好讓我上台與中共談判和平。

為試探共產黨甚或美國方面對他下野的反響，三十八年元旦，蔣先生發出一紙皇皇文告。該文告首先敍述政府一向是具有求和的苦心，說：「三年以來，政治商談之目的，固在於和平；即動員戡亂之目的，亦在於和平。但是今日時局為和為戰，人民為禍為福，其關鍵不在於政府，亦非我同胞對政府片面的希望所能達成。須知這個問題的決定，全在於共黨。國家能否轉危為安，人民能否轉禍為福，乃在於共黨一轉念之間。」

接著，蔣先生便說：「只要共黨一有和平的誠意，能作確切的表示，政府必開誠相見，願與商討停止戰事，恢復和平的具體方法。」至於政府對和平的基礎，蔣先生提出了五條空洞的原則，曰：「只要和議無害於國家的獨立完整，而有助於人民的休養生息；只要神聖的憲法不由我而違反，民主憲政不因此而破壞；中華民國的國體能夠確保；中華民國的法統不致中斷；軍隊有確實的保障，人民能夠維持其自由的生活方式與目前最低生活水準。」如果中共能答應上述五點，蔣先生說他自己「更無復他求」。

他最後暗示有意退休，說：「中正畢生革命，早置生死於度外，只望和平果能實現，則個人的進退出處，絕不縈懷，而一惟國民的公意是從。」

一月四日蔣先生「御駕」親來傅厚崗我的住宅拜訪，這是一次破例的行動。蔣先生有事找我，總是「召見」，此次移樽就教，可能是故意把「引退」的事做得更表面化，對中共和友邦作一試探。

此次我們見面，蔣先生對引退的事說得非常具體，他首先問我說：「你看現在這局面怎麼辦？」

我說：「我以前就向總統建議過，武漢和徐州應劃為一個單位，統一指揮。今日挫敗的原因雖多，而最大的毛病是出在指揮不統一之上。」

蔣說：「過去的事不必再提了。徐蚌失敗後，匪軍立刻就要到江北，你看怎麼辦？」

我說：「我們現在樣樣都站在下風，但是也只有和共產黨周旋到底，走一步算一步！」

蔣搖搖頭說：「這樣下去不是事！我看我退休，由你頂起這局面，和共產黨講和！」

我說：「你尚且不能講和，那我更不行了！」

蔣說：「你擔起這局面，馬上就不同了。」

蔣先生說這話時，顯然想到民國十六年他下野那回事。那次他一下野，武漢方面氣就鬆了。但是現在的局面可不相同。共產黨的對象並不是蔣先生一人，他是要整個拿過去的，不管誰出來都是一樣。我心裡這樣想，嘴裡當然未便明言，只是拒不接受蔣先生的委託。

蔣說：「我看你還是出來，你這姿態一出，共軍的進攻可能緩和一下。」

我仍然說：「總統，這局面你如支持不了，我就更支持不了。無論如何，我是不能承當此事的。」

「我支持你。」蔣先生說：「你出來之後，共產黨至少不會逼得我們這麼緊！」

我還是堅決不答應，蔣先生便回去了。

次日，蔣先生派張群和吳忠信二人來找我，還是逼我出來繼任總統，好讓他「退休」。我便很露骨地表示，當今局勢非十六年可比，蔣先生下野未必能解決問題。張、吳二人未得結果而去。不久，蔣先生又找我去談話。我還是堅持。

蔣先生說：「我以前勸你不要競選副總統，你一定要競選。現在我不幹了，按憲法程序，便是你繼任。你既是副總統，你不幹也得幹！」

蔣先生既搬出憲法來壓我，我便很難自圓其說。按憲法程序，他如果真不幹了，我的確「不幹也得幹」。我說：「按憲法，我是無法推辭，但是現在的局面，你尚且幹不了，我如何能頂得起?!」

「共產黨決不同我講和。」蔣先生說：「你出來，最低限度可以變一變。」

我說：「我出來，共產黨一定要我無條件投降！」

蔣說：「你談談看，我做你後盾！我做你後盾！」

以後又聚會了幾次，蔣先生一直說要我繼任總統，並強調他五年之內不干預政治。

一月五日美大使司徒雷登（John Leighton Stuart）的私人顧問傅涇波來看我，說：「美駐華軍事代表團團長巴大維（David Barrett）將軍聞悉蔣總統有放棄大陸經營台灣的計畫，巴大維為此事曾與司徒大使商議。司徒大使願知道李將軍的意思。」傅氏的話使我大為吃驚，因美大使館的情報遠比我靈通。傅氏言之鑿鑿，使我十分詫異。

一月八日蔣先生又派張群約黃紹竑自京飛往武漢和長沙，與白崇禧、程潛商討關於他引退的事。蔣先生顯然是恐懼手握重兵的白崇禧和程潛會同中共接洽「局部和平」。張、黃之行的最大目的是為穩定兩湖。

白崇禧得悉蔣先生決定引退，由我出來與中共謀和，遂包一專機，請黃紹竑飛港邀請李濟深入京，作國共之間的調人。李任潮反蔣歷史深長，而與我輩私交殊篤，亦為中共所敬畏。他如能來京助我，則第三方面人士將不會受中共利用。不過這全是白崇禧個人的看法，並未與我商議。外傳黃紹竑飛漢去港是銜我之命，全非事實。再者，當時新聞界訛傳，說我也急於要蔣先生下野，尤為荒謬的揣測之辭，因為當時我根本不想做蔣先生的繼承人，還在竭力設法擺脫之中呢。

當這項消息已傳國內外之時，中共終於在一月十四日對蔣先生的文告提出八條答覆。這八條是：

一、懲辦戰爭罪犯。

二、廢除偽憲法。

三、廢除偽法統。

四、依據民主原則，改編一切反動軍隊。

五、沒收官僚資本。

六、改革土地制度。

七、廢除賣國條約。

八、召開沒有反動分子參加的政治協商會議，成立民主聯合政府，接收南京國民黨反動政府，及其所屬各級政府的一切權力。

中共這種答覆原是意料中事，任何人也不會感到驚奇。不過蔣先生還在觀望，他在表示引退之前，曾派蔣夫人做私人代表赴美乞援，顯然還在希望美國的態度會懸崖勒馬，重訂援華政策，作挽留他的措施。所以他在「引退」消息傳出之後，仍一再觀望，遲遲不作決定。但是他表面卻故意顯示出，有人「逼宮」，而他故意不去的姿態，其實他是別有所待。孰知西方國家，尤其是美國，對此事的反應極為冷淡。蔣夫人在美的活動也處處碰壁，使他絕望。再者，此時各地民意機關和立法委員、國大代表等都急於謀和，甚至有人公開表示希望他早日引退，庶幾和談能早日實現。

更有一重要因素，促使蔣先生下最後決心的便是共軍的長驅直入。至三十八年一月中旬，共軍已席捲江北。北岸我方只剩下烏衣、浦口和安慶三個據點，中共大軍百餘萬飲馬長江，南京已微聞炮聲。局勢發展至此，正如張治中所說：「即死硬如CC分子，亦深信蔣先生下野乃必然之趨勢。」蔣先生覺得不能再等了。他要讓我出面來和緩這一緊張的局面。

2

一月二十一日上午十時許，蔣先生召集在京黨政軍高級人員百餘人，在其官邸舉行緊急會議。與會人員黯然無聲，空氣極為沉重。

蔣先生首先發言，將目前的局面作詳細的分析。最後結論說：「軍事、政治、財政、外交皆瀕於絕境，人民所受痛苦亦已達頂點。我有意息兵言和，無奈中共一意孤行到底。在目前情況下，我個人非引退不可，讓德鄰兄依法執行總統職權，與中共進行和談。我於五年之內決不干預政治，但願從旁協助。希望各同志以後同心合力支持德鄰兄，挽救黨國危機。」

蔣先生聲音低沉，似有無限悲傷，與他平時訓話時的激昂慷慨，截然不同。他說話時，眾人中已有人黯然流淚；等他說畢，谷正綱、陳慶雲、何浩若、洪蘭友、張道藩等竟失聲痛哭，全場空氣萬分哀痛。CC系少壯分子、社會部部長谷正綱忽忍淚起立大聲疾呼說：「總裁不應退休，應繼續領導，和共產黨作戰到底！」

蔣先生以低沉的語調說：「事實已不可能，我已作此決定了。」隨即自衣袋裡掏出一紙擬好的文件，告訴我說：「我今天就離開南京，你立刻就職視事。這裡是一項我替你擬好的文告，你就來簽個字吧。」在那樣哀傷的氣氛之中，四周一片嗚咽之聲，不容許我來研究，甚或細讀這一擬好的文稿。那氣氛更使我不得不慷慨赴義似的，不假思索地在這文件上簽了名字。蔣先生便收回去了。最後，大家又商討一些今後和談的原則問題，蔣先生便起立宣布散會了。

我問：「總統今天什麼時候動身，我們到機場送行。」

蔣先生說：「我下午還有事要處理，起飛時間未定，你們不必送行！」

說著，他就走向門外。這時于右任忽然老態龍鍾地追上去，口裡喊著：「總統！總統！」蔣先生稍停問何事。于右任說：「為和談方便起見，可否呈請總統在離京之前，下個手令把張學良、楊虎城放出來？」蔣先生只把手向後一撒說：「你找德鄰辦去！」說畢，便加快腳步走了。拖著一大把鬍鬚的七十老人于右任，在眾人注視之下，慢慢地走回，大家這才黯然地離開會場。

我們都知道蔣先生下午要在明故宮機場起飛離京，大家午餐之後，便陸陸續續地趕到機場。誰知蔣先生離開會場後，便逕赴機場，乘「美齡」號專機飛到杭州去了。大家都空跑一趟而回。

蔣先生去後，我立刻感到國家興亡的千鈞重擔已壓在我的肩頭。我繼任總統的最大任務是與共產黨講和。但是我們的主力已被摧毀，在這失敗已成定局的情況下，共產黨願意和我們停戰講和嗎？試問在北伐期間，吳佩孚、孫傳芳、張作霖屢敗之餘，要求我們停戰講和，組織聯合政府，或畫疆而治，我們肯不肯呢？再說，我們如與共產黨易地而處，我們願不願意停戰講和呢？

和的可能性既已極其渺小，而根據民族傳統，降又不可，則只有憑長江天險，拒敵渡江。然後希望友邦美國改變政策，助我安定金融，穩定民心軍心。必先具有可戰的力量，才有與共產黨言和之望，但是長江天險是否可守，軍隊是否可靠，皆成問題。何況敗兵之將不足以言勇，而中共銳氣方盛，一江之隔，又安能阻其南攻。再退一步說，縱使長江可守，美國政府又是否會改變政策，大量援助呢？沒有美援，則縱把長江守住亦屬徒然。後顧前瞻，在在都感到這一殘局無法收拾。然既已肩此重任，也只有拿死馬當活馬醫，走一步算一步了。

當天下午張群打電話給我，說，總裁有一個文告，要我過目後發表，希望能與我一晤。為客氣起見，我特地乘車往張群住宅晤談。張即將蔣先生所留交的「文告」給我看，其全文如下：

中正自元旦發表文告，倡導和平以來，全國同聲響應，一致擁護。乃時逾兼旬，戰事仍然未止，和平之目的不能達到，人民之塗炭曷其有極。為冀感格共黨，解人民倒懸於萬一，爰特依據中華民國憲法第四十九條「總統因故不能視事時，由副總統代行其職權」之規定，於本月二十一日起，由李副總統代行總統職權。務望全國軍民暨各級政府，共矢精誠，同心一德，翊贊李副總統，一致協力，促成永久之和平。中正畢生從事國民革命，服膺三民主義，自十五年由廣州北伐，以至完成統一，無時不以保衛民族，實現民主，康濟民生為職志，同時即認定必須確保和平，而後一切政治、經濟之改進，始有鞏固之基礎。故先後二十餘年，祇有對抗日之戰堅持到底，此外對內雖有時不得已而用兵，均不惜個人犧牲一切，忍讓為國，往事斑斑，世所共見。假令共黨果能由此覺悟，罷戰言和，拯救人民於水火，保持國家之元氣，使領土主權克臻完整，歷史文化與社會秩序不受摧殘，人民生活與自由權利確有保障，在此原則之下，以致和平之功，此固中正馨香祝禱以求者也。

我坐下細看全文，覺其中頗有不妥之處。第一，我發現這文告中並無「引退」、「辭職」等字樣。如是則一月二十一日以後的蔣先生究係何種身分？所以我堅持在「於本月二十一日起」一句之前，加「決身先引退」五字。第二，蔣先生在離職前一再要我「繼任」，絕未提到「代行」二字。根據憲法第四十九條上半段，「總統缺位時，由副總統繼任」，所謂「缺位」，當係指死亡和自動引退而言。而蔣先生所引則為該條下半段，「總統因故不能視事時，由副總統代行其職權」，所謂「因故不能視事」，當係指被暴力劫持而言。今蔣總統不是「因故不能視事」，他是「辭職不再視事」，則副總統便不是「代行」，而是如蔣先生親口所說的「繼任」。所以我主張將「於本月二十一日起由李副總統代行總統職權」一句，改為「於本月二十一日起由李副總統繼任執行總統職權」。

在這危急存亡之秋，我決不是還斤斤於名位，只是我深知蔣先生的個性，他在文告中預留伏筆，好把我作為他的擋箭牌，而他在幕後事事操縱，必要時又東山再起。我頂起這局面，如名不正，言不順，則無法執行總統職權，不論為和為戰，皆無法貫徹主張。與其頂一塊空招牌，倒不如蔣先生自己幹的好。為此，我們又把吳忠信、張治中和王寵惠找來。王是我國法界老前輩，時任司法院院長。他對憲法程序的解釋，應該是具有權威性的。王寵惠看過文告後也說：「蔣總統此一下野文告應該有『身先引退』等字樣，否則與憲法程序不合。」後來CC系分子為使「代總統」的「代」字合法化，曾故意在外捏造王寵惠的談話，說，代總統是因為總統辭職，尚未經國民大會批准；副總統的繼任，也未得國民大會追認，所以只好「代」云云。其實，憲法上根本未規定總統辭職要國民大會批准，副總統繼任要國民大會追認。王寵惠也根本未說過這話。所以根據王院長對憲法程序的解釋，我認為總統退職文告，如不經修正，不可發表。

張群見我意志堅決，乃和我商量打電話給蔣先生請示。是時蔣先生住在杭州筧橋航空學校內。電話接通之後，張群便把我的意思報告蔣先生。蔣先生竟在電話內滿口承諾，說遵照李副總統的意思修改文告，直至李副總統滿意為止。當晚我們就這樣決定了，將文告依我的意思加以修正，然後交中央社發表。孰知次日早晨，各報所登蔣先生的文告和我自己的文告竟然還是修改前的舊稿。這時我從報上才看到蔣先生替我代擬文告的內容。全文如後：

總統蔣公軫念國家之艱危，顧恤人民之痛苦，促成和平之早日實現，決然引退。宗仁依據中華民國憲法第四十九條之規定，代行總統職權，自揣庸愚，膺茲重任，曷勝惶恐。惟是宗仁追隨總統致力革命二十餘年，深知其處事持躬，悉以國家人民為重，而對於個人之進退出處，嚴謹光明，心志既決，不可移易。宗仁仰承督責，不容辭謝，惟有黽勉將事，效忠國家，冀使中樞之政務不墜，而總統救國救民之志業有成。所望我全體軍民抒誠合作，文武官吏各安職守，精誠團結，一德同心，本和平建國之方針，為民主自由而努力，國家民族實利賴之。

細讀此兩項文告，以及蔣先生已允修改而中央社仍照原稿發表之各項安排，我覺得蔣先生之為人，至此危急存亡之關頭仍不忘權詐，一意要把我作木偶任他玩弄。最令人氣憤的是一月二十一日晚間，吳忠信竟以國民政府祕書長的名義，照上兩項文告的原義，通令全國各級軍、政和民意機關知照。此項通令蓋有總統的大印，而我這位總統竟一無所知。

我看到該通令後，便立即把吳忠信叫來，氣憤地說：「禮卿兄（吳忠信），這份通令發出去，我為什麼事先毫無所聞？」

吳忠信說：「這是蔣先生的意思，要我發出後再通知你。」

我說：「蔣先生已經下野了，他還要指揮你發通令不讓我知道？」

吳說：「你是知道蔣先生的，蔣先生要我這樣辦，我又怎能不辦？」

我說：「禮卿兄，你這樣做未免太不夠朋友了！」

事情發展至此，我才了解，一切都已由蔣先生安排好了。前晚的電話掛掉之後，他可能又另外打電話給張群和吳忠信，自食前言，重新安排，做到木已成舟再說。他知道我為人忠厚，不願為此事鬧傷大體。他對我顯然是「欺以其方」，諒我必會為大局而讓步的。

但是我當時認為他欺人太甚，遂聲稱，名不正，便不就職。吳忠信不得已，竟威脅我說：「德公，我們是老朋友，我願以老朋友的資格勸勸你。你是知道蔣先生的為人的，你應知道你自己現在的處境。南京現在特務橫行，你身邊的衛士都是蔣先生的人，你還在爭些什麼呢？爭得不好，你知道在這種局面下，任何事皆可發生，你自己的安全，可能都沒有保障。」吳的話也是實情，不過我並未被他嚇倒。我仍然堅持不就職的老態度。下午，我又把吳忠信、張治中、邱昌渭找來。我把這事的原委向張、邱二人重述一遍。他二人也認為蔣先生這樣做太過分了。張治中本以為蔣先生下野，和局有望，至此也強調說：「可惜『美中不足』，能否請禮卿兄設法稍為更正一下？」邱昌渭亦竭力附和。不意吳忠信竟大發雷霆，把張、邱二人臭罵一頓，說：「國事至此，你們還幸災樂禍，說什麼『美中不足』。」張文白也不甘示弱，鬧得不可開交，我反而做起和事佬來，才把他們調處開了。

這件事很快地就傳了出去。許多國大代表和立法委員都為我不平，他們紛紛到我住宅來請願，要我「速正大位」，不要做「代理」總統。入夜，白崇禧也打長途電話來詢問經過。我把詳情告訴了他之後，白崇禧就說出劉邦告訴韓信的老話來：「要做就做真皇帝，切不要做假皇帝！」

當時民營各報尤為我不平，群情激昂，議論紛紛。張群、吳忠信等不得已，又打電話給蔣先生；蔣先生又滿口承諾，「修改」，「更正」。但正在大家愈鬧愈激烈之時，我本人反而洩氣了。我想國家都沒有了，還鬧什麼「代」不「代」呢？鬧得太凶了，人民是不能諒解我們的。我如能聊補時艱，拯人民出水火於萬一，私願已足。吳忠信又乘機來苦勸。於是，我反而勸為我抱不平的國代、立委等顧全大局。大家見我如此，也只有歎息而退。

蔣先生退休之日是星期五，這一個週末，我雖尚未就職，而軍國大事已紛紛壓到我身上。我從一位閒散的副總統於一夕之間變成「日理萬機」的國家元首。

一月二十四日星期一，國府舉行總理紀念週。由居正擔任監誓，我便在紀念週上舉行一個簡單的儀式，就任代總統。

【第66章】

收拾不了的爛攤子

1

我當總統之初，有三種任務緊迫眉睫。其一、為著結束內戰，我不得不誠心同共產黨人舉行談判，以求和解。其二、我不得不阻止共產黨人渡過長江，以求得體面的和平。同時，我還必須鞏固內部的團結，實行民主改革，以便重得民眾之支持。其三、我必得尋求美援，以制止通貨膨脹，物價狂漲，因通貨膨脹實在比共產黨之威脅尤大。

自蔣氏離南京不久，我就致電孫中山夫人、李濟深，民盟領袖如張瀾、章伯鈞、張東蓀，還有其他一些人等，他們都代表一些小派，其中多數人過去都曾反共。但是戰後，他們都變成反對國民黨而贊成共產黨，究其原因，固然是共產黨「統一戰線」政策之妙用，另一方面也實是蔣先生一派所迫成的。但是這些人對我還友好，似乎不懷惡感。我若得他們的支持，定能造成第三種力量，以製造反共之輿論。這樣共產黨就不得不放棄毫無意義的把內戰打到底的目的。

然而事實證明，所有這些都只是我的如意算盤。因為共產黨的勝利已成定局，民主人士就不願意回到國民黨冷冷清清的屋裡來了。而正當此時，共產黨「統戰」人士尤其活躍，就如李濟深，因受親共同事之包圍，業已離香港往北平出席人民政治協商會議去了。

為著試探共產黨對我的和平呼籲的反應，我組織了一批在上海公眾組織和教育界中的知名人士，他們組成一個「人民代表團」並坐飛機往北平，華中剿匪總部參議劉仲華和立法委員被邀同往。此事經我同意，後來報界傳這兩人是我私人代表，並非事實。

民國三十八年一月二十七日，我正式致電毛澤東，倡議和解。該電文如下：

潤之先生勳鑒：

自政協破裂，繼八年對外抗戰之後，內戰達三年有餘，國家元氣大傷，人民痛苦萬狀，弭戰謀和，已成為今日全國一致之呼聲。故自弟主政之日起，即決心以最高之誠意，盡最大之努力，務期促成和平之實現。弟於二十二日所發出之聲明，及所致任潮、衡山❶、伯鈞、東蓀諸先生之電，計均已早邀亮詧。國家今日殘破如此之甚，人民痛苦如此之深，田園城市之摧毀，無辜人民之死傷，不可勝計，而妻離子散，啼饑號寒者，復隨處皆是，此悉由於戰爭所招致。以往國共兩黨在孫中山先生領導下，曾共同致力中國革命，不幸終因政見紛歧，鬩牆鬥起，致使國家人民遭此慘禍，撫今追昔，能不痛心。吾人果認為革命之目的在於增進人民與國家之利益，革命之動機基於大多數人民之意旨，則無論國共兩黨所持之主張與政見如何不同，在今日之情勢下，決無繼續訴諸武力，互相砍殺，以加重人民與國家痛苦之理由。亦除遵循全國民意，弭戰謀和，從事政治解決之外，別無其他途徑可循。否則吾人之罪，誠將百身莫贖。先生以往曾一再宣示，願意尋求和平解決。現政府方面已從言論與行動上，表明和平之誠意，所有以往全國各方人士所要求者，如釋放政治犯、開放言論、保障人民自由等，均在逐步實施，事實俱在，何得謂虛。務望先生號召貴黨同志，共同迅速促成和談，即日派遣代表，商定地點，開始談判。戰爭能早一日停止，即保存萬千之國民生命，減少萬千之孤兒寡婦。果能共體時艱，開誠相見，一切當可獲得解決。貴方所提八項條件，政府方面已承認可以此作為基礎，進行和談，各項問題，自均可在談判中商討決定。在雙方商討尚未開始以前，即要求對方必須先行執行某項條件，則何能謂之為和談。以往恩怨是非，倘加過分重視，則仇仇相報，寧有已時？哀吾同胞，恐無噍類，先生與弟將同為民族千古之罪人矣。抑尤有進者，貴方廣播屢謂政府此次倡導和平，為政府與某國勾結之陰謀，此種觀點，顯係基於某種成見而來。弟自抗戰迄今，對外政策，夙主親仁善鄰，無所軒輊，凡有助於我國之和平建設，均應與之密切合作。今後亦惟有循此原則，以確保東亞和平與我國家之獨立自主。先生明達，當引為然。總之，今日之事，非一黨一人之榮辱，而為國家命脈、人民生死之所繫。弟個人亦決無絲毫成見與得失之心，如能迅消兵革，召致祥和，俾得早卸仔肩，遂我初服，固所時刻馨香禱祝者。掬誠布悃，希卓裁見復為幸！

弟　李宗仁　子感京祕印

其間，我派甘介侯博士作為我的私人代表前往上海與顏惠慶、章士釗、雷震、江庸等社會名流磋商，希望他們作為中間人士前往北平，幫助在政府和共產黨人之間搭橋。其後，一月三十一日，我又和邵力子同往上海親訪他們。

我還邀請陳光甫加入這個前往北平的代表團，但遭拒絕。陳氏是有名的銀行家，我多年老友，民國十七年蔣先生有意讓他擔任行政院的部長，但陳氏謝絕了。當我勸他接受時，陳氏笑道：「將來，老兄當了一國之元首時，無論你叫我幹什麼，我一定接受。」而今在上海，我重提往時的請求和他的諾言時，陳氏卻說，大勢已去，只好取消前言了。

我回南京後不久，那個人民代表團在北平和共產黨首領磋商後回到了首都，劉仲華向我報告說，共產黨權威人士表示只要我斷絕同美國人的聯繫並協同消滅蔣介石派殘餘勢力，他們就願意和我合作。顯然，這是共產黨要使蔣先生和我不和的詭計。至於我和美國人的聯繫，我尚未接到過任何美國援助，美國政府就是提供了經濟幫助給予中國政府，那也是和原先西方帝國主義國家提供的貸款全然不同的。我們決不會以主權和美國金錢來做交易。基於這個理由，我起草了五點回答給共產黨。叫劉把它帶往上海，以便第二個人民代表團把它交給共產黨首領。下面就是我提出的五個要點：

一、政府同意通過政治方法解決一切國家問題。

二、各方指派一正式代表團，立即恢復和談。

三、和談時期停止一切軍事行動。

四、今後國家重建工作按下列原則進行，即組成民主政府，平均分配財富，軍隊國有化，全體人民自由生活。

五、今後與外國的事務，按照民族平等，互相有利的原則進行。

第二個人民代表團於二月十四日飛往北平。在此期間，長江下游的戰鬥實際上已經停止，因為共產黨人正在消化他們在以前的勝利中所吞下的東西。我們也有幾十艘炮艦在長江上巡邏，看來足夠阻止敵方渡江。這樣京滬地區的緊張也就趨於緩和。樂觀的氣氛看來重新在這兩個市的街上出現。所有的人都期待著北平的好消息。但是就在這個時期，行政院，在孫科率領下，突然從南京遷往廣州。非常明顯，此舉旨在抵制我的和平努力。

2

在我取得總統職位之初，我曾試圖改變蔣先生之專制做法，建立真正的憲法政府，使其行政權力歸於行政院院長（內閣總理），而不給予總統。然而不幸，行政院院長孫科博士正是我以前在副總統競選活動中的敵手，他在三十七年十二月中接任了翁文灝博士的行政院院長。

多年來，我和孫科博士的私人關係頗好，但在副總統競選活動中，我的支持者，特別是黃紹竑做得過分，竟至揭露孫博士作為一個政治家的陰私，黃氏用假名發表了幾篇文章，重提舊日的桃色事件——「敝眷藍妮」。藍妮是一個頗有姿色的交際花，曾有個時期是孫博士的情婦。後來，她還叫兩個女兒稱孫氏為父親。抗戰時期，藍妮一直留住上海，並且得到了一筆相當可觀的不明來歷的財產。日本投降後，所有偽官員的財產都由政府沒收，其中也包括藍妮小姐的。於是，當她以前的情人回到南京當了立法院院長時，她便拚命向他求救，試圖取回被沒收的財產。孫氏便給上海負責官員去了一封信。在信中，他把藍妮稱作「敝眷」。那時藍妮小姐也頗有名聲，照片也常出現在中外文報紙的頭版新聞上。所以，孫氏此信便成了轟動一時的笑談了。而「敝眷」二字更是好久都用大體字排印出來。

三十七年四月，孫科作為蔣先生的「黑馬」，參加副總統競選活動。黃紹竑很有文學天才，便在這時改了一下前次的題目，發表了另一篇兒女風情紀事的文章。這使得孫博士尷尬萬分，並認為我手段惡劣。選舉失敗，他或許可以忘掉了，而黃氏重提藍妮之事，則恐怕是不能忘懷的。現在正是他進行報復的好機會了。

我還得對付ＣＣ系的其他反對者。ＣＣ系那班人都心胸狹隘，他們從不知道我之接任總統乃是克服政府危機的必要步驟。他們簡單地認為，中央政府中權力變動為「桂系」爭權的「最終勝利」，無論什麼場合，他們都抵制我。所以，在蔣氏幕後指揮之下，孫科派和ＣＣ系就聯合一致，共同來陷害我。其第一步就是把政府從南京遷往廣州。

值此關鍵時刻，國民政府不能從南京遷走。類似任何輕率舉動都定然會予共產黨人以足夠的藉口來拒絕進行和平談判。其次，政府方面的任何舉動都會影響民眾的心理和士氣。我雖反對，然則，蔣先生自南京引退後不久，孫科就把行政院及其所屬各部遷往廣州。立法院的ＣＣ系分子步其後塵。南京城空了一半。幸好，立法院大部分委員卻情願和我留在南京。

因之立法院分裂，兩派公開彼此彈劾，亂七八糟。我深感為難，以至不知所措。我在南京處理了大批政府事務之後，正等著共產黨的答覆。二月二十二日，我飛往華南，表面上是作華南視察，孫科和陳立夫兩人都到飛機場見我。當晚我和孫科作了長談。我鎮靜但堅定地要求他把行政院遷回南京。起初，他說：「在敵炮火轟鳴之下，我們怎能處理政務呢？」我說：「哲生兄啊，在八年抗戰中，有哪一天不是在敵炮火轟鳴下過去的？」因為我竭誠力勸，孫氏最後乃同意回返南京。我經桂林、漢口於二月二十五日飛回南京。孫氏跟著於二月二十八日回抵南京。政府的所有人員都回到南京來了。這樣總統和行政院之間的爭執乃告結束。只有國民黨的中央黨部在CC系控制下，仍留在廣州。

在和我不和期間，孫院長顯然錯了。他的不計後果的舉動在立法院引起了普遍不滿（他原是立法院院長）。立法委員們動議對他投不信任票，他狼狽之極，向我提出辭職書，但我私下又交還給他，叫他不要洩氣而應和我協調一致，共同克服政府之危機。三月七日，孫氏復來見我，要求我解脫其職責。既然大多數立法委員都覺得在當時孫氏不是能肩負責任者，最後我只好接受他的辭呈。

選擇他的繼承人是個新難題，經過相當的考慮以後，我決定把他的職位讓何應欽繼任，何剛辭掉中國駐聯合國軍事代表團團長的職務從紐約回來。白崇禧和吳忠信到上海把我的親筆信交給何，但是何斷然拒絕了。三月九日我親自拜訪他，他仍然拒絕接受，但是我還是設法引他談起了二十幾年前的一些歷史事實，就在蔣先生於十六年八月第一次辭職以後，我和何在南京合作。我誠懇地說：「敬之老弟，歷史正在重演，蔣先生又辭職了，南京再度垂危，當你以前的同事孤獨的時候你能無動於衷嗎？」何將軍看上去受了感動，表示願意幫忙，但是他說沒有蔣先生的贊許他不敢做任何事情。我立即叫吳忠信打電話到溪口，向退休的總統報告何將任新職的事情。蔣回答說：「讓德鄰弟自己安排一切，我是退休的人，能說什麼呢？」何聽到蔣這客氣的回答不寒而慄，請求我允許他遠離政界。

我接著派吳忠信到溪口請求蔣給何說幾句話。蔣先生給何打電話，相當冷淡地說：「既然德鄰想讓你擔任那個職務，接受下來吧。」何應欽到溪口從「退休老人」那裡取得更詳細的指示以後，最後接受了我的任命。

我和何應欽要克服無數困難才能組成新政府。我們不容易找到適當的人才來填補政府各部的空額，特別是財政部。前部長徐堪已辭職，不願意再回來。我們打算把這個職位給陳光甫或者張公權，他們都是上海有名的銀行家，但是他們兩人都婉言謝絕了。我們讓他們推薦一個，他們看中了中央銀行的總裁劉攻芸，他是蔣先生完全信任的人。我沒有見過他，也從來沒有聽說過他。但是何很了解他。接著何便接受了這個人。

我一回到南京，又面臨了一項辭職，這次是總統侍從室祕書長吳忠信。我本來想讓翁文灝博士填補這個空缺，但我猶豫不決，因為翁以前是行政院院長。根據中國官場傳統，總統府祕書長的地位對於前行政院院長來說是太低下了。但是我決定無論如何要試一下，結果出我意料，翁立即接受了這項任務。他說：「我能為國為民做什麼事情，我一定毫不猶豫地去做，國家瀕臨滅亡，我怎麼可以把這個職位看作是對我個人的侮辱呢？」

劉和翁兩人都得到我最大的尊敬，因為在那個時期沒有人想捲入政界，完全是愛國心使他們為了國家的利益而不顧個人的利益。但是，翁一接受任命，蔣立即派了一個代表去祕密見他，翁遭到了一頓辱罵。那個代表讓他記得他是靠委員長發家的，並責問他怎麼會無恥到原先的主子一退休就向「桂系」投降的地步。翁給說得心煩意亂，後來他一從法國回來就投向共黨，可能就是因為他對蔣心地狹窄的反感。

後來劉攻芸也受到了蔣先生同樣的辱罵。一九五〇年（民國三十九年）初，劉在香港的時候，向台北外交部申請要一個護照。中華民國外交部很謹慎，不敢在沒有得到蔣介石允許的情況下給他發這樣一個重要的護照。他們把收到劉的申請的事向蔣先生報告的時候，蔣先生非常生氣。我從消息可靠人士那裡得知，蔣用手捶了一下桌子說：「劉攻芸是已經投降桂系的反動派。」這樣，劉的申請被拒絕了。

三十八年三月十二日，我把新政府的名單交給立法院批准，投票結果是二百零九票對三十票，這樣就正式成立了新政府。政府成員名單，現記起的如下：

行政院院長　何應欽

副院長　賈景德

政務委員　張群　莫德惠　張治中　朱家驊

祕書長　黃少谷
內政部部長　李漢魂
外交部部長　傅秉常（葉公超代理）
財政部部長　劉攻芸
國防部部長　何應欽（兼）
參謀總長　顧祝同
經濟部部長　孫越崎
交通部部長　端木傑
教育部部長　杭立武
司法行政部部長　張知本
蒙藏委員會委員長　白雲梯
僑務委員會委員長　戴愧生
主計處主計長　龐松舟

新政府面臨兩項緊急任務：第一、要指定一個正式代表團和共產黨談判。第二、必須取得內部團結，以便迅速進行政治改革。釋放政治犯，制止通貨膨脹，準備長江的防守工作。第三部分的問題下一章再談。這一段主要談談與共產黨的問題。

三十八年二月十四日，由顏惠慶率領的第二批人民代表團到北平以後，共產黨派林彪、董必武、葉劍英和他們談判。共產黨電台正式宣布說，他們願意和政府和談。二月二十五日，我一從廣州回到南京就召集了所有在南京的領導人開會。會上我們採納了以下三點，作為將來談判的基本指導原則：

一、和談必須建立在平等的基礎上，我們絕對不能讓共產黨以勝利者自居，強迫我們接受不體面的條件。

二、鑒於鐵幕後面的附屬國形勢混亂，我們不能同意建立以共產黨為統治黨的聯合政府。我們應該建議立即停火，在兩黨控制區之間劃一條臨時分界線。

三、我們不能全部接受所謂八條，而只同意在兩政府共存的條件下討論八條。

我完全清楚，即使這個建議被接受，共產黨也不會和我們談成功的。我覺得如果我們能阻止他們過長江，他們就別無他法，只得接受我們的建議，我們是不是能守住長江還是另外一個問題。

我組成新政府以後授權行政院院長組織一個正式代表團，根據以上三條原則和共產黨談判。何應欽通過電話和蔣先生商洽以後，指定張治中、黃紹竑、邵力子、章士釗和李蒸組成政府代表團，以張治中為團長。當行政院何院長把名單交給我批准的時候，我加上了劉斐將軍的名字，接著張治中將軍到溪口去取得蔣的批准，然後，我們就給共產黨打電報，把名單通知他們。三月二十六日，北平共產黨當局指定了一個包括周恩來、林祖涵、林彪、葉劍英、李維漢和聶榮臻的正式代表團，他們建議把四月一日作為在北平開始和談的日子。

我們代表團啓程的前夕，我把居正、閻錫山、白崇禧、張治中和別的一些領導人叫來開了個會，會上我建議組織一個指導委員會來監督即將到來的與共產黨的談判。接著，除我以外還有十人被選進了這個委員會，他們是：何應欽、于右任、居正、張群、吳鐵城、孫科、吳忠信、朱家驊、徐永昌和董顯光。實際上孫科已經離開南京，我們在他缺席的情況下選他做委員。四月六日，何應欽乘飛機到廣州把這個委員會的名單交給國民黨常務委員會正式批准，希望政府和執政黨能進行更全面的合作。

3

當政府忙於作和平安排的時候，我加緊了我們的外交活動。我當總統以後，我就立即召見俄國大使羅申（N. V. Roschin），我想看看我們是不是可能和俄國人作一些安排來停止中國的內戰。我聽說蔣先生已經早在民國三十三年或者三十四年就為同一目的和俄國人接觸過。三十四年底，委員長的大兒子蔣經國已經到過莫斯科，史達林告訴他在俄國幫助中國政府以前，中國和蘇聯之間必須簽訂一項中立協定，在中國必須組織一個有中國共產黨參加的聯合政府，蔣先生拒絕了蘇聯的這項建議。

三十五年，蔣先生告訴在南京的蘇聯大使，他準備考慮史達林的建議，並表示希望訪問俄國。史達林隨即派了一架專機到新疆省會烏魯木齊，以便蔣去莫斯科訪問❷，他指示在南京的蘇聯大使館和蔣作好去莫斯科的安排。羅申告訴我他就是負責這一個計畫的。飛機到了以後，羅申想約見蔣先生，但蔣先生卻拒絕接見他，羅申有些絕望了，便設法和蔣經國聯繫，在以前的許多安排中，他已經和蔣經國有過接觸了，但蔣經國這次為了避免見他而到上海去了。羅申跟著到了上海，但卻無法在那大城市裡找到蔣經國。這樣，這一切都沒有能夠成為現實，蘇聯在烏魯木齊的飛機只好飛回去了。機上沒有接到貴賓。

對於蔣的背信，史達林非常生氣，他命令所有蘇聯在中國的外交官和領事都採取與中國政府不合作的政策。東北給共產黨佔領以後，蔣先生又重新向蘇聯大使要求訪問俄國，他埋怨兒子以前的安排沒有成功。羅申打電報把這個消息告訴莫斯科的時候，他從史達林元帥那裡得到一個簡單的答覆，史達林元帥說既然蔣介石是個不誠實的人，羅申可以不理睬蔣的請求。因此，當我召見羅申的時候，他說：「現在已經太晚了，我親愛的總統先生，中國永遠也不會斷絕同美國的聯繫，蘇聯能為她做些什麼呢？」由於他的話這樣挖苦，我沒有就這個問題繼續談下去，我們的談話就這樣結束了。我已經知道蘇聯在過去三年中真正想得到的是中國保證在一旦俄國捲入戰爭的時候保持中立，我指示甘介侯博士再度和蘇聯大使商談這件事。但是蘇聯的價錢大大提高了，史達林不再滿足於一個中立協定，他堅持要中國和俄國建立真正合作的關係。俄國人建議，中國為了表示誠意，應盡量驅逐在中國的美國人。

甘博士向我請求進一步的指示的時候，我說不可能接受蘇聯的條件。我叫甘氏通知俄國人，我們和所有友好鄰國誠懇相待，中國不想歧視任何國家。蘇聯大使粗率地回答說，他們的政府和我們政府之間進一步的談判要以接受他的建議為條件。

正是在這個時候，我派了甘博士把目前的情況告訴美國大使，並且請他發表支持的聲明。這本來可以增加我們的旨在取得俄國勢力以迫使中國共產黨與我求得和平解決的談判本錢的，不幸的是，幾個月之後，這件事被美國國務院的白皮書作了錯誤的報導。白皮書是這樣寫的：

> 一月二十三日（一九四九年），代總統的代表要求美國大使司徒雷登轉告美國公開發表表示支持的聲明，這位代表說李將軍已和蘇使館取得聯繫，並且擬好了一項中蘇間試探性的三點協議草案。這項草案於數日前由蘇聯駐華大使帶到莫斯科，這三點是：(1)在將來的任何國際衝突中，中國保持嚴格的中立；(2)盡可能地驅除美國在中國的影響；(3)建立中國和俄國之間真正合作的基礎。李將軍已經原則上同意這三點，並且覺得如果得到美國支持的聲明的話他在就這三點進行的談判中可以增加本錢。（見

美國國務院《美國對華關係》，一九四九年八月，第二九三頁。）

這錯誤的陳述可能是由於在中國的美國外交官員太敏感，也可能是由於有些中國人散布謠言想迫使美國人迅速改變對華政策。據我回憶，我和俄國人的所有接觸僅僅限於和羅申的簡短談話。在一九四九年我們根本沒有和俄國人進行過任何認真的談判。

由於無法和俄國人和解，我們這段時期的外交活動集中在美國人身上。我們經常和美國大使司徒雷登博士接觸，司徒雷登博士是我的好朋友，我們一直相處很好。我在北平工作時，經常和他共餐，他也請我去燕京大學答謝我的盛意。我還認識了傅涇波先生，而此後，在我留在北平的時候，他成了我的行轅中的常客。

就是在早期，我就與司徒雷登討論過了美援問題，但是這位未來的駐華大使總是批評中國政府的腐敗。蔣氏引退後，我和他在南京又有接觸，我正式請求他敦促美國政府借給中國十億美元，或者至少五億，以幫助制止通貨膨脹。我強調地請他注意蔣引退後中國政局已完全改變的事實，並向他保證今後將有效地使用美援。如果美國現在拒絕幫助中國來阻止世界共產主義的擴張，今後他要在遠東做同樣的事就要多花一百億美元，而且不會有什麼效果，還使美國青年不得不流血。我提醒美國大使說，如美國不願在現在採取行動，而願在今後採取行動，他們只能希望得到帝國主義的頭銜。但大使很頑固，拒絕了我們的請求。說由於蔣先生仍在幕後控制著政府，中國的局面沒有改變，美國對遠東外交政策已定，現在決不能改變。

我和美國外交家的接觸在和談進行時達到高潮。雖然我知道取得美援是不可能的，但我仍希望美國至少會給我們道義支持。在四月中和司徒雷登大使的一次長談中，我建議他以大使名義為我舉行茶會，邀請英、法大使出席。承蒙司徒雷登大使好意，按我建議的那樣做了。在茶會上，我應大使的請求發表了講話，英、法外交使節也在場。❸

首先我說看到中國人民的苦難。中國政府一直誠心誠意地爭取繼續和共產黨的和談。我們希望共產黨和政府達成協定，以便我們能一起為中國的民主重建而努力。我強調說十月革命後一開始，西方的民主國家力圖阻止國際共產主義的擴張。但二次大戰後，俄國布爾什維克控制了整個東歐，開始了對西歐的「冷戰」，當西方正在建造堤壩阻止赤禍在西方氾濫時，讓它在東方自由氾濫是明智的嗎？我說，如中國現政府倒台，我相信整個遠東會隨著崩潰。我請西方國家注意中國在世界未來的政治發展中佔樞紐地位這樣的事實。沒有人應該低估中國內部災難的嚴重性，也不應袖手旁觀。

在結束時我誠懇地說，我的政府並不向美國、英國和法國請求物質幫助，但我希望在座的先生們會把我的意思轉達給他們尊敬的本國政府，強調我們需要他們的道義支持。更具體地說，我敦促三位使節發表聯合聲明，對目前中國國民黨、共產黨之間的談判表示深切的關懷，我請三國政府表示他們衷心的希望，希望談判會導致和平解決。這樣中國和全遠東的和平能維持住，他們發表聯合聲明將會給與共產黨談判的政府代表團相當大的鼓勵，也將充分警告國際共產主義分子不要插手中國。

當我講完話回到座位時，我瞅了一眼美大使，希望他會附議，想不到，司徒雷登採用滑頭政客的通常辦法，他避免看我，而邀請英外交使節代表三人講話。英國外交官員作了簡短、措辭謹慎的講話，他的講話把我的要求擱在一邊，顯然回避一切問題。這使我意識到西方已決意袖手旁觀，眼看中國政府垮台。

同時我們試圖和美國政府直接接觸，我們駐華盛頓大使顧維鈞博士是一個謹慎的政治家。他向蔣先生請示。白崇禧曾數次向何應欽和我建議要換掉他，但何應欽的神經太緊張，沒有溪口方面的允許，他不敢採取這一行動，即令我們能夠比較順利地找到一位能幹負責的駐美大使，也無濟於事，因為蔣存心想看著我們完蛋。

此時美援是唯一能使氣息奄奄的病人活過來的藥物。南京政權從蔣轉到我這一事實給有效用藥創造了條件。競選副總統時，我曾對人民許諾說將給中國帶來民主改革。蔣先生走後，人民都望政府中的腐敗也隨著走了。我任總統頭兩月中，到處都有繁榮和歡樂的景象。如美國國會和白宮領導人目光遠大，立即更改對華政策以適應中國之局勢，並提供貸款給我以制止通貨膨脹，整個局勢恐已大變了。與此同時，由於有了公眾對政府的重新支持，加之武裝部隊士氣的重新高漲，我們也可能成功地保衛長江，並在政府中實行有效的民主改革，這樣我們才能與共產黨在談判中最終求得和平解決，至少可使半個中國得以自由。

我從未料到華盛頓的最高決策人竟會是一群目光短淺的政治家。當共產黨捲地毯似地征服大陸時，他們甚至連聲都沒有吭。就在這時，共黨佔領中國後，共黨集團變得異常強大，而北韓的共產黨人又變得如此大膽，竟在第二年開始了韓戰。

但在今天回顧那時的情況時，我不禁不寒而慄了。今天我感到慶幸的是：當年與我打交道的美國方面的領袖人物都是一些沒有經驗的人。這些人在現狀不變的局勢下指導世界事務是能幹的，但處理起嚴重的國際危機時，則肯定是無能為力。如果他們要像史達林那樣冷酷和精明，像他一樣善於抓住時機，中國肯定是會完了。如果美國人全力支持我，使我得以沿長江和毛澤東劃分中國，中國就會陷入像今天的韓國、德國、老撾和越南同樣悲慘的局面了。南部政府得靠美國生存，而北部政府也只能仰蘇聯鼻息，除各樹一幟，互相殘殺外，二者都無法求得真正之獨立。又因中國是六億人的大國，這樣一來，她就會陷於比前面提到過的三個小國家更為深重的痛苦之中，而民族所受的創傷則恐怕幾代也無法治好了。如果這種事情真的發生了，在我們敬愛祖國的未來的歷史上，我會成為什麼樣的罪人呢？

雖然共產黨現政權是有點蠻幹，驅使人民進行迅速的建設恢復工作，以實現共產主義；雖然人民也因之受到很大的苦難，但中華民族至少是有十多年沒有內戰了。此外，大陸之物質建設亦感人良深，迫使西方人重新對我中國人進行評價。他們將我們看作是有智慧的民族，並預言中國將很快成為世界上的一等強國。我對共黨的感情是敬仰之心和恐懼之心兼有。不論是誰做了這工作，國家資源是得到了很好地保護的。這樣看來，我自己雖然失敗，而且寄居異國，但我還是問心無愧的。

注釋

❶指沈鈞儒，字衡山。——編者注

❷上面的這個關於史達林派飛機到烏魯木齊的故事，是根據模糊的記憶寫成的。這個故事是羅申親自告訴我的，沒有文件證據。因此，要查對中國和蘇聯的檔案材料，才能進一步證實。——作者注

❸由於大部分文件都已丟失，已記不清此次聚會的準確日期。但根據司徒雷登博士的回憶錄，聚會是在四月十七日，英、澳、加大使應邀參加了。加拿大大使未能準時到，沒有跡象表明法國大使也邀請了。參看司徒雷登著：《在華五十年》（*Fifty Years in China : the Memoirs of John Leighton Stuart, Missionary and Ambassador*），第二三一頁（紐約，藍燈書屋出版公司〔Random House Inc〕，一九五四年版）。——作者注

【第67章】

不堪回首的江南戰役

1

我在南京出任代總統的三個月期間，本抱「死馬當活馬醫」的態度，欲為不可收拾的殘局盡最後的努力，期望息兵，達成和平局面，解人民於倒懸。古人說：「盡人事而聽天命。」但是因環境特殊，蔣先生處處在背後牽制，使我對這匹「死馬」實未能盡應有的努力。

使我不能有絲毫作為的第一項基本原因，便是蔣先生在決定引退之時，即已準備放棄大陸，退保台灣，以貫徹其改造黨政軍，成為三位一體的心願，維持一個清一色的小朝廷。他更深信大陸放棄之後，國際情勢必益惡化，第三次世界大戰亦必隨之爆發，即可因人成事，回大陸重溫接收政權的美夢。為布置這一退路，蔣先生於三十七年十二月二十九日突然命令孫科的行政院任命陳誠為台灣省主席。

前已言之，陳誠於三十七年春初自東北鎩羽歸來之後，在京、滬一帶的東北籍人士群起鼓譟，恨不得殺陳誠而後快。蔣先生不得已，准陳誠辭職赴台，託辭養痾，實另有所布置。此次新職突然發表時，前主席魏道明事前竟毫無所知。陳誠得令後，立即自草山遷入台北。三十八年一月五日便在台北就職視事。行動的敏捷，為國民黨執政以來所鮮見。由此可知蔣先生事前布置的周密。

陳誠上任後，蔣先生便密令將國庫所存全部銀元、黃金、美鈔運台。因自民國三十七年八月「金圓券」發行之後，民間所藏的銀元、黃金、美鈔為政府一網打盡。據當時監察院財政委員會祕密會議報告，國庫庫存金鈔共值三億三千五百萬美元。此數字還是依據中國公開市場的價格計算；若照海外比值，尚不止此數。庫存全部黃金為三百九十萬盎司，外匯七千萬美元和價值七千萬美元的白銀。各項總計約在美金五億上下。

蔣先生在下野的同日，又手令提取中國銀行所存的美金一千萬，匯交當時在美國的空軍購料委員會主任毛邦初。囑毛將該款以及毛氏手上的餘款悉數自紐約中國銀行提出，改以毛氏私人名義存入美國銀行。據毛氏事後對人說，蔣先生慮及與中共和談成功，聯合政府成立，該款必落入新政府之手，乃有此不法私相授受的措施。其後因空軍總司令周至柔與毛邦初素有宿怨，向蔣互控貪污的罪名。周指毛購料舞弊，毛則控周將公款私自提存香港某銀號，據為己有。

政府即派員到美京空軍購料辦事處查帳，結果並無帳目不清的跡象；而對周將空軍款項以私人名義存放香港銀號一事，竟亦置之不問。毛氏認為不公，仍喋喋不休。而宋美齡以毛邦初係蔣先生元配毛氏的內姪故，心存忌妒，遂慫恿蔣先生將毛邦初撤職，並勒令將當初私相授受的巨款交出。毛以該款既屬渠私人名義所有，並無公款佐證，拒不接受。此為後來國民政府控告毛邦初內幕的由來。

因此在我就任代總統之日，手頭一文不名。為維持軍餉，安定民心，曾命行政院飭財政部將運台的國庫銀元金鈔運回一部分備用。但是在台負保管責任的陳誠奉蔣暗示，竟作充耳不聞的無言抗命。政府救窮乏術，唯有大量印發原已一文不值的「金圓券」。大票成群出籠，致幣價貶值，一日千里。金融市場完全崩潰，百業停頓，軍心民氣完全喪失，遂形成無法收拾的局面。

為搶救這危局，我曾數度就商於美大使司徒雷登，希望美國能貸中國一批白銀，先行安定金融，再及其他。司徒大使總是說：「總統先生，你有其名無其實，政府實權完全未更動，不管美國運來多少金銀，還不是和以前一樣，完全浪費。」我不得已，電令駐美大使顧維鈞就近向美國政府交涉。無奈顧大使仍以蔣先生的意旨為依歸，對我虛與委蛇，來往電報完全漫無邊際，不得要領。

金銀之外，蔣先生又祕密將海、空軍實力逐漸南移，以台灣為中心。值此江防緊急之時，海、空軍為守江所必需，重心一旦南移，江防軍鬥志便大半喪失，縱有可為也不可為了。

蔣先生在下野前夕既已預備放棄大陸，他要我出來，顯然是借刀殺人，好讓他爭取時間，搶運物資赴台。此種司馬昭之心，連美軍顧問團也看出了。

一月五日，時距蔣先生正式下野尚有十餘天，司徒大使遣其私人顧問傅涇波來見我說，美駐華軍事代表團團長巴大維將軍聞悉蔣氏有計畫地放棄大陸，經營台灣，甚為詫異。因自平、津、濟南淪陷，及徐州會戰失利後，共軍雖已增至二百萬人以上，但國軍亦立即調整補充，兵力仍號稱三百五十萬，雖裝備奇缺，惟尚有半數可戰之兵。且西北地區和長江以南省分依然完整，在此時期即作放棄大陸的準備，毋乃太早。巴大維將軍並認為台灣係美軍從日本手中解放出來的。雖開羅會議時有歸還中國的協定，但在對日和約尚未簽訂之前，其主權誰屬，究未有法律的根據。今蔣總統即欲據為己有，作為撤退海、空軍的基地，似有僭越之嫌。巴大維將軍擬請司徒大使向蔣總統提出口頭的抗議，但是司徒大使尚未決定採取任何行動，故特遣傅君先來問問我的意見。

我只好對傅君說，我對蔣先生這項計畫一無所知，未便作任何表示。傅君始怏怏而去。

事後種種跡象證明巴大維的消息是正確的。蔣先生確已作放棄大陸的決定。他要我出來，不過暫作他的擋箭牌，好讓他從容布置，布置好了，他就要促使我早日垮台，再由他自己來和共產黨唱對台戲。我如果真在南京勵精圖治，作防堵共軍渡江的有效措施，即有違於蔣先生的腹案。他必然要用盡方法，破壞我的計畫，使我不能以半壁河山與中共分庭抗禮。

蔣先生既有這項決定，則我不論為和為戰是如何地努力，皆是徒然。因為軍國大權仍完全操在他手，我在京形同俘虜，只有聽任他的擺布。

為便於控制全國各地一切軍政措施，蔣先生返溪口之後，便在其故里建立電台七座，隨意指揮，參謀總長顧祝同，對一兵一卒的調動完全聽命於蔣先生。二月十六日，我在總統府宴請留京高級軍政人員閻錫山、于右任、居正、顧祝同等。眾人方入席，侍從人員便來報告說，溪口蔣先生有電話給顧參謀總長。顧祝同只得放下碗箸去接電話。蔣先生這電話原先打到國防部，部裡人說，代總統今日請客，參謀總長現在在總統府吃飯。蔣先生便命令將電話接到總統府。是晚我們一席未終，顧祝同先後接了三次溪口的電話。由此可見蔣先生對各項軍政大事控制的嚴密，實與退休之前無異。但是所有我對他的要求，如釋放張學良、楊虎城和自台北提運金鈔回京等事，蔣先生卻又推託說，下野之人，不干預軍國大事，把責任推到陳誠頭上。但是我給陳誠的命令，蔣又授意陳誠置之不理。

蔣先生這種作風，當時不特黨內元老于右任、居正等痛心疾首，就是蔣先生數十年的心腹何應欽、張治中、邵力子也看不順眼。他們一致認為要挽狂瀾於既倒，一定要蔣先生放手，讓我可以大刀闊斧地興革。他們認為要蔣放手，最好請蔣先生出國考察。但是誰都知道蔣先生的脾氣，南京方面，雖大家都有此意，卻誰也不敢向蔣先生當面提出。至於接近我的人，為避嫌疑，皆謹言慎行，尤其不敢亂作主張。當時ＣＣ系報紙以及少數不明內幕的新聞界，以訛傳訛，甚或故意造謠，說我們「桂系」有意要逼蔣出國。這全非事實。所謂「桂系」領袖如黃紹竑、白崇禧等，那時皆常住武漢或上海，即使二三流的幹部如李品仙、程思遠、張任民、韋永成等，也都齊集白崇禧幕中，很少與我接觸。我在南京日常過往的，皆是蔣先生夾袋中人。甚至我身邊的衛士，正如吳忠信所說，都是蔣先生的人。我言行均十分謹慎。所以當時氣憤填膺而形於顏色的，不是「桂系」領袖，卻是張治中、何應欽、邵力子等人。

蔣先生幕後違法控制最明顯的例子，便是浙江省政府主席陳儀被撤職逮捕一事。三十八年二月底，京滬衛戍總司令湯恩伯忽親赴杭州，將陳儀拘押撤職。遺缺由湯部第七十五軍軍長周嵒接替。

此事的發生殊出人意外，我身為元首，對近在咫尺的浙江省主席的撤換拘押，直等報紙刊出才知道。時任行政院院長的孫科亦不知此事。事後，蔣先生才打電話給孫科，要他在行政院政務會議提出追認。此事表面上雖為湯恩伯所執行，背後實全由蔣先生指使。湯的地位不過是京滬衛戍總司令，居然做出拘捕和撤換省政府主席的事來，實在太不成體統。我聞報之下，便十分憤怒，擬查明事實，嚴辦湯恩伯。

京中高級文武官員見我生氣，怕我要手令撤職查辦湯恩伯，而湯分明是遵蔣先生的意旨辦理的，這樣一來，豈不對蔣的面子下不去，大家紛紛來勸。

後來孫科、何應欽也先後來相勸說，蔣先生的作風一向如此，難道你還不知道嗎？在現在這種風雨飄搖的局面之下，和蔣先生鬧翻了，事情將更不好辦。這兩位先後身肩內閣重任的行政院院長的態度尚且如此，我為顧全大局，不為已甚，只好不了了之。

陳儀被拘禁撤職的原因，據報紙所載，是因為他有意勸湯恩伯於長江下游讓出一缺口，任由共軍渡江。其實這是「欲加之罪」。真正的內幕卻是蔣經國向他父親告御狀的結果。蔣先生每次下野，總歸要殺人洩憤。此次陳儀被蔣經國告一狀，適逢其時，所以便倒楣了。這件事的內幕是這樣的：

三十七年八月政府發行「金圓券」以吸收民財之時，蔣經國奉命去滬監督兌換民間白銀、黃金、美鈔。蔣經國為此特在上海組織了一個「青年救國團」約數千人，分頭逼迫人民兌換，並借故查究商人販賣奢侈品。拘人、槍斃民命、查封商鋪，日有所聞。不肖之徒，乘機勒索，尤不勝枚舉。不到三個月，金圓券的幣值已不能維持，人心惶惶，舉國鼎沸，輿論尤嘖有煩言。蔣先生見搜括民財的目的已達，為平民憤起見，乃下令撤銷蔣經國的兌換機構，並飭其率領「青年救國團」赴杭州候命。不久，蔣先生即引退下野。適此時美國有一批剩餘物資（軍火）運抵上海。一批黃埔系軍官聞訊大喜，群起要求參謀總長顧祝同予以分配。顧向蔣先生請示，蔣堅拒批發。原來蔣經國意欲用這批美械來裝備他的「青年救國團」。蔣先生自然不便一下就發給蔣經國，只叫顧祝同將該批軍械運往浙江衢州，暫交經國保管。蔣經國遂令其副團長某負責執行。孰知這副團長是個潛伏的共產黨，後來共軍渡過長江向浙贛路急進，這批美械竟原封不動轉到共軍手中去了。

「青年救國團」在杭州無所事事。這批青年原來又是烏合之眾，良莠不齊，在杭州一帶橫行霸道，居民不堪其擾，紛向浙江省政府告狀。陳儀收到的人民控訴書不下數百份，正不知如何處理。適蔣經國由上海到杭州來向陳儀討給養，說請陳伯伯多多幫忙。本來省政府的經費是有一定的預算的，何況這「青年救國團」是私自成立的，並未向政府登記，這突如其來的數千人的給養，一時實不易籌措。據說，陳儀曾對蔣經國沉痛地說，我們既救國乏術，也不應盡情蹂躪自己的桑梓，吾人實無面目見浙江的父老。說了，從桌上拿起盈尺的控訴書遞給經國說：「你看裡面控告『青年救國團』的罪狀，較諸土匪有過之無不及。」經國接過來略為翻閱了一下，便放回桌上，一言不發，掉頭而去。經國素以「太子」自居，目空一切，今番不獨有求不遂，反而碰了一個大釘子，焉肯干休？乃氣沖沖地到溪口去向乃父告御狀，難免畫蛇添足，說陳伯伯抨擊「青年救國團」類似一群土匪，如此說來，經國是土匪的小頭目，而爸爸就是土匪的大頭目了。

蔣先生聞言，不加思索，即大發雷霆，立刻打個電話把陳儀罵得狗血淋頭。未等陳儀答腔，便把電話掛了。次日，湯恩伯便奉召到溪口，湯旋即親到杭州將陳儀撤職拘押，遺缺由湯氏暫派周喦代理。事有湊巧，那時有個閒散軍官是陳儀和湯恩伯的小同鄉，到省府求差事，陳因無法安插，就寫了一張便條，介紹給湯恩伯酌予錄用。湯即捏造事實，謂便條之外，陳儀並致意恩伯說，大勢已去，不必糜爛地方，倒不如開一缺口讓共軍渡江。這閒散軍官先被槍斃以滅口，這段駭人新聞曾刊載於滬上各大報。

這一類事，在蔣先生個人經歷上本是罄竹難書。不過現在他已下野，國事至此，他的惡習氣竟變本加厲。在南京的何應欽、顧祝同等，提到蔣先生這種作風，無不痛心疾首。但是何應欽心頭口頭雖然不滿，而對蔣先生仍不敢有絲毫違抗。我有時難免因何應欽的矛盾言行而詫異。何才據實告訴我說，他在南京早有特務跟蹤，他稍有不慎，即有殺身之禍！說來令人不寒而慄。

2

蔣先生最不可恕的干預，便是他破壞了政府的江防計畫。蔣先生原非將才，東北及徐蚌二役可說是他親自指揮垮了的。當時我和白崇禧力爭，徐蚌之戰應本「守江必先守淮」的傳統原則作戰，而蔣不聽，硬要在徐州四戰之地與共軍作戰，卒至一敗塗地。此次守江，雖已屬下策，但是我們究有強大的空軍和數十艘軍艦為共軍所無，若善加利用，共軍亦未必可以飛渡長江。無奈蔣先生無意守江，卻要守上海一所死城。執行他這錯誤戰略的，便是他最寵信而實際最膿包的湯恩伯。

一、二月之間，當共軍已逐漸迫近長江北岸時，國防部召開江防緊急會議，事前並由該部作戰廳廳長蔡文治中將擬就守江計畫，開會時提出討論。此次會議由參謀總長顧祝同主持，出席者有各級將領蔡文治、湯恩伯等人。我與何應欽也應邀列席。

首由蔡文治提出江防計畫。大意是說，我江防軍主力應自南京向上下游延伸。因為這一段長江江面較狹，北岸支流甚多，共軍所徵集預備渡江的民船多藏於這些河灣之內。至於江陰以下之長江江面極闊，江北又無支河，共軍不易偷渡，可以不必用重兵防守。此一方案，何應欽、顧祝同和我都認為十分妥洽。

但是湯恩伯卻大不以為然，聲言這方案大違總裁意旨。他因而另提一套方案，大體是把我江防軍主力集中於江陰以下，以上海為據點，集中防守。至於南京上下游，只留少數部隊以為應付，簡言之，便是守上海而不守長江。

蔡文治認為這是自殺政策，在戰略及戰術上均屬下策。無奈湯恩伯是掌有實權的江防總司令，他的防地上自湖口，下至上海，大軍四十餘萬人都在他一人節制之下。湯堅持他的守據點的計畫，並說：「這是總裁的方案，我必須執行！」

蔡文治說：「就戰略、戰術來看，我想不論中外軍事家都不會認為放棄長江而守上海是正確的。現在代總統、何院長、顧參謀總長都同意我們作戰廳的方案，為什麼你獨持異議？」

湯說：「我不管別人，總裁吩咐怎麼做便怎麼做！」

蔡說：「總裁已經下野了，你還拿大帽子來壓人，違抗參謀總長的作戰計畫，如果敵人過江，你能守得住上海嗎？」

湯恩伯至此已血脈僨張，完全失去常態，頓然把桌子一拍，大聲嘶吼道：「你蔡文治是什麼東西？什麼守江不守江，我槍斃你再說，我槍斃你再說……」說著，把文件一推便衝出會場，揚長而去。

蔡文治也氣呼呼地把文件收起來，連說：「這還能幹下去？這還能幹下去？我辭職了！」

我望著何應欽、顧祝同二人說：「這局面如何收拾？」

何、顧二人也苦笑說：「老總不答應，那又有什麼辦法，只有讓他垮呵！」他們所謂「老總」就是指蔣先生。

我當時便想湯恩伯只知道蔣先生，把我們李、何、顧三人不放在眼內，簡直不成體統。要阻止敵人渡江，首先要把湯恩伯撤職。但是湯氏手握重兵，何應欽、顧祝同又不敢哼一聲，我當然也無法撤換他，只好眼睜睜看他胡來。

在這種情勢下，我覺得蔣先生如繼續在幕後牽制下去，就必然要同歸於盡。我要挽回頹勢，則必須請蔣先生放手。因於四月十日作一親筆信請閻錫山、居正兩人帶往溪口與蔣先生面商。我在信內指出，如果蔣先生不採取適當步驟以挽救這種混亂局面，我本人唯有立刻引退，以免貽誤國家大事。閻、居返京後，所談不得要領，僅由張群傳話說，蔣先生擬往杭州，約我赴杭面談。但是此時正值緊要關頭，我何能分身，遂作罷論。

以後長江防務，自然由湯恩伯按蔣先生之意，作最不堪想像的愚蠢的部署。湯氏把他的三十萬精銳（第四、四十五、五十一、五十二、七十五等軍）悉數調往上海一隅，徵集民財，在四郊築碉防守。南京、鎮江、蕪湖一線，則以戰鬥力極為薄弱的部隊聊作應付。這種部署無異於開門揖盜，共產黨自然就更不願與吾人談和了。

三、四月間，我得到情報說江陰要塞司令戴戎光已祕密與共軍接洽，預備於共軍渡江時叛變響應。我特為此事與參謀總長顧祝同計議。顧認為流言不可輕信。因戴為黃埔學生，為蔣先生所倚重，故畀以江陰要塞司令的要職；而且顧祝同自言與戴為親戚，信其無他。

我說：「墨三兄，這年頭父子尚且不能相顧，親戚能靠得住嗎？為謹慎從事，我看還是把他暫時調開。」

顧說：「這事我不能作主，需要請示總裁才行！」

我知道請示蔣先生是多餘的，遂未多言。

孰知四月二十一日共軍渡江時，戴戎光果然叛變，利用要塞巨炮反擊我江防艦隊，艦隊或沉或逃，共軍木船乃蔽江而過。雜花生樹，群鶯亂飛的大好江南，頓時便赤燄熏天，無法挽回了。

戴戎光可能不純然為著五百根金條而叛變的。他叛變的最大原因，第一固然是覺得大勢已去，應該向共黨「立功投效」；第二可能是由於蔣先生授意「保存實力」，讓共軍渡江。共軍既渡，戴無處可退，就索性投降了。

上游敵軍則自蕪湖以西，大通、青陽一帶強渡。因為此地守軍都是劉汝明所部，戰鬥力十分薄弱，一見敵人登陸，或降或逃。中共大軍如入無人之境。南自江陰，北至蕪湖，以鉗形攻勢向南京進迫。

四月二十一日我召集何應欽、白崇禧、顧祝同等高級將領會商今後戰略。與會諸人莫不慨歎。因眾人皆清楚，蔣先生如不暗中掣肘，局勢不會一糟至此。由多方事實參證，我知道蔣先生是故意促成我早日垮台，愈快愈好。他惟恐我能守住長江，與中共周旋。時日延長，美國政府可能改變對華態度而大量助我。如此，則我李某人坐擁半壁河山，中共固無法南侵，而蔣先生的獨裁政權亦將永成歷史名詞了。

蔣先生生性便是極端狹隘的人，他斷不能坐視我取他而代之。他所以要把湯恩伯撤往上海，目的是要爭取時間，搶運物資。然後把湯部精華撤往台灣，另建一個小朝廷。

我們留在南京的將領，一致認為南京無法再守。但是白崇禧對防守武漢及西南半壁河山尚堅具信心。他主張放棄京、滬兩地，把湯恩伯的主力移至浙贛線和南潯線，與華中部隊約四十萬人成為犄角，以固守湘、贛，防止敵軍攻入西南。

我極同意白崇禧的計畫，何應欽、顧祝同也認為這是今後唯一的出路。但是蔣先生如果不同意這計畫，則一切皆是空談。大家乃決意於四月二十二日赴杭州一行，看蔣先生的意思如何。

行前，白崇禧便向我建議說：「今後局勢，如蔣先生不願放手，則斷無挽回餘地。你應乘此機會向蔣先生明白提出，蔣、李二人只能擇一負責領導政府，以期統一事權，而免拖泥帶水！蔣先生既已引退下野，應將人事權、指揮權和財政權全部交出。」我說，這正是我的意思。

四月二十二日晨，我們分乘專機三架飛往杭州，蔣先生已在筧橋航校等候。我們抵達之後，大家面色沉重，心情非常悲憤。我首先向蔣先生說：「你當初要我出來，為的是和談。現在和談已經決裂，南京馬上就要失守，你看怎麼辦？」

蔣先生說：「你繼續領導下去，我支持你到底，不必灰心！」嗣後，蔣先生總是盡量安慰我，要我務必繼續領導下去，他當盡其所能支持我，後來他又撇開眾人，領我到另外一間房裡繼續商談。我說：「你如果要我繼續領導下去，我是可以萬死不辭的。但是現在這種政出多門，一國三公的情形，誰也不能做事，我如何能領導？」

蔣先生說：「不論你要怎樣做，我總歸支持你！」

蔣先生說話的態度，真是誠摯萬分。我如對他提出任何要求，他都會一口答應。此時南京已危在旦夕，國之將亡，我們當國者的心境實有說不出的辛酸。在這種情況下，蔣先生既然一再說明，全盤由我負責，我如逐條列舉要他答應交出，反嫌小氣。我本人一向是個不為已甚的人，所以也只能輕描淡寫地提出。這是我不能破除情面的弱點。

不過，當時我縱然破除情面，和他攤牌，他逐條答應了，還是無用。我和蔣先生相處數十年，深知其久染洋場惡習的個性。他說話照例是不算數的，嘴裡說得再好聽，做起來他還是不會放手的。

我們在杭州的聚談就這樣結束了。當時外界不明真相，都把這一次非正式的談話叫做「杭州會議」。其實我們根本沒有開什麼會議，大家坐在筧橋航校會客室的沙發上談了一兩個鐘頭便結束了，沒有作任何具體的決定，因為蔣先生口口聲聲說，嗣後我們任何作戰計畫，他都完全支持。

談話結束之後，白崇禧隨即飛返漢口，何應欽堅決約我同去上海。我說我應該回南京去看看。我怕的是南京撤退時，我如不在場坐鎮，或許要發生搶劫現象，那我們就更對不起人民了。

四月二十二日傍晚，我從杭州返抵南京時，四郊機槍之聲不絕，首都已一片淒涼。平日最繁華的通衢大道，如中山路、太平路等地商民全部關門歇業，街上行人絕跡，只有少數部隊在作撤退的準備。城防部隊和市民聽說代總統仍在城內，人心尚稱安定，軍隊紀律亦佳，絕無敗兵擄掠的事發生。

當晚京滬衛戍總司令湯恩伯奉召來謁。我問他戰局現狀如何，湯說敵軍已迫近城郊，本晚或可無事，但務必請代總統至遲於明日清晨離京，以策安全。

在此同時，我派往北平的和談代表章士釗、邵力子等人竟聯銜來電勸我於共軍入城時不必離京，如嫌南京不安全，不妨逕飛北平，中共當遇以上賓之禮，竭誠歡迎。我知道我的和談代表在城破國亡之時，決心向共黨靠攏了。責他們臨危變節亦屬徒然，遂將電文擲去，未加理會。

入夜，南京四郊炮聲隆隆，機槍聲尤密，我知道共軍正在加緊進攻城外據點，我軍亦在掩護撤退。遂解衣而臥，一夜輾轉反側，未能入寐。四月二十三日清晨，湯恩伯又來電話，催促起飛。盥洗既畢，略進早餐，乃招呼總統府侍衛長李宇清備車往明故宮飛機場。總統府隨員三十餘人亦乘吉普車隨行，渠等多通宵未睡，面色惺忪而緊張。

車抵機場時，湯恩伯和首都衛戍司令張耀明已在機前迎候，專機馬達亦已發動。我與湯、張略談，便進入座機。飛機旋即升空，在南京上空盤旋兩周。斯時東方已白，長江如練，南京城郊，炮火方濃。駕駛員特入機艙請示飛航目標。我說，先飛桂林。飛機隨即轉翼向西南飛去。從此，南京就不堪回首了。

【第68章】

江南開門揖盜，廣州望梅止渴

1

當南京危急之時，除我和行政院院長、參謀總長及少數高級官員之外，政府本已全部遷往廣州。南京失守後，我臨時決定飛到桂林的原因，是看透了蔣先生如不肯放手讓我做去，則不論政府遷往何處，局勢絕無挽回餘地。南京三個月的慘痛教訓對我太深刻了。在蔣先生幕後控制之下，政治無法改革，軍隊無法調遣，人事無法整頓，軍政費無從支付，經濟完全崩潰，守江謀和的計畫無法實施。結果，開門揖盜，天塹長江，一夕而失。凡此種種，均係蔣先生有意出此，讓我早日垮台。

四月二十三日清晨離京之後，我默坐機上，只聞機聲隆隆，震耳欲聾，除此之外，則又似萬籟俱寂。瞻前顧後，不覺百感叢生，悲憤無已。思維抵桂之後，對大局將何以自處？深思熟慮之後，忽有所悟。自覺在今日的情況下，只有兩途可循，一即決心引退下野，以謝國人。按照憲法的規定，總統、副總統均不能視事時，由行政院院長代行其職權，並由立法院院長召集國民大會臨時會議，補選總統、副總統。然而我又顧及在此軍事潰敗之下，動輒失地千里，國民大會代表散處四方，欲湊足開會法定人數實屬不易，故欲走此路，顯有事實上的困難。另一可循途徑，便是與蔣先生公開攤牌，要求他切實履行諾言，保證絕對不再干預政治、軍事和人事，交出國庫中的金銀和外幣，好讓我盡心盡力挽狂瀾於既倒。然而實際上蔣先生絕難做到，所以我也深知選擇第二條路亦毫無把握。不過今日已到山窮水盡之時，在主觀上只有作如是想法了。

專機抵達桂林時，各界聞訊前來歡迎的仍是人山人海。當時高級軍政人員都知道局勢嚴重，他們一致認為在目前局面下，蔣先生既不肯放手，我斷然無力起死回生。蔣先生最後必要憑藉他優勢的海、空軍，退保台灣一隅，建立一個小朝廷。到那時，我們在大陸全部潰敗，恐怕想進入台灣謀一枝之棲也不可能。現在我既然在內戰中失敗，倒不如拿出體育家的風度，乾脆承認失敗，把軍政大權和平讓予中共，以免內戰繼續，生靈塗炭。

接連數晚，廣西省軍政領袖皆聚於我在桂林文明路的私邸內開時局談話會。最後且由廣西省參議會議長李任仁領銜，由廣西省教育廳廳長黃樸心主稿，寫了一封很長的建議書給我。該建議書的內容約分四點：第一、就大局來說，國民黨政權已至末日，積重難返，遲早必然崩潰，絕無挽回的可能。第二、廣西省內尚和平安定，桂籍軍隊亦尚有二三十萬人，據險而守，與中共作有條件的和談，中共投鼠忌器，是可能接受的。第三、廣西軍政領袖們一向與中央不睦，但與民革主席李濟深則友誼極深，現在亟宜運用李濟深居間斡旋，與中共言和。第四、廣西如想以實力與共軍對抗，無異以卵擊石，目前應不惜一切，委曲求全，與中共妥協。

在這份建議書上簽名的文職人員，除省主席黃旭初之外，可說全部簽署；武職人員，除正在前方統兵作戰的將領之外，亦全部簽名。領銜人李任仁尤其是物望所歸。任仁為早期廣西優級師範的畢業生，清末執教於會仙墟兩等小學，曾為白崇禧的老師，為人淡泊明志，與世無爭，極為各界人士所推重。他因為看不慣蔣先生的作風，憤而加入民革，被選為中央委員。此次他把這份建議書交給我時，便一再地說：「失敗已經注定，我們為什麼不能放下屠刀，卻要把這害國害民的內戰堅持到底呢？」任仁並強調說：「德公，蔣先生在大陸上垮台，尚有一台灣可以負隅，你如在大陸上失敗，則一條退路都沒有，又何苦堅持到底呢？」

他們這份建議書所持的意見，以及李任仁向我建議的各點，都可說理由充分，無懈可擊。各建議人的態度尤其忠耿可親，無奈我個人無法轉變。西方人處此絕境，他們會順應環境，罷兵投降；中國人除少數貪生怕死的懦夫，或全無主張的投機分子也會「陣前起義」，叛變投敵之外，正直有為之士，多半主張「不成功即成仁」，決不靦顏事敵。我國的傳統道德是謳歌「

斷頭將軍」，而鄙視「降將軍」。我當時的心境也是頭可斷，血可流，而志不可辱。任憑他們的說辭是如何地順理成章，我內心也知道，我們的失敗已經注定，自覺我方無一項可站得住的。內政、外交、軍事、財政，同處絕境，斷無起死回生之望。但是我仍然強詞奪理，駁斥他們的投降論。

不久，白崇禧、夏威、李品仙等亦皆趕回桂林，一致反對投降。白崇禧尤其聲色俱厲，痛斥投降論者。黃旭初更因黃樸心意志頹喪，動搖人心，而將其撤職。一般主和人士見到這種「三軍可以奪帥，匹夫不可奪志」的情況，知道多言無益，大家只有重振精神，追隨我們和共軍作戰到底。

今日回思，深覺我們當時明知事不可為，純以意氣用事，與共軍火併到底，致軍民多受不必要的犧牲和痛苦，真是罪孽不淺啊！

2

我在桂林既不願去穗，在穗高級人員何應欽、閻錫山等均函電飛馳，敦請我赴廣州坐鎮。五月二日廣州中央並推居正、閻錫山、李文範三人隨白崇禧飛桂林促駕。

白崇禧自在杭州晤蔣後，逕返武漢，主持華中戰事。我返抵桂林後，即電約白氏返桂一晤，商討今後華中方面的防務。白崇禧於四月二十九日自漢飛桂，因天氣關係，無法降落，改飛廣州。五月二日遂偕居、閻、李三人來桂。

白崇禧來桂之後，見我意志消沉，痛苦萬分，非常同情我的處境，一度與我密談。謂蔣先生既不肯放手，處處掣肘，倒不如由我敦請他重新出山，主持大政，俾卸仔肩。我說，此事萬不可行。現在已是憲政時期，吾人必須維護憲法的尊嚴。今蔣氏已引退下野，即為一介平民，若不經國民大會的合法選舉而私相授受，由我勸他復任總統，則我將為千古的罪人。白氏見我態度異常堅定，遂不再言。此消息不久即不脛而走，傳到外面去，對蔣先生可說是正中下懷。他聞訊之後，當然喜出望外。嗣後某次，蔣先生由台北飛廣州，住在黃埔軍校舊址，特電約白氏見面，很親切地對白說，只要我們兩人合作，大局仍有可為。民國十六年我下野，旋復職與你合作，即能完成北伐大業。其後因政情複雜，又分道揚鑣。及至民國二十六年恢復合作，而把日本打敗，收復失土。此皆有力的例證，今後亦然云。到政府遷重慶，蔣先生復職已有呼之欲出之勢，並有白氏出任行政院院長之謠傳，甚至說我與白崇禧意見相左，其實都是蔣先生故弄玄虛的無聊伎倆，殊屬可笑。

居、閻、李三人皆是黨國元老，早年追隨中山革命，也可說是民國締造者之一，如今眼見大好河山陷共，心頭抑鬱，非言可喻。閻錫山於民國元年即任山西都督，治理山西垂四十年，如今被中共逐出山西。太原城內巷戰時，屍填溝洫，閻錫山說來，情感激動，竟至老淚橫流。他勸我以國家為重，速赴廣州，領導反共。居、李二人亦以此相勸。他們三人對蔣先生歷來的作風，均感不滿，對我的處境萬般同情。我便坦白地告訴他們，蔣先生幕後不放手，我絕無法亦無此能力領導，只有急流勇退之一途。三人都說，他們來桂之前已得到蔣先生的保證，說五年之內決不干預政治，希望李代總統領導下去。

五月三日行政院副院長朱家驊與海南島軍政長官陳濟棠亦銜蔣之命來桂相勸。陳、朱二人皆說，蔣先生已決心將軍、政、財大權全部交出，他決不再在幕後操縱。閻錫山並自告奮勇，願親赴上海一行。因蔣先生此時正在吳淞口一軍艦上指揮湯恩伯防守上海。行前，復由他們五人磋商，擬出六條方案，由閻錫山面請蔣先生作確切的保證，為我飛穗重主中樞大政的先決條件。這六條方案的內容大致如後：

第一、關於指揮權者：力求扭轉軍事頹勢，國防部應有完整之指揮權，蔣先生不得在幕後指揮；

第二、關於人事權者：全國官吏任免，由總統暨行政院院長依據憲法執行之，蔣先生不得從幕後干預；

第三、關於財政金融者：中央金融、企業等機構，概由行政院主管部會監督，任何人不得從中操縱，中央銀行運台存貯之銀元、金鈔，須一律交出，支付軍政費用；

第四、關於行政範圍者：各級政府須依據憲法規定，向總統及行政院院長分層負責，不得聽受任何個人指導，在穗之政府機關，應率先奉行；

第五、關於黨政者：國民黨只能依普通政黨規定，協助指導從政黨員，不得干涉政務，控制政府；

第六、關於蔣先生今後出處：希望蔣先生暫時出國赴歐美訪問，免礙軍政改革。

關於第六點，原非我的意思。我只要蔣先生真能放手，讓我以大刀闊斧的手段來加以興革，我絕無心逼他出國。不過當時與會諸人，為要急於勸我去穗，仍主張把這條加入。

五月四日閻錫山便專機飛滬，在上海和蔣先生長談三日。五月七日返桂，說我們所要求各條，蔣先生完全同意，一切權力交出，他五年之內，亦不復過問政治。但是蔣先生希望能居留台灣，因國家敗亡至此，他覺無顏出國見友邦人士云。

局勢發展至此，使我無話可說。我深知蔣先生往往自食其言，我為希望蔣先生交出大權而去廣州，可能是望梅止渴，但是我說的話卻不能不算數。蔣既有此諾言，我就應赴湯蹈火。遂於五月七日南飛廣州，為防止中國赤化，作最後五分鐘的努力。

3

我在桂林雖僅逗留兩週，然此兩週間，共軍在江南的戰事直如疾風掃落葉。我飛廣州時，共軍前鋒已入福建境內。湯恩伯的江防計畫是將主力配備於鎮江以東。全線最弱的一點，為蕪湖以西的大通、貴池一帶。該處守軍為戰鬥力極弱的劉汝明第六十八軍和安徽保安隊。

共軍的渡江戰略便是針對這個防線的弱點而部署的。四月二十一日，中共分兩路自江陰和大通江面大舉渡江。由於戴戎光叛變，陳毅部大軍二十餘萬，一槍不發便佔領了江陰要塞，切斷了京滬路。湯恩伯部未作激烈抵抗，便將主力約三十萬人悉數撤入上海。鎮江、南京、蕪湖間未及東撤的部隊十餘萬人，則向浙江西部撤退，為共軍追擊，逐一包圍消滅。

上游敵軍則由大通、貴池一帶強渡，劉汝明無力阻遏，全軍向皖南及贛東撤退。共軍人多勢猛，乘勝窮追，六十八軍大部被殲，劉汝明率少數殘部遁入閩北，安徽保安隊瞬被消滅，皖南、浙西遂成真空狀態。共軍一日夜強行軍二百餘里，五月初遂佔領貴溪、弋陽，一舉切斷華南大動脈的浙贛路。

自五月五日至五月十日五天之內，共軍連下上饒、玉山、江山、衢州、龍游、湯溪、金華、義烏等縣。浙西國軍後路被斷，無法向江西撤退，援絕糧盡，乃紛紛向共軍投降。據中共新華社於五月十七日所宣布的戰果，國軍在此區域被消滅的，計有第四、二十、二十八、四十四、五十一、六十六、六十八及一〇六各軍的全部，九十六軍的大部，八十八軍的兩個整師，四十六軍的一七四師以及張雪中第九編練區所轄第十二、七十三、七十四、八十五四個軍的全部，第十八、二十一、五十四、七十三及九十九各軍的一部。六十六軍軍長羅賢達和安徽保安司令張義純被俘。

這次江南的潰敗，可以說是空前的。我軍有時一日夜退二百里，共軍追擊的速度有時一日夜達二百華里以上，四處設伏，邀擊包圍我軍。雙方並無激烈戰鬥，我軍便俯首投降。

從軍事學觀點來看，此次的大混亂實全由蔣、湯二人不知兵所造成。前已言之，我和白崇禧的戰略，原是以南京為中心，以重兵向上下游延伸，阻敵渡江。萬一守江失敗，則放棄上海和南京，將大兵團沿浙贛路配備，與華中區大軍成犄角，作有計畫的西撤，退保西南五省以待變。

如果按照我們的計畫執行，則我們可以逐漸形成抗戰期間的敵我形勢。劉伯承雖十分剽悍，亦斷不能對我軍直如摧枯拉朽一般。

無奈蔣先生堅持以主力守上海一隅，而皖南方面又故意使其成為真空狀態。以故劉伯承一旦渡江，便如入無人之境，沿鄱陽湖東岸長驅直入，至五月中旬竟侵入閩北，致使白崇禧所指揮的華中防地形成劣勢的突出狀態。值此緊急時期，白崇禧仍圖補救，曾急電蔣先生，請將株守上海的精銳部隊速由海道撤往汕頭，聯合自青島南撤的劉安祺第九兵團約五六萬精銳部隊，自閩南、粵東北上，堅守大庾。而蔣先生不聽。

當上海不堪再守時，蔣把部隊先撤至舟山群島，逐步撤往台灣，劉安祺兵團則撤往海南島。坐視白崇禧的華中區戰事日趨惡化而不聞不問。

還不止此。當浙西戰事接近尾聲，共軍已有侵贛企圖時，蔣先生突令原在吉安、贛州之間駐防的胡璉兵團撤往粵東避戰，南昌一帶頓受威脅。白崇禧為搶救此一裂罅，乃將原守鄂東的徐啓明兵團迅速南調，鄂東遂拱手讓予共軍。而武漢三鎮更形突出，白崇禧乃不得不作撤守武漢的打算。

武漢既不可守，湖南便受威脅。駐守湖南的兩位湖南將軍——程潛、陳明仁，為恐桑梓糜爛，遂暗中與敵勾結，整個西南的抗共部署便瓦解了。

共軍之所以能席捲江南，奄有全國，並非他們有天大的本領，能使我軍一敗塗地，實因蔣先生自毀長城，開門揖盜之所致。蔣先生原是一位低能的戰略家，由他親自指揮而吃敗仗，本不算稀奇。不過此次江南之敗，似非由於他指揮低能之所致，細研全局，我深覺他是故意如此部署，以促使我早日垮台。

蔣先生引退時，我原堅持不就，他定要我出來支撐殘局；及我勉為其難，他又在背後處心積慮地要我從速垮台。其居心何在，只有讓後世史學家去細細探討了。

【第69章】

自我毀滅的西南保衛戰

1

五月八日我自桂林飛抵廣州，隨即發表書面談話，聲明中共破壞和談，一意孤行，政府只有作戰到底。可是廣州此時情況較南京尤為艱難，蔣先生所開的空頭支票，一張也不兌現。通貨膨脹尤無法阻遏。行政院曾派副院長朱家驊兩度飛台謁蔣，希望能動用一點存台的銀元、黃金與美鈔，以安定金融，均無結果。

斯時唯一的希望，只有美援一途。美民主黨政府如能於此最後五分鐘改變對華政策，則西南川、滇、黔、湘、桂、粵、閩七省，或許不致土崩瓦解。但是我每次電詢駐美顧大使，顧氏的覆電均不著邊際。為搶救危局，美援實刻不容緩，非加派專使赴美直接接洽不可。因電召甘介侯博士於五月十三日自港來穗，擬具計畫，任代總統私人代表，以專使身分赴美一行，向杜魯門總統及艾奇遜（Dean Gooderham Acheson）國務卿作最後的呼籲，甘君卒於五月十九日自香港東飛。

但是戰局至此，政府方面已瀕臨絕境。白崇禧的華中戰區為全盤戰事的心臟，得失關乎整個大陸的存亡。而白崇禧此時外臨強敵，內有反側，也已岌岌不可終日了。再原來當白崇禧出任華中軍政長官時，所轄地區為豫、鄂、湘三省，到徐蚌會戰敗績，國防部乃根據戰局演變的形勢，重新釐訂華中戰區的作戰地境，擬將江西劃歸白崇禧指揮。無奈蔣先生別有用心，強迫國防部另成立一個「東南軍政長官公署」，派陳誠為東南軍政長官，駐於台北，而將江西劃歸其指揮。當五月初旬，共軍渡江，自皖南真空地帶竄入浙西、贛東一帶，有南下切斷浙贛路的企圖時，白崇禧見局勢劇變，遂商承國防部的同意，雙方同時致電駐於上饒一帶的胡璉兵團（共轄第十及第十八兩軍精銳部隊約五萬人），略謂如上饒不守，可撤往贛江上游地區，協同華中區友軍據險防守。國防部並通令胡璉兵團，著撥歸白崇禧指揮。如此則可阻止敵人西入贛南、南下粵東的企圖。不料胡璉竟直接奉蔣先生的密令，率所部速循民國十六年賀龍、葉挺在南昌「八一暴動」後南竄的舊路，取道撫州、汀州，直退潮、汕，以保存實力。贛南因此空虛。敵人如銜尾追來，即可切斷浙贛路，直搗南昌，威脅長沙。

為彌補胡璉所造成的裂罅，白崇禧乃急調原自安慶撤往鄂東的夏威兵團（轄第七、第四十八兩軍精銳部隊約五萬人）的第四十八軍，南下到贛江兩岸防守，共軍才不敢深入。但是鄂東既兵力單薄，第七軍乃不得不撤至武漢，敵軍遂威脅九江，會同平漢路正面的共軍第四野戰軍的精銳部隊，自三面向武漢合圍。

我自桂林到穗，即會同何應欽、白崇禧擬針對目前危局，將全國軍隊自寧夏、甘、陝，以至鄂北、湘北、贛南、粵東、閩西，通盤重新調整部署，以便與共軍作有計畫的長期作戰。

關於西北方面的新部署：我們原擬調察哈爾的孫蘭峰兩騎兵旅和綏遠的董其武部共約三萬人退守寧夏。董原為傅作義的部屬。傅在北平投共時，原與中共簽有和平協定，但共方入據北平之後，未能充分履行協定，以致傅部駐察、綏的孫蘭峰和董其武兩部官兵有所不滿，而遲疑不願接受改編。所以我們有意令其西撤，以便縮短戰線，加強防守實力。

原駐寧夏、青海一帶的回教將領馬鴻逵、馬鴻賓、馬步芳等部，我們原擬令其南撤至陝、甘一帶，而原駐陝、甘的胡宗南部號稱精銳部隊六十萬人，則調至鄂北、鄂西一帶。原駐鄂西的川湘鄂綏靖主任宋希濂部兩個兵團（鍾彬、陳克非）約十餘萬人，則移防湖南西北部。另調胡璉兵團與新自青島南撤的劉安祺兵團，以及江西省主席方天所部，防守贛南、粵北一帶。如上海不守，則取海道南撤的湯恩伯部，也調至汕頭登陸，進駐閩西和粵東潮、梅一帶。廣州城郊方面的防務，則由余漢謀所部和薛岳的省保安團擔任，由陸軍總司令張發奎統一指揮。

至於武漢至長沙一帶的粵漢路正面，則由白崇禧華中戰區的部隊擔任，蓋華中戰區此時尚有能戰之兵二十餘萬人。張淦、魯道源兩兵團原守武漢，陳明仁和張軫兵團則布防於鄂南、湘北，黃杰和沈發藻兵團，則駐於湘東及贛西南一帶。

此項調整如果實現，則我方防線自寧夏、甘肅、西安，經鄂北、湘北、南昌，至粵北、閩南，一字長蛇，未始不可與共軍作最後的周旋。如運用得宜，美援適時而至，則將來鹿死誰手，猶未可預卜。

無奈在背後操縱的蔣先生，無論如何不讓此計畫實現。前已言之，胡璉兵團一遁而不復返，劉安祺兵團擅自從青島撤往海南島，國防部連電北調，則均抗不從命。後來湯恩伯放棄上海，所部退入舟山、大陳，亦拒不入粵。致使我們原擬派陸軍總司令張發奎統一指揮贛南、粵北一帶的計畫無從實現。

五月上旬，原自河南撤往湘北的張軫兵團忽有叛變跡象。白崇禧不得已，於五月十七日放棄武漢，回師解決張軫。張軫率殘部北遁，加入共軍第四野戰軍，回戈反擊白崇禧。白崇禧乃遷華中軍政長官公署於長沙。仍擬以張淦、陳明仁、黃杰等兵團守武長路正面，以徐啓明兵團（徐原為第七軍軍長，續夏威為兵團司令）守贛西為右翼；另以宋希濂部自沙市南撤至常德、芷江一線為左翼。再以由長江退入洞庭湖的海軍為輔佐，構成一堅固防線以阻共軍第四野戰軍南下。

在何應欽、白崇禧二人想像中，均認為我軍左翼可萬無一失。蓋宋希濂部十餘萬人，彈械充足，其防地又左依湘西的大山，右靠洞庭湖，共軍短期內絕無法入侵。不料宋希濂竟不聽命令，擅自將全軍撤至鄂川邊境的恩施，致使常德、芷江一線門戶洞開。共軍如乘隙南下，即可將白崇禧的主力包圍。何應欽見情勢急迫，乃以長途電話命令宋希濂，按計畫迅速撤往湘西。

何應欽那時是行政院院長兼國防部部長，負責指揮全國軍事。孰知宋希濂態度傲慢，抗不從命。當何氏一再強迫其調兵南下時，宋說：「我撤到恩施去是老總的命令！」

他所謂「老總」，就是蔣先生。

何說：「恩施一帶並無敵人，你到那裡去實無必要！常德一帶異常空虛，你如不來，湖南戰事就不可收拾，你到恩施也是絕路。」

宋說：「我管不了許多，老總要我怎麼辦，就怎麼辦！」

何說：「我是行政院長兼國防部長，負責指揮全國部隊，你必須服從我的命令！」

宋氣憤地說：「我就不知道什麼行政院長，國防部長。」說畢就把電話掛了。

何應欽氣得面孔發紫，立即趕來向我報告說：「這成什麼體統，這成什麼體統！我有生以來也未受過這種侮辱！」

何、白二人的保衛華南計畫既一挫於胡璉的南撤，再挫於宋希濂的抗命，則華中戰區的徹底瓦解，將為必然的後果。何應欽見勢難挽回，再加以政治、經濟諸多問題的無法解決，乃向我堅請辭職。最初我曾經誠摯地挽留，立、監委聞訊亦群起籲請何氏打消辭意。何氏最後竟以最沉痛的語調對我說：「德公，如要我繼續幹下去，我只有兩條路可走：一就是逃亡，二就是自殺。」

他求去的意志既如此堅決，我強留也無益，立、監委也不再勉強，我乃於五月下旬批准他辭職。

何氏在黃埔系中的地位僅次於蔣先生。何氏去後，黃埔系的將領益發不聽命令，戰局就更不可收拾了。

2

值此緊要關頭，湖南省主席程潛和第一兵團司令陳明仁的態度忽起變化。白崇禧知道他二人異動在即，便將張淦兵團撤出長沙，設防於長沙、衡陽之間，並遷華中軍政長官部於衡陽。程潛、陳明仁和客串的唐生智等早與共軍暗通款曲，準備「起義」已是公開的祕密。白崇禧為作最後五分鐘的挽救，於六月下旬隻身飛往長沙，希圖說服程、陳兩氏，不可臨危變節。

程潛和陳明仁有一批部下急於向中共邀功，認為白崇禧今番自投羅網，正好將其劫持，獻於共軍。據說唐生智主張尤力。所幸程潛和陳明仁都還算是有為有守的正派人，陳明仁尤其因為在東北蒙冤莫雪時，白氏對他的扶植，曾使他感激涕零，故白氏留長沙數日，他們對白還盡量敷衍周旋。白氏心知環境險惡，但他還強作鎮定，言笑自若。最後上飛機時，陳明仁還親赴機場送行，才結束了這驚險的一幕。

白氏返衡陽後不久，程、陳、唐遂正式聯名通電易幟。他們三人都曾參與白崇禧華中戰略部署的機要，又都是湖南人，對本省地形和國軍部署瞭如指掌。共軍五萬餘人遂在我叛將指點之下，入侵湖南，威脅華中戰區的左翼。白崇禧固早已預料及此，他在返抵衡陽之後，即將湘南防務重行調整。入侵共軍竟墮入白氏預設的包圍圈中，被國軍包圍於寶慶以北的青樹坪。血戰兩日，共軍終被擊敗，為徐蚌會戰以來，國軍所打的唯一勝仗。自此共軍為整理部隊，消化既得戰果，對白部不敢輕犯，白崇禧因得在衡陽一帶與共軍相持達三月之久。

但是整個局勢發展至此，已無法挽救。白崇禧固然是一位卓越的戰將，但「巧婦難為無米之炊」，所部在衡陽糧彈兩缺，孤立無援。

上海於五月二十七日棄守時，何應欽、白崇禧曾一再電請蔣先生將精銳部隊由海道調至汕頭，北上布防，以阻共軍入粵，而蔣氏不聽。待共軍攻大庾時，胡璉兵團竟由汕頭乘船退至廈門，最後渡海撤至金門、馬祖等島嶼，使粵東完全空虛。行政院院長閻錫山為鞏固廣州防務計，屢請蔣先生把劉安祺兵團從海南島調至廣東增防；廣州人民團體更函電紛馳，作此呼籲。蔣先生雖口頭答應，劉兵團卻遲遲不來，終至粵局無可收拾。

七月下旬共軍在贛南發動攻勢，守吉安的徐啓明兵團及第四十八軍孤立無援，白崇禧乃將徐啓明兵團調入湘南，共軍遂陷吉安，南下攻擊贛縣。原守贛縣的沈發藻兵團不支，八月十六日贛縣遂為共軍所陷。

沈發藻兵團在名義上雖轄有第二十三和第七十兩軍，事實上這兩軍等於空番號。沈氏所部只是一些新成立的部隊，彈械兩缺，戰鬥力異常薄弱。自贛縣南撤後，沈軍遂退守粵贛交界的大庾嶺，阻共軍南下廣東。此時原在粵東一帶的胡璉兵團如接受國防部命令，協守大庾，劉安祺兵團再適時趕到，則共軍於短期內絕無翻越大庾嶺的可能。無奈蔣先生硬要破壞此一防守計畫，致大庾天險，瞬亦拱手讓敵。九月中旬，共軍第四野戰軍自贛南分兩路南下侵粵。一部突破大庾防線，沿北江而下，直趨曲江；一部自大庾以東突入粵東真空地帶，直趨廣州。廣東防線未經任何激烈戰鬥，便土崩瓦解了。

3

在此期間，西北防線在中共政治與軍事雙重攻勢之下，亦土崩瓦解。傅作義原駐察哈爾的孫蘭峰和駐防綏遠的董其武兩部軍隊共約四萬人，既不肯接受中共改編，而且共軍主力的四個野戰軍中，除彭德懷第一野戰軍滯留西北地區對付胡宗南和馬鴻逵、馬鴻賓、馬步芳等回教部隊之外，其他劉伯承、陳毅、林彪的第二、第三、第四三個野戰軍早已渡長江，深入東南和西南地區作戰。以故毛澤東深恐發號施令的北平受到威脅，乃特派傅作義率大批政工人員到察、綏向孫、董暨軍民人等進行廣泛的安撫說服工作，並許以若干優待條件。我政府聞此消息，立即採取對策，遴選要員中委徐永昌於五月中旬飛往包頭，邀傅作義、孫蘭峰、董其武等將領晤面，進行拉攏工作。因徐、傅二人均屬山西籍，誼屬同鄉，民國十七年北伐完成後，又同為閻錫山將軍的重要幹部，私交甚篤。徐氏負此使命，應可勝任愉快。中央同人原希望由傅作義率孫、董兩部軍隊撤往寧夏，至萬不得已時，即退守甘、陝，甚至退入四川，作困獸猶鬥的打算。不料形格勢禁，在大局急轉直下之際，所謂形勢比人強。徐、傅諸人在包頭雖曾一度於嚴肅暗淡的氣氛中集會，首由徐永昌申明其前來的意義與目的，繼由傅作義慷慨陳詞，略謂國軍已至「兵敗如山倒」的絕境，民心軍心已去，敗亡僅指顧間事。即使勉強將察、綏殘餘之眾撤至寧夏，或甘、陝，甚至四川，亦無補於大局的危亡，徒增軍民的痛苦與犧牲。倒不如聽天由命，替國脈民命保存一點元氣之為愈。兼以傅作義秉性誠實，不願二三其德，做朝秦暮楚的小人。就這樣結束了這場小小的政治鬥爭。徐永昌既不能完成任務，中央同人的希望自是徹頭徹尾地消失了。平心而論，傅君不無先見之明，故吾人亦諒解其處境與苦衷。嗣後韓戰爆發，聞董其武曾率領所部參加韓戰，戰果頗佳，為中共政權所嘉許云。此是後話。

察、綏局面演變至此，益陷西北的回教部隊於孤危，蔣亦存心使其毀滅。蓋馬鴻逵、馬步芳等與白崇禧同為回教徒，一向對白極為尊崇。如胡宗南部遵令南調，他二人亦願死守陝、甘。是年夏初，國防部曾令二馬派其騎兵勁旅南下渡涇河，肅清該處的共軍，並嚴令胡宗南與馬氏約定日期，出兵作呼應，且派空軍助戰，以鞏固涇河兩岸的防地。孰知馬軍渡過涇河後，胡宗南竟因蔣的密令，不肯出兵接應，駐紮西安的空軍亦不見蹤影，致馬軍為共軍所乘，損失極大。二馬以胡宗南不獨公然違抗中央軍令，且對友軍背信忘義，憤恨達於極點。尤以馬鴻逵為甚，一面電呈中央，力辭所兼軍政各職，一面著其堂兄馬鴻賓軍長從權暫行代理其所辭各職。同時不惜重大代價，租賃陳納德（Claire Lee Chennault）主辦的「中國民航大隊」飛機，將其積蓄的金銀財寶運至香港，隨即到美度其寓公生活。馬鴻賓旋因大勢已去，獨力難支，乃通電擁護中共政權，被中共委為寧夏省政府副主席。青海省主席兼軍長馬步芳則不受中共的威脅利誘，彭德懷乃分兵進攻西寧。而馬步芳性極倔強，即集中所部七八千人於西寧一帶，企圖死裡求生，背城一戰。殊不知此在戰略上已屬失著，因外無援兵而死守孤城，何異甕中之鼈，且馬步芳的才能亦非彭德懷的敵手（若馬氏採用運動戰術，則當可發揮牽制的作用）。以故激戰數日，城被攻破，演成全軍覆沒的慘劇。馬步芳狼狽逃至機場，乘機到香港，僅以身免，為西北地區剿共戰役中的失敗的最慘烈者。後來，他曾到廣州向我請罪，旋赴回教聖地麥加過其流亡生活。

於是，毛澤東派前議和首席代表張治中飛蘭州，進行綏撫工作；同時命令彭德懷分數路向陝、甘進兵。除陶峙岳所部遠戍新疆的迪化，和原屬西北系之×××將軍❶易幟為中共改編之外，其餘甘肅省主席郭寄嶠和胡宗南所部主力不下四十餘萬人，概不敢戀戰，聞風潰退四川。共軍遂得隴而望蜀了。

綜計此次西南保衛戰，尤其是全局關鍵所在的華中戰區的失敗，實係蔣先生一手造成。蔣先生何以處心積慮要把白崇禧弄垮呢？其中最大可能是由於美國政府曾透露消息，將對中國反共有效的地方政權給以援助。蔣先生深恐白崇禧在華中站穩了，美國乘勢改變政策對我大量援助，則他將永無重攬政權之望了。所以他要使我的政權早日垮台，好讓他在台灣重起爐灶，運用美援，建立一個小朝廷，以終餘年。居心可誅，一至於此。所以我在一九五四年（民國四十三年）反對他「連任」總統時，曾寫一長信給他。信中說：「並在緊急關頭，竟密令防守湘西之宋希濂兵團西撤鄂西，扼守贛南之胡璉軍南撤汕頭，置戰區司令長官之命令於不顧。國防部原令撤退青島之劉安祺軍南下增援粵北，吾兄則密令開赴海南島，結果等於開門揖盜，共軍遂得乘虛而入，可為反攻基地之西南，因之瓦解，言之可痛！」便是指這一段慘痛的史實！

注釋

❶這位「將軍」的姓名原稿是空著的。據查史料，此人可能是馬步芳的嫡系馬呈祥，當時他擔任整編騎兵第一師師長。——編者注

【第70章】

在粵之最後努力，對蔣之沉痛教訓

1

在全國軍事潰敗聲中，廣州內部的政潮亦正有增無已。首先使我感到困難而疲於應付的，便是何內閣於六月間辭職以後，新內閣繼任人選的問題。

首先我想到居正。居氏是黨國元老，為人正派，敢作敢為。對蔣先生的態度一向不亢不卑，非阿諛奉承之輩所能及。撐持廣州危局，居氏實是比較理想的人選。居氏如組閣，則蔣氏不易在幕後違法操縱。此外，蔣、居之間尚有一段不愉快的歷史。據居告我，民國二年「二次革命」前，中山先生派他出任山東民軍總司令，蔣先生曾活動想到居氏司令部任參謀長，為居所拒絕，不克如願。嗣後，民國十八、十九兩年全國反蔣運動進入高潮時，居亦嘗有反蔣論調，深為蔣先生所忌，一度被軟禁於上海。故當我提居正繼何，蔣先生即授意CC系立委設法阻撓。同時居氏本人對組閣並無興趣。他向我建議說，現在既已行憲，何不找民、青兩黨的領袖來擔任行政院院長?他主張在張君勱、曾琦、李璜等人中遴選一人，我說：「曾、李等人資望似嫌不夠，君勱具有資望，但他未必肯幹。」居說：「我去找他談談。」張君勱那時住於澳門，居遂祕密去澳訪張。張君勱聞言大驚，力辭不就。居、張正商談間，李璜適來訪張，也說君勱幹不了。居正知不可相強，便回來了。我又力勸居氏勉為其難，居正也答應了。但是對立法院的同意問題，他本人則未作絲毫活動。我認為立法院對居氏組閣當無異議，亦未加注意。孰知我於五月三十日向立法院提名居氏，竟以一票之差未獲通過。此時，支持居正的桂籍立委韋永成、張岳靈二人正自香港啓程來穗開會，他們以為投票時間在三十日下午，不意大會在上午投票。他二人如果早幾個鐘點抵穗，居正就可以一票超過半數而組閣了。

居氏落選後，陸軍總司令張發奎等主張再提名，更有一部分立委主張電召白崇禧返粵，組織軍人內閣。此二建議皆未被我採納。第一、我不願堅持己意而貶抑立法院，致損「法治」的尊嚴。第二、我認為白崇禧在前方指揮是最適當的人選，不宜內調。最後不得已，乃改提閻錫山。閻錫山於太原即將被圍之時，隻身入京，後隨政府南遷。閻善於觀風轉舵，素以手腕圓滑著稱。以他出長行政院，自為蔣氏所喜。所以一經提名，立刻便得到立法院的絕大多數同意而正式組閣。

閻錫山組閣後第一項難題，便是如何解決經濟問題。財政部部長劉攻芸因擬起用存台金銀以安定金融，為蔣所呵叱，憤而辭職。閻錫山請前財長徐堪重主財政，徐氏竟欣然承諾。徐堪接事後第一項措施便是收回「金圓券」，改發「銀元券」。按政府預算，每月須支出軍費三千萬銀元，政費一千五百萬銀元，合計四千五百萬銀元。但國庫的收入，每月僅一千萬銀元，不足之數，每月達三千五百萬銀元。政府的計畫便是以台灣的庫存作「銀元券」的兌換準備金。如蔣先生能同意這個計畫，則「銀元券」未始不可維持一二年，不致重演惡性通貨膨脹的悲劇，民心士氣亦可賴以保持，則死裡或可求生。

至於政治方面，粵籍將領都主張簡化政治機構，使廣東綏靖主任余漢謀和廣東省主席薛岳能掌握實權，實行軍政配合。粵主席薛岳尤竭力慫恿內政部部長李漢魂將廣州市府改制。因廣州為一直轄市，市府與省府平行。今因軍事的影響，致廣東全省的稅收不及廣州一市，而省府、市府同城而居，機構疊床架屋，尤無此需要。故薛岳為便於掌握戰時行政起見，主張將廣州由直轄市改為省轄市。

至於防守廣東的軍事措施，國防部最初的計畫擬充分利用胡璉、劉安祺兩個兵團配合白崇禧的華中部隊，堅守湘南、粵北，當時更有人主張必要時將白部調入廣東，在廣州設立總部，居中調度。凡此均由行政院院長兼國防部部長閻錫山作縝密計畫，直接處理。我因實行責任內閣制，除按例蓋印之外，不加干預。

不過身居幕後的蔣先生卻要作更進一步的積極控制。七月十四日他忽自台北率大批隨員專機飛穗。自七月十五日至二十日，以國民黨總裁身分在梅花村陳濟棠舊寓召集一連串的會議。最後以「中國國民黨中央常務委員會」名義通過議案，設立一項法外機構叫做「中央非常委員會」，由中常會選他做主席，我做副主席，張群、閻錫山、吳鐵城、吳忠信、陳立夫等為委員。洪蘭友、程思遠分任正、副祕書長。這完全是蔣先生為加強他對黨政軍的直接控制，而特地設置的疊床架屋的機構。數月以來，他在幕後的非法操縱已加速了政治、軍事、財政的崩潰；如今他再利用此一「非常委員會」加以控制，尤將使大局從速崩潰。我對蔣此舉深覺痛心，然而顧全大局，未便與蔣先生公開齟齬，隱忍了事。但是副祕書長程思遠卻萬分消極，他參加了一兩次會議之後，便去香港居住了。根據憲法，行政院按既定計畫推行政務，總統的職權只是在各種法令頒布之前蓋印副署而已。今蔣先生妄自恢復一黨專政，設置「非常委員會」為最高權力機關，將憲法束諸高閣。政府一切措施必須先經「非常委員會」議決通過，方為有效。蔣先生以國民黨總裁身分兼任「非常委員會」主席，無異恢復一人獨裁的把戲。如此他屢次聲言五年內不問政治，非自欺欺人而何？至是我更覺無事可辦，所以在七月底決意出巡一趟，藉以了解政府轄內軍事、民政的實際情形和民間的疾苦。

2

七月二十六日我自廣州飛往衡陽，在白崇禧指揮部裡與白氏晤談兩小時。白崇禧此時方從長沙脫險歸來。他認為戰局危急萬分，程潛和陳明仁既已叛變，中央軍嫡系又不聽調度。他只有把第七軍用在衡陽正面作總預備隊，以大卡車百餘輛集中待命，何處吃緊，便向何處輸送應急。因此那時湘南正面唯一可用的精銳部隊——第七軍，在卡車之上日夜奔波不息。我說：「這樣調度，官兵不是太辛苦了嗎？」白感慨地說：「現在能用的部隊實在太少了，有什麼辦法呢？」

衡陽晤白之後，正午乃續飛福州。福建省主席朱紹良率大批文武官員和各民眾團體代表在機場歡迎。我與朱主席同車入城，全城各機關、學校、團體以及全城民眾均佇立道左，歡迎情緒的熱烈，前所未有。晚間，朱氏並在省府設宴為我洗塵，所致歡迎詞，尤恭維備至，對我的招待亦極周到。我本人一向是輕車簡從，所到之處向例不願鋪張，朱紹良對我的歡迎實出我意料之外。尤因朱是蔣先生的心腹，我深恐他熱烈招待我而惹蔣不快。所以我領其盛情，而內心頗為他的處境不安。

福建為我國東南濱海的重要省分。海道交通便利，人民富於冒險性，故赴海外謀生者甚眾。歷代人才迭出，文物甚盛。福州古跡尤多，我嚮往已久，今日才得親臨其地。惜因政局逆轉，心情撩亂，又為時間所限，故此無心遊山玩水。

我在福州住了兩夜，曾拜訪海軍宿將薩鎮冰。此公已九十高齡，而精神矍鑠，令人生敬。

後聞為中共迎養於北平，尊為上賓。與朱紹良亦數度長談。他深恐招蔣之忌，對軍國大事多不涉及，不過對時局的悲觀，則時時溢於言表。

七月二十八日我乘原機飛往台北。台灣省主席陳誠率領文武官員和各團體代表暨儀仗隊不下千人，在機場列隊迎接。我下機後，只見金光閃耀，軍樂齊鳴，歡呼之聲響徹雲霄，場面隆重肅穆，前所少見。我和趨至機前的陳主席及高級軍政官員一一握手寒暄。檢閱儀仗隊後，陳說：「德公，可否先到機場休息室小憩？」

我說：「不必了吧！」

陳微笑說：「蔣先生在裡面等你！」

這倒使我受寵若驚。我二人走入休息室，蔣先生起立相迎，我們握手寒暄片刻。旋互相道別，蔣自回草山寓所，我則與陳誠同車駛入市區，學生與市民列隊歡迎，極一時之盛。當晚宿於台北第一賓館。默思本日的歡迎場面，必出於蔣先生的授意，以取悅於我，其實我志不在此繁縟的禮節。翌日下午我赴草山作禮貌上的拜訪，蔣先生留我晚餐，並邀我下榻於草山第二賓館。外界謠傳我台灣之行是為與蔣先生開談判而來的，第一要蔣先生在軍政大權上放手，第二要利用台灣所存的金鈔。其實這些全係無稽之談。我們根本未涉及這些問題，因為我知道談亦無益。我們只是約略分析一下中共今後的動向，又說了些無關宏旨的應酬話而已。

在台時，我曾飛基隆視察海軍基地，並曾茶會招待在台的立、監委，報告軍政設施。三十日遂原機返穗。

八月二、三兩日，中央非常委員會連續舉行例會，通過閻錫山內閣所提如本章前述的關於政治、財政、軍事三項議案。適此時吳鐵城由蔣先生授意由行政院派往日本訪問麥克阿瑟將軍，這三條議案便由他過台向蔣請示時，呈蔣先生核閱，以便付諸施行。

孰知不久蔣先生即拍來覆電，對軍事部署方面仍堅持重點作戰的守勢防禦，主張集中兵力保衛廣州等幾個據點。事實上胡璉既一去不返，劉安祺兵團亦故意延宕不來，致使大庾等天險無兵可守，廣東防禦已門戶洞開，靜候中共深入了。

至於財政方面，蔣當然更不願放鬆絲毫。不肯以存台金鈔作「銀元券」的兌換準備金，只允每月自台灣庫存支取一千二百萬銀元。以故政府每月仍有赤字兩千三百萬銀元，須以不兌現的「銀元券」來彌補。故自「銀元券」於七月四日開始發行之後，中央銀行每日僅開一小門，允許市民兌現。市民擠兌的百不得一，因此，「銀元券」很快地變成「金圓券」第二，通貨膨脹一瀉千里。各地農民拒收「銀元券」，各路大軍軍糧無法補充，後方人心惶惶。通貨膨脹便做了共軍南下的開路先鋒。

至於政治方面的情形尤其糟亂。廣州市改為省轄市，尤使蔣先生氣憤。因廣州市長歐陽駒為吳鐵城的私人，一舉一動完全聽命於蔣；廣州公安局局長宣鐵吾和廣州警備司令李及蘭又係黃埔學生，一切皆由蔣直接控制。廣州改為省轄市，對蔣說來，無異與虎謀皮。內政部部長李漢魂受薛岳的慫恿作此建議，尤成蔣的眼中釘。居正為此特地警告李漢魂說：「你如不趕快辭職，將來你生命都要發生危險。」

蔣對地方政治的控制還不止此。八月中旬福建省主席朱紹良突被蔣先生以迅雷不及掩耳的手段，非法「撤職」。其事實經過尤為離奇滑稽。原來在我巡視台灣之後不久，湯恩伯忽銜蔣先生之命飛往福州，在機場上打電話給朱紹良，約其來機場相商要公。朱紹良即赴機場相見。湯恩伯遂取出蔣的手令，上稱朱已撤職，遺缺由湯接替。朱接閱手令大驚，聲稱當同回省府趕辦移交。湯說不必了，便促朱即時登機飛往台灣，簡直和綁票一般。湯便在福州發號施令，做起福建省主席來。此事的發生，行政院與總統府毫無所知，真是荒唐絕頂。嗣後福建省政府有一職員離職來穗，閻錫山和我才知此事的始末。不久，蔣先生派一祕書來穗，要閻錫山在行政院政務會議中追認此一既成事實，任命湯恩伯為福建省政府主席兼綏靖公署主任。閻錫山向我報告此事，並問如何處理。

我說：「蔣先生今日在憲法之前只是一個平民，以一個平民隨便撤換封疆大吏，成何體統？況且，蔣先生如要在幕後干預行政，盡可向行政院建議。今政府事前既毫無所知，事後卻要追認此既成事實，實在太不成話。政府不應自毀法統，承認湯做主席。」

閻錫山苦笑說：「總統，你和蔣先生共事多年，難道還不知道蔣先生做事向來不顧法統？他如果看重法統，也不致有今天了。現在湯恩伯已做了福建省主席，我們反對也反對不了，說出去反而有損政府威信。你已經忍耐很多了，這件事我勸你還是忍耐算了。」

後來閻錫山便在行政院政務會議提名通過，做了一些追認的手續，把任命狀送至國民政府文官處來蓋印。祕書長邱昌渭向我請示，我說：「暫時把它擱下去。」所以這張任命狀留在總統府中有六七天之久，閻院長又來疏通，才蓋印發出去。這就算是我的無言的抗議。

蔣經國在他的《負重致遠》一書中曾提到十月二日湯恩伯有電報致蔣，抱怨我反對他任閩省主席，「詞極憤懣」，蔣先生「甚表同情」云云。經國卻未曾寫出湯恩伯是怎樣地當了閩省主席，而我又為何反對。因為他如果把事實說出了，蔣先生也就見不得人了。

朱紹良原是蔣的心腹，此次何以受到如此難堪的處置呢？最大的可能便是朱在七月二十六日招待我太殷勤了。蔣先生是個多疑而睚眥必報的人，心胸極狹，朱紹良偶一不慎，便由心腹股肱轉眼之間變成仇讎了。

蔣先生連續不斷地自私違法而拖垮保衛西南及兩粵局面的毒計，引起了志在保衛兩粵反共到底的各界愛國人士，尤其是粵籍將領的普遍憤懣。曾在何內閣末期出任陸軍總司令的張發奎便是最激烈的一個。南京失守後我留住桂林期間，張發奎特到桂林敦勸，促我早日去穗主持大政，保衛兩廣。那時他便看出蔣先生絕難坐視兩廣單獨成一局面，繼續反共。因為兩粵將領在四、七兩軍早期革命的傳統上，對蔣都曾有過不滿。如今蔣政權瓦解，兩粵如在我領導之下，支撐下去，自非蔣所能容忍。張發奎有見於此，便主張保衛兩粵，必先清除蔣在背後的掣肘。

他甚至向我建議說，把蔣介石請到廣州，然後把他扣留起來。我當即反對這種魯莽滅裂的舉動。

到了白崇禧兩翼為蔣所斷，廣東岌岌可危之時，粵籍將領已怒不可遏，張發奎再度向我建議「把蔣介石扣起來」。

我說：「向華（張發奎），這是徒招惡名，無補實際的莽事。」

張說：「德公，你膽子太小！德公，你膽子太小！」

我說：「你不在其位，可以幻想，你如在我這位子，你也不會幹的。」

接著我便解釋說，在現今局面下我們所需要的，第一是兵，第二是錢。蔣先生把兵調走，把錢存在台灣。我們縱然把蔣扣起來，第一不能把兵調回，第二不能把錢取出，則扣蔣又有何用？固然，蔣的一連串拖垮兩粵局面的毒計是罪無可逭，把蔣扣起來宣其罪狀於天下，可以洩一時之憤。但我覺得處理國家大事，應以國計民生為出發點，不可徒為洩一時之憤。現在失敗的局面已定，我們既有「寧人負我，毋我負人」的雅量，就應任其全始全終。不必於敗亡前夕，做無補於大局之事，為天下笑！

張發奎還是怪我姑息。但是我的姑息總是還替我們這批失敗的國民黨人，維持了一點失敗的光榮。

蔣先生不知底蘊，還不時在穗、台之間飛來飛去，並用盡一切威脅利誘的方法來阻止粵籍將領和我接近。一次，為廣州改省轄市問題，蔣先生在黃埔召見余漢謀、薛岳、李漢魂等粵籍將領，當面大發雷霆說：「你們以為你們可以反對我咯？誰反對我，我就叫誰死在我之前！」這種話可說充滿了流氓氣。這批將領回來之後，莫不冷笑。其實別人也未始不可「以其人之道，還治其人之身」。這種事蔣先生會做，別人也會做，不過不願做罷了。

九月底，蔣先生單獨召見白崇禧於黃埔，閉門密談。略謂民國十六年我們兩人精誠團結，所以能完成北伐，統一全國。嗣後不幸為奸人挑撥離間，以致同室操戈。但後來盧溝橋事起，我兩人又復衷心合作，終把倭寇打敗，收復國土，建立不世之功。今共黨雖極猖獗，國勢雖極危險，只要我兩人能一德一心，徹底合作，事尚有可為。白崇禧是個直爽而重感情的人，頗為蔣先生的甜言蜜語所感動。他回到廣州來對我說：「蔣先生這次倒很誠懇。」我知道蔣先生又抓住白崇禧重感情這一弱點而大做其工夫。

白崇禧是內戰局勢逆轉以後，態度最堅決，信心最堅強的將領。南京失守後，他堅信華中可守。到華中戰局為蔣搞垮，他自信必要時退回兩廣，人熟地熟，仍然可守。健生（白崇禧）是一員戰將，他處處以軍事觀點和局部形勢為著眼點。殊不知如今時移勢異，純軍事觀點和局部安排都不能單獨存在。此次得蔣先生一番慰勉，他便頓釋前嫌，便是他感情用事和深信還有大西南和兩廣可守的信心所促成。

蔣先生最後一次來穗，住了比較長的一段時間。有時中央非常委員會開會，我們彼此都感覺無話可說。行政院副院長朱家驊為設法沖淡這一尷尬場面，曾向我建議，要我請蔣先生吃飯。

朱家驊在當時黨人中算是比較識大體的一位。他有時還肯為大局著想，不囿於小圈子的單純利益。為著維持「銀元券」，他曾兩度飛台，向蔣請示，擬運一批銀元來穗。此舉可說純為大局著想，遠非陳果夫、陳立夫兄弟所能及。然朱家驊可能因此而觸蔣氏之忌，嗣後在台幾度遭蔣的為難。此次他勸我請客，其用意不過想彌補我和蔣之間的隔閡，也是一番好意。

我說：「騮先兄（朱家驊），客我是可以請，蔣先生喜歡不喜歡我就不知道了。」

朱說：「蔣先生一定喜歡，一定會到的。」

他解釋說，蔣先生生活太嚴肅了，平日只吃一些簡單的寧波菜，此次到廣州來，也應該嘗一下「食在廣州」的廣州菜啊。

朱家驊替我約好了，我便在迎賓館宴請蔣先生，並約黨政軍高級人員作陪。迎賓館在廣州城內靠西，蔣先生則住在城東的東山住宅區。到了那一天，沿途布滿便衣隊，蔣先生帶著大批衛士，穿過廣州鬧市來迎賓館吃飯。我的住宅向來只有兩個衛兵，兼司傳達。蔣來之後，他的衛士竟將迎賓館重重包圍，如臨大敵，殊使我看不慣。竊思蔣先生時時自炫是人民的領袖，到處扈從如雲，未免與「人民」相去太遠了。

我所備的廣東菜，依照蔣先生的習慣是中菜西吃。在蔣先生的許多隨員中，我看到蔣經國在裡面穿穿插插忙個不停。到入席時，卻不見經國前來吃飯。我問蔣先生說：「經國為何不來吃飯？」蔣說：「不管他吧，我們吃我們的。」終席未見經國出來，我心裡頗為詫異。

事後才聽到我的副官說，蔣經國率了一大群隨員一直守在廚房裡，廚司做任何菜，用任何配料，都經他們檢查過。出鍋後，又須經他們嘗過，始可捧出。我才恍然大悟，原來蔣經國在替我作監廚。他顯然懷疑我要毒害蔣先生，這也未免太過慮了。

我第一次見蔣經國是抗戰勝利後在北平行轅主任任內。經國那時為辦理青年軍常到北平視察，特來謁見。因我與他父親曾有金蘭之盟，所以他口口聲聲尊稱我為「李叔叔」。他那時曾告訴我留蘇十四年的經過。據他說，他在莫斯科中山大學肄業，後轉入列寧大學深造。結業後，被派在蘇俄一所工廠內當副廠長。我乃故意問他道：「據我所知，自『九・一八』瀋陽事變之後，日本侵華日亟，中、蘇因而恢復了邦交，聞蔣委員長曾命駐蘇大使向蘇聯外交部口頭交涉，欲調你回國服務，你為何遲遲其行？」經國說：「李叔叔，你知道蘇聯的新聞是被政府統制的，不過日子久了，我也輾轉聽到這消息，乃決心盡一晝夜的時間駛車逃到中國大使館。蘇聯祕密警察確實非常厲害，隨即有便衣警察在大使館周圍監視，倘不慎外出，必被逮捕無疑。」

我問：「若被逮捕，結果如何？」

經國說：「那就慘了，一定押解到西伯利亞做苦工，不病死也要凍死。好在使館是有治外法權的，警察不敢擅入搜查，故得倖免於難。」

我又問：「後來你用什麼方法回到中國呢？」

他說：「化了裝，混入大使館的專機飛回的。」

其實他在蘇聯時早已加入共產黨，為稍留心時事的人們所周知。但他回國之後，並未宣布脫離共產黨，故特意對我撒謊，以掩蔽其共產黨員的身分。以經國與蔣先生的關係，史達林如不讓他回國，而他居然能溜進中國大使館，並化裝潛上飛機，逃回中國，那麼以效率出名的蘇聯祕密警察機關也可關門大吉了。憶民國二十九年監察院院長于右任的女婿屈武少將參謀，奉命到鄂北第五戰區視察蘇聯軍事顧問工作成績時，曾告訴我說，他與經國乘同一飛機回國，首途之前，經國曾蒙史達林召見，並贈以手槍一枝。我說：「你何以不被召見呢？」屈君笑答道，他尚未有召見的資格。足證經國是在對我撒謊。

此次我請蔣先生吃飯，原是一番好意。無奈蔣生性多疑，更因慣於暗算他人，深恐我「以其人之道，還治其人之身」，故授意經國嚴為防範，致造成類似「鴻門宴」的緊張場面，使我有啼笑皆非之感。

3

廣東保衛戰發展至十月中旬已不可收拾了。敵人自贛南分兩路入粵：一路自南雄一帶越大庾嶺，大庾守軍為沈發藻兵團，戰鬥力過於薄弱，不戰而潰。十月七日敵軍跟蹤竄入粵北門戶的曲江，沿北江及粵漢路南犯。另一路則自大庾嶺東麓繞至東江。胡璉兵團早已遠遁廈門、金門，東江已成真空地帶，共軍第四野戰軍乃得以旅次行軍姿態，自東江向廣州進逼。余漢謀部只是一支訓練未成熟、械彈兩缺的部隊。共軍一到，即不戰而退。廣州因而危在旦夕。至此，蔣先生始循人民團體之請，敷衍面子，自海南島劉安祺第九兵團中調一師人北上援穗。該師剛在黃埔上岸，共軍已迫近廣州郊外。上岸之兵旋又下船，原船開回海南島。不久，竟索性全部調往台灣去了。

當廣東全境失守已成定局之時，我檢討戰局，實憤懣不堪。深覺蔣先生如稍具良心，局面不會弄到如此之糟，潰敗不會如此之速。蔣氏見他破壞防守廣東的計畫已圓滿成功，復施展詭譎伎倆，在黃埔召見白崇禧，故弄玄虛，說那番言不由衷的鬼話，想來令人髮指。就於是時，他決定離粵回台北，我因而打算在國府再度搬遷之前，認真地教訓他一頓，稍抒胸中積憤。

約在九月中旬，一天我特地打電話約他單獨談話。蔣乃約我到梅花村他的行館（前陳濟棠的公館）晤面。該私宅是一座大洋房，四周有圍牆環繞，另有數座小洋房在四周拱衛，為隨員及衛士的住宅。抵達梅花村之後，蔣引我走上二樓一間大客廳內坐下，侍役奉上茶水即退下樓去。

我二人坐定後，我對蔣先生說的第一句話便是：「今天我是以國家元首的地位來對你談話。」我所以要鄭重提出這一句，是因為蔣先生獨裁專制數十年，平日所見所聞都是一片奉承之態，阿諛之言，只有他教訓別人，斷無人敢對他作任何箴規，更談不到疾言厲色地教訓他了。這次我自思或是與蔣最後一面，然當今之世，論公論私，我都是唯一可以以教訓語氣促其反省的人。所以我首先便搬出國家的最高名器來壓抑他「捨我其誰」妄自尊大的心理，而服服帖帖地靜聽我對他的指斥。

在蔣先生默坐靜聽之下，我便把他過去的過失和罪惡一件件地數給他聽。我說：「因為國事已至不可收拾地步，不得不暢所欲言。」接著我便說：「你過去每把事弄糟了，總是把責任和過失推到別人身上。例如東北剿共的失敗，徐蚌會戰的全軍覆沒，你說是軍隊不聽你指揮；又如發行金圓券，引起全國經濟恐慌，人民破產，自殺成群，你不躬自反省，反責備人民不擁護你的經濟政策；再如你縱容特務，濫捕學生及愛國人士，引起輿論指摘，你不自疚，反說是本黨同志不聽你話所使然……凡此種種，真不勝枚舉！」

接著，我又檢討他在政治上造成的過失。說：「你主政二十年，貪贓枉法之風甚於北洋政府時代。輿論曾譏評我們為『軍事北伐，政治南伐』。其實，此種評語尚是恕辭，因北洋官僚政客對輿論抨擊尚有所畏忌，而我國民政府則以革命旗幟為護符，凡譏評時政的，即誣為『反動分子』，以致人人鉗口，不敢因片言惹禍。你對此情形竟亦熟視無睹，明知故縱！

「記得在南京時，魏德邁特使曾在國府餞行席上痛詆中國官員貪污無能。他以一外國官員公開侮辱我政府，實不成體統，時與會眾人中，竟有當場掉淚者，不知你亦有所聞否？究作何感想？」

我亦提到他在我秉政之後幕後掣肘的情形，說：「你此番已是第三次引退，你當時曾對張治中、居正、閻錫山、吳忠信各人一再聲明，五年之內決不過問政治。此話無非暗示我可放手去做，改弦更張，不受你的牽制。但事實上你所作所為卻完全相反。不僅在溪口架設七座無線電台，擅自指揮軍隊，且密令京滬衛戍司令湯恩伯親至杭州逮捕浙江省主席陳儀，並派周喦接替。嗣到台灣之後，復命湯恩伯到福建挾持福建省主席朱紹良離閩，擅派湯氏代理福建省主席兼綏靖主任。凡此皆屬自毀諾言、目無政府的荒唐行為！」

我更進一步解釋道，即使不談國事，專從蔣氏的自私心而言，蔣氏的寵信湯恩伯亦屬寵非其人。因湯氏曾受過我指揮，我知之甚詳。論品論才，湯氏任一師長已嫌過分，何能指揮方面大軍？湯的為人，性情暴戾，矯揉造作，上行下效，所部軍紀蕩然。抗戰期間，河南民諺曾有「寧願敵軍來燒殺，不願湯軍來駐紮」的話。我並舉例以說明湯的暴戾。抗戰時，某次湯自河南葉縣乘汽車往界首視察，因雨，乃自洛河改乘小輪船東駛。啓碇時，船身碰及囤船，稍為震動，此亦常事。不意湯氏竟大發雷霆，飭該船公司經理前來責詢，在大罵奸商之後，竟拔出手槍將該經理當場擊斃。一時傳遍遐邇，歎為怪事。斯時我駐防老河口，聽人言及此事，猶以為湯縱暴戾，當不致任性若此。然言者謂，彼時湯的總參議沈克在旁目擊，可為證明。後來我在北平行轅任上，某次沈克便道過訪，我偶爾想起此事，以問沈氏。沈克歎息說，他那時以為湯總司令不過裝模作樣，持槍恐嚇而已，誰知他竟認真開槍，轟然一聲，對方已應聲倒地。沈氏想搶前勸阻，已來不及了。沈克並說在抗戰期中曾追隨湯氏數年，類此任性殺人之事已是家常便飯，不足為奇，言下不勝慨歎之至。我就以這個小例子向蔣說：「像湯恩伯這樣的人，你也倚為心腹，能不壞事！」

蔣先生默坐聽我歷數其過失時，面色極為緊張尷尬。當我有所責問時，他只是唯唯諾諾，訥訥不能出口。可是當我說完湯氏這段故事時，蔣氏面色反顯和緩。原先我曾預料，以蔣氏的個性與歷史，在我嚴厲教訓之下，必定要反唇相稽，和我大鬧一番。初不料他聽完我的責備之後，面色轉現輕鬆，並問沈克現在何處。此時我當然亦不知其下落。

最後蔣氏竟含笑向我道歉說：「德鄰弟，關於撤換福建省主席朱紹良一事，是我的錯誤，請你原諒。」於是我也只好說：「事情已經過去，不必再去記憶吧！」

這時我心裡忖度，以蔣先生唯我獨尊的一生，今天受到如此嚴厲的詰責，居然能容忍，不至咆哮和反唇置辯，可能是因為我開始便聲明以國家元首身分對他說話之故。蔣先生專橫一生，目無法紀，此次或能因我一言而悟及國家尚有名器，非他一人所得而私也。

我見其低首認錯，遂不再多言，起身告辭，他亦跟隨下樓，送我登車而別。

【第71章】

國府最後播遷，大陸全部淪陷

1

十月十日國慶時，廣州已微聞炮聲。國民政府各機關早已決定遷往重慶，由民航機分批運送，笨重物件則循西江航運柳州，再車運重慶。十月十二日共軍已接近廣州市郊，我本人才偕總統府隨員乘機飛桂林，翌日續飛重慶。

廣州撤退時情況極為淒涼，因為我本人坐鎮至最後一刻，市內人心尚稱安定，敗退的國軍亦無搶劫情事。惟廣州警備司令李及蘭最後撤出市郊時，竟命令工兵將海珠鐵橋炸毀，實屬不該。此事徒貽共軍以宣傳口實，於軍事毫無裨益。

共軍佔廣州後，旋即分兩路向西進襲。一路循西江而上直搗蒼梧，攻擊白崇禧部的右側背；一路循四邑、兩陽直趨高、雷，進逼雷州半島，以切斷白部由廣西撤往海南島的退路，構成三面大包圍的態勢。

國防部與白崇禧原先對這一方面的戰略計畫是以海南島為後方，必要時將主力撤至海南島，再圖反攻。此一計畫卒未實現。第一，白崇禧自信廣西可以固守；第二，因為共軍迫近川東與黔北之時，蔣先生命令原擬自湖南退入廣西的黃杰、魯道源兩兵團向黔東增援宋希濂部，以固守貴陽，以致白崇禧的精銳部隊第七、第四十八兩軍西撤時主力傷亡過巨，無力南顧雷州半島，全軍遂逐漸陷入共軍的包圍圈中。

我於十月十三日抵渝，暫住歌樂山前林森故主席官邸，旋遷入城內。重慶城防以及川東防務，全係蔣先生的嫡系部隊，我的命令不發生絲毫效力，而蔣先生卻可為所欲為。我隻身在渝，一舉一動都在蔣氏心腹監視之下，言行稍一不慎，立刻可以失去自由。

原先在廣州時，黃埔系將領及蔣先生夾袋中的政客已有請蔣先生復職的企圖，然那時尚無人敢公開說出。抵渝之後，情勢便迥然不同。他們認為廣州既失，我已墮入蔣的甕中，可以任其擺布。CC系和政學系控制下的報紙此時已不再以「總裁」稱呼蔣氏，而逕呼為「總統」。我深知蔣先生已呼之欲出，不久便要「復職」了。

果然，不久吳忠信、張群、朱家驊等便先後來找我，他們不敢明言要我勸蔣復職，只是含糊其辭地說，當前局勢緊張，希望我拍一電報請蔣先生來渝坐鎮。其實蔣先生一直飛來飛去，向來不需要我敦請，現在何以忽然要我拍電促駕呢？他們辭窮，便隱約說出希望我聲明「引退」，並參加他們「勸進」。

當吳忠信仍向我叨叨不休時，我勃然大怒說：「禮卿兄（吳忠信），當初蔣先生引退要我出來，我誓死不願，你一再勸我勉為其難；後來蔣先生處處在幕後掣肘，把局面弄垮了，你們又要我來『勸進』。蔣先生如要復辟，就自行復辟好了。我沒有這個臉來『勸進』。」

我不願勸進的原因，並非對名位有何戀棧。我只是覺得，第一，蔣先生欺人太甚。我原勸他不應灰心引退，我本人尤堅決表示不願出任總統，他迫我為之。在我任內，他卻又處處在幕後操縱，並將國庫金銀擅運台北。先縱敵渡江，後瓦解湘、贛、粵、桂的防禦。如今政府重遷，國亡無日，他居然又企圖「復辟」，置憲法於不顧，未免欺人太甚。再者，我覺得蔣政權的垮台，多半是由於蔣先生玩弄國家名器，目無法統，一味獨裁孤行之所致。如今國已將亡，他仍至死不悟。憲法既予我以總統職權，我決不能助紂為虐，違反憲法與一平民私相授受。我雖知道我反對亦無用，蔣必然要復出無疑，但是我維護國家名器的原則卻不能讓步。

吳忠信、張群、朱家驊等見我態度堅決，遂不敢勉強。在此同時，居正再度勸告內政部部長李漢魂辭職。居很嚴重地說：「你如不辭職，就趕快離開這裡，蔣先生來了，你命也保不住！」李漢魂聽到這話，難免著急。我也知道一旦蔣先生來渝，他必要強迫我簽署勸進書，此實大違我的心願。因此我決定以出巡為名，暫時離開重慶。

2

十一月三日我率隨員數人，專機飛往昆明，盧漢率雲南綏靖公署及省政府各級官員和各界民眾團體在機場迎接。隨即與盧漢同車赴五華山綏靖公署。一住數日，每晚與盧漢談至深宵。盧氏對我近月來所受蔣先生的折磨十分了解，深表同情。他對蔣先生以往所加予他的種種陰謀迫害，說來尤咬牙切齒。抗戰勝利後，蔣先生調虎離山，要他率滇軍精銳兩軍在安南接收，以便杜聿明在昆明解決龍雲。迨杜氏政變失敗，盧漢始奉命回滇任雲南省主席。在他任內，中央駐大軍於滇，中央官員囂張萬分，使他窮於應付。講到憤激之處，盧漢說：「為應付他們，我盧某簡直在做婊子！」「婊子」就是「妓女」，盧漢的意思是，他應付那些中央大員卑躬屈節的情形，簡直如妓女一般。

後來盧漢又鄭重地向我建議說：「總統，蔣介石是要復職了。可否由我二人發電報給他，建議把國民政府遷到昆明來。等他一到昆明，我便把他扣起來，一塊一塊割掉他，以洩心頭之憤。」

我一聽此言，不覺毛髮悚然。心想戰事尚遠在湘黔邊境，而盧漢已經不穩了。蔣先生如真來此，盧漢說不定把我二人一道捉起來獻給中共邀功呢！但是我表面上卻強作鎮定，只是勸他明人不做暗事，這事千萬做不得。此事我在白崇禧面前亦不敢提及，因白氏正統兵作戰，如果聽到盧漢不穩，將使他無心繼續指揮作戰了。

我在昆明小住數日，便飛返桂林。留昆時間雖短，卻有數事值得附帶一提。第一便是張群銜蔣之命來昆勸我回重慶，被我拒絕。他們的迎蔣復職運動已如箭在弦上。我一到重慶，蔣必立刻來渝，我必須變成「勸進表」上第一位簽名人。我決不能投入圈套。只是推辭道，我要對各地作短期巡視，重慶方面有責任內閣負責，總統在不在重慶無關大局。至於請蔣復職，以及迎蔣來渝等等，我皆絕口不提。提了，他們將來一定要引為口實，說我負不了責任，自動請蔣復職的。張群不得要領，便逕自回重慶去了。孰知後來在蔣經國所著的《負重致遠》的小冊子上，曾一再提到我向許多人表示希望蔣先生「復位」的事。該書關於民國三十八年十一月十三日的記載，曾揑造一通我致張群的所謂「戊文桂」電，其中說「請速電總裁促駕，不必候仁返渝」云云。這一連串的記載，不是蔣經國事後揑造，便是吳忠信、張群等人揣摩蔣先生意旨而矯詔行之，致蔣氏父子誤認為確實出自我口。

另一件事便是李漢魂攜帶華僑周錦朝來見的趣事。周錦朝為舊金山一華僑，向無正業，只是喜歡以「僑領」身分自居，四處招搖撞騙。一九四八年美國大選時，民主黨副總統候選人巴克萊（Alben William Barkley）至舊金山作競選活動，周便以「僑領」資格見巴氏，並與巴氏合攝一影。此事在美國大選期間原極平常，決不足以證明二人有極深的關係。抗戰勝利後，李漢魂曾來美國旅行，周因得結識李氏，便以這種照片向李漢魂誇耀彼與民主黨核心人物如何有交情。如今中國政府已無法循正常外交途徑向美國民主黨政府乞援，彼深信以他與民主黨領袖間的深交，如採用國民外交方式，由他居間斡旋，必可事半功倍云云。

他這一席話居然把李漢魂打動了。後李回國出任內政部部長，在廣州對我說，周錦朝不久回國，必大有助於國民外交，可否撥路費若干，促其啓程，以示政府召見，無負於僑民。我依議批了兩千美金，由李漢魂經手轉匯。迨周錦朝抵港時，廣州已失，彼便直飛重慶。適李漢魂因受居正警告，不敢留渝，已隨我飛往昆明。聞周氏抵渝，而昆、渝間又無民航班機，李漢魂便向我要求用總統座機往渝接其來昆，我也答應了。周錦朝居然就大模大樣，乘了總統專機來昆謁見。稍一接談，我便從他的談吐中看出他完全是一個毫無知識、信口開河的流氓。他如何能擔任「國民外交」的重要使命呢？

周辭退之後，我心恚恚不樂，覺得李漢魂太老實，上了這華僑騙子的大當。到後來我乘專機來美時，李漢魂偕行，他又央求我讓周錦朝搭專機返美。飛機中既然空位很多，我也勉強答應了。後來聽說，周錦朝竟利用中國元首專機所享的治外法權，販來違禁商品，獲利極豐。此事雖無佐證，然今日思之，猶有餘憤。

3

我從昆明經柳州飛返桂林，當地已風聲鶴唳，市面蕭條。共軍正逼近湘桂邊境的黃沙河。

十一月十四日乃偕白崇禧飛往南寧，我察看當時情形，西南的棄守只是時間問題，孤懸海隅的海南島，或可保留為最後立足之地。故於十一月十六日又專機飛往海南島視察。當地僅有陳濟棠的海南島特別區公署部隊四千人和余漢謀的殘部，合計不足一萬人。至劉安祺兵團則早已被蔣先生擅行調赴台灣。所以防務極為單薄。此時我心境的惡劣為生平所未有，加以連日奔波，辛勞過度，年近花甲，體力已不能支持。自海口返邕之後，胃病宿疾突發，便血不止，來勢極猛，大有不起之勢。

胃出血為我家庭中的宿疾，先母、先叔均以此疾逝世，今我又重罹斯疾，不覺心悸。竊思國事至此，我回天無力；我縱不顧個人的健康留於國內，亦屬於事無補。一旦國亡身死，此種犧牲實輕於鴻毛，倒不如先行醫治宿疾，如留得一命，則將來未始沒有為國效死的機會。因此我便決定赴美就醫。

計畫既定，便召集留邕將領白崇禧、夏威、李品仙、黃旭初等，告以此意。他們也完全同意，認為救命第一，並勸我於病癒之後順便察看美國情形，作爭取美援的最後努力。我本人對美援固早已絕望，惟眾人既以此相勸，我也只有答應，做著看吧。

我留邕期間，蔣先生已飛往重慶，連電促我返渝，閻錫山等亦函電交馳。但是事實上，四川防務已由蔣先生徹底掌握，我以重病之軀，赴渝究有何益？

十一月十九日我發電致行政院院長閻錫山，囑其以責任內閣立場全權處理國政，我身染重病，須出國治療，一朝痊癒便立刻返國，並請白崇禧明日飛重慶分晤政府領袖，面致此意。

十一月二十日上午我乃乘專機飛香港，當日下午便住入養和醫院。我離邕之後，白崇禧即飛往重慶。黃紹竑則早於八月十三日通電投共。三十餘年患難相從的朋友，至此便各奔東西了。

我在住院期間，重慶中常會曾兩度派居正、朱家驊、洪蘭友來勸請回渝。我既堅拒不去，他們也分明看到我身染沉痾，無法相強。十一月二十二日美國第七特種艦隊司令伯基（Russel S. Berkey）中將曾來謁見，稍談即去，僅係禮貌上的拜會。二十八日美國參議院共和黨領袖諾蘭（William F. Knowland）亦來探視，談約半小時，辭去。

十二月五日，赴美手續及飛機包租均已辦妥，遂自香港直飛美國。

在這段時期內，西南戰局亦一瀉千里。十一月底，宋希濂所部兩個兵團十餘萬人在川東覆滅，宋氏未幾即被俘。十一月三十日共軍侵入重慶。

原駐陝西的胡宗南部此時尚有精兵四十餘萬人。抗戰中期以後，胡部逐日擴充，其任務專為監視中共的行動。全軍悉係最精良的美式配備。此次蔣先生調其入川保衛成都，全軍可說一槍未發，便土崩瓦解。十二月二十日共軍進佔成都，胡宗南率殘部退往西康雅安。該處未幾亦為共軍侵入，胡宗南隻身逃出，川、康遂陷。

雲南方面，盧漢於十二月九日正式「起義」。原駐雲南的李彌兵團遂被迫西撤，殘部數千人最後退入緬甸。廣西方面，因海南島通路已斷，各軍殘部在廣西境內為共軍分別包圍消滅。黃杰所部退入越南境內，被越南當局解除武裝。大陸至此遂全部陷入中共之手了。

【第72章】

紐約就醫和華府作客

1

十二月八日我由香港飛抵紐約。新聞記者和僑胞在機場歡迎的很多，美國國務院也派專員迎接。我駐美大使顧維鈞和駐聯合國首席代表蔣廷黻也在機場迎接，並由顧大使擔任傳譯，我即向新聞界宣布此行全係就醫性質，一俟身體復原，便當束裝返國。隨即乘車入紐約城，並專程到唐人街答謝留美華僑歡迎的盛意。

同時即住入哥倫比亞大學附設的長老會醫院檢查胃疾。該院係世界最佳醫院之一，主治醫師都係世界權威。檢查結果，發現我十二指腸發炎，亟待割治，我便留院醫治。時國務院忽派專人前來邀請我即赴華府一行。主治醫師聞訊，認為就我病情而論，非先行開刀不可作任何活動。不久，院方即為我施手術割治十二指腸。該院設備既佳，主治醫師又係名手，經過情形十分良好，精神恢復甚速。

此消息為美國國務院所知，國務卿艾奇遜君乃又著人送來一函，約我往華府一行，好和杜魯門總統面商今後中美關係。該函原文如下：

總統先生閣下：

欣聞貴體於動手術之後日趨康復，迅速復原，早慶勿藥，實所至禱。如貴恙痊可後，有意來華府一行，余深盼能有此榮幸，為貴我兩國之相互利益，拜晤閣下一敘也。

艾奇遜

不過我在來美之前，對美國已經絕望，今大陸已全部失守，曲突徙薪，為時已晚，故對美國政府的邀請，早不感興趣，加以我仍在病中，不宜遠行。因請甘介侯君繕覆一函，告以遵醫囑，俟身體完全復原後，再來華府拜候。

一九五〇年一月間，我身體已大致復原，然接國內報告，大陸已全部淪陷，國府遷往台灣，蔣先生因我在美未表示意見，未便貿然復職，但他已是事實上的獨裁者。

白崇禧所部數十萬人在廣西被中共全部消滅，兵團司令張淦、魯道源等，悉數戰敗被俘。數十年來馳騁疆場，所向披靡的第七軍及第四集團軍舊部，至此可說已片甲不存。

白崇禧隻身飛往海南島，和退往海南島的粵籍將領陳濟棠、余漢謀、薛岳等會商防守海南島的計畫。此時海南島的守軍僅二萬餘人，然殘餘海軍尚有不少艦隻，空軍亦仍完整，中共海、空軍皆缺，一時想渡海侵入海南島尚非易易。政府如堅守瓊、台二島，苦撐待變，則反攻大陸的機會遠比台灣一島為大。

無奈守海南島非蔣先生的心願。因為他的著重點仍在美援，美國國會最近通過了七千五百萬援華款項。蔣先生務必造成一事實，使美國不援華則已，援華則「只此一家，別無分店」。而台灣又是蔣先生清一色的天下，他掌握了生殺予奪的絕對權力。所以他訓令海南島守軍全部撤往台灣。中共未發一矢，便揚長渡海將海南島佔領。

在這種局面下，我如貿然回台，則無異自投羅網，任其擺布，蔣的第一著必然是迫我「勸進」，等他「復正大位」之後，我將來的命運如何，就很難逆料了。以蔣先生過去對我銜恨之深，我一旦失去自由，恐欲求為張漢卿（學良）第二也不可得了。個人犧牲不足惜，然對國脈民命究有何補？

但是我也深深知道，蔣先生在未能充分掌握美援之前，對我還存有投鼠忌器的戒心。因為當時美國輿論界以及美國民主黨政府對蔣已感絕望。「蔣介石」三字，成為中國政府貪污、無能、獨裁、專制的代名詞。蔣介石政權早為中國人民所唾棄。而我本人自競選副總統那時起，尚薄負時譽。中國人民痛恨蔣政權而又不願受共產黨統治的，多寄我以無窮的希望。我本人因而成為國民黨政權中「民主改革」的象徵。因此歐美友邦同情中國的人民，對我均極具同情與好感。我就任代總統後，美國朝野對我所受背後的挾制，亦殊感不平。

所以蔣先生對我這位民主象徵，在未充分掌握美援之前，必不敢加以毀滅。再者，蔣先生現在雖掌握了實權，而我仍身肩國家的名器。如果國內人民，海外僑胞，以及友邦輿論界與友邦政府，能予我以有力的支持，我未始不可把台灣建成一民主政治的示範區，與大陸極權政治作對照，以爭取大陸上既失的民心，為中國民主政體打一點基礎，作收復大陸的準備。這便是我當時的心境，也可說是萬分絕望中的一分希望，我要為這一分希望努力到底。因為國家、民族既以一國元首的名器託之於我，我一息尚存，即不能在其位而不謀其政，這就是我病癒以後，在美勾留所努力的方向！

敍述至此，我且將甘介侯博士於一九四九年夏初奉我之命來美從事外交活動的經過，作一簡略的敍述，作為敍述我自己與美國杜魯門總統及國務院往還的注腳。

我派甘介侯來美的最初動機，是由於駐美大使顧維鈞的玩忽法統。顧大使當時對政府完全採敷衍態度，一切活動完全受命於蔣先生。政府如將其撤職，渠必抗不從命。如在國家將亡之際，還要在海外演一幕大使抗命的醜劇，未免太不成話了。所以政府為顧全大局，不加撤換，而另派甘介侯為總統的私人代表，與美國政府直接交涉。

介侯抵美後即分訪杜魯門總統、艾奇遜國務卿、巡迴大使傑塞普（Phillip C. Jessup）、國防部部長詹森（Louis Johnson）等人晤談。杜魯門總統對援華所存的疑慮，即南京失守後，中國政府是否能在華南立腳的問題。傑塞普個人對介侯極友善，曾兩度約介侯到其喬治鎮私寓晚餐。但傑君顯然對國民政府已絕望，而對與中共建交已有腹案。他竟坦白告訴甘君說：「今日吾人如繼續援華，必將引起中國人民的敵視。」

證以美大使司徒雷登的言行，美國似已有承認中共政權的趨向。

不過當時國務院內幾位實際負責人，如副國務卿魯斯克（David Dean Rusk）、助理國務卿白德華（W. Walton Butterworth）、中國司司長石博思（Philip D. Sprouse）、中國司副司長弗里曼（Fulton Freeman）等則對援華尚未完全絕望。他們只表示中國軍民已無繼續作戰的意志，如要提高民心士氣，中國政府一定要改弦更張，改弦更張的第一項步驟便是蔣先生必須在幕後撒手，蔣一日不撒手，則美援必如往日一般墮入蔣集團的私囊。蔣如一日不放手，則美援一日不應繼續。

九月初旬，美國參議院外交委員會主席康納萊（Tom Connally）竟在參院公開宣稱：「蔣介石已自其人民之前私逃至台灣，並席捲價值一億三千八百萬元原非其個人所有的黃金入其私囊。此項財產為中國政府所有，彼竟竊據之。若輩何不先用此一億三千八百萬元，然後再乞請吾人予以援手乎？」

然參院終於在康納萊參議員主持之下，在九月中通過新援華法案七千五百萬元，以濟中國軍民之急。此項援助由杜魯門總統作全權支配，不以中國政府為唯一對象，凡中國地方武力抗共有效的，皆在援助之列。蔣先生偵知此事，所以非一心一意把我在兩廣撐持的局面拆垮不可。他首把胡璉調走，繼要劉安祺遲遲不行，大庾嶺天險不守，兩廣遂徹底為共軍佔領。到了大陸全部淪陷，蔣先生又放棄海南島，使美援非送至台灣不可。

蔣先生統兵、治政的本領均極端低能，但其使權謀、用詐術則天下第一。三十八年以後，美國本想撇開蔣介石另行支援新興的力量，而蔣先生卻有本事玩美國政客於股掌之上，使美國討厭他卻仍不得不支持他那獨裁反動的政權。在這方面，美國人的笨拙和蔣先生的厲害，恰成一尖銳的對比。

我因和蔣先生共事數十年，對蔣先生的手法領教太多，所以他一舉一動的用意何在，我均洞若觀火。蔣之所以能每策皆售，固然是他的本事，同時也是國民黨內開明分子的力量太小。稍有改革舉動，蔣先生滲透、離間、威脅、利誘各種毒計一時俱來，必將其連根拔除而後已。如有一種革新的運動，真正有力量、有方案、堅持到底，蔣先生未必就能一意孤行於天下。中國共產黨的成功便是一個例子。

至於台灣，我知道美國今後必繼續予以援助。蔣先生在台灣既已造成清一色的局面，他今後在台灣的橫行霸道，獨裁專制，將十倍於大陸之時。如此，大陸有中共的專制，台灣有蔣氏的獨裁，則中山先生的遺教與民主政治的宏規，在中國將永無施行的一日。

吾人醉心於民主改革，非至絕無可為，不願眼看國脈民命如斯而放棄奮鬥。所以我在一九五〇年二月間病癒之後，即擬應杜魯門總統之約，赴華府聽聽美國人對我們的意見。然後以跳火坑的精神回台灣去，領導同胞，將台灣建成一個民主政治的示範區，使其不致變成如今日的貪官污吏、反動政客的逋逃藪。

杜魯門總統如果真正是中國的友人，關心民主政治在中國今後的推行，他一定會拿出政治家的眼光來，在經濟方面全力支持我，讓我團結海內外中國民主人士，回台灣去著手改革，使蔣氏投鼠忌器，不敢過分阻擾。這便是我接受杜魯門總統的邀請的主要動機。

二月下旬，甘介侯奉我之命去華府回拜艾奇遜，並接洽我和杜魯門總統會見的安排。艾奇遜當即預備請帖，不過他認為既是兩國元首晤面，在外交禮節上，似應通過大使館。介侯乃往訪顧大使，孰知顧維鈞竟推託說，現值林肯及華盛頓誕辰，美國各機關都很忙，晤面時間應安排得晚一點才好。不數日，顧氏竟以度假為名，飛往邁阿密去了。

顧氏去後，艾奇遜遂直接和介侯接洽。由杜魯門發出請柬，約我於三月二日至白宮午餐。艾奇遜在電話內問介侯，請帖內是否應包括顧大使，介侯轉以問我。我說，請他把顧維鈞也包括在內。事情便這樣決定了。

在此期間，顧維鈞當然把全部經過報告了台北。三月一日，蔣先生便撕破面皮，正式「復職」了。當晚我便收到他的電報說，由於環境的需要，他已於三月一日復任總統，希望我以副總統的身分做他的專使，在友邦爭取外援云云。

蔣先生的「復職」並未使我驚異，因為事實上他早已是台灣的獨裁者了。不過站在國家法統的立場上，我不能不通電斥其荒謬。按憲法第四十九條規定，總統缺位時由副總統繼任，正副總統均缺位時由行政院院長代行職權，並由立法院院長於三個月內召集國民大會，補選總統。今蔣先生復任總統是根據哪一條憲法呢？本來，與蔣先生往還，還有什麼法統可談？不過我的職位既受之於憲法，並非與蔣介石私相授受而來，蔣氏的「復職」，在法統上說便是「篡僭」。我至少亦應作誅鋤叛逆的表示，以為國家法統留一絲尊嚴。

我與杜魯門的會面並未因蔣的「復職」而變化，杜氏給我的信函仍稱「總統先生」。有好奇的新聞記者問杜魯門對我如何稱呼，杜說：「我以總統身分請他，我就應稱呼他為總統。」記者又問他對蔣介石如何稱呼，杜說：「我和蔣介石尚無往還！」

三月二日我自紐約乘車抵華府，隨即赴杜氏宴客的白賴爾莊（Blair House）午餐。顧維鈞聞訊，也臨時飛回華府。在初次會面介紹禮節上，顧維鈞承蔣意旨，企圖以「副總統」一辭作介，為國務院執事者所否定。顧氏始被迫改用「代總統」為介紹詞。

杜魯門請客用的是一張圓桌。我坐於杜魯門與艾奇遜之間，甘介侯坐於杜之左，美國防部部長詹森與顧維鈞則坐於對面。杜氏致歡迎詞後，按外交禮節，應請顧大使翻譯，然杜氏一反常例，卻請介侯翻譯，終席未與顧氏交一言。

我在席上，除對歷年來美國援華表示感謝外，並對共黨勝利我方失敗的因素作一番分析，兼論我們今後對極權政治反擊的策略，以及我個人對促進中國政府民主化的方針。杜氏細心傾聽，不時以手輕輕擊桌說：「總統先生，你這分析深刻極了。」或是：「對極了！」他有時未聽明白，還請介侯重譯一遍，以表示他在留心地聽。杜氏所說是出於他的真心，或僅是外交辭令，我不得而知。我只覺得我有說出來的義務，好讓一位與我國榮辱相關的友邦元首知道我們政府當局的真正意見。

飯後，杜魯門領我至餐室隔壁的客廳休息。這客廳之外尚有一小客廳。杜氏引著我邊走邊談，竟穿過大客廳走向小客廳。這時，跟在我們後面的艾奇遜突然拉顧維鈞在大客廳坐下，介侯原擬隨之坐下，詹森連忙推介侯的背，要他隨我與杜魯門至小客廳，他自己則與艾、顧二人同在大客廳坐下了。

在小客廳內，杜魯門和我傾談很久。他說他是一切都了解，只是來日方長，勸我務必暫時忍耐，並與他保持接觸。我知道杜魯門已決定應付現實環境，別的也就不必談了。

自杜魯門處辭出後，我們一行暫赴大使館休息。此時新聞記者數十人齊集於大使館客室內採訪消息。美國前駐法大使，後與中國官僚廝混極熟的美國政客蒲立德（William C. Bullitt）亦豁然出現。他在眾記者之前，舉手大罵甘介侯。無非是說，蔣總統已復職，甘介侯不應介紹李將軍以總統身分與杜魯門總統相見云云。

大使館內有一小職員李幹，與介侯是同學，時在中國購料委員會中當一名低級祕書，也居然當眾指摘介侯荒唐，怒脈僨張，像煞有介事。

介侯亦不甘示弱，首問蒲立德：「兩國元首會晤，干卿何事，要你到中國大使館來大聲疾呼？」再罵李幹說：「足下位不過小祕書，你有何職責在大庭廣眾中提出抗議。」

我把介侯叫進來說：「算了，算了。他們既不是向我抗議，更不是罵你，他們是做給蔣介石的特務看的，好去報功！」

蒲立德此人，與所謂「中國說客團」祕密勾當極多。他這番表演從蔣介石的美金戶頭下分得多少，我不得而知。不過這位姓李的表演之後，官運就亨通起來了。他由一名無關緊要的小職員，旦夕之間便被提升為國際銀行協會中國董事，年薪二萬五千元，一直做了十年，到一九六〇年才被免職。為著這個遠景，也難為他怒脈僨張地表演一番了。

國家一日沒亡盡，便一日仍有寡廉鮮恥的分子在繼續鑽營。這就是蔣介石統治中國三十年所養成的風氣啊！

結論

我自一九四九年歲暮因胃病來紐約診治，在紐約城郊鄉居已十餘年。因不諳英語，平時和當地居民極少往還。日常除閱讀書報和偶有友好得暇來訪之外，閒居無事，對我國三十餘年來的變亂和個人所參預的軍國大事，曾不時作冷靜的深思及客觀的分析。對個人說，固不無「退思補過」的功用；對國事說，以個人的經驗與觀察，對將來當國者也未始不可作芻蕘的貢獻。余妻郭德潔女士每每勸我撰寫回憶錄，以為後世國人留一部可信的史料。

一九五八年夏美國哥倫比亞大學校長寇克（Grayson L. Kirk）博士、該校遠東學院院長韋慕庭（C. Martin Wilbur）博士也分別來函，以此相勸，並云在韋慕庭、何淬廉❶兩教授所主持下的哥倫比亞大學口述歷史學部為保存當代史料，極願襄贊其成。我本人既早有此心願，復承世界第一流學府之約，因欣然承諾。該校旋派研究員唐德剛博士前來助理撰述，中、英文稿同時並舉。我口述後，由唐筆錄，整理成篇，然後再就有關史料，詳加核訂，再經我覆核認可後，視為定稿。英文譯稿則就中文原稿，略加刪節。三年以還，已積稿盈笥。原稿凡七十餘章，約五十餘萬言。雖仍覺言有未盡，然數十年來我個人所參預國事的要節，以及我個人生平事跡的大略，於斯篇已可見其梗概。茲於篇末，再綴數言，以為結論。

1

回憶我少年時代，正值清廷衰敝，國內仁人志士群起力圖匡救之時。當時立憲維新和驅滿革命兩派人士，均朝氣勃勃。人盡忘其小我，為挽救國族而奮鬥。照常理推論，辛亥革命已告成功，民國應可立臻富強，孰知辛亥以後，朝氣頓失。昔日慷慨悲歌、捨身為國的志士，往往於旦夕之間即變為暮氣沉沉的政客，甚至為擁兵殃民的軍閥。那時我本人正是少年，目擊此種變易，失望之餘，便深覺革命大業開創固屬艱難，守成亦至不易。

辛亥以後，我國在軍閥統治之下，凡十餘年，即以廣西而論，陸榮廷的十年統治，雖無赫赫之功，然亦無大過的可言。因其人出身草莽，尚具自知之明，不特對士大夫甚為尊重，對傳統道德規律也頗知敬畏，不敢過分越軌。可惜所受教育有限，思想陳腐，無法與時代前進，至為時代所遺棄。然就我個人所目擊之事，以陸榮廷的治績與後來蔣先生標榜革命的省政相較，則陸氏實頗有足多者。今日回思，能不令人浩然歎息。

在陸氏及其他軍閥被翦除後，廣西各界在我和黃紹竑、白崇禧等共同領導之下，毅然加入國民黨，促成兩廣合作，奠定國民政府的基礎。當時革命勢力的膨脹，固不能不歸功於中山先生「聯俄容共」與改組國民黨的大計，然促成北伐軍的早日問鼎中原，統一中國，我們領導桂籍同志，不計利害，擁護國民政府光明磊落的作風，實是重要因素之一。當時我們一腔熱血，絕未想到最後竟演成「軍事北伐，政治南伐」的慘痛局面。

此種不幸結果的形成，今日回思，實由兩大因素所養成。因國民黨改組後，一意「以俄為師」，實行一黨專政，使人治重於法治。而中央領導分子則拳拳以擴張個人權力為目的，致釀成胡漢民、汪精衛、蔣介石三人明爭暗鬥之局，終使全黨分裂，黨權無法統一。另一原因則為國共兩黨部分同志的左傾幼稚病所促起。當時在革命大後方，工會、農會領導的群眾運動如火如荼，不法行為層出不窮，造成社會上的大恐慌，此實為促成國民黨「清黨」的主因。「清黨」以後，黨內派系原可捐棄成見，團結一致，為國民革命而奮鬥，不幸手擁重兵又善用權術的蔣先生不此之圖，反而乘機擴大黨內派系的鬥爭，以便從中漁利，遂使國民黨的聲譽一落千丈，造成軍事獨裁，政治腐化的局面。

北伐完成後，蔣先生如氣度恢弘，為政以德，以大公無私的精神領導建國事業，則偃武修文，並非難事。無奈蔣氏無此德量，一心一意以誅鋤功臣，消滅異己為能事，致使同室操戈，兵連禍結，內戰之慘甚於軍閥時代。不論賢與不肖，俱被捲入漩渦，甚至欲達目的不擇手段，以拒敵圖存為職志，使政治道德江河日下，社會正義沉淪無遺。本為弔民伐罪的革命軍，轉瞬竟變成軍閥爭權奪利的工具。民國十九年蔣、馮、閻中原大戰相持不下時，張學良受蔣的利誘率其奉軍入關參戰，終以東北防務空虛而引起「九・一八」事變，東北四省淪陷於旦夕之間。雖滿族的顢頇，與北洋軍閥的無知，其所招致的外侮也不若蔣氏主政中樞時之甚。

蔣先生經此慘痛的教訓，如能洗心革面，痛改前非，督率治下各省，厲行如我輩在廣西的興革，號召全國軍民抵抗外侮，則亡羊補牢，猶未為晚。無奈蔣氏不此之圖，反而挾寇自重，對日寇堅持不抵抗主義，對共軍則圍而不剿，一任中共在其直接統治的省區內坐大。迨共產黨武裝已發展至不可侮，蔣先生又私心自用，以剿共滅赤之戰，作消滅異己軍隊的安排，終使星星之火，成其燎原之勢而不可收拾。

到盧溝橋事變起後，全國激於義憤，一致團結，擁護以蔣先生為首的中央，即陝北毛澤東領導的紅軍亦不例外，形成民國以來空前未有的大團結。中央當局如於此時乘勢一變其以往褊私狹隘的作風，化人治為法治，納中華民國政府於正軌，「抗戰」、「建國」雙管齊下，則日本一旦投降，我國便可以嶄新局面出而為四強之一，作安定世界的柱石。無奈蔣氏及其小集團，把持中央，其褊狹貪污的作風竟變本加厲。政府仿獨裁政體的惡例，而無獨裁政體的效能。上下交征利，政風軍紀敗壞達於極點。抗戰勝利變接收為「刧收」。腐化頹風瀰漫全國。直至民怨沸騰而不知悔，終為中共所乘，數百萬大軍一敗塗地。誰為為之，孰令致之，今日痛定思痛，能不感慨繫之。

2

以上所述固為近數十年來中國變亂的主因，然國際因素自亦不容忽視。滿清的覆亡和革命的興起，原為東西帝國主義侵略的結果。民國成立後十餘年的紛亂，帝國主義者從中作祟亦為主要原因之一。由於英、日兩國在中國橫行無忌，中山先生始被迫而聯俄容共。中國國民黨改組的完成，與夫革命軍北伐初期的勝利，主要的外在原因實為蘇聯的全力協助。無奈史達林胸襟狹隘，違背列寧扶助弱小民族抵抗帝國主義的遺教，故其對華援助，以義始而以利終。北伐軍尚在中途，第三國際即決議支持中國共產黨取代國民黨，結果引起國共的糾紛而使國民革命流產。嗣後數十年的紛爭因之而起。中國人民固遭其殃，於蘇聯又有何益？

回看日本。二千年來日本雖未向中國正式稱臣，然明治以前日本立國精神多受中國文化的薰陶，實無可置辯。何期日本一朝西化，即步西方帝國主義的後塵，對文化母國竟有吞象之心。結果戰敗乞降，蒙數千年未有的奇恥大辱。此固日本軍閥咎由自取，然日本帝國主義的失敗實為對任何殘餘帝國主義者的教訓。因人類生而平等，民族自覺尤為不可阻遏的歷史潮流。不幸二次大戰後，仍有少數反動集團昧於時勢，繼續做其種族優越，弱肉強食等舊帝國主義的殘夢。如今日法國少數反動軍人仍欲維持其奴役非洲的特權，又如南非聯邦和澳洲政府仍迷戀其自殺的種族歧視政策，將來終必自取其禍。我本人癡生七十年，為中國革命運動重要的一員亦垂三十年。北伐之役，我們以數萬之眾，不旋踵便自鎮南關打到山海關；抗日之役，我們以最落後的裝備陷數百萬現代化的日軍於泥淖之中，終至無條件投降。此非我輩革命黨人生有三頭六臂，只因革命浪潮為不可阻遏的歷史力量而已。嗣後中共的席捲大陸，其趨勢亦復如此。我本人親歷此如火如荼的革命運動凡數十年，深知其勢不可遏。任何反動力量，試攖其鋒，必遭摧毀，深願今後國家的秉政者能三復斯言。

3

次說美國。二次大戰後，美國實為影響中國國運最大的友邦。近百年殖民運動中，美國亦為對外劣跡最少而對內最為物阜民豐的西方大國。然美國在二次大戰前卻為一自了漢，渠有安定世界和平的力量，然未能負起對世界和平的義務。一九三一年瀋陽事變時，如美國振臂一呼，以後來聯合國對付北韓的方式對日，則「滿洲國」斷不致成立。日本侵華如因此受阻，則嗣後墨索里尼與希特勒亦必有所顧慮，則第二次世界大戰或可避免。邱吉爾說，第二次世界大戰為不必要的戰爭，觀此豈不信然？

二次大戰結束，美國以古道熱腸的態度，遣馬歇爾專使調解國共之爭。然美國政府固不知中國問題癥結所在，因而調解結果治絲益棼。到國共糾紛至無法和平解決時，美國竟一反常態，全盤撒手不問。白宮智囊以國民黨中央少數當權派的腐化無能，竟誤以為國民黨內全無開明可為的勢力，足以挽狂瀾於既倒。艾奇遜見不及此，直至捉襟見肘不知何所措其手足之時，竟以「等塵埃落定」（Waiting for the dust to settle）為遁辭。

試即就美國利益立場來說，乘渾水始可摸大魚！如何能「等塵埃落定」？若就中、美兩國之間利害相關的立場來說，我們鬩室大亂、塵土飛揚之時，也正是我們需要友人幫同澄清之時。試看今日中國，塵埃已經落定，室內紅光耀目，煥然一新，請問艾奇遜先生，於美國究有何益？

今日東南亞乃至南美各國的局勢正亦步亦趨走向二次大戰後中國的局面，而美國的對策則仍因襲昔日的窠臼，舉凡一切號稱反共的國家，不論良窳，美國悉加援助。因而美國所支持的往往為各該國表面上似乎最反共，而本質上卻為最反動、失民心的政權。此無異為共產黨製造溫床。至治絲益棼，此種政權無法支持時，則美國又不加檢討，率爾撒手作壁上觀，徒呼奈何。長此以往，我們將坐視共產黨勢力的「解放」全人類了。

再就最近發生的西藏問題來說，美國朝野為憎惡中共，竟抹殺客觀真理，認定西藏非中國的一部，並以中共對西藏的改革措施為侵略行為。須知遠在隋唐時代，中國政府即享有對西藏的宗主權。千餘年來即西藏土著亦未嘗否認。近百年來英國覬覦西藏，然亦未敢否認中國對西藏宗主權的事實。民國以後，漢、滿、蒙、回、藏五族共和，藏族為中華民族主要成員之一，西藏更為中國領土中不可分割的一部分。美國朝野為厭惡中共，便歪曲史實，硬欲將西藏劃出中國版圖，其幼稚無知，豈不可笑？

再者，中、印疆界不清，有史已然。尼赫魯忽提出中國侵略之說，而又不願與中共談判劃界，其用意似不在疆界之爭，真正動機或有對內對外兩重作用。因印度民族衰老，共產潛力尤大。此時提出中共侵略口號，對內足以打擊印共，提高民族精神，轉為建國圖強的精神力量。對外則無非藉反共的幌子，以騙取美援。美國扶日反共已有先例，印度正可乘機效尤。聰明政客如尼赫魯者，明知中共目前對內致力於建設，對外爭取友邦，並無心亦無力侵略任何國家，故敢虛放警報，混淆視聽。如中共真有侵略行為，則尼赫魯可能反要作睦鄰的活動了。美國朝野不明斯義，竟幫同搖旗吶喊，徒傷中國人的感情，對於反共實無益而有損，宜三思之。

4

最後擬對祖國國共兩黨現階段政權略作分析：

大陸上的中共政權，十年以來已漸趨穩定。惟中共急於工業化，及實現共產社會理想，不無躁進之嫌。然中共十餘年來百廢俱興，建設規模之大與成就之速，皆史無前例。國勢日振，真可說舉世矚目。我本人雖失敗去國，而對北平諸領袖的日夜孜孜，終有今日，私心彌覺可喜。我國變亂百餘年，民窮財盡，今日差得此和平建設的機會，我們斷不應再使內戰出現於中國。至願紅色政權好自為之，毋蹈吾人昔日的覆轍。我個人戎馬半生，雅不願再見銅駝於荊棘中也。

至於台灣，十餘年來，蔣先生小朝廷內的一切作風似仍沿襲大陸時代的惡習而無甚改進。按常理說，蔣先生痛定思痛，應有一番新作風。辛亥革命時，中山先生曾有意劃崇明島為「無政府主義者的實驗區」。蔣先生統治中國三十年，未能在大陸實行三民主義，今日在台灣已做到黨政軍清一色的局面，理應發揮理想，把台灣治成一「三民主義的實驗區」，才可與中共在政治體制上唱對台戲。但是蔣先生十餘年來的獨裁作風，且有甚於大陸時代。如此而猶欺人自欺，動輒以「反攻大陸」作宣傳，豈不可笑。一種政治宣傳，如果連自己都欺騙不了，如何能欺騙世人呢？

但是台灣問題今日必須解決。因台灣問題已成世界問題中最重要的一環。直接影響世界裁軍問題，乃至有導致中共與美國直接衝突的可能。是以台灣問題不解決，台灣便一日有變成世界火藥庫的危險。但是今日國共雙方已不可能用武力來解決台灣問題。蔣先生既無力反攻，況他用兵還要受中美協防條約的約束。中共雖高唱「武力解放台灣」，但內戰停止已久，中共縱能越過美國第七艦隊而進攻台灣，恐亦得不到中國人民的諒解。所以台灣問題的解決，只有政治解決一途。

政治解決台灣問題，則不外以下三種方式：

一、聯合國暫時託管；

二、成立獨立政府；

三、按現狀繼續拖下去。

這三種方式中，第一、二兩種國共雙方都不能接受。因據最近史家考證，遠在殷商時代，台灣即為中國人所發現。隋唐以後，中國即開始向台灣移民，晚而益盛。明末，荷蘭人雖一度作短期的佔領，但不久即為鄭成功所驅逐。成功且踞台作反清復明的英勇鬥爭，雖以眾寡不敵而失敗，而台灣一島卻成為中國民族運動上的永遠紀念碑。清末甲午戰後，台灣割歸日本凡五十年。然珍珠港變起，中國對日正式宣戰，《馬關條約》失效，按照國際公法，台灣遂復還於中國。一九四三年開羅會議，更經同盟國領袖正式承認。故台灣絕無獨立的法律依據，任何中國人自皆不願接受。因此前述第一、二兩種方式均不會實現，則維持現狀，勢在不免。但台灣局勢拖下去，可能引起世界嚴重問題，對中國固不利，於友邦亦無益。按情理言，美國尤其不願拖。因中共視台灣問題的不解決，便等於中共政權的未完全統一。在其國力日盛之後，萬一中共有原子彈出現，渠可能和美國賭國運，冒世界大戰的危險，和美國攤牌。中共和美國之爭，韓戰即是先例。蘇聯以華制美，正可一石兩鳥，全力支持中共對美作「局部的戰爭」。在此情況下，美國如不願為保持台灣而賭其國運，則台灣問題便要急轉直下了。

今後解決台灣問題之道，在我個人看來，可有甲、乙兩案可循：

甲案：恢復國共和談，中國人解決中國事，可能得一和平折衷方案。

乙案：美國承認台灣為中國的一部分，但目前暫劃為自治區，雙方宣布不設防，美國撤退第七艦隊，使成為純粹的中國內政問題，如此則戰爭危機可免。時日推移，大陸和台灣內部彼此敵視態度減輕，則真正解決便可實現了。我想蔣先生已逾七十高年，一生飽經憂患，至願以蒼生為念，毋使內戰重起於中國，想蔣先生亦不致河漢斯言。

我退休海外，不問世事已十餘年。以過去親身的經驗，觀察今日的變局，自信頗為冷靜而客觀，個人恩怨，早已置之度外。惟願中國日臻富強，世界永保和平，也就別無所求了。

5

總之，今日中國，乃至任何國家內的嚴重糾紛，都為世界問題的一部。而世界局勢的變動對各該國國內問題亦有嚴重的影響。任何國家今後決不能再孤立於世界。人類文明今已進入太空時代，太空船環繞地球一周，費時不足兩小時，世界已無形縮小。將來國界消滅，舉世界書同文，而車同軌，當為不可避免的趨勢。

不幸今日文明社會仍為資本主義和社會主義兩種不同制度所困擾而不能自拔，而第三種的民主社會主義依違兩者之間又無法抬頭。如因此而引起第三次世界大戰，雙方各以原子武器相對抗，則人類數千年文明或將從此斬絕。不過，就近代歷史的發展趨勢看，資本主義及其與之俱來的殖民主義經數百年的演變，今已日趨沒落。因資本主義制度對內每易發生無法解決的階級問題，對外則難免趨向擴張主義。時至今日，由於此兩項問題的無法解決，資本主義已至日暮途窮之境。

社會主義的興起原由於資本主義的沒落。其初時最動聽的口號即為對內解決階級問題，對外扶持弱小民族的獨立以阻遏殖民主義。何期道高一尺，魔高一丈。社會主義國家均逐漸形成極權政治，剝削人民基本自由。因此太阿倒持，授人以柄，反為保有民主制度的資本主義國家引為反共的口實。兩大相持，是非不分，致使中立小國茫然不知何所取捨。

然今日資本主義與社會主義之間雖劍拔弩張，真正訴諸武力，目前似無此可能。戰既不能，則和平共存，作政治、經濟建設的競賽，似為必然的趨勢。試看近代世界各國建設史跡，凡以社會主義方式，以暴力從事社會主義與經濟改革的，其犧牲至大，而收效極速；其以民主資本主義方式改革的則反是，而且往往遠水不能救近火。中共與印度即為一最明顯的對照。再者，在和平共存世局之中，落後國家因人民教育有限，生活水準極低，民主政治乃至民族資本主義均不易實現。勉強試行，若非流為武人專政，如辛亥革命後的中國以及今日的阿拉伯、巴基斯坦、南韓各國，即為共產極權。以故第二次世界大戰後，民主集團的失勢即在此等落後國家之間。

不過近世科學昌明，工業化速度加快，人民生活水準與教育程度都在日漸提高之中。到人類生活水準普遍提高之後，其要求自由的呼聲必隨之高漲。極權主義的不能持久，民主政治的日益普遍，實為必然的趨勢。而資本主義經濟蛻變的趨向社會化，英、美近代歷史中亦昭然若揭。以故今後極權政治的社會主義國家與民主政治的資本主義國家的同時蛻變而殊途同歸，亦為必然的結果。為調劑二者的優劣，我國孫中山先生首已闡明此義。二次大戰後英國工黨亦試行其制。兩者功效雖均未大著，然就近年來世界政治制度演變的推測，民主社會主義終必大行於世界，蓋可斷言。我國先哲於兩千餘年前即有「大同」的理想。今後世界政體演變的終點，我亦將視其為國界消滅，種族平等的民主社會主義的世界聯邦。後之讀者，重讀吾書於大同實現之時，亦將有感於斯文！

注釋

❶即何廉，字淬廉，英文名Franklin L. Ho。湖南寶慶（今邵陽）人，中國著名的經濟學家及教育家。——編者注

附錄一

李宗仁聲明

親愛的同胞們：

在國內外一片大好形勢中，我已經從海外回到人民祖國的懷抱裡來了。此行受到中國共產黨和國家領導人多方照顧，感激良深。當飛抵北京機場之際，又受到熱烈的歡迎，內心激動，尤難自已。謹藉此先向黨和國家領導人表示由衷懇切的謝意，並述個人願望和感觸以告國人。

首先我所欲言者，即十六年來，我以海外待罪之身，感於我全國人民在中國共產黨和毛主席英明領導之下，高舉著社會主義建設總路線的紅旗，堅決奮鬥，使國家蒸蒸日上，並且在最近已經連續成功地爆炸了兩顆原子彈。這都是我全國人民自力更生、艱苦奮鬥的成果。凡是在海外的中國人，除少數頑固派外，都深深為此感到榮幸。我本人尤為興奮，毅然從海外回到國內，期望追隨我全國人民之後，參加社會主義建設，並欲對一切有關愛國反帝事業有所貢獻。今後自誓有生之日，即是報效祖國之年，耿耿此心，天日可表。

其次，我深願以留美十多年所得的感受，寄語留台國民黨同志。這些年來，美國表面上以「反共」為名，實際上乃進行著一系列反華、反世界人民的骯髒勾當，企圖孤立中國，控制世界。狼子野心，路人皆知。特別自約翰遜❶主政以後，更變本加厲，擴大侵越戰爭，甚欲藉此挑起一場跟中國人的戰爭。此舉不僅引起了全世界愛好和平的國家和人民所同聲譴責，也遭到了其國內各界知名正義人士不斷反對和抨擊。此種情況，為美國立國以來所僅見。

我尤欲寄語留在台灣的國民黨同志者，多年以來，美國必欲據台灣為己有，陰謀詭計，無所不用其極。台灣省是中國不可分割的神聖領土，絕不容許美國霸佔。台灣與大陸的統一，純屬中國內政，絕不容許美國插手。吾黨同志繼承孫中山先生愛國反帝的革命遺教，與中國共產黨有過兩度合作的光榮歷史。當此美帝國主義亟欲謀我之際，何忍引寇自重，為敵張目，甘為民族罪人，國家蟊賊。深冀我留台國民黨軍政同志凜於民族大義，也與我採取同一步伐，毅然回到祖國懷抱，團結抗美，一致對外，為完成國家最後統一作出有用的貢獻。

最後，我深望海外僑胞和各方人士也應該堅決走愛國反帝的道路。一九四九年我未能接受和談協議，至今猶感愧疚。此後一度在海外參加推動所謂「第三勢力」運動，一誤再誤。經此教訓，自念作為中國人，目前只有兩條道路可循：一就是與中國廣大人民站在一起，參加社會主義革命與建設；一就是與反動派沆瀣一氣，同為時代所背棄，另外沒有別的出路。祖國早已宣布「愛國一家，不分先後」和「來去自由」的政策，此次我以待罪之身，也能獲致寬大的待遇，就是一項具體證明。亟盼海外友好乘時奮起，擁護祖國，幡然歸來，猶未為晚。

宗仁老矣，對個人政治出處無所縈懷。今後惟願盡人民一分子的責任，對祖國革命建設事業有所貢獻，並望能在祖國頤養天年，於願已足，別無他求。謹布蓋忱，敬祈垂督。

一九六五年七月二十日於北京

＊原載於一九六五年七月二十一日《人民日報》

注釋

❶即美國總統詹森（Lyndon Baines Johnson）。——編者注

附錄二

邵力子、章士釗一九四八年在香港致李宗仁的勸降書

德公代總統左右竊自和議破裂、時僅匝旬、而江南擇騷、民無死所、上海六百萬人、日在煎熬震驚之中、夫果誰為為之、孰令致之、力子等行能無算、失機辱命、撫心慚惡、非言之可宣、而律以我

公剝意謀和之初衷、亦為悵歎不置、讀

公最近至穗聲明、以和平之一貫信念為言、大局雖改、而息壤

仍在、力子等皆以請得為

公剴切言之、查和議之起、在去冬徐蚌戰後、其時南京主和、表面固

屬相同、就中識論避免之度、相去乃不可以道里計、蓋師徒撓敗再接維艱、良不得不藉和議以資喘息、條圍背城借一之舉、於是陽言和而陰實言戰者有之、即欲和已、而以內而封建魚爛之習難改、外而美美連鎖之利可貪、又嚴悍中共之洪爐、毛髮輕投一燎且盡、於是言之大江為界、南北分治者有之、而公舉非其倫也、憭

公嘗對眾言之、吾寧向本國人屈膝、決不向外國人低頭、又云、吾決不為破壞國家統一之罪人、是

公瞭然於和議之真實性、及其可能獲得之最大限度、乃同人

之所深信，而亦為中共領袖之所不疑。以故力子等與穎江迴自石家莊時所結口約，不外此物此志。蓋和者和也，既言和矣，勢須限於以真言和者為對手，如上舉兩派人，則本身原不願和，則無條件為全國人民所唾棄，設誠意謀和而處以此兩派人，或竟是攙雜其間，是在邏輯為自亂其例，在事迹為求前反却和，亦安有成理，於斯有洵促

公回憶者，國民政府對和議之表明，曾有兩次，一為本年元日蔣總統引退之所為，一為中共毛主席宣布八項條件，後由

公承諾作為基礎談判，此中關目，必先洞視明白，始不至誤入歧趨。蓋此兩聲明者，並非互相發揮，亦不能二者居一，背而言之，乃是後聲明取消前聲明，須知毛主席之八項條件，除第八條為獨立主張外，自餘七條，大氐針對蔣總統之元旦五項而發，理居絕對，事適相反，在法正負不得同時俱真，在勢受乎一，必且拒乎二，由是

公之談判諸言，不啻粉碎蔣總統之五項，意見使無立腳餘地，灼灼甚明，力子等言此，絕非於

兩公所見，故為軒輊，特事實如是，必須了解明白，和使始能

謹守限域，引繩切墨而為之。力子等折衝以還，自信兢兢業業，矢慎矢忠，竭智盡其最大力能，以期獲得限度內之最前地步。未開會前，兩方代表分別談話，往復商榷，宏纖俱到。中共峻求因而弛緩，故步因而移易者，數與量均不為少，如戰犯其最著也。洎正式開會，我方對協定草案亦提修改意見，以書面寫出，總計四十餘處，被採納者半數以上。平情論之，中共堅持其所應持，概讓其所可讓，虛懷雅度，彌足欽遲。惟予人有不宜忘者，此次和會乃敗者之所要求、又國民黨執政二十年、智盡能索、甘於退讓、向後吾國之政治領導權、屬於中共、誠須了此二義、及和會構成之前後事實、以上則問題中之國內和平協定、在明眼人、非惟無深閉固拒可能、反而以善善從長、甚或謂此已足之意念迎之、似為事勢之所必然、不謂我公宣言於和議破裂之頃、竟斤斤以蔣總統元旦五項為

辭、一若致責於使者之忘所盡力、致恨於中共之無
意曲從至
公本身昭示中外之堂堂諾言、所謂以中共八項條件為
基礎者、全然置之度外、若無邵力子等不才、此誠閣
命傍偟、百思不得其解者也、昔齊王好竽、有操瑟立齊
門右、為識者所譏、蔣總統之五項意見、中共視之、猶齊
瑟也、而
公操之以求見容於齊、其何不成鑿枘之勢、矛盾之形

乎、孟子又載有求為齊言者、一齊人傅之、眾楚人咻之、終於無成、公當南京會議中、為主戰派所刧持、無從申張己見、純以齊傅之孤、面對楚咻之眾、不得不瞻顧蔣總統之所揭櫫、以為虛與委虵之資、嘻、和戰大事、豈尋常虛与委虵小榮、所得容頭而過身者、以公之明、豈不熟知、近旬以來、公屢以一貫謀和為言、以力子等之愚、不識一貫云者、橫貫

底於何地、從實起自何時、如
公所謀之和、自始囊括蔣總統之強硬主張在內竊疑不
智、硬、執持中共八條、認作礎石、事後乃歸咎於蔣總
統之反面策略、未獲重視、竊疑不忠、夫和議唱自國民黨、
而中共和之、使者數反、文電百出、界限分明、基石墻立、徒以
公失於智與忠之運用合度、功敗垂成、坐使黨國諸公群
圖以破壞和平之罪名、嫁於異己、竊疑不信不寧、惟是、
猶記力子等初次到平、中共領袖、以封建官僚集團獨裁

統治廿餘年、應將革命進行到底為言、和意本不
甚厚、且於
公之是否力能勝此、尤難料然、經力子等再三譬說、以為
和平本身、有無窮民意為之後盾、即屬一種不可侮之
力量、加以中共在同一旗幟之下相與提挈、便流會合併於
一嚮、應足以克服可能發生之困難而有餘、中共同意此
說、和平之門以啟、要而言之、中共此次主和、完全以
公為對象、至主戰分子、懾服也可、招致也可、願得假

公之力充類至盡而圖之，儻此着絕無可能，抑或効至微細，亦願公篤守本位，劃清界限，以純粹言和之身，與中共提攜到底，此中微妙，諒公洞矚無遺，苟非如此，和局自始不立，遑待今日，今事寔之所表現，公非惟不能堅執原議，砥柱中流，並設法孤立硬派，使之就己，而且放棄自身立場，投於叫囂隳突之漩渦，使項踵

俱隨主戰之洪流以沒、旋以主戰者之聲口、抨擊和議之不終、此不僅顯示
公之信念不篤、進退失據、抑又使持節往復、始終其事如力子等者、嗒焉喪其信守、無以對中共降心僇力諸君子、力子等誠私心痛之、說者謂
公本心固非爾、重圍難脫、遂不得不隨波逐流、力子等以為此謬悠之談、殊不足為
公辯解、蓋和戰大事、凡國家安危、生靈禍福、大氐

定於俄頃，決於一言，豈容隨人浮沈，湯以輕心掉之。況主戰派之躁急鴟張，由來已久，非倉卒之所形成。又其時敵雷臺穗並未嘗偏處肘腋，而公名器在手，操縱有逐，至何以必開南京會議，東呼西召，造成一被包圍之大圈，使己沈浸其中而不得出，力子等諷惶惑，無以共喻，姑退一步言，以為此出於威懾之無可如何，惟協定之限期屆滿，過江之共軍數至所謂硬派不曾驚鳥駭鹿，竟終分奔，獨

公坐鎮中樞、左右顧盼、擅為所欲為之勢、擁千載
一時之機、力子等在平焦灼萬狀、急電陳辭、懇
公無論如何、莫離南京一步、蓋一別有危機、艱於株守、亦求
公飛蒞燕京、與力子等共圖轉圜突變之方、雖
公不以力子等為不肖、屢辭見復、而當機立斷之雄
心、終不敵其苛責中共之幻想、
旨意迴環、終於模棱、此着一失、力子等敢謂盡六州之

鐵不容鑄此大錯，然亦徒見
公缺乏劍及屨及之決心已耳。豈得並誘為主戰者
之形格勢禁也哉。迨南京之邂逅，告終桂林之勸駕，以始
廣州之使車，屢集溪口之甘言，皆未。力子等不啻亟屢奉告此
公懸崖勒馬之第二機會。蓋長江之局面雖變，西南之版
圖猶存。
公在桂林開府，屹立不動，繼續以和平大義相號召，仍不失
為當年肇慶軍務院之規模，乃

公終不以鄙言為可採、並不脫主戰分子之脅迫利誘、竟爾翩然蒞穗、同流合污、陽冠僚寀、陰儕傀儡、不知公有何把握、作何打算、還岸然以國家存亡民生禍福為張皇工具、傷哉傷棄、力子等之愚、以謂天下公器、非可力取、中共今日之成功、由於本身依倚民衆組織堅強者半、因於國民黨反乎民之好惡、餒敗無能者半、三年之間、黨府從全勝以至慘敗、迨猶秋風捲籜、不至掃地以盡不止、此在中外歷史、均無前例、大勢如此、人心可知、真愛國者當此、應須擲識作最後計較、苟能為國多存一分元氣、為民多救一人性命、試問尚有何顧忌而不肯為哉、曰和平名耳、其實降也、念以此提振困獸猶鬪之精神、拚作挺而走險之末計、嘻此何時也、顧倒行逆施乃爾、夫同族之爭、敗固非辱、政權過久、交迭有時、諺云、繩之絕也、必有絕處、絕處在此、降亦何妨、朝三暮四、名何須執、議者以和平協定過酷為言、此在力子等、亦曾謂中共可能並無再加讓步、例如前言刪去、或止於輕描淡寫、可以減少若干刺激性、而毫無礙於實際條件、又如第四條之軍隊處理、可謀互照合政府成立以命令行之、無需亟亟整編、據會議時、力子等曾就上述相類意旨、不斷陳說、並謂成功者貴予對方之幅度愈形寬大、收效所至、將與爲比例差、然中共堅執歷史之教訓不可違、基本之策略不可變、彼自有其懲前毖後之理、力子等殊難爲竭忠盡歡之譚、且天下事々、以協定而成者多矣、酷不酷何常之有、即以國共史迹而論，重慶政協告終，中共不曾願受五分一之軍隊限制，三分一之重大事件否決權乎，公試回思，此對中共，可謂名為酷否，然當時蔣總統猶靳此區區，而不之畀，坐是決裂，人民塗炭至今，今既主客之形不同，強弱之勢易位，中共乃以其人之道，還治其人之身，論情無所謂不平，在法亦惟有順受，天演家言，適者生存，鼎革成事，不敢支吾，今國民黨之不適，與中共之應取，豈不如十日並照之明，於此猶靦靦焉以國當

為孫汪、人民為芻狗、不忍於政權、一日之得失、甘犯窮兵
黷武之罪名、對人恕道全失、對己後禍莫測、豈非大
愚不靈之甚者乎、而中共總攬政權、是否於國為
福、此中共當好自為之、吾人無暇為借箸之籌、獨國
民黨今當放棄一切、己既無能應讓能者、己既貪
污、應讓廉者、姑舍道德不論、而亦為蘇張無從辯
解之事實、與頹敗不克挽回之頹勢、彰彰明甚、昔

黃克強先生在民元曾引董仲舒語告人云正其誼不謀其利、明其道不計其功、又云事苟有濟成之者何必在我、煌煌巨訓、凡國民黨人所應三思、力子等或親隸黨籍、或効力革命、於此黨之利害得失、豈不切關懷、惟蝮蛇螫手、壯士斷腕、君子愛人、以德不以姑息、國民黨當此難為、惟有大膽割棄、始有新生命見存、惟有破除武力迷夢、始有新政治、領土可得、時哉時乎、豪傑不待機、勇者不留決、今日之事、和固

和、不和尔和、和者天下之公言、民生之唯一出路、非國民
黨所能截斷、亦非中共所得把持、中共雖於
公失其信心、頗仍未至憖然絕望、
公雖不脫束縛馳驟之境、顧發憤仍未始不足有為、
力子等留滯北平悚息待命間
公與何院長敬之先後以中共扣留代表宣言於衆、
發布代表團公函、亦復故加刪節、以致要語漏略、

本意不明試思力子等繼至不肖而以立身鄉有本末是事非無是非將何至受人拘牽惟所進退中共大黨持政待人多有榘度亦何至強抑使節自隳令名須知多僑不應以不肖之心待人尤不應以莫須有之事論政況力子等在北言和之人不加多力子等在南言戰之人不加少形骸土木了無重輕徒以年事昭高人緣非淺平章國事略有執持因緣應合責任攸在不敢效悻悻小丈夫之所為坐視

公等之溺於稽天大浸而不爲援手已爾、藉以劉爲韋
昆南還之便、輒取此番經過之實在情形、及力子等之
深切自信、爲
公慷慨陳之、知我罪我、無取妄計、抑有進者、近聞閻
錫山間關兩粵、以危辭怵
公、公之赴穗、未免中其愚計、傳有之、敗軍之將、亡國之大
夫、不可與計事、夫閻君不卹其鄉人子弟、以萬無可守
之太原、已遁去而青若輩死綏、以致城破之日、屍與溝

平、屋無完瓦、晉人莫不恨之、今彼欲以亡太原者亡廣
州、而
公竟悍然不顧、受其羈勒、斯誠咄、怪事、又美帝國主
義、為中共抵死反抗、
公寧不知、前在寧時、
公提出外交意見、欲力子等向中共折衝、力子等當以此點
萬無冀倖、非惟不應向中共說及、而且
公之言論行動、切宜謹慎、將事、倘非斬釘截鐵、打斷美

援意念、絕無與中共合作可能、如此等諗、想
公猶能記憶、今據報端所紀、
公嘗、圖為美援辯護、且斤斤執持中共之聯蘇表示、為
間執人口之計、嘻、過已、蓋中共揭櫫新民主主義非至
聯合政府成立、經多黨派公同討論之後不能有旗
幟鮮明之外交政策、遽先以捕風捉影之談、蔽罪於
人、為己身已成事實文過飾非之地、既不能取信天下、

亦何足昭情理之平、至中共是否一黨壟斷、尤國民黨而致之、則有待將來政事爲之證明、今漫以壓迫恐怖陰謀暴力欺騙極權鐵幕種種醜惡名辭罵倒之、罵誠罵矣、倒乃未必、人既不倒、已或先崩、且國民黨之失政、國民已裁判而懲罰之、倘中共他日甘蹈南京之覆轍、民猶是也、國猶是也、夫何渠前後之不相若乎、公亦何必過於早計乎、正封緘間、讀

公本月二十一日告全國同胞書全文、與力子等所了解於
公者異趣、脫他人捉刀、而以
公之名義布之、則
公所云排除阻力、革新政治經濟与軍事、使適應时代
之需要、及人民之要求者、政由甯民、祭則寡人、皆可作如
是觀、以力子等之顓蒙、夙昔諸承
見愛、以所謂危、不敢不竭誠奉告、惟

公實圖利之、尚肅敬頌

勛祺

邵力子

章士釗　謹啓

五月廿五日

附錄三

撰寫《李宗仁回憶錄》的滄桑

——唐德剛

李宗仁的歷史地位

李宗仁是中國近代史上一位屈指可數的政治領袖和英雄人物。讀歷史的人，縱使以成敗論英雄，對這樣一位不平凡的歷史製造者，也不能等閒視之。

從一個歷史人物的任何角度來看，李宗仁的一生事跡原也不能歸納成「失敗」二字。他底出身是滿清末年，落後的廣西農村裡一個誠實忠厚的牧童。論家庭環境，他比後來和他同時顯赫的國共兩黨中的領袖人物都要艱苦得多。他是個真正赤腳下田、肩挑手提、幹過粗活的貧苦農民（其他作過同樣自述的高層領袖人物，往往卻是言過其實）。然而歷史和命運，三湊六合，卻漸次提攜他在中國軍、政兩界，逐年上升；終於在國民黨政權在大陸上的最後一年中，成為國家元首——有歷史和正統地位的國家元首。這在中國的傳統史學上說，也可說是中國歷史上最後的一位「末代帝王」吧。「末代帝王」——尤其是傳統的宗法社會轉向社會主義社會，這個「轉移時代」的「末代帝王」，是任何讀史者所不能忽視的。

從李氏個人在歷史上的事功方面來看——讓我引一句套語——他底一生也可說是「有足多者」。他在二十來歲初主「方面」之時，居然能擺脫舊軍人的傳統，跳出當時腐化的環境而以新姿態出現。這就是一件那時軍人不容易做到的事。其後他加入國民黨，廁身國民革命，論戰功、論政略，他都是國民黨旗幟下一位佼佼不群的領袖。在那些國民黨執政時期諸多決定性的大事件之中——如「統一兩廣」、「北伐」、「清黨」、「寧漢分裂」、「武漢事變」、「中原大戰」、「國共第一次內戰」（「五次圍剿」與「反圍剿」）、「閩變」、「六一事變」、「抗戰」、「國共二次內戰」、「行憲」、「蔣氏二次下野」、「國民黨退守台灣」等等——李宗仁都是關鍵性人物之一；少了他，歷史可能就不一樣了。

就以最後這件（蔣氏二度下野、國民黨退守台灣）事來說吧，李氏也是造成今日台海兩岸對峙的重要人物之一。當年李宗仁曾對筆者力辯一九四九年「逼宮」之說為「誣賴」。據個人探索，我也認為「逼宮」之說有點過甚其辭。但是蔣氏當年既然退而不休，卻為什麼又要堅持「引退」呢？

原來「內戰」與「外戰」不同。在中華民族傳統的道德觀念支配之下，對外戰爭在情況險惡之時，衛國將士是應該「寧為玉碎」的。但是內戰在同樣情況之下，那便不妨「陣前起義」或謀「局部和平」，以求「瓦全」了。蔣氏下野而讓李某「拋頭露面」，其用意顯然是在「穩定桂系」，免得它效法傅作義，在華中地區搞「局部和平」罷了。

在蔣氏那時的估計，桂系如不搞「局部和平」，它或許仍然可以「割據兩廣」以抗共軍。這樣蔣氏所直接控制的中央系也就可以確保台灣了。這也是「守江必先守淮」的次一步安排吧。留得青山在，不怕沒柴燒。一旦國際局勢轉變，國民黨捲土重來，還怕「桂系」不聽指揮嗎？

後來桂系在「兩廣」雖然「割據」未成，但是李、白二人沒有和程潛、陳明仁等一道去搞「局部和平」，倒給予中央系人物較充分的時間去準備退守台灣——如胡適在抗戰期間所說的「苦撐待變」！而國民黨在台灣居然能並未怎樣「苦撐」，就「待」出一個韓戰的「變」局來。那時李、白二人如果也搞起「局部和平」來，則情勢可能早就改觀了。沒有個台灣，整個中美關係，乃至今日三強互制的整個世界局勢，也就不一樣了。話說從頭，李宗仁一個人的意志，也是這個歷史發展的關鍵！

一九六五年初夏，李宗仁有一次忽然十分傷感地向我說，他年紀大了，想「落葉歸根」！他那片「落葉」，如果在一九四九年就「歸根」了，今日中國和世界的局勢還會是這樣的嗎？

匹夫一身繫天下安危。我們讀歷史的人，豈能小視李宗仁這位「末代帝王」的個人故事！所以我們要治「民國史」，則對李宗仁其人其事就必須有一番正確的認識。但是要認識李宗仁，他本人的回憶錄自然是最直接的原始資料。

本書正名

當然，古今中外任何歷史人物——尤其是政治圈內的人物——底自述，都有其片面性。它底論斷是極度主觀的。但是一位創造時勢的英雄，對他如何創造他那個時勢的自述，其史料價值究非其他任何間接史料所可比。至於如何在這些第一手史料中去甄別、取捨，那麼見仁見智就要看治史者和讀史者——不論他是個人、是團體或是階級——個別判斷能力之高低和成見框框之大小來決定了。

筆者不敏，由於「治史」原是我的終身職業；「讀史」也是我生平最大的興趣；加以上述理想的驅策，因而在美國大紐約地區接受哥倫比亞大學之聘，自一九五八年暮春至一九六五年初夏，斷斷續續地用了將近七年的時光，在李宗仁先生親自和衷合作之下，寫出了這部《李宗仁回憶錄》的中、英二稿。屬筆之初，李與我本擬在《回憶錄》之外，另加一書名叫「我與中國」——使它和當時風行美國的《艾森豪回憶錄》另有個書名叫「遠征歐洲的十字軍」（Crusade in Europe）一樣。至於作者的署名則更經過哥倫比亞大學的提議、李氏的同意，用「李宗仁口述；唐德剛撰稿。美國哥倫比亞大學・東亞研究所・中國口述歷史學部編纂發行」等字樣。出版時列為哥倫比亞大學「東亞研究所叢書第×××號」。這種安排也可說是一種三邊協議吧。

我們那時想取個「附帶書名」的原意，只是為本書「英文版」著想的。因為當時歐美社會的時文讀者們對「李宗仁」這個名字，並不太熟習，加一個「我與中國」就比較清楚了。不幸英文版之付印由於李氏於一九六五年夏祕密離美而中止。如今二十年快過去了；李宗仁的故事在歐美已不成其為「時文」，而是一本不折不扣的「史料書」了。史料書再用這個附帶書名不但失去原來意義，而且會影響本書史料上的嚴肅性，所以筆者徵得哥大校方同意，為保持本書的純學術面貌，就決定不用了。

至於本書的「中文版」，它原無加一附帶書名之必要；畫蛇添足，就更犯不著了。這件事從頭到尾是筆者個人向李建議的；取捨之間並未違反李氏之原意也。

中文稿出版的曲折

本書共有中、英文稿各一部。

中文稿共七十二章，約六十萬言。此稿內容政治掌故太多，牽涉廣泛，各方阻力不小。海外可銷量有限，出版不易，以致積壓甚久。因此在七十年代中期，當國際環境好轉，海內外學術風氣亦有顯著改變之時，本稿原國際版權享有者的美國哥倫比亞大學乃委託筆者將本書中文稿轉交香港《明報月刊》，暫時以「連載」方式，按月分章發表，以饗讀者。

哥大執事人並有正式公函給我，因為我是本書中、英二稿的唯一撰稿人，根據國際出版法我個人有權收取本書中文版的國際版稅。至於本書英文版的版稅問題，哥大歷屆當軸均一再言明，校方為本書「投資」太多，為收回成本計，大學擬以英文版版稅「歸墊」云云。

以上都是享有兩稿版權的哥倫比亞大學向我這位「著作人」主動提出的。筆者一介書生，對資本主義學術界的生意經，既無研究，更無興趣；只要他們能不動本書內容，能保持這本歷史紀錄的真面目，我就很滿意了。至於大學當局主動地向我言「利」言「權」，我多半是由他們作主而不置可否的。這可能也是我們海外中國知識分子，治學異邦，而仍然未能擺脫我故國鄉土書生的頭巾氣，有以致之吧。

由於哥倫比亞大學的授權與供稿，香港《明報月刊》，乃於一九七七年四月分（該刊總第一三六期）起，按月連載至兩年之久。後因該刊前編輯以此稿過長，希望暫時停載若干期，以免讀者乏味。同時亦因哥大所發之中文稿中，竟然缺了極其重要的、有關當年「國共和談」的一章——第六十六章，「收拾不了的爛攤子」——需由英文稿回譯，而筆者事忙，一時未能動筆，這一「連載」便暫時中斷了。

今年（一九八〇）年初，筆者承香港《明報》發行人查良鏞先生函告，以《明報月刊》對《李宗仁回憶錄》將恢復連載，並擬刊行全書。此時適本書英文版業已問世。筆者乃著手將此缺稿回譯，並將十餘年前所撰之《中文版序言》修改補充以適應當前需要。惟平時教學事忙，一時無法抽空，遂拖至學期結束。後正擬乘暑假趕工之時，忽自中文報刊上讀到消息，始知《李宗仁回憶錄》中文版，已為廣西文獻委員會，在桂林出版——筆者執筆草此文時，對該「桂林版」尚未寓目。

這件突如其來的出版消息，倒使我這位「撰稿人」，頗覺意外。理由是：

第一，桂林出版的《李宗仁回憶錄》據說是李幼麟（李宗仁的長子）帶回去的那份殘稿。全稿缺了上述那極重要的第六十六章，畫龍失睛，豈不太可惜了嗎？桂林的出版商事先為什麼不問我一聲呢？

第二，筆者是該書享有國際著作權的唯一「撰稿人」。全書雖是根據李宗仁大意下筆的，而李氏所提供的只是一些含混的「口述史料」（oral sources）——李宗仁旅美期間，身邊無片紙史料——至於詳盡明晰的「著述史料」（written sources）之蒐集，寫作計畫之擬訂，新式史學方法之運用與全部文稿之撰寫等等，則全是我一手包辦的。所以哥大口述歷史學部原主持人，在本書英文版〈導言〉中，便鄭重指出，本書是「一位歷史製造者和一位歷史家的合著」（全文見英文版韋慕庭、何廉合撰的〈導言〉）。論對本書撰寫過程中用力之多寡，和在史學著述上文責之輕重，在哥大發行的英文版上，我的名字尚且排在李宗仁名字之前呢。因此，按法律、按事實、按情理，這都是李宗仁和筆者二人的「合著書」；這也是李氏生前和哥倫比亞大學共同協議認可的。為什麼這本桂林版的問世，我這位「合著人」事前竟毫無所知呢?!

第三，本書所用的體裁雖為「自傳體」，但是它的撰著過程卻是與「傳記體」分不開的。只是一般傳記的寫作——如薛君度所著的《黃興傳》（英文原著作於哥倫比亞大學，中文譯本最近在湖南長沙出版）——所用的資料多半以「著述史料」為主；作者的意見，也可隨心所欲，任意發表。本書的寫作，則是「著述史料」與「口述史料」並用；作者任何意見須經當事人認可而已。所以本稿實是「傳記」、「自傳」合二為一的一本現代史學著述。本書之行世，自傳當事人和史學執筆人，對當前讀者和後世史家，都應有個明白的交代。一本史學著作不是一個由天上掉下的隕石；它是有來龍去脈的。讀史的人——尤其是將來的史學家——也是要尋根究柢的。一位生前未嘗執筆為文的李宗仁先生，死後忽然從天上掉下一本自傳來，這也是對讀者和歷史的矇混。所以自傳的當事人和自傳的真正執筆人，在書面聯署，目的是向讀者和歷史負責，非徒世俗所謂附驥留名而已也。當年美國報人史諾（Edgar Snow）在陝北訪問毛澤東所寫的《毛澤東自述》，仍然是史著《西行漫記》（或譯《紅星照耀下的中國》）裡的一章。史諾對中國近代史並無深入研究，該篇並未引用其他「著述史料」；他所用的倒是百分之百的毛氏的「口述史料」。雖然如此，歷史家並沒有把此篇收入《毛澤東選集》，那一篇仍是史諾的作品。美國女作家史沫特萊夫人（Agnes Smedley）所寫的《朱德傳》亦復如是。這些都是近代史學著述上有名的作品，盡人皆知。本書桂林版的發行人，為什麼對這些前例熟視無睹，而單獨把我這位「撰稿人」的名字在書上一筆劃掉呢?!

第四，在資本主義制度下的哥倫比亞大學，為著撈回原先投資的成本，也只是取消我這位「作者」應有的「版權」；它並沒有剝削我的「著作權」。在標榜進步的社會主義制度之下的廣西文獻委員會，理應對歷史作家有更多的保障。它怎能比資本主義的哥倫比亞大學，更進一步，連我的「著作權」，也給不聲不響地沒收了呢?!

在百思不得其解之下，我的臆度便是：祖國的學術界和海外的學術界，不幸地隔絕太久了。因此著述界和出版商在海內外彼此抄襲、翻印、剽竊等陋習多少年來已相沿成風，視為當然。如今海禁大開，海內外著述界已由高度交流而日趨統一。但是原先的陋規惡習，還有其相沿的惰性，一時頗難祛除。近三十年來該有多少我國出版的名著，在海外被改寫、換名、盜印了？這也都是盡人皆知的事。

再者李幼麟先生當年經商事忙，他對這一宗替他父親寫回憶錄的學術事務，原未參預，隔閡殊甚。他對本書由協議、到撰寫、到出版底一系列合約的安排，並不熟習。最近他只是以李宗仁長子的身分自黃旭初先生的遺屬手中，取得了這份殘稿（至於此稿如何落入黃家，下文當另有交代），他便把這份殘稿捐獻給廣西政協了；而接受這份殘稿的廣西人民政協當局，當然更不知道本稿各種複雜的前因後果，因而就以當年舊社會中的官場慣例，未經調查，不問情由，便把全稿一股腦出版了。

這樣一來，他們也就把一個現代史學作家，當成當年官場上的「文案」、「師爺」、「祕書」等一樣的「幕僚」看待了。這些舊時代的「幕僚」底主要職務，便是遵「長官之命」，去為長官「擬稿」；擬好了「文稿」，再由他們「主任祕書」或「幕僚長」來「核稿」一番；然後再「呈閱」，由「長官劃『行』」，便是長官的「文告」了。

但是這種舊時代的「官場慣例」和現代學術界的「科學分工」，是水火不相容的。可是筆者這部現代史學的著述，顯然是被當成舊社會的「長官文告」給處理了。在今日海內外學術界、著作界，由高度交流而日趨統一的現狀下，竟然發生這樣有欠正常的出版現象，我身為海外作家之一，不避冒昧地著文反映，在法、理、情三方面，請求有關當軸，加以澄清，也是我們幫助祖國出版界現代化、國際化的應有責任吧。

英文稿和中文稿的關係

本書的英文稿原是筆者對中文稿的節譯、增補和改寫而成——共五十三章，亦四十餘萬言。此宗英文稿於年前經筆者重加校訂，由哥倫比亞大學，授權英、美兩家書商，於一九七九年六月在美、英兩國同時出版。為節省紙張用小號字排印，亦有六百四十二頁之多。書前有上述韋、何兩氏的〈導言〉；我自己也寫了一篇英文長序。

這中、英二稿在分量上說，都不算小；甚至可以說在中國近代史傳記項下，是一部鮮有其匹、全始全終的「當國者」的自述。用常理來說，這中、英二稿自應以中文稿為主；英文稿不過是一部「節譯」而已。誰知就撰寫的程序來說，這中、英二稿卻相輔相成，各有短長。其內容亦間有不同。此種情況之發生固亦有其常理所不測之處也。其中最主要的原因，便是這部書的寫作原是一所美國大學所主持的。美國大學對出版中文書是毫無興趣的，當然也就不願提供非必需的經費，來支持中文寫作了。

筆者當年受聘執筆，要隨時向校方主持籌款的上級，報告「進度」；而學校當局對我這位「研究員」的「研究工作」之考覈，亦全以英文稿為衡量標準。幸運的是李宗仁不懂英文，我非起個「中文草稿」，則李氏便無法認可。那時筆者如為著省事，但向哥大按時「交差」，則中文草稿原無加工之必要──哥大當時所主辦的其他中國名人「口述自傳」（如胡適、孔祥熙、陳立夫、顧維鈞、張發奎、蔣廷黻、陳光甫、蔣彝、吳國楨、李漢魂、何廉等人），均無中文稿。該校在同時期所主辦的一些東歐名人的「自述」，亦無東歐文底稿。筆者所撰這部中文版《李宗仁回憶錄》，則是其中唯一的例外。

說實在話，這部書原是我個人循李宗仁之請，在正常英文撰述工作之外的一點「額外工作」──說是筆者個人「偷空的私撰」亦未始不可。

為著趕寫英文稿，按時向校方「繳卷」，同時並保持中文稿最低限度的可讀性，我那時精力雖旺，也還是日不暇給；工作時間，往往是通宵達旦的。而這點自討苦吃的「額外工作」，也不知道給予我多少一言難盡的「額外」苦惱，有時因之氣餒，有時因之心力交瘁，是難免的。但是筆者愚而好自用的個性，總算也有可用的一面，我是咬緊牙關，不計後果地堅持下去了──堅持著用掉數十打鉛筆，多寫了一百多萬個中國字！

那份「鉛筆稿」——多半是我在午夜前後一燈熒熒之下，埋頭書寫的——它底分量雖大，而哥大當局卻一直不知其存在。一直到一九六五年深秋，李宗仁祕密離美後三個月，哥大的律師為向法院「備案」，細查全稿撰寫程序，才被他們發現的。一旦發現，校方乃要我繳出歸公，由哥大「封存」，從此就算是哥倫比亞大學的「財產」了。該稿現在仍被鎖在哥大圖書總館的「珍藏部．手稿室」。筆者前不久曾一度被特准取閱，全稿紙張，已蒼黃不堪矣。

這部中文稿既是一部「額外工作」，而這額外工作又多至百餘萬言，因此落筆之時，我斷然沒有工夫去字斟句酌的。事實上那份草稿的撰寫方式，簡直與一般「限時發稿」的新聞記者的寫法一樣——真可說是「文不加點，一氣呵成」。要推敲、要考訂、要章節改組，就到英文稿上再去加工吧。

據筆者個人，乃至海外一般同文的經驗，寫英文在某些方面，遠比寫中文輕鬆。主要的原因便是中文須「手抄」，而英文可「打字」。打字是機器工業，快而省力——筆者本人便可於一分鐘之內很輕鬆地「打」出四十五個以上的英文字——所以一稿可以數易。必要時且可請打字員代勞，甚或錄音口述，不必揮動一指。寫中文則是手工業；一字一句都得親自手抄。一篇短稿，往往也要個把鐘頭，才能抄完。要把一份長逾百萬言，「額外工作」的手抄稿，不斷地改寫改抄，那幾乎是不可能的事。但是這部《李宗仁回憶錄》，卻是經過六七年的時間，不斷地改動才完成底稿的，因為有時完稿之後，已經李氏認可了，忽然又發現了新史料，甚或新回憶（「忽然間想起了！」），如此則部分手稿必須改寫。而這項改寫工作，我往往就捨中就英了；在英文稿上直接加工，然後要打字員重行打過就是了。

至於中文稿，手抄太困難，而海外又無中文「錄事」或「鈔胥」可以幫忙，所以中文稿需要改動，我只寫了些「眉批」，或標上一兩張簽條便算了。「改寫工作」就只好「留待異日」再做吧。

舉一兩條小例子：

民國十五年（一九二六）北伐途中，蔣、李二人「拜把子」之時，蔣總司令的盟帖上原有四句四言的「盟詩」。李先生忘記了。那盟帖也在民國十八年（一九二九）「武漢事變」中遺失了。所以在中文稿上我們就沒有寫下來。可是後來郭德潔夫人閱稿時，她還能記出原文。李氏乃要我「加上去」。我便把這四句譯成英文，把原稿抽出「改寫」，並重行「打」好，天衣無縫地補了進去（見英文版第一七五頁）。

但是在中文稿上，我只加了一張簽條，以便將來「整理」時，再行補寫。孰知李氏一去，「補寫」不成，而這張簽條後來又在哥大複印全稿時被暫時「抽下」。一抽之後，不識中文的助理員便無法復原。因此蔣總司令的這四句「盟詩」，和陳潔如女士的芳名，在中文版上也就不能出現了。

還有，當李宗仁營長於民國八年（一九一九）率部駐防新會時，奉密令逮捕新會縣長「古某」，並將其「當場崩掉」。縣長是被他殺掉，但是名字卻被他記錯了。後來經輾轉查明，那位槍斃的縣太爺的名字原來叫「何文山」，湖南人，而非「古某」。在英文稿上我是根據新史料改正了（見英文版第五十八頁至六十頁）。但是在中文稿上，我也只加個簽條，這個簽條後來也脫落了。所以該章其後在《明報月刊》（總第一四二期）印出時，那位冤死鬼還是那位「古某」。我相信在新出的「桂林版」，可能仍是將錯就錯的。

以上所說的雖然只是一些小出入，而如上節所述的中文稿第六十六章「收拾不了的爛攤子」，則全章都是筆者最近才從已出版的英文稿第四十七章，整個回譯的。原來當我發現中文清稿中缺了該章之時，我曾專程去哥大各處搜尋，卻遍覓無著。這章稿子究竟怎樣遺失了呢？事隔二十餘年，真是線索毫無！後來我在自己的日記和其他一些雜亂的殘稿之中，才找到點影子。

事情的經過大概是這樣的：在當初我把那一章中文底稿譯成英文之後，哥大方面的美國同事閱後都嫌其太簡略了——因為這是當時大家等著要看的「最重要的一章」——我自己反覆讀來也自覺有避重就輕之感，乃決定把全稿抽出，從頭改寫。改寫再經李氏完全同意之後，未等著把中文底稿潤色後抄成清稿，我就把底稿譯成英文了，因此中文清稿一直沒有叫昭文（編按：即作者夫人吳昭文女士）補抄。沒有補抄的原因，是筆者對改寫稿仍不滿意，只以「來日方長」，以後與李宗仁商量，再來個三次改寫吧。

原稿既然抽下來了，打雜的女祕書，可能就忘記放回去。後來哥大的中國口述歷史檔案室又先後三遷，而直接管理檔案的女祕書又一死三換，先後不接頭。筆者原不管庶務——按規章我也無權過問，也沒時間過問——後來受調離職就更不能過問，殘餘的中文底稿第六十六章也就再也找不到了。

原先我個人對整個七十二章中文全稿的打算，是等到英文稿完工之後的遙遠將來，在李宗仁繼續合作之下，再「慢工出細活」地補充、潤色，甚或徹底改寫。因為在李氏與哥大合作之初，便同意在回憶錄英文版面世之前，不得以中文發表任何回憶史料。這本是美國學術界的生意經，所以我對於中文稿，原也打算天長地久，以後再慢慢琢磨的。這本是我個人的心願——這部中文稿太毛糙了，她是一塊璞玉；玉不琢，不成器，我是預備把她好好地改寫的。一部必然傳之後世的中國史書，怎能讓後世史學史家看出「英文版優於中文版」呢？這種心理也可說是我們寄居海外的中國知識分子，對祖國文明，所發生的班超式的愚忠愚孝吧。

誰知英文稿甫告完工之日，李宗仁忽然自紐約「失蹤」！哥大隨即循法律程序，把與李氏有關的中英文一切文件，全部封存。哥大這一鎖就鎖了十二年之久。直至一九七六年初，「中美國交解凍」已成定局之時，哥大當局始決定把這項中文稿「解凍」發還。這時李宗仁夫婦墓木俱拱；海內外人事全非。筆者亦兩鬢披霜，摩挲舊作，真是百感交侵！

筆者雖然是這部書從頭到尾，唯一的執筆人，但是在體裁上它畢竟以「自傳」方式出現。

在治學的基本原則上說，我今日對這部稿子，除掉改正少數筆誤之外，我是不應易其一字的。改寫和潤色，都為治學常規所不許。

但是這部書，原只是一束「草稿」——一位未施脂粉，亂頭粗服的佳人。她原是學術在政治上的犧牲品。因此這中、英二稿，並不是一稿兩文；而是一個著作程序中，兩個不同階段之下的兩種不同的產品，相輔相成而各有短長。中文稿還沒有脫離「草稿」階段，英文稿在程序上卻是「定稿」，而這一定稿大體說來卻又是中文草稿的節譯和補充。這點實在是我們華裔知識分子在海外以中、英雙語治中國史，無限辛酸的地方。這也是筆者要向《李宗仁回憶錄》中文版讀者道歉，並請逾格體諒的地方。

初訪李府

《李宗仁回憶錄》的中、英二稿的「正本」雖被哥大積壓了將近二十年，其「副本」則在海內外變相流傳，易手多次。因而新書未出，舊稿已經弄出意想不到的許多古怪的「版本問題」來。筆者既是兩稿唯一的「撰稿人」，我自覺對這部稿子撰寫經過中，若干關鍵性的細節，亦有稍加敘述的必要，庶幾讀者能了解真相而不為魚目混珠的版本問題所困惑。

這部書原是在美國哥倫比亞大學・東亞研究所・中國口述歷史學部主持之下撰寫的。這個

「學部」（或譯為「計畫」）原於一九五七年試辦成立，也算是該校總口述歷史學部中的一個支部。這個支部的主持人是該校教授中國近代史的白人教授韋慕庭（C. Martin Wilbur）。各項經費原是他向福特基金會（The Ford Foundation）、美國聯邦政府，以及其他方面籌募的；一切內部政策也就由他一人決定。筆者在拙著《胡適雜憶》的最後一章裡，也曾略有交代。

韋氏為與中國流亡政要洽談方便起見，後來也邀請當時在哥大教授中國經濟的華裔何廉（Franklin L. Ho）博士參加。但是何氏的職務只是陪陪客、吃吃飯、做點諮詢工作而已，並不負絲毫實際責任。何氏是搞經濟的，同時因為他早期在國民黨中做官是屬於「政學系」那個官僚集團，歷史既非其所長，而他過去在中國政治圈中的恩怨，反增加了哥大對中國口述訪問中的不必要的困難。即以宋子文為例吧，宋氏曾多次透過顧維鈞先生向哥大表示願意參加。宋是哥大的校友，又是所謂「四大家族」中的宋家的第一要員；在後期的國民黨政權中，他是位核心人物，本身就是一部活歷史。最重要是他還擁有整箱整箱的私人文件。

不幸當他在重慶做行政院院長的時期，把他下屬的「農本局長」何廉給關了起來。據說當時何氏如沒有「政學系」的靠山，是可以喪命的。

如今大家都流亡海外，縱不計前嫌，但是把杯握手，也難免臉紅——尤其當時華人知識分子圈圈內的傳說，都以為這個口述歷史是何廉主持的；何氏對外自然也當仁不讓——所以宋子文就有點躊躇了。後來宋氏還是不顧既往，頗有參加的願望，但是在「諮詢」過程中，他的名字卻被劃掉了。

後來顧維鈞先生向我說：「宋子文先生希望你也能幫幫他的忙，他想寫本『回憶錄』。」我斬釘截鐵地告訴顧先生，我願抽空，為宋先生義務幫忙。但是顧先生知道我是一位「窮忙」的流浪漢，哪裡能抽出這個空；一人擔三口，晝夜不停走，哪裡又能負擔起這個「義務」呢？所以也就作罷了。

後來宋氏在西岸吃雞，不幸噎死的消息東傳之後，我個人聞訊，真錐床歎息——我們治民國史的人，怎能把宋子文這樣的「口述史料」，失之交臂呢？

哥大這個「中國口述歷史學部」自始至終就只有兩個全時研究員：夏連蔭（Julie How）和我。夏女士最早訪問的對象是孔祥熙和陳立夫；我最初訪問的則是胡適和李宗仁。

李宗仁是在一九五八年春夏之交，適之先生決定出長台北中央研究院之後，才應邀參加的。參加的程序是先由哥大校長具函邀請；李氏答應合作了，東亞研究所乃派我前往，商討有關合作的一切細節和工作方式。

記得我第一次受派往訪之時，是一個天朗氣清、惠風和暢的日子。當我開著汽車在李氏住宅附近尋找門牌號碼之時，忽見迎面開來一部黑色的林肯轎車。開車的是一位相當清秀的中年東方婦女。她見了我便把車子與我車對面平行停下，微笑地問我：「你是來找我先生的嗎？」我一看就知道她是大名鼎鼎的郭德潔了。我答應之後，她便說：「我先生正在等著你呢。」說著她便掉轉車頭，領我到他們的住宅。那是一幢只有一間車房，相當樸素的平房。據說原來是一位美國木匠的住宅，是李夫人以紐約市內房租太貴，由她堅持著買下來的。我二人下車之後，李先生已站在門前，含笑與我握手了。

李先生中等身材。穿一件絨布印紅黑格子的運動衫，灰呢長褲。他那黃而發皺的老人面孔，看來就像祖國農村裡的一位老農夫。他領我到客廳，延我「上座」。李夫人捧出咖啡、茶點之後，便又開車買菜去了——說是留我午餐。果不久，當李氏與我談興方濃之時，李夫人已經放好了一桌子的菜肴，來約我們吃飯了。這便是我在他們李家所吃的有紀錄的一百六十八頓飯的第一頓。菜肴不算豐盛，但是十分精緻可口。我順便一看她的廚房，裡面一清如水，雜物井井有條，杯盤銀光閃閃。我不禁暗自讚歎：「郭德潔原來還是一位好主婦！」——那時他們是沒有傭人的。

後來一位廣西籍的岑女士（岑春煊之後裔）也告訴我，戰前在桂林，她便時常看到郭德潔騎著腳踏車，「上街買小菜」。郭是那時桂林的「第一夫人」。居然騎單車出街，也確是難能可貴的。

這時在李家我們三人且吃且談，笑語悠然。郭夫人則時起時坐，替我們加菜添湯。看著座上的主人，我簡直不相信，他二人便是「李宗仁、郭德潔」這一對民國史上的風雲夫婦！他二人言談舉止，都極其平凡而自然，沒有絲毫官僚氣息，或一般政客那種搔首弄姿的態度。

這是我對他們夫婦的「第一次印象」，也是我們其後七年交往的肯定的印象。我至今覺得李德鄰先生是一位長者，一位忠誠厚道的前輩。他不是一個枉顧民命、自高自大的獨夫，更不是一個油頭滑腦的政客。我在他身上看出我國農村社會裡，某些可愛可貴的傳統。

至於郭德潔夫人，我覺得她基本上也是一位「鴛鴦」、「平兒」這一類型的好姑娘、賢主婦。不幸她命大，做了「代總統夫人」，無端地被人看成個女政客，實在是有點冤枉。人孰無過？人孰無短？李氏夫婦亦自有其過，自有其短。但他二人都不是在人格上有重大缺點的人，更不是什麼壞人。他夫婦都是深厚的傳統中國農業社會所孕育出來的一對溫柔敦厚的好人。至於這種好人，是否具備其應有的現代化的知識，在二十世紀的中國，來治國用兵，那當然又是另一種問題了！

但是把二十世紀的中國裡，所有治國用兵的領袖們，都從陰曹地府裡請出來，排排隊，有幾位又真的具備其應有的現代化知識呢?!

日子過久了，我和李府一家上下都處得很熟。李先生的長子幼鄰那時與其生母（李氏鄉間的「元配」）同住在紐約。幼鄰經商很忙，不常來父親家。我們偶爾一見，也很談得來。李先生的幼子志聖，那時正在紐約讀大學，長住家中；後來應徵入伍，當了兩年美國兵，又返紐復學。他是位極其誠實忠厚的青年，為人亦甚為爽快，我們相處甚得。李氏的姪兒李綸是位工程師，後來也是全美馳名的武術教師，在歐、美兩洲開辦了好幾所「功夫學校」，一度也住李家，我們都變成摯友，相處無間，至今仍時相過從。這三位青年雖也是當年達官貴人的子弟，但是他們都沒有以前大陸上那些常見的公子哥兒輩的壞習氣，也頗使我刮目相看。

李氏夫婦和我處熟了，他二人也告我說，他們對我的「第一次印象」也不太壞。因為在他們的心目中，那時代表哥倫比亞大學來訪問的「博士」，可能是一位假洋鬼子；誰知卻是一位「誠實本分」的「五戰區老同事」——因為筆者在抗戰時期曾在「五戰區」做過小兵。可能就因為我們雙方相互欣賞對方從祖國農村帶出來的土氣吧，我們七年中的工作和交往，真是全心全意的合作。我的老婆孩子也逐漸變成李家的常客。內子吳昭文與李夫人也處得感情甚好；我的兒子光儀，女兒光佩，也頗得「大橋公公」和「大橋婆婆」的喜愛——那時我們訪問李家，一定要開車通過那雄偉的「華盛頓大橋」，所以孩子們便發明了這一稱呼。

相處無間，我們就真的變成「忘年之交」和「通家之好」。這樣也就增加了我們工作上的效能和樂趣。為此我也曾犧牲掉甚多所謂「華裔旅美學人」一般所認為最理想的轉業良機，而安於這項沒沒無聞，薪金低微，福利全無，對本身職業前途，有害無益的苦差事。更不知道這項苦差做久了，在這個商業習氣極大的社會裡，由於為人作嫁，後來幾陷我於衣食難周，噉飯無所的難堪絕境。

我個人那時不能入境從俗，而害了我國傳統文人的「沉溺所好，不通時務」的舊癖——這樣對一位寄人籬下的海外流浪漢的謀生養家，奉養老親，撫助弟妹來說，可能是件一言難盡的絕大錯誤吧！但是回想當年，閉門撰稿，漏夜打字的著述樂趣，以及和李宗仁夫婦的忘年友誼，此心亦初不稍悔。是耶？非耶？今日回思，內心仍有其無限的矛盾與酸楚，時難自懌！

撰稿的工作程序

李宗仁一生顯赫，他原是一位不甘寂寞的人物，生性又十分好客而健談。不幸一旦失權失勢、流落異邦，變成個左右為難、滿身是非的政治難民，不數年便親故交疏，門可羅雀。政治圈子——尤其是中國式的政治圈子，原是最現實的名利市場。縱使是從這個名利市場破產倒閉下來的政治難民們，他們對現實性和警覺性，仍然有其深厚的遺傳。像李宗仁那樣兩頭不討好的是非人物，那時的中國寓公們和左右兩派的華僑，都是不願接近的。

他們李家原出自廣西的落後農村，本來也就門衰祚薄，至親好友，原已無多；在這特殊的情況之下，社交的圈子當然就更小了。此時李氏年事已高，每天只要四小時的睡眠。他又沒有像胡適之那樣底「讀書習慣」。平時除看點一無可看的「僑報」之外，也沒有讀閒書的興趣。加以不諳英語，又不能——不是不會——開車，鄰居和電視，都不能助解寂寥。日長晝永，二老對坐，何以自遣？因而他們最理想的消磨時光的辦法，就是能有閒散的客人來訪，天南地北地陪他們聊天解悶了。

就在李府二老這種百無聊賴的真空狀態之下，忽然來了我這位「清客」；而我所要談的，又是他二老最有興趣的題目。所以對二位老人來說，我的翩然而至，也真是空谷足音，備受歡迎。因此當我最初訪問時，李先生便希望我能每週訪問三次。

我是如約而往了，每次都是自上午十時直談到深更半夜。吃了李家兩餐飯之外，有時還要加一次「消夜」。原先我是帶錄音機去的。如此談來，錄音又有何用？所以我就改用筆記了。但是每次十餘小時的筆記，也未免太多，我又何從整理呢？

我這時與李氏工作，是緊接著我與胡適之先生工作之後。這兩件雖是同樣性質的工作，而我這兩位「合作人」（英語叫 collaborator）卻有胡越之異。

胡適是一輩子講「無徵不信」、「不疑處有疑」、「九分證據不講十分話」的大學者、考據家。他自幼聰慧，不到十歲，便已經有個文縐縐的諢名叫「糜先生」了。其向學精神，老而彌篤。我和他一起工作，真是一字千鈞，半句不苟！

李宗仁恰好是胡適的反面。李氏一輩子總共只進過三年多的「軍事學校」。他幼年在家中也寧願上山「打柴」，不願在私塾「念書」。在軍校時期，日常所好的也只是些器械、劈刺和騎術等「術科」，做個拳打腳踢的「李猛仔」。李猛仔自然對「文科」也就毫無興趣了。他其後做了一輩子猛將，叱咤風雲；上馬固可殺賊，下馬就不能草露布了。稍微正式一點的「筆墨」，就全靠「文案」、「師爺」或「祕書」來代筆。李先生告我，他當年和蔣總司令結金蘭之好時，他遲遲未能把「盟帖」奉換的主要原因之一，便是「不好意思找祕書來代做那四句『盟詩』」。

所以李先生對我輩書生所搞的什麼考據、訓詁、辭章、假設、求證……等等做「學問」的通則、規律和步驟，當然也就完全漠然了。正因為如此，他卻有堅強的信心，認為他所講的，無一而不可以寫下，傳之後世。這就是「隔行如隔山」的必然後果吧。我既是前「五戰區」裡的一個小兵，我雖明知照他老人家所說的原封寫下來，是要鬧笑話的，我也不好意思向我的「老長官」，發號施令，直接告訴他：「信口開河，不能入書！」

日子久了，人也更熟，我才慢慢地採用了當年「李宗仁少尉」在「廣西將校講習所」，對那些「將官級學員」教操的辦法——用極大的耐性，心平氣和，轉彎抹角地，從「稍息」、「立正」，慢慢解釋起。

最初我把他老人家十餘小時的聊天紀錄，沙裡淘金地「濾」成幾頁有條理的筆記。然後再用可靠的史籍、檔案和當時的報章雜誌的記載——那時尚沒有《民國大事日誌》一類的可靠的「工具書」——考據出確信不疑的歷史背景；再用烘雲托月的辦法，把他「口述」的精采而無誤的部分烘托出來，寫成一段信史。

就以他在「護國軍」裡「炒排骨」（當「排長」）那段經驗為例來說吧，我們在大學裡教過「中國近代史」的人，對當年反袁「護國軍」背景的了解，總要比那時軍中的一員少尉排長所知道的，要多得多了。所以我就勸他在這段自述裡，少談國家大事或政治哲學，而「炒排骨」的小事，則說得愈多愈好。

因此他所說的大事，凡是與史實不符的地方，我就全給他「箍」掉了。再就可靠的史料，改寫而補充之。最初我箍得太多了，他老人家多少有點怏怏然。我為著慢慢地說服他，便帶了些《護國軍紀實》一類的史籍，和民國初年出版的一些報章雜誌給他看。我甚至把《民國史演義》也借給他讀。這部「演義」雖是小說，但是全書大綱節目，倒是按史實寫的。李先生對這種書也頗感興趣；也有意閱讀。我為他再解釋哪些是「信史」可用，哪些是「稗官」要刪。俗語說，「教拳容易改拳難」，要幫助一位老將軍寫歷史，實在也煞費苦心。

李先生每歡喜開玩笑地說他所說的是「有書為證」，而他的「書」，往往卻是唐人街中國書鋪裡所買的「野史」。我告訴李將軍說，寫歷史也如帶兵打仗。打仗要靠正確的「軍事情報」；情報不正確，是會打敗仗的。寫歷史也要有正確的「學術情報」；情報不正確，寫出的歷史，就要惹行家訕笑了。

這一類軍學參用的建議委婉地說多了，李先生也頗能聽得進去，而覺得我「箍」的有理；對我也有完全的信任——這大概也是因為「在野」的人，總要比「在朝」的人，更為虛心的緣故吧。這樣我這位唐少尉，才漸漸大膽地向我「將官級的學員」，叫起「稍息」、「立正」來了。

大體說來，我那時起稿的程序，是這樣的：第一、我把他一生光輝的經過，大致分為若干期。他同意之後，我又把各期之內，分成若干章。他又同意了，我乃把各章之內又分成若干節，和節內若干小段。其外我又按時新的史學方法，提出若干專題，來加以「社會科學的處理」；希望在李氏的回憶錄裡，把中國近代史上的一些問題，搞出點新鮮的社會科學的答案來——這也是當時哥大同人比較有興趣的部分。

可是經過若干次「試撰」之後——如中國傳統史學上「治、亂」、「分、合」的觀點和史實，在社會科學上的意義——我覺得這種專題的寫法，是「離題」太遠了。蓋李氏所能提供的故事，只是一堆「原始史料」而已。他偶發議論，那也只是這位老將軍個人的成熟或不成熟的個人意見。我這位執筆人，如脫韁而馳，根據他供給的「口述史料」，加上我個人研究所得，來大搞其社會科學，那又與「李宗仁」何干呢？這樣不是驢頭不對馬嘴了嗎？所以我就多少有負於校中同人之屬望，決定不去畫蛇添足。還是使他的回憶錄以原始史料出現吧。

在李先生覺得我底各項建議俱可接納時，我就採取第二步——如何控制我的訪問時間，和怎樣按段按節，一章章地寫下去了。

首先我便把訪問次數減少。每次訪問時，又只認定某章或某幾節。我們先把客觀的、冷冰冰地毋庸置疑的歷史背景講清楚——這是根據第一手史料來的，無紀錄的個人「記憶」，往往是靠不住，甚至是相反的——然後再請李先生講他自己在這段歷史事實裡所扮演的角色。約二三小時講完這段故事之後，我便收起皮包和筆記；正式訪問，告一結束。

隨後我就陪李氏夫婦，天南地北地聊天聊到深夜，這也算是我們底「無紀錄的談話」吧。這個辦法是我從訪問胡適所得來的經驗。因為這些不經意之談，往往卻沙裡藏金，其史料價值，有時且遠大於正式訪問。

李先生很喜歡我這辦法。因此有時在正式訪問之後，我也約了一些哥大的中美同事和友人，一起來參加我們的「無紀錄的談話」。哥大師範學院的華裔胡昌度教授，便是後期常時參加這個「談話」的李府座上客。

但是就在這輕鬆的談話之後的三兩天內，我則獨坐研究室，廣集史料、參照筆記、搜索枯腸，一氣寫成兩三萬言的長篇故事來，送交李氏認可。他看後照例要改動一番。取回之後，我再據之增刪，並稍事潤色。

我寫這長篇故事，歸納起來說，亦有三大原則：

(一)那必須是「李宗仁的故事」，雖然在他的口述史料之外，所有成筐成簍的著述史料，全是我一手搜集編纂的。

(二)盡可能保持他口述時桂林官話的原語氣，和他對政敵、戰友的基本態度。李先生說故事時雖亦手舞足蹈，有聲有色，但本質上是心平氣和的，極少謾罵和憤激之辭。他對他底老政敵蔣公的批評是淋漓盡致的，但是每提到蔣公他總用「蔣先生」或「委員長」而不直呼其名，或其他惡言惡語的稱謂。提到其他人，他就直呼其名了——這大概也是多少年習慣成自然的道理。所以筆者撰稿時，亦絕對以他的語氣為依歸，斷不亂用一字。

㈢他如有少許文字上的改寫，我也儘量保留他那不文不白、古裡古怪的樸素文體，以存其真。只是有時文章組織不清、文理欠通或字句訛錯，非改不可之時，我才加以改寫。例如李氏專喜用「幾希」二字，但是他老人家一輩子也未把這個詞用對過，那我就非改不可了。全稿改後再經他核閱認可。取回後，我再把這初稿交予小楷寫得尚稱端正的內子吳昭文，用複寫紙謄寫全份（那時尚無廉價複印機），我留下正本，以副本交李氏保留備查，這就算是我們的清稿了。

這樣地完成了兩三章之後，我便停止訪問若干時日。一人獨坐，把這兩三章中文清稿，用心以英文縮譯，甚或改組重寫，務使其在文章結構的起承轉合上，和用詞造句的錘鍊上，進入全稿的「最後階段」，以便向校方報告「進度」，並按時分章「繳卷」。所以筆者在本文前段便提過，本書在寫作程序上，這中、英二稿，並非一稿雙語，而是一宗文稿在撰寫程序上的兩個階段。中文稿實是「初稿」，而英文稿反是「定稿」也。

我打出英文稿之後，再交李先生轉請甘介侯先生以中、英兩稿互校；由甘先生說明或修正，再經李氏認可之。我取回該稿之後，再請校方編者涉獵一過，並對英語造句用辭，稍事潤色，我再作最後校訂之後，便打出五份，這便是全稿著作過程中的「定稿」了。照例也是哥大留原本，以一副本交李氏。其後哥大向外界申請資助時，提出作證的資料，便是這種英文原稿。

以上便是我和李宗仁先生的工作程序。經過長期合作，李先生總算對我完全信任。我們之間的工作關係，可說是順利而愉快的。在這順利而愉快的氣氛之下，李宗仁先生最大的消遣，便是靜坐沙發之上，微笑地欣賞他自己的回憶錄；而我則日夜埋頭趕稿，也真是絞斷肝腸！

美國漢學的火候

在我和李宗仁先生一起工作的最初兩年——一九五八年九月至一九六〇年秋季——對我發號施令的雖然不是我的中國「老同事」（李氏對我的自謙之辭），而我的背後卻有一個時時不恥下問的洋上司——那個出錢出力的哥倫比亞大學。

不用說大學裡的「口述歷史學部」自有其清規戒律，主管首長要我們一致遵循。我們的正式上司之外，還有些在其他名大學執教，而在本大學擔任顧問的有決定性影響力的智囊人物。他們和她們都堅持，我們口述歷史訪問人員向被訪問者所吸收的應是「原始資料」。一般盡人皆知的歷史事實，應通統刪除。他們所說的「原始資料」，用句中文來說，便是什麼「內幕」或「祕史」一類的故事。

這種寫法，筆者個人是不十分贊成的。我也不知道這部《李宗仁回憶錄》裡，有哪些種故事，在美國漢學家看來，才算是祕史或內幕。老實說，我那時替胡適之先生所編寫《胡適口述自傳》裡，便沒有一絲一毫「原始資料」的。在中國讀者看來，那只是一篇「老生常談」。雖然他在美國學者讀來，亦自有其新鮮之處。

所以我認為像李宗仁、胡適之、陳立夫、宋子文……這些人物，都是民國史上，極重要的歷史製造者。歷史家應乘此千載難逢的時機，找出這類人物在中國歷史演進過程中，成長的經過；把他們與整個「民國史」作平行的研究。這樣相輔相成，我們雖不求「祕史」和「內幕」，而祕史、內幕自在其中；我們不急於企求作「社會科學的處理」，而社會科學的處理，也自然探囊可得。

一次我問精研佛理的老友沈家楨先生說：「你們修持佛法的人，搞不搞『五通』呀？」「五通」也者，俗所謂「千里眼」、「順風耳」、「他心通」等等「廣大」之「神通」也。

沈君說：「不搞！不搞！」

「為什麼不搞呢？」我又問。

沈君微笑說：「火候到了，自然『五通』俱來……我們不能為修『五通』而學佛……」

「火候到了！」真是禪門的一句偈。

「火候」不到，如何能談「通」呢？

那時筆者亦已放洋十載，在美洲也曾參加過洋科舉。但是筆者畢竟是中國農村裡長大的。

帶著中國土氣息、泥滋味的山僧，又怎能和美國的科第中人，參禪說偈呢?!

李宗仁那時是堅決地支持我寫作計畫的當事人，堅決到幾乎要拂袖而去的程度。這反使我十分為難——因為我自己並不那樣堅持我的一得之愚。林沖說得好：住在矮屋下，哪得不低頭呢?事實上，李先生全力支持我的原因，也倒不是贊成我免修「五通」。他主旨是想乘機寫一部控訴書，或鳴冤白謗書——這一點卻正是哥大的清規戒律所絕對禁止的——歷史不歷史，對他倒是次要的。但他至少是不願做個專門提供「內幕」和「祕史」的學術「情報員」。雖然他這條「資格」，最後可能導致他死於非命；他所能提供的「內幕」也實在是很有限的。老實說，這部書上所有的重要關節，很少我是不能在「著述史料」中提出注腳的。

在這兩個壁壘之間，我這個撰稿人何擇何從?!當時也真是一言難盡，煞費心裁！

李傳以外的雜務

筆者與李宗仁先生合作，前前後後雖然拖了六七年之久，但是我為這中、英兩稿的「全時工作」，實不出三整年——雖然這兩本一中一英的回憶錄，都是部頭相當大的書，它們也是哥倫比亞大學，中國口述歷史學部，唯一完工付梓的兩部書。

在全書尚未殺青之時，我又被調去訪問已故黃郛將軍的遺孀，黃沈亦雲夫人。黃夫人是位能詩能文的才女，那時正在紐約撰寫她底《亦雲回憶》。她並帶來數箱黃郛將軍——那位「攝閣」國務總理，《塘沽協議》的主持人，「蔣介石的把兄弟」——經手的絕密文件。

我的任務是幫助她清理並考訂這幾箱無頭無尾的「密電」和「私檔」，並襄贊她老人家改寫其回憶錄；同時把她自撰的「中文初稿」，增加史料，改頭換面，譯成英文。

那時寓居紐約一帶，昔年的中國政要，有意來哥大加入「口述歷史」行列者，可以說是成筐成簍的。大學人手有限，應接不暇，所以我上項助理黃夫人的工作，乃被硬性規定——限六個月完工。我便以這迫切的時限，把冗長的《亦雲回憶》的中文稿，以英文改編，「從初稿伸縮寫成英文稿廿五章」（見一九六八年台北傳記文學社出版《亦雲回憶》中文版上冊，作者自序二），凡八百餘頁，亦三十萬言。

那幾箱「黃郛私檔」，是筆者在海外所見真正的「內幕」和「祕史」——關於「閩變」的祕史。我在「民國史」上，很多心頭上的不解之結，一讀之後，均豁然而釋。我對這些「密電」所發生的「考據癖」，大致與胡適之對《紅樓夢》的興趣，不相上下吧。

黃夫人對她丈夫這幾箱遺物的內容是不太了解的。我細讀之後，向她解說，黃夫人就想改寫她的《亦雲回憶》了。她改是改了，並另寫一篇「自序」——〈自序二〉。但迫於時限，所改無多。我在她譯稿上由她批准的「改寫」，也「改」得有限，實在是件很可惜的事。

黃稿甫竣，校方又改派我接替對顧維鈞先生的訪問。我接替的工作階段，正是顧氏「學成歸國」，兼任外交部和大總統府的「雙重祕書」，親手譯洩「二十一條」；其後經過「巴黎和會」、「華府裁軍」，又繼任外長，遞升內閣總理，代曹大總統「捧爵祭天」；北伐後隱居東北、襄贊「少帥」；「九・一八」事變後，參預國府外交，招待「李頓調查團」，以至率團出席「國聯」並首任中國「駐法大使」的那一大段——也就是顧氏畢生經歷上，那最多采多姿的一段。

其外顧氏還藏有外交私檔三十七大箱，他有意捐存哥大。這對我這位學歷史的來說，也真是一座寶山。經顧氏面託、校方授權，我又負責把這三十七箱文件和顧氏四十年的英文日記，接收過來，並負責整理、編目和摘由。為此哥大當軸又調我以助教授身分，兼該校中文圖書館主任，並要我訂出中國文史資料的整理和擴充計畫。十目所視、十手所指，這項工作是萬般繁重的。

這個中文圖書館，不提也罷。我接手時，它哪裡是個圖書館？簡直是個偉大的字紙簍。幾乎半數以上線裝書的書套，都可搖得丁東作響。那些二三十年代出版的報紙本書報，由於長期高熱烘烤，無不觸手成粉。撫摩之下，真令人心酸淚落和憤恨。

對這二十餘萬本玉珍圖書的搶救，我自覺責無旁貸。中文部的華裔同事們如魯光桓、王鴻益、湯迺文、劉家璧、汪魯希、吳健生諸先生與我早有同感。因而在我於一九六二年秋初，捲袖下海之時，大家同心一德，通力合作。他們也被我這個「主任」推得團團轉。這是我祖國文明的珍貴紀錄。我們只想把這宗世界聞名的漢籍收藏，搶救下來，如此而已。

但是誰又知道我們這幾位隱姓埋名的「天朝棄民」，日以繼夜地為大學做了這樁無名無利的苦工——我們的薪金都屬於當時哥大最低層的一級——卻惹出校中有關部門意想不到的嫉忌和打擊。而最令人啼笑皆非的卻是我們的問題出在我們眾口交讚、遠近聞名的工作成績——這成績，縱遲至今日，該校上下還是繼續認可的。為什麼道高一尺，魔高一丈呢？這才使我逐漸感覺到我個人已被捲入，美國學府內所司空見慣的，最醜惡的「校園政治」。我們這個芝麻綠豆大的「中文部」，要生存下去，它這個「主任」，就得應付人事，援引黨羽，甚或諂笑逢迎，踢它個校園內的「政治皮球」！

筆者一介書生，偷生異域。要如此降志辱身?!為著是保持這份嗟來之食呢？還是為著對這宗漢籍收藏的「責任感」呢？「責任感」與「自尊心」原是一個銅元的兩面，二者是分不開的。一個善於逢迎的人，他的靈魂裡是不會有太多「責任」的。但是相反的，如果只是為著「責任感」，來「拔劍而起，挺身而鬥」，別人根本不知道你責任何在，那你也只是個市井暴徒而已；市井暴徒能完成什麼「責任」呢？你犧牲個不明不白，「烈士」、「義士」云乎哉？

最壞的卻是我那時的頂頭上司。他是我所碰到的美國同事之中，在美國聯邦政府中，官做得最大的，但是也是個最無恥、無能、全無責任心的人。他最大的本事便是觀風使舵，逢迎吹拍。日久技窮，終於在政海滅頂，最後淪落在哥大混飯吃。

他對我們的專業，甚至對一般圖書管理的普通業務，是一團漆黑。他也從不關心業務。但是他對校園政治，則觀察入微，頭圓手滑。這種無恥的失業政客，都是當時的校長，誤以為是人才而延攬入校的。結果他自己亦深受其累，終至學潮迭起而罷職丟官。

加以當時哥大校內的「中國學」名宿，老實說，也不知道大學的漢籍收藏，究有幾本書。他們各有一個專鑽的「牛角尖」；只要在這「尖」內，他們所需要的「資料」，能一索即得，也就心滿意足了。尖子以外的萬卷典籍，乾掉、霉掉、爛掉、偷掉，管他鳥事?!我這位「主任」，目不暇給地在忙些啥子，他們除掉那一索之需之外，也全不知情，也從不關心。再者，這些尖子與尖子之間，往往亦各是其是，積不相能——。在彼此齟齬之下，有時還難免拿無辜的第三者出氣。所以要他們並肩而坐，為我這堆烘爛了的中國圖書，說點公道話，那簡直是緣木求魚！

後來我的繼任人，他在詳閱我遺留下來的一些文件之後，對我在那種環境下，毫未洩氣地幹了七年，而感覺驚異。他是兔死狐悲，物傷其類啊！

《回憶錄》的最後趕工

就在上述這段極其糟亂的發展過程之中，李宗仁先生仍不時找我去吃飯聊天，討論修改和出版他英文版回憶錄的瑣事。他老人家是位中國前輩，對洋人習俗，初無所知。在洋人看來，我撰寫《李宗仁回憶錄》，只是「受雇執筆」。一旦調職，我這執筆人和哥大這宗「財產」的關係，便要看當初「聘約」了。合約不清，則憑大學隨意決定。它如要我為它的「財產」繼續工作，按法它是要對我按工計值的。大學既不願出此「值」，它也就不好意思，無酬地，要我續「工」了。

無奈那時李先生已存心離美。他總希望在動身之前，把這份稿子作一結束，所以他仍然不時電催，促我加油。我既是中、英二稿唯一的執筆人，又怎能因「受調離職」，便拂袖不管呢？加以李先生是我的前輩，我二人都是中國傳統孕育下來的「中國知識分子」，關於「無酬之工」，我連「暗示」也不敢微露了。所以在李氏不斷催促之下，我還是在大學公餘之暇，漏夜為英文稿趕工，以期不負所望。所幸那時精力猶盛，有時整夜打字，直至紅日當窗，我才假寐片刻，便要往哥大上班了。

這部英文稿我終於殺青了。李公一切認可之後，我又為他與哥大出版部擬訂合約，一切順利，不幸此時哥大出版部主持人因為婚姻問題請假，一時無法回任來簽署合約。李宗仁夫婦，等不及，便悄然離美了。為山九仞，功虧一簣，夫復何言！事隔十五年，最後始由筆者專負文責，獨挑大梁來出書，其命也夫？

李宗仁給黃旭初的信

我和李宗仁先生七年合作的工作情況，當然只有我二人知道得最清楚。但是他那時和在香港居住的「老部下」、前廣西省主席黃旭初氏通信，亦偶有報導。李氏逝世之後，黃氏曾將他二人的有關撰寫回憶錄的通信，在香港出版的《春秋》雜誌上，擇要發表，下面幾段，是談到我們當年工作的情況，黃氏寫道：

一九五九年……九月十二日李（宗仁）又來函說，回憶錄已寫至圍攻武昌，只唐德剛（安徽人）一人工作，整理文字、抄寫文字、譯成英文，全部是他，故進展緩慢。完成後或有百萬字等語……

一九六二年一月二十日李又來函云：「去春已竣事之回憶錄，中文有六十萬字。依工作慣例，應由唐德剛繼續整理，因哥大另有時間性之工作須唐擔任。（剛按：此一『時間性之工作』，係指為黃沈亦雲夫人譯改回憶錄，並整理『黃郛私檔』事。因黃夫人那時擬返回台灣定居也。）對此不擬出版之回憶錄，待後整理。」（剛按：「

不擬出版」云云，係指中文稿；因李氏與哥大有先英後中的出版承諾也。）

李氏一九六五年六月離開美國到瑞士，我（黃旭初氏自稱）得他七月八日由蘇黎世來函云：「哥大當局集中精力整理英文回憶錄工作，正擬與我商洽今年秋間訂立合同出版事宜，而我事前已啟程來此，只好停頓，唐德剛以副教授兼哥大圖書館中國館長，一身數職，趕理英文稿，常至深夜尚未回家，所以中文稿之整理充實，不便向其催促。」（以上三段引自一九七〇年八月一日，香港出版的《春秋》雜誌，第三一四期，黃旭初著〈李、白、黃怎樣撰寫回憶錄？〉第十五頁。）

李宗仁在上引諸函中所說的我們的工作情況，均係事實。只是在他離美之前，我把英文全稿已「趕理」完工。哥大出版部所擬的合約，亦已擬就打好，而終以陰錯陽差，李氏未及簽字，便祕密離去，這也是命中注定該如此結束的吧?!

李宗仁返「國」始末

李宗仁夫婦於一九六五年六月，祕密離開紐約赴蘇黎世，然後再由蘇黎世專機返大陸，在當時是一件國際上的大新聞。這新聞原是我首先向哥倫比亞大學當局打電話，其後再由哥大校長寇克氏（Grayson L. Kirk）向新聞界宣布的。

李氏返「國」定居，是他早有此意，但是其發展的過程，卻是透過不同底路線的。我個人所得最早的線索似乎是在一九六三年的春天。他那時有意無意地告我，他「要去巴黎看戴高樂」！

李宗仁和戴高樂有什麼親戚關係呢？

原來戴高樂於一九六二年冬，在法國大選中，大獲全勝之後，威震西歐。憧憬當年拿破崙之餘威，他要在西歐政治中壓倒英國，在世界政局中擺脫美國，而自組其以法國為首，立於美、蘇兩大集團之間的「第三世界」（**le tiers monde**）——「第三世界」這個名詞，是戴高樂最初發明的，其意義與今日所使用的顯有不同——但是環顧全球，能與法國攜手，共奠「第三世界」之基礎，與美、蘇兩大集團爭霸者，那就只有剛剛脫離蘇聯集團，同時仍與美國對峙的「中華人民共和國」了。

所以在六十年代初期，戴高樂主義形成後的第一著棋，便是與北京建交！

至於巴黎、北京之間的祕密建交談判的「內幕」，歷史家雖尚無所聞，而戴高樂想討好北京，幫同人民政府解決「台灣問題」，則是意料中事。

加以戴高樂在法國政壇登台之時，正值「金門炮戰」，華府、北京的緊張關係，已達使用原子彈的邊緣；這時北京深感莫斯科之不可恃，亦顯然有另覓友邦的意圖。法國乃乘虛而入，戴高樂因此想——也可能是循北京之請——來居間調解國共之爭，以為中法「關係正常化」的獻禮。而國共之間的牽線人，當然最好是一位由左右為難，轉而為左右逢源的中國政客。這樣，戴高樂可能就想到在美國當寓公的李老總；而李老總也就要到巴黎去看戴高樂了。

可是李氏巴黎之行，始終沒有下文。這後果，老實說也是在我當時的逆料之中。因為戴老頭沒有讀過中國近代史，他不知道這位在政治上已一敗塗地的李寓公，在蔣、毛之間，絕無做政治掮客的可能。國共之間的政治掮客是有其人，但決不是李宗仁——這是當時筆者個人的觀察，李宗仁之所以去不成巴黎的道理。

可是一九六五年夏，李宗仁卻偕夫人悄然而去。他之所以決定離美返「國」的道理，據我個人的觀察：第一、他原是一位不甘寂寞的人——國共兩黨中的領袖們有幾位是甘寂寞的呢？在美國退休的寓公生活，對他是太孤寂了點。他有時搓點「小麻將」來打發日子。找不到「搭子」之時，有時就兩對夫婦對搓也是好的。

有位年輕的主婦告我說：「陪李德公夫妻打麻將，『如坐針氈』。」原因是他打那「廣東麻將」，「花色又少」，「輸贏又小」，「出牌慢得不得了」，「說話又非常吃力」！

李先生最大的嗜好還是聊天、談國事。我和他工作的最初三年，有時就帶了一批談客去和他「談國事」。李公真是一見如故，談笑終宵。後來我不常去了，李先生遇有重要新聞，還是要打電話來和我「談談」；有時我不在家，李氏和昭文也要為「國事」談了半天。他那一口「桂林官話」和我的「上海老婆」談起來，據昭文告我也是「吃力得不得了」。

和這些青年的家庭主婦「談國事」，李代總統也未免太委屈了。想起北京的「人民政協」之內，勝友如雲，吹起牛來，多過癮！只要北京不念舊惡，鋪起紅氈，以上賓相待，那自然一招手，他老人家就「落葉歸根」了。

第二、他回「國」，也是受他底「華僑愛國心」所驅使。紐約地區十六年的寓公生活，已把李氏蛻變成一位不折不扣的「老華僑」。有時我陪他老人家在「華埠」街上走走，喝喝咖啡。我就不覺得這位老華僑和街上其他的老華僑，有什麼不同之處。而街上的華僑，多半也不知道這老頭是老幾；知道的，也不覺他和別人有何不同。

只要良心不為私利所蔽，華僑都是愛國的。他們所愛的不是國民黨的中國或共產黨的中國，他們所愛的是一個國富兵強、人民康樂的偉大的中國——是他們談起來、想起來，感覺到驕傲的中國！

那「十年浩劫」之前的「中國」，在很多華僑心目中正是如此；她也使老華僑李宗仁感到驕傲。想到祖國在他自己統治下的糜爛和孱弱，再看看中共今日的聲勢，李宗仁「服輸」了。在一九四九年的桂林，他沒有服輸，因為他是個政治慾極盛的「李代總統」；一九六五年他服輸了，因為他是個爐火純青的「老華僑」。

國民黨罵他的返「國」為「變節」。他如不「變」，又向誰去「盡節」呢？他們對他的「桂系」是深惡痛絕的；他的「桂系」，對他們也痛絕深惡。拆夥了，「黨」也就沒有什麼可以留戀的了。

李宗仁也是能言善辯的。這樣一想「落葉歸根」，也就是無限的光明正大了。

但是促使李宗仁先生立刻捲鋪蓋，還有個第三種原因——郭德潔夫人發現了癌症！

在李夫人發現這種惡疾之前，他二老的生活雖嫌孤寂，然白首相偕，也還融融樂樂。丈夫以不斷翻閱自己的回憶錄為消遣，亦頗有其自得之樂。夫人則隨國畫家汪亞塵習花鳥蟲魚，生活亦頗有情趣。

郭德潔殊有積蓄，亦雅善經營。在五十年代中，美國經濟因韓戰而復蘇，股票市場甚旺。李夫人以小額投資，亦頗有斬獲。據她告我，她在股票市場中，有時還「買margin」呢！

筆者生財無道，到現在為止，我還不知「買margin」的真正步驟；只知道那是有相當風險的「買空賣空」的股票交易之一種罷了。不過「藝高人膽大」，她在六十年代初的小額投資亦頗有虧損。不過那都不會直接影響到他們的日常生活的。

可是李夫人一旦發現了癌症，這就是青天霹靂了。

一九六四年李夫人在醫生數度檢查之後，終於遵囑住院。在病院中，她時時想起：「老頭子一人在家，如何生活？」越想越不自安，一次在午夜之後，乘護士小姐不備之際，她披衣而起，溜出醫院，叫了部計程車，逕自返家。這位失蹤的女病人，曾引起病院中一陣騷亂；但是她既開溜之後，決定再也不回去了。

郭德潔原是一位美人，衣著一向整齊清潔，她雖不濃妝豔抹，但是淡淡梳妝薄薄衣；雖是半老徐娘，猶自儀態翩翩。縱在身罹絕症之時，仍然輕顰淺笑，不見愁容。英雄兒女，硬是不媿為頂呱呱的「第一夫人」——晚年的郭德潔比晚年的江青，漂亮得太多了！

她在真正的「年方二八」——十五雖有餘，十六尚不足的荳蔻年華，便被那戰功赫赫的青年將領李旅長，在桂平縣的城門樓上，居高臨下地看中了。他原是和一位「拍馬屁的營長」，躲在城門樓之上，好奇地偷看美人的。可是，「一看之下，便再也忍不住了！」（這句話是李公乘夫人去香港探母之時，和我一起燒「火鍋」時，親口含笑告我的。）因此將心一横，停妻再娶，郭美人便是李旅長的「平頭」夫人了。

她原是位木匠的女兒，出嫁之前還在小學讀書——那時革命風氣瀰漫，小學生是時常「出隊」遊行的。在這遊行隊伍之前掌旗的便是她。雖是一位小家碧玉，然天生麗質，心性聰明，年未滿二十，便著長靴、騎駿馬，率領「國民革命軍第七軍，廣西婦女工作隊」，隨軍北伐了。北伐期中的第七軍，真是所向披靡、戰功彪炳。那穿插於槍林彈雨之中的南國佳人、芙蓉小隊，尤使三軍平添顏色。

李夫人告我，北伐途中，一般同志都把她比作甘露寺裡的孫夫人，和黃天蕩中的梁紅玉。

所到之處，萬人空巷，軍民爭睹丰采，也真出盡鋒頭。她軍次我們安徽蕪湖時，曾往「孫夫人廟」祭奠求籤。簽中寄語，這位不繫明珠繫寶刀的劉先主娘娘，竟要與我們將來的代總統夫人結為姊妹呢！

郭德潔也確是一位聰明人。她雖連廣西落後的國民小學也未畢業，但是從「旅長娘子」做到「第一夫人」，言談接應，均能不失大體。在紐約期間，我看她與洋人酬酢，英語亦清晰可用。笑談之間，不洋不土。

我知道她很敏感，因此每次有洋客來訪時，我如是翻譯，我總介紹她為「麥丹姆」（Madam），而避免用「蜜賽斯」（Mrs.）。每當我介紹「麥丹姆」之後，我總見她有一點滿意的微笑。

我們的麥丹姆，平時也是很有精力的。烹調洗漿之外，開著部老林肯，東馳西突，隨心所欲；她那土老兒的丈夫，只好坐在一旁，聽候指揮……可恨造物不仁，這樣一位活生生的中年夫人，頓罹痼疾；和平安樂的李府，不出數月，便景物全非！

一九六五年初夏的一個深夜，我獨自開車送李宗仁先生回寓。時風雨大作。駛過華盛頓大橋之上，我的逾齡老車，顛簸殊甚。這時李公忽然轉過身來告我說，據醫師密告，他夫人只有六個月的生命了。言下殊為淒涼。

我淒然反問：「德公，您今後作何打算呢?!」他說他太太已不能燒飯了。為著吃飯方便計，他們恐怕只能搬到他開餐館的「舅爺」家附近去住，好就近在餐館寄食。我知道李夫人有位兄弟在瑞士開餐館，我想他們不久將要搬往瑞士去住了。殊不知那次竟是我和李宗仁先生最後一次的晤面，今日思之，仍覺十分悽惻也。

那時——一九六五年——正是我在哥大最忙亂的年分。圖書館內雜事如毛。我週日工作繁忙，是斷然沒有工夫回家午餐的。可是就在我送李先生深夜返寓的幾天之內，一次不知何故忽然返家午餐，餐後正擬閒坐休息片刻，突然門鈴大響，有客來訪。開門竟是郭德潔夫人，含笑而來。她雖然有點清癯，然衣履整潔，態度謙和，固與往日無異。

李夫人沒有事前打電話，便翩然來訪，這是前所未有的事，也使我夫婦二人受寵若驚。我們問她何以突然光臨，她說是她兒子志聖開車送她去看醫生，路過我處，所以順便來看看我們。志聖則因無處停車，只好在車中坐候，由她一人單獨上樓來訪。

她看來不像重病在身；和我們亦如往昔地有說有笑，談了個把鐘頭，才依依不捨而別。這是我夫婦和她的最後一晤。兩個星期以後，我們才恍然大悟——李夫人此次來訪，是特地來向我們道別，也是永訣了！

天下就有這等巧事嗎？我至今一直在想：我這個絕少回家午餐的人，就回來這麼一次，卻正好碰著她前來辭行！真是不可想像的事！

她一去，我們就從此永別了。

歸「國」後的餘波

一九六五年七月十六日，星期五，我於下午工畢返寓時，在信箱裡發現了一封自蘇黎世的來信。一看便知是李宗仁的筆跡。信是給我的，裡面卻寫著「德剛、昌度兩兄」。他說近年來身體日頹，加以妻子病重；午夜捫思，總覺樹高千丈、落葉歸根，所以就離開「我的第二故鄉美國」了。

信中又說年來致力國民外交，希望中美早日和好——李氏在返「國」前數年，曾與戰前中國駐波蘭公使張歆海數度聯名致書《紐約時報》，倡導台海罷兵，中美和好——誰知卻隔閡日深。自覺無能為力之下，所以就決定「重返新中國」了。「但願人長久，千里共嬋娟」，我們的友誼將不因人處兩地，而稍有區別云云。

此時胡昌度不在紐約，我接信後未經他過目，便直接交到哥大去了。因為李公一去，我們將如何處理這宗百萬言的回憶錄呢？

正當哥大上下會商對策之時，紐約各報與電視，已同時以頭條新聞報出了七月二十日李氏專機飛抵北京的消息；接著便是毛、周等歡讌的場面。舉世哄傳，這位過了氣的「李代總統」，旦夕之間，又變成了國際新聞人物。在新聞記者搜尋之下，我們這部百萬言的《回憶錄》，居然也成了當時的重要新聞。

這時在紐約與李宗仁一向很接近的人，最感緊張的莫過於甘介侯先生了。因為美國「聯邦調查局」要追查李氏與北京之間的「搭線人」（middleman）。各報並盛傳在李家經常出入的還有幾位「共產黨員」。此時正是美國害恐共病最嚴重的時期。為追查共黨，麥卡錫（Joseph Raymond McCarthy）參議員所搞的白色恐怖，在知識分子之間，餘悸猶存，而甘介侯與當年執政的共和黨又有前隙，因此恐惶尤甚。

原來當國民政府在大陸上潰退時期，蔣、李兩派人物在美國爭取「美援」的活動，都有其「一邊倒」的政策——蔣派專交共和黨；李派則專交民主黨。甘介侯那時身任「李代總統駐美特派員」，便是搞民主黨活動的中堅人物。

在中國大陸政權易手之後，共和黨人為打擊政敵，便要追查民主黨執政時期「失去中國」的責任，庶幾以「通共賣國」的罪名來對付民主黨中的官僚、政客與職業外交人員。如此則甘介侯自然是最好的見證了。他們要使甘介侯對民主黨官員，反咬一口，乃不惜用盡一切利誘威脅的手段，來套甘某入彀，以便使其去國會挺身作證，這樣他們的政敵，就要鋃鐺入獄了。幸好甘氏亦老於斯道，未入圈套。但是身在虎穴，又已冒犯虎威，欲擺脫乾淨，談何容易！

甘氏告我：某一位貴婦在游泳池內，對他以重利相誘，甘氏婉卻其請。她惱羞成怒，兩眼一瞪說：「甘博士！再不聽話，將見爾於六尺地下！」

甘介侯一個窮光蛋，慢說六尺，三尺他也就夠受的了。惶恐之餘，最後還是李宗仁出資以一百元一小時的重價，雇請律師，以「外交特權」為護身符，而倖免於難。

而甘氏開罪於共和黨更嚴重的一次，則是對艾森豪總統的有辱君命。

據李宗仁告我，某次艾森豪的幕後大員，紐約州長杜威（Thomas Dewey），約其密談，謂有要事相商。李以不諳英語，乃遣甘介侯為全權代表。原來艾帥為防台灣落入中共之手，而又嫌台灣的「獨裁」，因有意「送李代總統回台，重握政權」云云。杜威言外之意，艾總統有意在台灣策動一武裝政變，然後乘機送李宗仁返台「從事民主改革」。杜威因以此不存紀錄的密談，勸李宗仁合作，共成大事。

當李氏事後把這一驚心動魄的密議告我之時，我問他當時的反應如何。李說他既在美國作難民，自然不便與美國當局公開鬧翻，所以他就委婉而堅定地拒絕了。

李並感慨地告我：美國人所批評蔣先生的那幾點都是千真萬確的事實；他和蔣氏針鋒相對地鬥了幾十年，也是事實，「但是要我借重美國人來把蔣先生搞掉，這一點我不能做……」

李宗仁當然也知道，做美國人的傀儡，並不比做日本人的傀儡更好受！

後來李氏回大陸，在新聞記者招待會上，也曾暗喻此事，但未提杜威之名。那時的退休總統艾森豪聞訊大怒，因亦隔洋與李氏對罵。他說李宗仁在扯個「黑色大謊」！但據筆者所知，「謊」則有之，不過說這「謊」的是李宗仁或是艾森豪，那就只有上帝知道了。

李宗仁既然不願做艾森豪的傀儡，那個和艾帥手下的二杜——杜勒斯（John Foster Dulles）、杜威——打交道的便是甘介侯了。在甘氏看來，共和黨的政客們對他的要求既無一得遂，李宗仁在美時他還可躲在李氏背後，虛與委蛇。如今李氏一去，托庇無由，一旦共和黨舊帳新算，藉口把甘介侯這小子捉將官裡去，那真比捉隻小雞還容易呢！因此甘先生便大為著慌起來。

一日清晨我剛進哥大辦公房，便發現甘氏在等我，神情沮喪。一見面他就抱怨「德公太糊塗」！「德剛，」甘公告我：「我來找你是告訴你，以後我二人說話要『絕對一致』啊！」

「怎樣絕對一致法呢？」我說。

「你知道他們在找middleman（中間人），你我皆有重大嫌疑！」

甘氏口中的「他們」，自然指的是「聯邦調查局」的密探了。後來這些「他們」，把「我們」這批與李宗仁很接近的人，都調查得一清二楚。據說其中只有一個嫌疑重大的「中國人」，他們尚未找到。這個人的名字叫「韋慕庭」。「我們」得報，真噴飯大笑。

這時我看甘氏實在狼狽不堪。我便笑問他道：「甘先生，您是不是middleman呢？」

「共產黨怎會要我做middleman呢？」甘說。

「那你怕什麼呢？」

「德剛，你初生之犢不畏虎！」甘說：「你不知道美國政治的黑暗！可怕！」

最後我和甘先生總算達成一項君子協定——這在英文成語裡便叫做「誠實是最好的政策」！我二人既均非「中間人」，他們如果要對「我們」來個「隔離審訊」，我二人是不可能說出一個「絕對一致」的故事來的。對「他們」最好的辦法就是各自「據實告之」！

十五年過去了，甘先生當時慌張的情況，我今日想來仍如在目前。我一直沒有把這事看成什麼大災難，但是甘某卻是個「驚弓之鳥」！記得我在《李宗仁回憶錄》中，原擬有最後一章，叫做「退休也不容易」（Uneasy Retirement），想談談美國民主、共和兩黨的「對華政治」（不只是「對華政策」）。那也是甘介侯建議，不要燒紙惹鬼、少談為妙而擱筆的。缺了這一章，我始終心有未甘，大概就因為我是個「初生之犢」的緣故吧。

李宗仁之死

李宗仁先生回「國」不久就碰上了「文化大革命」。但是在「文革」爆發之前和初期，他還與我一直有書信往還。有時他還寄一些書報雜誌給我，而最令我感動的則是他返抵北京後的第一封信。在那信中，他說他曾極力為我打聽我母親的下落。他寫道：「近據中央某部轉告，令堂今與令妹在蕪湖同住，情況甚好，千萬放心……」讀之令我垂淚。

其外還在信中和我大談國事。他回「國」時大概正值劉少奇夫人王光美自動下放農村「蹲點」之後。光美以「第一夫人」之尊而隱名下放做農婦，這在李氏看來，新中國委實太「新」了。他在信中對王氏稱讚不置。

王光美這位有名的美人，據說在馬歇爾調停國共之爭時，曾出入於李宗仁的「北平行營」之門，李氏的幼子志聖告我，那時他是十分幼小，但是卻記得那位曾經領他去看電影的漂亮的「王阿姨」。

「賤日豈殊眾，貴來方悟稀。」誰知這位王阿姨如此「命大」，後來居然做了「國家元首」的夫人！可是誰又知道，「文革」一起，李宗仁被迫交出「名單」，這位「第一夫人」，又因此被斷為潛伏的「國特」，而一度被判「死刑」呢——這是筆者最近才聽到的「口述史料」。

更又誰知道，李宗仁因有交出「潛伏國特」名單的資格與可能性，而為與此事有關人員所疑忌。據傳聞，李氏就是被他們用慢性毒藥毒死的。這一疑案，如是事實，真是千古奇冤。

筆者訪問李宗仁先生先後達七年之久。承他老人家肝膽相照，真是說盡他底一切隱私。有時我就想從他底記憶裡發掘一點外界最有興趣也是最不易取得的有關國民黨特務機關——「中統」和「軍統」的史料。孰知他竟一無所知。就連「軍統」在南京所開設的「珠江大飯店」這個常識，他也是從《金陵春夢》上看來的。

他對國民黨的特務活動，既一無所知，誰知卻因可知而不知之知，而以「國特」之名橫死故國！李先生那樣一位厚道的長者，晚年落葉歸根，竟然和劉少奇、賀龍、彭德懷、陶鑄……以及千千萬萬的無辜百姓，同罹此「浩劫」，能不令讀者歎息垂淚?!

《回憶錄》的版權問題

至於李先生對他的《回憶錄》的出版問題，在回「國」之前，他是迫不及待的，一直在催著出版。可是回「國」之後，他就從北京來信說「不要出版」了。

上文已提過，這份由昭文所抄的《李宗仁回憶錄》的中文清稿，一共只有兩份。哥大存了正本；李氏存了副本。但是在六十年代的初期，他為徵詢他老部下黃旭初先生對本稿的意見，乃把這副本寄給了黃氏。後來他匆匆束裝取道瑞士返「國」時——因黃氏僑居香港——乃未及索回。因此此一副本乃落入黃旭初之手。

此時恰好黃氏也正在撰寫他自己的《黃旭初回憶錄》，並分章在香港的《春秋》雜誌上連載。李氏返「國」之後，不久便捲入「文革」漩渦而消息全無。黃氏乃將李宗仁的回憶錄，大加採用；改頭換面地寫入了他自己的回憶錄裡去。因此筆者在李稿中的許多筆誤和未及改正的小錯誤，也被黃旭初先生誤用了。

黃氏在港逝世之後，才又由黃氏遺屬將此一「副本」轉交給李氏的長子李幼鄰。幼鄰於七十年代末期侍母（李宗仁元配）返桂林定居時，乃又將此稿送交「廣西壯族自治區人民政協文獻委員會」。該會顯然不知此稿的來龍去脈——因為幼鄰本人亦不知道——他們並未徵詢我這位「著作人」的意見，便逕自出版了。

萬里飄蓬，幾經抄襲，昭文所手抄的這個複寫紙副本，也可說是閱盡興亡了。

在一九六五年李宗仁返「國」時，此一副本既在黃旭初之手，李氏自己身邊就有個英文稿副本了。據說當年毛澤東主席接見李氏時，曾詢及此稿，有意批閱。可惜毛氏不諳英語，而李氏又無中文稿；毛主席乃面囑將此英文稿發交「北京外國語學院」，譯回中文。

這宗「奉諭回譯」稿是否全譯了，筆者在海外，當然無由得知。至於這個回譯稿現存何處，筆者當然更無法打聽。不過我確知其存在，因為李先生在一九六五年底寫信給我，囑我轉告哥大當局，停止出版英文稿的理由，便是他「重讀」這份「譯稿」，覺其與「原中文底稿，頗有出入」的緣故。

〔附註〕 據廣西政協委員黃啓漢先生於前些年訪美時，面告我說，此一「奉諭」之譯稿，當年廣西政協確擬用為底稿，出版全書。所以終未採用者，是因譯稿中之無數「人名」，無法復原，故棄而未用。此一譯稿今日想必仍存於廣西政協文獻庫中也。——一九八六年八月十九日德剛補誌於紐約李氏之言，分明是藉口，因為這份英文稿之完成是經過他逐章、逐節詳細核准的；在離美之前，他還不斷地催著要出版呢！回「國」之後，主意改變，這在當時不正常的中美關係影響之下，是完全可以理解的。因此我這位受影響最大的「撰稿人」，對他這一「出爾反爾」，倒頗能處之泰然；但是哥大當局那些憨直的洋學者們，則認為李氏此函有欠「誠實」！他們因而把這批文化公案，移送法院，讓美國法律加以公斷。

我當然是這一項法律程序中，跑不掉的第一位「見證」。在律師盤詰之下，我也是一切「據實以告」！至於這件「案子」，其後如何由法院公斷，我這位「見證」是無權過問的；只知道其結果是按美國出版法以及國際版權協議，這宗文獻，全部被判成「哥大財產」。因為在本稿撰著過程中，李宗仁先生只是本稿「口述史料」的提供者，他並不是「撰稿人」；而本稿的真正撰稿人，卻又是哥大的「雇員」，所以哥大對它自己的「財產」，有任意處理之「全權」。

哥大顯然是根據此項法律程序，便把全稿封存了。

在研究室被搬得一空之後，我拍拍身上從五十年代上積下來的塵埃，洗清雙手，對鏡自笑：十年辛苦，積稿盈笥，而日夕之間，竟至片紙無存！這對一個以研究工作為職業的流浪知識分子來說，履歷上偌大一個空白，對他底影響是太大了。但是頭巾氣太重，沉溺所好，不能自拔；入其境而不知其俗，咎由自取，又怨得誰呢?!

千呼萬喚的英文版

那時的哥倫比亞大學，雖循法律手續「封存」了它那份「財產」，但是學術畢竟是天下之公器。這份中文稿既經黃旭初借用出版了一部分。哥大的英文稿屢經訪問學人的閱讀與傳抄，亦頗有變相的流傳。

這份英文稿，因為寫當其時，在五六十年代，也曾是有地位的出版商爭取的對象。當哥大的出版部以其篇幅浩繁而感經費支絀之時，柏克利的加州大學則向哥大協商轉移。該校政治系主任、名教授詹隼（Chalmers Johnson）博士，並曾為本稿寫了一封他認為是中國的「民國政治史上不二之作」的，逾格推崇的介紹信。這一來這一部稿子，乃又自哥大出版部於六十年代後期，轉移到加大出版部去。

那時中國大陸上的「文化大革命」正在如火如荼地進行著。李宗仁先生亦消息全無，生死莫卜。加大當局有鑒於這部文稿歷史複雜，出版部負責人乃專程來紐約找我加以澄清，並問我對英文稿能否負擔全部文責。這本是我義不容辭之事。我遂正式以口頭並書面，向加大負責人表示，不論本書在法律上版權誰屬，我個人均願獨負文責。他聞言欣然同意。這便是在後來的英文版上，我的名字被列於李氏之前的最初動議。其後相沿未改者，無他，只是一位治史者對他所寫的一部傳世的歷史著作，署名負其全部文責而已耳。

加大既已決定出版本書，他們乃廉價雇用一位據說粗通中文的美國退休外交官，來擔任美國出版過程中，例行的核校工作（copy editing），他由於個人關係，且向哥大要去了一份複印的中文清稿，來幫助核校（這時已有廉價複印機）。誰知這位年高德劭的「中國通」自己卻在這時捲入了另一樁文化漩渦，無暇及此——同時他的中文根基，似乎做兩稿互校的工作亦難以勝任——但是他卻抓住了本稿，死不放手。他前後一共「工作」了七八年之久，卻只「核校」了十五章。如此一年兩章地「校」下去，那麼七十二章就要化掉他老人家三十六年的退休時光了。

加大當局為此事而甚為著急。一再要我去催他，並轉請哥大負責人去催他。可憐我這位「著作人」卻身無「版權」。我催多了，人家總是說：「干卿底事！」多次自討沒趣之後，我也只好索性不管了。聽其自生自滅吧。我所怕的是旁人在稿子上亂動手腳，那就不可收拾了。

最後這位校稿人終於倦勤停筆，把稿子退回加大，而加大出版部，也由於他拖延太久，時效全失——美國是個時效決定一切的社會——為顧慮出版後虧本的問題，也就廢約不印了。這時美國由於越戰的關係，銀根已緊，這一失去時效的「巨著」，便再也沒有出版商願意去碰它了！

一九七五年年底，這批文稿終於輾轉又退回到哥大了。這樣哥大負責人，才把這已失時效的一隻大雞肋，發還給我，要我覓商付梓。大學當局並以正式公函告我，兩書出版時，我可以收取中文版的版稅。

這樣一來，中文稿始由香港《明報月刊》分期連載，前文已有交代。可惜這時李宗仁先生已早成歷史上人物。年輕一輩的知識分子，許多人已經不知道李宗仁究竟是什麼人物了。該刊連載過久，編輯先生感到乏味——這也是新聞界的常情——所以連載未及半部也就中斷了。

我們重覓英文稿出版人，也是歷盡艱辛的。一本「巨著」（超過六百頁）如新聞價值已失，在一個資本主義的國度裡，是沒有生意人願意出版的——要不然，便是：㈠作者先墊巨款，出版後如有錢可賺，再慢慢歸墊，否則拉倒；㈡本書殺青工作上一切雜務——如核校、製圖、索引等工作，按例都是由出版商負責的——這時都由作者自己負擔，將來銷路好，再由版稅中，逐漸扣除歸墊。

我這位兩袖清風的作者，哪裡能拿出印刷費呢？我縱有心張羅籌借，我將來既無版稅可抽，我又何以償欠呢?!

如此，就只好眼看這部拖延二十餘年，我個人，乃至我的小家庭，都被它拖得心力交瘁的歷史著作，便要永遠「藏之名山」了。在萬無一望的情況之下，我把死馬權當活馬醫，乃轉向我自己服務的「紐約市立大學」研究部申請資助。

紐約市大此時正在全校宣布「破產」之後，一連串的減薪、裁員。直至目前為止，它老人家還欠我們教職員半月薪金未發呢！

我的摯友，最忠實無欺的君子，李佩釗教授，他在市大服務已二十一年，領有「終身職聘書」，這時竟慘被裁撤。他一時想不開，可能也感到苦海無邊，生趣全無，竟於一夕之間懸梁自盡，遺下弱妻幼子，慘不忍睹。

市大在這種經濟絕境之下，我遞去「出版補助」的申請書，原是「知其不可而為之」、「聊以盡心焉」而已。誰知天下事往往就出於意外。我的申請書竟獲市大各階層一連串的同情，最後竟在極艱難的情況之下，總校允於少額研究費項下，撥款支援。

市大既已解囊，哥大亦不甘示弱。一班新當權的年輕執事，遂亦自該校研究費中，酌撥若干，以為資助。市大、哥大這兩項合資，原不能算小，但以今日的美金比諸今日的工資，這數目也不算大。「不足之數」，我這位「作者」就只有「歸而謀諸婦」了。

我們是有兩個孩子進大學的小家庭。夫婦二人日出而作、日入未息的收入，也只是從手到口，所餘有限。但是這部書已經把我們拖得夠慘了。我壯年執筆，歷時七載，為它犧牲一切，通宵不寐的情況，記憶猶新。如今殺青在望，我個人亦已兩鬢披霜……無論怎樣，它是應該和讀者見面的了。我二人乃決定，咬緊牙關，不顧一切地，把不足之款，和剩餘工作承擔下來。

去年六月，這部《李宗仁回憶錄》的英文版，總算以最原始的印刷方式面世了。雖然它底孿生兄弟——那本廣西人民出版社所印的「中文版」我至今還無緣一晤呢！新書既出，我回想二十多年的曲折遭遇，真不禁捧書泣下！

出版後的感想

如今這部比《史記》部頭還要大的《李宗仁回憶錄》，互有短長的中文、英文兩個版本，總算都與讀者見面了。在英文版的〈序言〉裡，我對李宗仁先生在中國歷史上的地位，曾有評析。暇時當另譯之，以就教於中文版的讀者，此處不再贅述。但在英文版序言中，筆者對此書的撰述經過，以及古怪的版本問題，則語焉未詳——因為這些都是將來「中國史學史」或「目錄學史」上的瑣碎而專門的問題，西文讀者是不會感覺興趣，甚至嫌其囉嗦的——可是對中文版的讀者們，尤其對那些專攻中國近代史的專家們，筆者就應該有個比較詳細的交代了；否則他們一定會奇怪，這中、英兩版為什麼「不盡相同」？更糟的便是將來嚴肅的考據學者，在中、英二稿中，可能都會鬧出個「雙包案」來。言念及此，我覺得這個問題，現在非交代清楚不可，因為在目前知道本稿撰述經過詳細情形的，只有哥大已退休的教授韋慕庭和筆者個人等三二人而已。所以筆者才不憚煩地冒美東百度以上的溽暑天氣，裸背為本書製四萬言長文以闡明之。尚乞中、英兩版的賢明讀者，批閱後不吝指教！

最後，筆者更不揣冒昧，以撰寫本書時，親身體驗的辛酸，來略誌數語，以奉勸今後中國知識界和我有同樣短處的書獃子：你如有聖賢發憤之作，你就閉門著書，自作自受。能出版，就出版之；不能出版，就藏之名山、傳之其人。你有自信，莫愁它沒有傳人。

不得已而與人合作，也要一是一、二是二，搞個乾淨俐落。千萬不可把你嘔心瀝血之作，婆婆媽媽地弄成個妾身未分明的狀態。因為一個作者著書，正如一個藝術家，創造一件藝術品；一個花匠，培護一園名花；一個養馬師，養育一匹千里名馬……你對你心血結晶品的感情，決不是主權屬誰的問題。問題是你能看她有個美滿的結果和如意的歸宿。美女嫁情郎，寶劍贈英雄——主權豈必在我?!但是你如眼睜睜地看著美人入匈奴，寶劍當菜刀，名駒入肉鋪，而你在一旁，無能為力，其心境之痛苦，實非筆墨所能洩於萬一。

筆者為這兩本拙作，披肝瀝膽，前後凡二十有二年。回顧它在過去二十二年中所經歷的滄桑，而我這位原作者，卻始終在「隔岸觀火」，心情之沉重，怎敢諱言?!

古人說：「知我者，謂我心憂；不知我者，謂我何求！」

在本書今後千千萬萬的讀者之中，筆者自信，知我者當不乏其人也。

＊一九八〇年七月二十八日於北美洲北林寓廬

原載於台北《傳記文學》第四十七卷第四、五期

國家圖書館出版品預行編目資料

李宗仁回憶錄 / 李宗仁口述 ; 唐德剛撰寫 . --
二版 . -- 臺北市 : 遠流, 2018. 07
冊 ; 公分. -- (唐德剛作品集)

ISBN 978-957-32-6587-0(全套 : 平裝). --
ISBN 978-957-32-6588-7(上冊 : 平裝). --
ISBN 978-957-32-6589-4(下冊 : 平裝)

1. 李宗仁 2. 回憶錄 3. 口述歷史

782.886 99000035